汪桂平 主编

中国本土宗教研究

STUDIES ON
CHINESE
INDIGENOUS RELIGIONS

【第四辑】

社会科学文献出版社
SOCIAL SCIENCES ACADEMIC PRESS (CHINA)

《中国本土宗教研究》编辑委员会

主　办　中国社会科学院世界宗教研究所道教与民间宗教研究室
顾　问　（排名不分先后）
　　　　马西沙　小林正美　王宜峨　王　健　卢国龙　吕锡琛
　　　　朱越利　刘仲宇　许抗生　孙亦平　孙　波　李远国
　　　　杨立志　张泽洪　陈耀庭　陈　静　林国平　卓新平
　　　　郑筱筠　赵文洪　Kristofer M. schipper（施舟人）
　　　　贾　俐　曹中建　韩秉芳　熊铁基　樊光春　黎志添

主　编　王　卡　汪桂平
副主编　李志鸿
编辑部　王皓月（主任）　刘　志　林巧薇　胡百涛　李贵海
编　委　（排名不分先后）
　　　　山田俊　王　卡　戈国龙　尹志华　刘固盛　刘　屹
　　　　刘　迅　刘永明　李志鸿　何建明　汪桂平　张广保
　　　　陈　霞　郑　开　赵卫东　赵　伟　赵法生　赵　敏
　　　　姜守诚　袁清湘　郭　武　黄永锋　萧霁虹　章伟文
　　　　盖建民　程乐松　谢世维　强　昱　雷　闻　谭德贵

目　录

理论前沿

四十年来道教研究及其方法的反思 ·· 刘仲宇 / 3
从三皇信仰到三皇派的历史考辨 ·· 李远国　李黎鹤 / 17
早期道教的性观念与婚姻态度 ·· 强　昱 / 38
道教史学百年：大势与评略 ·· 韩吉绍 / 52

经典解读

文本批评与错综复杂的《六祖坛经》历史
··································〔美〕徐德（Morten Schlütter）　王圣英 译 / 83
《老子中经》新探 ·· 郜同麟 / 106
《中华道藏》录校商兑
——以《圣母孔雀明王经》为例 ·· 牛尚鹏　王锦辉 / 132
基于叙事学的灵宝经时间问题初探 ··· 王皓月 / 148
"早期道教经典研究工作坊"讨论辑录 ······································ 杨金丽　吕鹏志 / 172

历史钩沉

山西太原唐代赫连山墓"树下老人"图试读 ······································ 赵　伟 / 211

龙女图像与道教 ………………………………………… 赵雅辞 / 225
唐长安感业寺遗址考察 …………………………………… 高叶青 / 241
医者意也：道医学的思维特征 …………………………… 胡百涛 / 258

田野调查

"住"与"游"之间
　　——标准化与在地化之作用下的当代晋陕边（北）地道教 ……… 刘雄峰 / 275
现收赣州道教科仪文献初步考察
　　——版本、结构与内容 ………………………………… 陈雅岚 / 289
从大理金甲财神庙看民间信仰的活态 ………………… 宋野草　赵玥佳 / 300
传统汉人社会的宗教疗愈仪式
　　——以台湾北部的狮场大补运仪式为例 ……………… 孙美子 / 308
从神医到巫医之神
　　——木雕神像中所见梅山文化圈的药王信仰 ………… 李慧君 / 322
浙西南"灵宝仙坛"调查 …………………………………… 黄育盛 / 335

区域聚焦：丝路道教研究

清至民国时期新疆定湘王信仰研究 ……………………… 衡宗亮 / 355
道教文化与丝绸之路
　　——记王卡先生新疆、敦煌调研 ……………………… 刘　志 / 371

理论前沿

四十年来道教研究及其方法的反思

刘仲宇

摘要： 中国的道教研究，虽然从20世纪三四十年代就已开始，但真正走上正常的并且快速发展的轨道，是改革开放以后。40年来的道教研究取得了丰硕的成果，这与研究方法的合理运用有密切关系。对研究成果和研究方法做一回顾、反思，对于进一步将研究推向前进的方向、让新一辈的学人更加自觉地运用前人的经验且加以创新，都是非常必要的。笔者认为，经过多年的努力，道教应当有条件建立起自己的方法体系，在博采众长的基础上，突出对道教作为一种宗教所具有的特征的探索，建立起道教研究的文献学，具备世界视野开展比较宗教学的研究，加强和国外同行的交流。

关键词： 道教　研究方法　反思

作者简介： 刘仲宇，华东师范大学哲学系教授。

中国的道教研究起步于20世纪，但真正成为一个重要的学科是在改革开放以后。从那时算起，也走过了40个年头。40年来的道教研究成就无疑是巨大的，用"伟大"来形容也不为过。须知，道教是中国原生的宗教，但近代的宗教学形成于西方，道教研究从近代学术来看，是从西方和日本开始的，许多范式也来自这些地方。这种情况延续到20世纪的70年代。直到改革开放之后，情况才有了根本的改变。经过40年的努力，中国的道教研究无论是数量上还是质量上，都大为改观，取得了让国外同仁刮目相看的成就。在国际上，中国学人的道教研究已经有自己的话语权，国内外道教研究学界的对话变得越来越经常，也越来越平常。面对丰硕的成果，来一次研究方法上的反思，也许是进一步发展的重要一环。

40年来的成果太多，限于篇幅，只在与我们讨论方法的问题相关时，才征引部分成果，挂一漏万，在所难免，这是要抱歉的。

一　40年来研究方法的多种尝试和评析

当代中国的学术研究曾有段时间把古代的文献和反映的历史事件拿来做阶级分析，用阶级来贴标签，而忽略了对文本内容、地位等的全面评析。改革开放以后，经过20世纪80年代的思想大解放，这种倾向得以彻底扭转。这是中国学术思想史上的大事。总的来说，中国的道教研究是随着改革开放的步伐恢复和发展起来的。

（一）思想史维度的方法

1980年，卿希泰《中国道教思想史纲》①（以下简称《史纲》）第一卷出版。此书的出版具有极强的象征意义，中国学人开始把道教思想当成一个可以加以科学研究的对象，尽可能客观地加以探讨。

对于此书的重大意义，卿先生的学生唐大潮教授在卿先生过世后，曾加以回顾与评价，指出此书是一部"拓荒性的著作"②。此文是纪念性的论述，当然以肯定的口吻，表彰为主，其间的若干局限自然被略去。但是，尽管有着那一过渡时期的痕迹，这本书的意义也已跨出了狭义的道教思想史的范围，而成为一个象征：道教研究进入了一个新的阶段，或者说一个正常开展学术探讨的时代。

自此，中国道教思想史的研究真正迈开大的步伐。道教思想史包括更加专门的哲学史、美学史、伦理学史、教育史等，都有人探讨，并形成了不少优秀的成果。

从80年代初开始，道教作为一个独立的研究领域，吸引了越来越多的学者参与，以后又列入了国家社科规划。一般道教史、道教人物等道教研究的方方面面，渐渐地都开始有计划地开展起来。

过了20多年，卿希泰主编、詹石窗副主编的《中国道教思想史》③出版。这一成果，显然是比以往研究的成果更进一步的产物。只是，《史纲》是卿先生个人的著作，而这本书则是集体的成果，在资料的占有、写作的分工、最后成果的篇帙上，都大大不同以往。何况，20余年整个学界对道教的探讨硕果累累，其研究思路、使用

---

① 卿希泰：《中国道教思想史纲》，四川人民出版社，1980年。
② 唐大潮：《纪念吾师卿希泰先生——〈中国道教思想史纲〉述评》，《宗教学研究》2017年第1期。
③ 卿希泰主编、詹石窗副主编《中国道教思想史》，人民出版社，2009。该书系国家社科基金成果文库项目。

方法都有很多创新。《中国道教思想史》在"导论"中专列"道教思想史研究的基本方法",说明所用的方法是"一切从实际出发,实事求是,对于具体情况做具体分析,这是方法论的总原则"。同时,在具体的方面,也借鉴了其他的具体方法,"例如经典解释方法,符号学方法,文化哲学方法等等"。这些方法都是20多年来学术界尝试过的、有的还被证明是卓有成效的方法。其实思想史的研究在中国开展已经有数十年,前辈学人在中国思想史、哲学史领域做了数十年的开拓,以经济思想史、伦理学史、美学史、大同思想史等为名的著作在"文革"之前已经出了一批,"文革"之后更是快速成长,其间,也形成了思想史研究的范式。如一般都以时间为经、人物或(不明著者的)著作为纬,阐述某一思想的演变脉络。20世纪50年代后的研究中,大家学着运用历史唯物主义的方法论,更强调人物、思想产生的社会环境、历史背景。尽管十年浩劫打断了研究的正常发展,但当研究重新走上轨道时,此类范式还是起着作用,人们往往是照着它走。由于道教研究几乎是个拓荒的事业,学人不得不从自己熟悉的研究领域借取方法。中国原来并无宗教学专业,宗教学专业的设置与恢复高考、恢复研究生招生同步,进入道教研究的一部分老先生原是做哲学或哲学史的,或做历史和思想史的。相对而言,这些领域的研究已经建立起自己的范式,有可借鉴的现成方法,因此,从80年代正式蔚为独立学科的道教研究,就长期带着思想史的痕迹。连某些道教史的论著也是详于思想,而略于对道教整体尤其是科仪、制度等的叙述和分析。

但是,任何研究方法都有其形成的历程,也有其适用的场域,在这些场域内,能帮助我们接近真理,但越出场域是否适用则需要检验,盲目运用可能南辕北辙。当然,社会各领域常常相互交织,经济学是专门学科,但也可以有经济伦理的讨论,只是如果越出界线,把全部经济问题归结为伦理问题,那就十分荒谬了。思想史研究的范式有其优点,是产出众多成果的原因之一,但也有适用的限域,如果简单地将之推至整个道教研究,那就有失偏颇了。道教作为宗教,除了思想,还有社会实体的一面,有组织,有制度,有洞天福地,有各类建筑。如果把道教只当成某种思想层面的东西,那就掩蔽了主要的方面。

即使说思想,其侧重也与一般思想史不同。在道教的教义基础中,并不像我们寻常在哲学领域中先讨论"世界观"问题,而是先讨论三洞经教的来源,要说明全部经教的来源,也就是找到一个立教的基点。有些道士的著作放在整个中国或道教的思想史上可能无足轻重,但其在信众中的影响却很大。而且,信众甚至于社会上的许多人常常从言说者的身份判断其所说的话的真理性,来决定是否信服。一个著名道士,特别是所谓天师、祖师说的几句寻常话,会在信众中引起很大反响,有时便深入人心,而一个俗世的大学问家即使说得切中肯綮,听者未必入耳。因为在他们看来,高道通神,常言中隐着玄奥,所以道教思想的传播就与一般学术有别,也就是说,教内的评价标准与教外学人有很大不同。在学者写的一些书中,很难反映这一点。

(二)社会史和一般史学研究方法

道教史的研究,在这40年中,无疑是学界和道教界最下功夫、成果也最多的领域。第一部完整地叙述道教发展历程的是任继愈主编的《中国道教史》①,而迄今为止篇帙最大、叙述最完整的,是卿希泰主编的四卷本《中国道教史》②。这是中国道教的通史。除此之外,还有大量的地方或一个山头、一个宫观的历史著作,以及道派史的著作,至于相关论文则难以计数。这方面的研究一度繁荣,迄今仍在继续。据陋目所及,道派史从张继禹的《中国天师道》开始,有张金涛主编的《龙虎山天师道》、吴亚魁的《江南全真道》,王小真、郭武、许蔚等人分别有净明道教的历史研究,有庐山、武当山、罗浮山、青城山、茅山等山头及苏州等地方的道教历史论著,有东北、西北道教史以及以省为行政单位的道教史,浙江、山东、江西、河北、湖北等都有专史。这仅是我自己看到或收藏的部分,已经非常丰富。另外,近20年来,各宫观编撰的志书也时有可见,较大规模的有新编茅山志、天师府志、重阳宫志、北京东岳庙志、上海城隍庙志。同时,也有些用社会学或人类学的视角看道教的,我手边就有一本出版刚过一年的《北京白云观与近代中国社会》③。而在研究某一宫观上,笔者也做过一些尝试。④对于道教的历史,学人的眼光已经延及海外,研究起在东亚等地的传播。

这些史、志的编撰都使用了一般史学的方法,有的还特别重视社会史的角度,把道教放在历史的背景之下,有的放在那一地域特定的社会状况、文化氛围中加以分析,这些都是其优点,同时对于研究对象都力求有一全面公允的评价,后面这一点在20世纪七八十年代的语境中,是特别重要的。经过近300年来的漫长岁月,道教在

---

① 任继愈主编《中国道教史》,上海人民出版社,1988。
② 卿希泰主编《中国道教史》第一卷,四川人民出版权社,1988。以后陆续出版,1995年出完第四卷。1996年出版修订本,总四卷。
③ 傅海晏:《北京白云观与近代中国社会》,中国社会科学出版社,2018。
④ 参看刘仲宇《钦赐仰殿与东岳信仰——一个人类学视角的考察》,上海辞书出版社,2004。

社会上的地位已经降得很低，甚至已经被边缘化，一般的公众和知识分子对道教也已经很陌生。一般人很难客观地评价道教，因为根本不了解道教为何物。《中国道教史》第一卷的《导言》中说："一切宗教，在本质上都是唯心主义的，道教也不例外。……但是，当我们在分析历史上某一个具体的道教徒某一部具体的道教著作时，就不能仅仅停留在抽象的定义上，不能从抽象的定义出发，对于具体的问题还需要从具体的实际出发，进行实事求是的分析，否则就不能作出恰当的科学的结论。"① 当时，唯心主义还是一个贬义词，敢于说宗教中有积极的成分是要有勇气的，在方法上就是坚持实事求是，具体问题具体分析。40年中，实事求是、具体问题具体分析的精神成为各类道教史著作研究的共同方法论前提。所以对于文献资料的搜集与尽可能客观的分析，大家越来越注重，对一些具体人物、具体事件的分析，也尽量地公允。这当然是随着改革开放产生的变化，与中国人整个思想的解放密切相关。

本来，我国有悠久的史学传统，也有完备的方法，在资料的搜集、鉴别、运用，在对史事的叙述、评析等方面都有诸多的范式和经验运用，这些无疑是道教研究也必须遵循的。而从绝大多数成果都可看出作者非常注意这一点。

不过，与前面提到的思想史维度的研究一样，一般与局部地域的研究相同，道教研究都必须以"道教是什么"为前提，即以研究对象的确立为前提。而各类著作在开始叙述各种资料、人物、事件、论著前，恰恰极少讨论这一前置的问题。一般说道教是中国土生土长的宗教，只是说了一个出生地，而没有说明内涵和外延如何界定。非常奇怪的是，40年中出版的两种道教辞典，都没有立"道教"的专门词条。是疏忽，还是难写？问题在于这种空置恰恰反映了我们的视野中，看到了道教的历史事件、思想演变，却忽略了对道教本身是什么的讨论。所以，现在对于中国道教史的起点就有三种不同的说法，一种是已经出版的几种通史或专史的做法，把东汉作为起点，那是以教团的出现和活动作为标准，以此前的巫文化、方仙道、道家学说作为道教的渊源或前史；第二种是从以黄帝为代表的上古时代算起，那是从继承了上古宗教与文化的角度讲；第三种是从老子开始叙说，理由是老子的思想是道教的源头，而道教又是道家存在与发展的主要载体。后二者道教界比较赞成，因为有宗教感情的因素。对于什么是道教这个问题，学界和教界都有些不同的想法。

我们的想法是，从史学的维度对道教进行研究是必须的，而且成果，甚至是优秀

---

① 卿希泰主编《中国道教史》第一卷，第15页。

的成果可以找出一大批，但是它们不能代替对于道教整体的概括和理解。史学的维度揭示的只是道教的某些侧面——它的源流。

（三）文化学方法的优点和局限

20世纪80年代出现了文化热，"××与中国文化"简直成了一种研究模式。这类研究的文章自80年代起就陆续出现于报端和专业刊物上。较早成书的有葛兆光的《道教与中国文化》①，卿希泰主编的《道教与中国传统文化》②，拙著《中国道教文化透视》③也是此类理路的作品。不久，此类书或文章越来越多，成规模的研讨会也以"道教文化"为名，至于以"文化"为名的研讨，涉及道教的就更多了。

文化学的维度在当时给了宗教更大的生存空间，甚至是生存的理由。在80年代的语言环境中，"宗教"的声誉还远未恢复，人们常常像防地雷一样绕着走。但"文化"则成了人们常常讨论的话题，而且是热点话题。"文化"的定义众多，一般带有"文明"的意蕴，或者与之互释，自身不带贬义。所以将道教纳入文化的范畴，至少在当时是提升道教社会地位的做法，也使人们能更加客观地评价道教在中华民族历史上的作用。

20世纪80年代开始的文化学维度研究一直延续下来，一部分成果在20世纪90年代陆续出现。受到马克斯·韦伯人文主义社会学的影响，特别是《新教伦理与资本主义精神》的启示，学界比较多地思考宗教在社会发展影响中积极的一面。那一段时间，由于党中央对精神文明建设的重视，道教界和研究道教的学术界也闻风而动，各类文章层出不穷。这对于引导道教适应社会主义社会起到了非常重要的作用，同时也肯定了其作为传统文化代表的历史地位和在当前中国文化中的地位。这种研究目前还在延续。

文化维度的研究给道教研究，甚至给道教本身带来新的生机。但是这种研究只考虑了道教的一面，即作为文化属性的一面，或者与中国文化的各个侧面联系的一面（通常是讲在这些侧面中的影响）。但文化学的维度也常割裂道教的整体，泯灭其特性。须知，道教是一个文化的体系，但是建构的核心仍然是信仰。它首先是一个信仰的体系，所有的东西都从这个信仰中衍生出来，或者从这种信仰的实践中生长出来。

---

① 葛兆光：《道教与中国文化》，上海人民出版社，1989。
② 卿希泰主编《道教与中国传统文化》，福建人民出版社，1990。
③ 刘仲宇：《中国道教文化透视》，学林出版社，1990。

同时，它还有许多物质的存在物，以及虽然松散却绵延不绝的组织，所以又是一个社会实体。对这个社会实体的研究实际上很少，它形成的核心凝聚力是什么，活动方式是什么，主要载体有哪些，以及生存的基本资料来自哪里？按理说，历史的研究对这些维度都应照应到，而实际却有很大差距。人们很少讨论道教的核心信仰，很少去具体了解道教徒表达他们信仰的重要方式——科仪，很少深入到其仪式的内部，也很少思考其组织和思想的传播与一般的思想传播有什么不同。即使讲史，这些方面的历史也应占一定的比例，或者研究一些它们的专史。目前科仪史、法术史以及一般的道教制度史虽有些成果，但毕竟数量较少，有的还仍是缺门。① 这与我们只在外面看道教，而没能深入其中有关。

（四）田野调查与文献相结合的尝试

20世纪纪80年代开始兴起的道教研究，最初是以文献为基础，80年代，上海书店、天津古籍出版社、文物出版社缩小影印了明《道藏》《续道藏》，合称为《道藏》，给予了研究的方便。原来，台湾的新文丰图书公司已经根据涵芬楼本影印过《道藏》，但由于两岸悬隔，大陆学者鲜有机会看到此书。三家本的印行给道教研究提供了重要文献，而且是基础的文献。以后，又有《道藏辑要》的重印，更大的丛书是《藏外道书》。这些文献多数虽是旧书重印，或重加整理，但为道教研究所提供的方便难以言尽，学人对于道教文献的研究或利用文献的研究因此都取得很大的成就。当然还有道家的出土文献在这40年之前和期间陆续问世，有的还震动一时。70年代初马王堆汉墓出土的两种《老子》抄本和《经法》等四篇佚书、"文革"后出土的郭店《老子》，都曾引起学人的浓厚兴趣，给道家、道教的研究提供了丰富的新资料，也出现了新的成果。

相对而言，中国大陆的学者对于田野调查尝试得较少。由于两岸阻隔，尽管我国台湾学者的研究开展得较早，也有许多好的成果，但大陆学者了解不多，20世纪90年代末，两岸学者才逐步增加了交流。但从80年代起，大陆学人也开始了这方面的尝试。较早有计划地开展田野调查的是道教的一个边缘学科——道教音乐的研究者们。20世纪50年代，杨荫浏先生录下了道士华彦均即著名的阿炳的几首乐曲，实际

---

① 在这些方面，吕鹏志、陈耀庭、刘仲宇、张泽洪、李远国等学者做过一些努力。道教内部自从已故的闵智亭的《道教仪范》问世，教内学者如任宗全、彭理福等也陆续有科仪研究的著作出版，这是特别值得高兴的。

上宣告了道教音乐田野调查的起始。但是，在那个特定的年月里，杨先生只能说阿炳的乐曲是"民间音乐"，不敢公开说是道教音乐。80年代初，由上海道教界和上海音乐学院合作，开展了对道教音乐的调查研究。他们用的办法是直接到现场录音录像，其间在茅山、常熟、上海和香港，都录了若干科仪，这种做法是出于研究对象的特殊性。道教的音乐大量在各种科仪中展现，要想了解、聆听，就必须到科仪举行的现场，在对科仪本身有基本了解的前提下理解其音乐。90年代中后期，香港中文大学曹本冶教授的团队开展了更大规模的研究，搜集、出版了道教坛场音乐23种（其中有一种是佛教音乐）。这类研究，在武汉音乐学院、四川音乐学院等都有过卓有成效的尝试。与此同时，田野调查的方法被越来越多的学人有意识地运用起来。尤其是在对道教仪式的研究、道教现状的研究中运用最广。在这些研究中也看到人类学、社会学的影子。

不过总的来说，在中国大陆学者中，此类研究开展还不太久，与文献研究比较还是薄弱，在方法的掌握上也达不到得心应手的地步。

田野调查方法最初出现在英国的人类学、民俗学、社会学等学科中，因此带有这些学科的某些倾向。在引进道教研究之后，则必然发生一些适应道教特点的变化。比如人类学，尤其是早期人类学，研究的对象大多是处于早期的民族，他们往往没有文字。但道教是经过长期发展的宗教，有丰富的经典文献。所以在道教的田野调查中，必须与经典的解读密切结合。而且，离开了经典，有时根本无法理解眼前看到的是什么。所以，在道教研究中，特别要强调田野与文献相结合。

田野调查方法在今后的道教研究中，是一个必须提倡的方法。当年王国维先生提出二重证据法，今天应有所扩展，田野调查就可以提供更多的证据。这是因为，道教还有很多活的东西，保存了古老的传统，当我们运用文献时，就有可能加以印证。如古老的炼度仪，现今流行的有多种流派，要搞清究竟有多少派，除了文献的梳理，很重要的是走进现场。比如笔者长期弄不懂为何全真现今的祭炼仪中有祭（施食）无炼，却写明用的是萨守坚的铁罐炼度仪。萨守坚是重要的雷法宗师，为何他的科仪中没有最能体现道教形神观的水火炼？是不是受佛教焰口仪的影响？到了流行萨祖科仪的张掖仪式现场查看了他们的科仪本才明白，萨守坚原科仪有水火炼，只是因现代生活节奏快而被压缩掉了。

而且，一部分文献的搜集就是通过田野调查才能完成的。笔者在搜集炼度仪的过程中，无意中见到所谓"蓬壶炼"，其实际上是元代太乙教的科仪文本，补上了太乙教文献长期以来无新发现的空白。40年中，一个重要收获就是道教碑刻资料的搜集与运用，而这主要是田野调查所得。①

（五）多元方法和多学科研究

在道教研究中，出现了许多边缘学科或者道教与其他学科相涉的部分。如道教科技，是个独特的领域，除了一般的以文献为基础的讨论，一部分人还开展了实验，如孟乃昌。② 当然，作为一项历史研究，基本的方法还是文献的解读和分析。③ 但是科技史有自己的研究范式，从事这项研究也必须兼顾道教本身的特点和科技史的方法，包括对何谓科学技术和科技进步的界定和其评价体系等，而且涉及古代科学技术的各个领域，包括物理学、化学、生物学、生理学和心理学等。又如道教与艺术，包括文学、戏剧、舞蹈、绘画、雕塑、建筑等，都有专门的论著出现。在这些领域当然要运用那些专门学科中的方法。笔者参加了中国艺术研究院张素琴的博士论文答辩，她的论文研究舞蹈身体语言，选中了道教仪式舞蹈为对象。④ 这显然需对古典舞蹈和道教仪式都要熟悉才行，但主要的范式则来自舞蹈学科。这些根据研究对象的性质而选用的方法随时增减，很难一概而论。同时，道教研究的历史也是对外开放的历史，国外的方法很快就传进国内，有人尝试。比如符号学起于西方，被引进之后，也被在道教研究中做过运用的尝试。随着年轻一代学者群的兴起，这种情形更加常见。

多元化是道教研究的一个趋势，但在多元的研究中怎么紧扣道教的核心，则值得思考。

二 站在新的关节点上

在取得成就的同时，如何进一步前进就很值得思考。也许人类就是在不断反思自己的生存状态中前进的。应当说，40年来的道教研究成就斐然。中国的道教研究曾

---

① 如萧霁虹主编的《云南道教碑刻辑录》，中国社会科学出版社，2013。其中部分资料系实地调查所得。最典型的是赵卫东主编的《山东道教碑刻集》，分地区搜集汇总，齐鲁书社分卷陆续出版。此书的资料系他的团队出入山林宫观，足迹踏遍山东，艰苦考察所得。
② 孟乃昌、吕耀成、李小红：《中国炼丹术"金液"丹的模拟实验研究》，《自然科学史研究》1985年第1期。
③ 这方面突出的成果是姜生、汤伟侠主编的《中国道教科学技术史·汉魏两晋卷》，科学出版社，2002；《中国道教科学技术史·南北朝唐五代卷》，科学出版社，2010。
④ 张素琴：《道教仪式舞蹈的身体语言研究》，未公开发表。

处于完全停止的状态，老一辈的学人如王明、陈国符几乎没有发言权，而在整个学术舞台上，几乎没有道教的影子。所以在前面我特别肯定卿希泰老师著作的重大意义，就是因为它是在"文革"后出版的第一本与道教相关的书。以后，一些老专家的著作陆续得到重版，还健在的则陆续发表了新著，最重要的是他们收了学生，使得久已不显的学脉重新接上。自那以来，我国的道教研究成就越来越突出，曾经一度出现的那种虽然道教在中国但某些外国人在争道教研究的中心的情况，一去不复返。今天可以自豪地说，道教在中国，研究道教的中心理所当然地在中国。这是得来不易的可以让国人自豪的成就。

当道教研究开始恢复的时候，道教几乎是一个尚未开发的处女地，下面埋着无数富矿，朝哪个方向下去都有收获。我们这一代人就是在这样一个背景下进入研究圈子的。所以，就个人来说，谁成为某一研究领域的第一个开拓者，也就占领了这一领域的制高点。这固然靠个人的努力——有时是非常艰苦的努力，也是遇到了一个以后再难重现的契机。当许多领域都有人探测过之后，后来者想要有新的突破，难度便显得更高了。在这样的情形下，需要学人们坐下来认真思考，其中一个重要的方面就是对于研究方法的总结与反思。

而且，随着大批改革开放后进入学术圈的人退出第一线，后继者将面对更多的困难。1978年恢复高考，招收了第一批宗教学的研究生，这批人后成为宗教学各领域的骨干、学科带头人。道教研究的情况也是这样。1987年，在四川大学宗教所召开了国内第一次道教研究学术会，到会的学者中，笔者算是年纪较小的。卿希泰老师等人招收的第一批硕士还都在读，他们的年龄或和我差不多，或小几岁。现在，"文革"后走进道教研究学术圈的第一批人大都年近古稀，其中年轻的也过了六十。他们中的许多人还在辛勤工作，但多数职位已经转移到了年青一代的肩上。与他们相比，年轻一代在学科训练、对外交流能力、学习运用新的电子手段等方面都有长处，但是目前来看，要想在原有基础上有重大突破、开拓新的研究领域、成为某些领域的带头人，还是需要努力。总结前辈们尝试过的研究方法、找到更加新的方法，是缩短付出时间必要的、也是最好的选择。盖建民先生认为："当前中国道教研究的学术热点我们认为主要有以下四个领域：（1）区域道教与地方道教研究；（2）宗派、教派研究；（3）地方道教法术、科仪与社会生活互动研究；（4）道教思想与文化现代性研究。而对于今后中国道教研究急需加强的领域以及未来发展方向的前瞻，我们认为主要有以下五个方面：（1）重视道教与民间宗教和民间信仰的关系研究；（2）强化道教神仙信仰以及道教教义学研究；（3）明清、民国的道教文献收集整理和近代化研究；（4）大数据时代下的道教文献收集整理与资料信息化；（5）注重多元研究方法的并用与视角的转换提升。"① 他提到的若干热点和今后的研究方向，都涉及对于科仪法术和教义的研究，这正是抓住了道教的核心，同时也强调了多元方法的并用和提升。在我看来，道教的研究领域非常广阔，根据社会的变化、语境的变易，经常会有新的领域冒出，或原来不太引人注目的领域成为热点。20 年前，人们对于环境的关注还是泛泛的，而大约从 21 世纪开始，人们的目光又更多地聚焦于其中的生态问题，道教的生态观、道教生态思想与当代世界的研究便吸引了更多人的目光。在今后要进一步开展研究，对于研究方法的讲究可能是关键之一。调整方法将使我们能够更客观地探寻道教的本来面貌。

三 构建适合中国道教的方法体系

方法必须适应对象。研究方法必须根据对象的性质和具体目标加以选择、设定，这在自然科学中，是非常精细的考量。即使现代自然科学已高度综合了，但各自的侧重与界线还是清楚的。而在社会科学、人文科学当中，就不那么鲜明。文献学的方法几乎可以贯穿所有的社科领域，社会学的、人类学的方法也在道教研究中被应用，甚至一个大的研究项目会综合地用及多种具体方法。如前面述说到的一些研究方法，其实常常综合地纠缠在一起。

（一）必须建立适合中国特色的道教观

道教是什么？这个至简的问题实际上仍是没有取得学界和教界共识的问题。

中国的宗教，按杨庆堃先生的说法，有制度型的，也有弥散型的。道教可能是兼此两特点。别说它的信众散于全社会，就是正式入道的人，组织化程度也不高，大批的散居道士有时就活动于体制以外。道教有制度，但不严，那么是什么把松散的道教徒和信众凝聚在一起？靠共同的信仰，那就是信道。而道虽无形无象，却是有灵性的，可以分散为气（炁）态存在，也可以聚成尊神。正一盟威道称道就是一，一散

---

① 盖建民：《百年中国道教学术研究与"文化自信"的初步思考》，横山论坛论文，未正式刊出。

形为气,聚形为太上老君。① 东晋末的灵宝派则称最初的尊神是元始天君,又加上灵宝君和神宝君,他们都是千万亿重的炁所化。后世习称他们为三清,代表道运化的三个阶段,称作三元,又叫三洞。② 同时还相信人能得道成仙,对于修道得道的方法又有庞大的体系,必须注意到这些信仰与实践的内涵和方式。事实上,由于我们对道教这些方面研究的不足,会出现说了半天道教却难以认清道教存在与演化的内在规律的情况,无法用最简单的语言概述之。

这些话说到底,就是需要把道教当成一个宗教,用宗教学的研究方法加以讨论。先看到道教本身的最本质的内涵和最重要的外在表现,然后对一些历史事件才会有清楚的认识。当然,道教所涉广泛,可以在相关的或有紧密联系的学科中去借鉴各种方法,但各种方法的运用都必须与道教本身最核心的部分挂起钩来。像米尔恰·伊利亚德说的那样:"一个宗教现象只有在其自身的层面上把握,也就是说,只有把它当成是宗教的东西,才有可能去认识。企图通过生理学、心理学、社会学、经济学、语言学、艺术或是其他任何东西去把握的本质都是大谬不然的。这样做只会丢掉其中的独特性和不可化的因素,也就是它的神圣性。"③ 道教的神圣性是其核心,表达这种神圣性的方式可能是各种仪式法术,可能是道教徒修炼中的冥想、默朝(上帝高真)、内丹等方式,道门中常视为至秘,研究起来有相当大的困难,但是不研究这些,人们看到的只是道教的外像,甚至还是片段之像。

（二）提倡比较宗教学的方法

比较宗教学方法是人们常用的方法,也是相当成熟的方法。40年来的道教研究中也有人用这一方法,但是总的来看就道教说道教的情形较多,把它放到和其他宗教比较的平台上考量的却不太多。即使是同在中国发展的佛教与道教交涉甚多,除了对一些事件的叙述外,学者对于两教宗教特性的比较做得也很少。数十年前,汤用彤先生曾特别拈出陶弘景《答朝士问仙佛两教体相书》,指出:"从宗教理论上阐明佛道两教之不同,陶弘景此作似甚为重要。"④ 他指出的陶弘景之书,

---

① 参见《老子想尔注》。
② 参见《洞玄灵宝九天生神章经》。
③ 〔美〕米尔恰·伊利亚德（Mircea Eliade）：《神圣的存在——比较宗教的范型》,晏可佳、姚蓓琴译,广西师范大学出版社,2008,第 xxv 页。
④ 汤用彤：《汤用彤学术论文集》,中华书局,1985,第412页。

核心内容是形神观,从"质象所结,不过形神"推原下去,从形神的离合说明仙道和佛法的不同。汤先生是一位深研宗教学的学者,带着比较宗教学家的慧眼,在比较中揭示两教的区别。根据汤先生的启示,笔者曾写过《道教形神观初探》①,检索前人成果时,则发现这一专题的讨论几无人参与,30年后,也所见极稀。道教是世界宗教之林中的一株大树,然而与其他宗教相比其独特性在哪里?例如,它的宇宙形成与演化理论就很显特色。一神教的经典都有上帝或安拉创世说,以《圣经》中的《旧约》为例,开卷第一篇就是《创世纪》。一些学者可能觉得道教也需要一个世界来源的终极理论,所以也讲道教自己的创世说或《创世纪》。其实,道教并不存在世界是神灵创造的观念。在道教的理论中世界是成了又坏、坏了又成的无限过程,成坏一次叫"一劫"。"龙汉延康,渺渺亿劫。赤明开图,运度自然。"从龙汉至延康五劫的循环不知过去了多少次,赤明劫又将到来,那是自然的运化。因此,道教不是像某些宗教一样主张神创论,而是自然演化论。也因此,道教理论也不像一神教那样主张绝对的心物二元。这些是通过比较其他宗教得出的浅近的认知。现今,世界上的文化交流包括宗教的交流、互动越来越频繁,没有比较宗教的方法,就很难搞清道教的特质和在理论与实践中的不可替代性,更谈不上和其他宗教的对话。

(三)建立自己的文献学

冯友兰先生曾著有《中国哲学史史料学》②,以后也有人编过类似的作品。道教研究有其特殊性,所用的史料也与其他学科有异,自然也得有自己的体系。我国的哲学史、思想史研究起步较早,其间的资料搜集与使用也比较丰富,有一套成熟的规范。道教研究起步较晚,在资料的准备上也差了一截。道教研究从文献来说不可谓不多,问题在于我们对这些文献没有很好地整理,尤其缺少按照道教本身特点的梳理。像前面说到的大量的碑刻资料,还限于少量专业人士了解。我们说的文献不仅有史料,还有活的材料。说文献,一般包括两大部分,一是基础文献,二是动态文献。建立文献学与建立资料库不同,而是要梳理道教研究文献的进入门径,让刚进入以及想

---

① 刘仲宇:《道教形神观初探》,上海社会科学院宗教研究所、上海市宗教学会编《宗教问题探索·1988年文集》,1988。
② 冯友兰:《中国哲学史史料学》,原名《中国哲学史史料学初稿》,上海人民出版社,1962。修订后改今名,收入《三松堂全集》,河南人民出版社,2001。

更深入地研究的人较快地缩短在门外徘徊的时间。这属于文献学理的探讨,与对道教整体的理解相关。

(四)开展中外学术思想与研究方法的交流

注意国外的研究动向,要了解他们的研究成果,也要注意理解他们的研究理路。他国的研究成果都可以吸收,方法也可借鉴,但必须服中国的水土。事实上,国外的许多研究理论和方法我们亦有不少尝试。以后,还应当了解他们的成果和方法,有选择地吸收之,但不能盲目照搬。弗雷泽的《金枝》是研究巫术的经典作品,但是如果照搬来研究道教的法术,就有若干不通的地方。日本学者研究道教的成果和方法对我国学界颇有影响。前几年,小林正美的《新范式道教史的构建》[①]被译成中文,引起过一些讨论。他的观点与许多同行不同,以致显得另类。他的新范式是从重新界定"道教"的概念开始的。讨论的主体变了,自然会带来一系列新的结论。如评论所说,他的学术观点迄今尚未取得中国学界的普遍认同和接受,甚至遭受了误解和质疑。[②]尽管如此,作为一种动态还是很值得注意。

上述内容当然还不完整,只是一些不成熟的设想。但是作为一个方向,建立起有中国特色的适用于研究需要的道教研究方法还是必要的,也是可行的。

---

① 〔日〕小林正美:《新范式道教史的构建》,王皓月译,齐鲁书社,2014。
② 姜守诚:《新范式道教史给道教研究带来的新思考——小林正美〈新范式道教史的构建〉评述》,《世界宗教研究》2016年第2期。

从三皇信仰到三皇派的历史考辨

李远国　李黎鹤

内容摘要： 三皇信仰确定于战国之际。大抵"三皇"所指诸人，是中国祖先处于史前各个不同文化阶段的象征。伏羲代表蒙昧时期的低级、中级、高级三个阶段；女娲则是更早的创世纪式的神人，在神话中又和伏羲结合创造人类；神农开创农耕文化，尝味百草，代表野蛮时代的低级阶段。三皇派始立，即把三皇纳入其神系之中，并依之形成了三皇派。

关键词： 三皇信仰　文化象征　三皇派

作者简介： 李远国，四川省社会科学院研究员；李黎鹤，四川传媒学院讲师。

一　何谓三皇信仰

历史上的三皇是个不确定的概念，是传说中远古的三个杰出的部落首领，后世尊为"皇"。他们究竟指谁？历史上有多种说法。

1. 天皇、地皇、泰皇。《史记·秦始皇本纪》曰："古有天皇、有地皇、有泰皇。泰皇最贵。"[①] 罗泌《路史》："其一曰九头，是为一姓纪，则泰皇氏纪也。按孔衍《春秋后语》：泰皇乃人皇。张晏云：人皇九首。韩敕孔庙碑云：前开九头以叶，言教是也，泰皇即九头纪。旧记不之知尔。《真源赋》云：人皇伏倦尘事，乃授箓于五姓，知为九头纪也。韦昭亦云：人皇九人，所谓九皇。"[②] 崔述《古无三皇五帝之说》："三皇、五帝之文，见于《周官》，而其说各不同。《吕氏春秋》以黄帝、炎帝、太皞、少皞、颛顼为五帝，盖本之《春秋》传；而月令因之。《大戴记》以黄帝、颛顼、帝喾、尧、舜为五帝，盖本之《国语》，而《史记》因之。至《三统

[①] 《二十五史》第 1 册，浙江古籍出版社，1998，第 27 页。
[②] （南宋）罗泌撰《路史》卷二，《景印文渊阁四库全书》第 383 册，台湾商务印书馆，1983，第 7、8 页。

历》，则又以包羲、神农、黄帝、尧、舜为五帝，其说以《易传》为据，而近代五峰、双湖两胡氏并用之。《秦本纪》有天皇、地皇、泰皇之名，而郑康成则以女娲配羲、农为三皇；谯周易以燧人；宋均又易以祝融；惟《三五历》本《秦本纪》为说，而易泰皇为人皇，其语尤荒唐不经。后之编古史者，各从所信，至今未有定说。"①

2. 伏羲、神农、黄帝。孔安国《尚书序》云："古者伏牺氏之王天下也，始画八卦，造书契，以代结绳之政，由是文籍生焉。伏牺、神农、黄帝之书，谓之三坟，言大道也。少昊、颛顼、高辛、唐、虞之书，谓之五典，言常道也。"②《庄子·天运》曰："三皇五帝之治天下，名曰治之，而乱莫甚矣。"成玄英疏："三皇者，伏羲、神农、黄帝也。五帝者，少昊、颛顼、高辛、唐、虞也。"③晋朝皇甫谧《帝王世纪》亦以伏羲、神农、黄帝为三皇。

3. 伏羲、神农、女娲。《吕氏春秋·用众》曰："此三皇五帝之所以大立功名也。"高诱注："三皇，伏羲、神农、女娲也。五帝，黄帝、帝喾、颛顼、帝尧、帝舜也。"④《春秋纬·运斗枢》曰："伏羲、女娲、神农，是三皇也。皇者天，天不言，四时行焉，百物生焉。三皇垂拱无为，设言而民不违，道德玄泊，有似皇天，故称曰皇。皇者，中也，光也，宏也。含宏履中，开阴布纲，上含皇极，其施光明，指天画地，神化潜通，煌煌盛美，不可胜量。"⑤

4. 伏羲、神农、燧人。班固《白虎通》："三皇者，何谓也？谓伏羲、神农、燧人也。或曰伏羲、神农、祝融也。《礼》曰：伏羲、神农、祝融，三皇也。古之时未有三纲、六纪，民人但知其母，不知其父，能覆前而不能覆后，卧之詓詓，起之吁吁，饥即求食，饱即弃余，茹毛饮血而衣皮苇。于是伏羲仰观象于天，俯察法于地，因夫妇正五行，始定人道，画八卦以治下，治下伏而化之，故谓之伏羲也。"⑥《尚书大传》曰："遂人为遂皇，伏羲为戏皇，神农为农皇也。遂人以火纪，火，太阳也。阳尊，故托遂皇于天。伏羲以人事纪，故托戏皇于人。盖天非人不因，人非天不成也。神

---

① （清）崔述撰《补上古考信录》卷上，王云五主编《丛书集成初编》第142册，中华书局，1983，第2页。
② （清）阮元校刻《十三经注疏》上册，中华书局，1988，第115页。
③ 《诸子集成》第4册，岳麓书社，1996，第251页。
④ 《诸子集成》第8册，第50页。
⑤ 〔日〕安居香山、中村璋八辑《纬书集成》中册，河北人民出版社，1994，第710页。
⑥ （东汉）班固撰，（清）陈立疏《白虎通疏证》卷二，四川大学古籍整理研究所、中华诸子宝藏编纂委员会编《诸子集成补编》第2册，四川人民出版社，1997，第257、258页。

农以地纪，悉地力，种谷疏，故托农皇于地。天地人之道，而三五之运兴矣。"①

以上诸说虽然出处不同，说法各异，但这一系统中的伏牺（羲）、女娲、神农、燧人、祝融、黄帝等，都被战国秦汉时人视为华夏族远古时期有所发明创造、有功于文明进步的英雄人物。大抵"三皇说"所指诸人，是中国祖先处于史前各个不同文化阶段的象征。神农代表野蛮时代的低级阶段；女娲则是更早的创世纪式的神人，在神话中又和伏羲结合创造人类。"五帝说"所指诸人，主要是父系家长制的部落联盟鼎盛时期及其解体时实行军事民主制时期的一些君王或军事首长人物。西汉末《世经》所排的古史系统，在黄帝和颛顼之间加有少昊金天氏，使战国时说的"五帝"中多了一帝。于是有人把原五帝之首的黄帝升为三皇，与伏羲、神农并列。首先是《礼稽命征》持此说，张衡上汉顺帝书及其后的皇甫谧《帝王世纪》亦从之。接着是孔安国《尚书序》宣扬此说，由于它的经书地位，从此伏羲、神农、黄帝成为中国历史中最古的三位帝王。

到了唐代，三皇的说法已固定为伏羲、神农、黄帝。如唐玄宗时开始的三皇之祭，就是将伏羲、神农、黄帝作为三皇。《旧唐书·玄宗本纪》说"三皇以前帝王，京城置庙，以时致祭。其历代帝王肇迹之处未有祠宇者，所在各置一庙"。到了元代，"三皇"之祀成了国家祭典，朝廷诏令全国郡县都要通祀"三皇"，三皇庙也因此星罗棋布。当时的三皇庙中除了供奉伏羲、神农、黄帝，还配祀有历代名医，不仅有祭祀人文始祖的主题，同时也具有医药神庙的意味。如《元史·祭祀志》记述："元贞元年，初命郡县通祀三皇，如宣圣释奠礼。太皞伏羲氏以句芒氏之神配，炎帝神农氏以祝融氏之神配，轩辕黄帝氏以风后氏、力牧氏之神配。黄帝臣俞跗以下十人，姓名载于医书者，从祀两庑。有司岁春秋二季行事，而以医师主之。"② 明初仍承元制，每年都要通祀三皇，并以名医从祀。到了清代，三皇庙改为了先医庙，奉祀的对象仍是伏羲、神农、黄帝，但更加突出了祭祀医药之神的意味。

顾颉刚先生曾分析了神话与历史的紧密关系，揭示了神话新陈代谢的社会规律：古史里包藏着许多偶像，而帝系所代表的是种族的偶像。在周代时原是各个民族各有其始祖，而与他族不相统属。至于奉祀的神，各个民族亦各有其特殊的对象。炎、黄

---

① （东汉）应劭撰，吴树平校释《风俗通义校释》，天津人民出版社，1980，第10页。
② 《二十五史》第7册，第657页。

是华夏与秦人所礼之神，颛顼是陈国之祖，太昊为任、宿诸国之祖。每个氏族部落都祭祀自己的祖先——"神"。当天下统一时，原是不同的民族，本祀不同的祖神，怎么能认同异祖之神呢？于是有几个聪明人起来，把祖先和神灵"横的系统"改成了"纵的系统"。经过氏族集团的战争兼并和激烈的较量便产生了一个新的共祖——神（黄帝）。在夏、商王朝的统治朝代，炎、黄二帝的神话不仅与至上神无缘，在汉传至今的夏商神话里，神坛上似乎没有他们的地位。他们在春秋战国时才不断发展，而于汉代独尊。春秋战国时，齐、鲁、三晋认黄帝为正宗，楚则祀太一，秦虽也偶祭炎、黄，但他们却认为自己的上帝是白帝少昊，黄帝还没有成为全国的共祖。秦统一后又祀黑帝；炎、黄二帝遂遭排斥。汉刘邦起事，灭秦的神话舆论先行，遂行赤帝子斩白帝子的神话，赤帝即炎帝，主要进攻对象为白帝。汉得天下，又因代秦之水必以土，土之色黄，故立黄帝为正宗。借助这种帝王系统的神话来收拾人心，号召统一，确是一种极有力的政治作用。①

　　三皇信仰属于祖先神崇拜的演变。三皇信仰的构建，是我们的先祖试图以古代传说与所耳闻目睹的一些远古部族的情况重构三皇神话故事，作为对中华文明起源的理论解释。《礼记·祭法》曰："有虞氏禘黄帝而郊喾，祖颛顼而宗尧。"孔颖达疏曰："祖，始也，言为道德之初始，故云'祖'也。宗，尊也，以有德可尊，故云'宗'。"又如《国语·鲁语上》载展禽云："黄帝能成命百物，以明民共财，颛顼能修之。故有虞氏禘黄帝而祖颛顼，郊尧而宗舜。"这两则材料说明能被后人奉为祖或宗的先人大都是有功德之人，要么其本人是道德之初建者，要么其品行或作为是践行道德的典范。黄帝、帝喾、尧、舜、禹等先人的突出功绩，是被夏商周三代列为国家祀典而世代享有祭祀的主要原因。三代之后，随着家庭结构的变化，一家一户亦对逝去的祖父母、父母加以崇拜。从这个角度讲，祖父母、父母尽管不是有功或有德者，但于己有生养之恩，故西汉中后期，祖先神信仰在民众生活中日益占据重要地位。

　　早在先秦，关于始祖神即伏羲、女娲的信仰即已出现于文献之中。如关于女娲化生及补天的事迹，多见于《山海经》《楚辞》。《楚辞·天问》曰："女娲有体，孰制匠之？"王逸注："传言女娲人头蛇身，一日七十化。"②《山海经·大荒西经》载："有神十人，名曰女娲之肠，化为神，处栗广之野，横道而处。"③湖南长沙子弹库战

---

① 顾颉刚：《古史辨》第4册，上海古籍出版社，1982，第5、6页。
② （汉）王逸撰《楚辞章句》卷三，《景印文渊阁四库全书》第1062册，第29页。
③ 袁珂：《山海经校注》，上海古籍出版社，1980，第389页。

国楚墓帛书乙编中保存有女娲创世神话。由此可知，女娲造人、化生、创世的神话在先秦时期已广为流传。

随着时间流逝和西汉中后期神仙信仰的广泛流行，女娲信仰被广大民众所接受并加以改造和传播。湖南长沙马王堆一号墓的汉墓彩绘帛画中有一人首蛇身像，郭沫若认为该画像为女娲，而钟敬文认为很可能是伏羲。① 帛画上的人首蛇身像被视为女娲也好，伏羲也罢，这并不妨碍始祖神神话早在汉景帝即位之前就在以长沙国为代表的周边地区流传的事实。

遍及河南、山东、四川、陕西等区域的画像石中伏羲女娲画像的大量出土，说明了自西汉至东汉魏晋时期这一信仰在广大区域的纵向传承与横向传播。其一，中原伏羲女娲画像。洛阳市北郊编号为CIM689的一座汉代壁画墓：墓中室东部壁画为伏羲擎日图，西部壁画为女娲擎月图。壁画墓的年代约在复行五铢以前的东汉初期。② 其二，东部伏羲女娲画像。山东平阴县实验中学共出土汉画像石12块，其中的1号石右阙有伏羲女娲图像。4号石右阙外为人身蛇尾、一手执矩的伏羲（女娲）。③ 其三，西南伏羲女娲画像。四川内江市关升店东汉中晚期崖墓画像石棺右侧有伏羲、女娲刻图像：左为伏羲，头戴山字形冠，右为女娲，头挽高髻，饰羽，均人首、蛇身、双足、长尾，腰系飘带。伏羲手捧"日轮"，女娲手捧"月轮"，均双手高举于头顶之上，但两尾未相交。④ 其四，西北伏羲女娲画像。陕西省米脂县官庄村东汉画像石墓墓门由五块画像石组合而成。横额图像中有为人首、蛇尾、鼠爪、手执规矩的伏羲、女娲图。⑤ 当然，出土的伏羲女娲画像远远不止这些。

结合传世文献和出土文物可知，随着时代发展，伏羲女娲信仰的影响地域日益扩大，这种情况和华夏—汉族群文化圈的渐次扩大大体相符。而各地出土的伏羲女娲画像基本上是人身蛇尾。詹鄞鑫指出，人身蛇尾"反映了伏羲女娲是以龙为图腾的民族所想象的始祖，手持日月反映了伏羲、女娲族曾盛行过日月崇拜，伏羲被当作日神，女娲则是月神。其实，羲与娲的名称本身，就已寓有日月的意思。手持规矩，是

---

① 郭沫若指出："帛画的天界部分，正中最高处画人身蛇尾、侧面向左而坐的女娲。"郭沫若：《桃都、女娲、加陵》，《文物》1973年第1期；李建毛：《马王堆一号汉墓帛画新解》，《南方文物》1992年第3期；钟敬文：《马王堆汉墓帛画的神话史意义》，《钟敬文民间文学论集》上册，上海文艺出版社，1982，第121~129页。
② 洛阳市文物工作队：《河南洛阳北郊东汉壁画墓》，《考古》1991年第8期。
③ 平阴县博物馆：《山东平阴县实验中学出土汉画像石》，《华夏考古》2008年第3期。
④ 雷建金：《内江市关升店东汉崖墓画像石棺》，《四川文物》1992年第3期。
⑤ 吴兰、学勇：《陕西米脂县官庄东汉画像石墓》，《考古》1987年第11期。

由于二皇被尊为建筑业的祖师爷，也透露出伏羲、女娲民族在重建家园时曾作出重大贡献"①。

二 三皇派的历史考辨

　　三皇派，魏晋时期始立的一个道派。该派奉持的主要经典是《三皇文》，即《天皇文》《地皇文》《人皇文》的合称，又称《三皇经》。主要内容是"劾召鬼神"的符图及存思神仙"真形"之术。《三皇经》传至陆修静，被立成威仪。其道派传诵《三皇经》，习炼劾召鬼神的法术。其传承历南北朝入隋唐，曾遭唐室禁止，焚其经典，但仍有流传。元代再度遭禁并遇焚经之祸，《三皇经》被焚，三皇派遂绝。明《正统道藏》收存有《太清金阙玉华仙书太极神章三皇内秘文》三卷、《三皇内文遗秘》一卷，这两种虽非古本，但仍保留有"劾召鬼神"之术，可据此研究三皇派的信仰与道法。

　　三皇派以奉持《洞神三皇经》为主。《洞神三皇经》是以《三皇文》《五岳真形图》为主的一组道经，在三洞真经中问世最早，至迟在魏晋时期就已出世。② 因此，考察三皇派的历史，理应从《洞神三皇经》的传授来源开始。

　　关于《三皇经》出世传授的故事，首见于葛洪的记载，其《抱朴子内篇·地真篇》云："昔黄帝东到青丘，过风山，见紫府先生，受三皇内文。"③《神仙传》卷七亦云："帛和，字仲理，师董先生，行炁断谷。又诣西城山师王君，君谓曰：'大道之诀，非可卒得，吾暂往瀛洲，汝于此石室中可熟视石壁，久久当见文字，见则读之，得道矣。'和乃视之。一年了无所见，二年似有文字，三年了然，见《太清中经》《神丹方》《三皇文》《五岳图》，和诵之上口。王君回，曰：'子得之矣。'乃作神丹，服半剂，延年无极。以半剂，作黄金五十斤，救惠贫病也。"④

　　唐孟安排《道教义枢·三洞义》中亦有关于《三皇经》传经的记载，言洞神是神宝君所出，西灵真人所撰，此文在小有之天玉府之中。《序目》云："《小有三皇文》，本出《大有》，皆上古三皇所受之书，亦诸仙人所受，以藏诸名山。其蜀郡西

---

① 詹鄞鑫：《神灵与祭祀：中国传统宗教综论》，江苏古籍出版社，1992，第145页。
② 任继愈主编《中国道教史》上卷，中国社会科学出版社，2001，第129页。
③ 王明：《抱朴子内篇校释》，中华书局，1980，第323页。
④ 张继禹主编《中华道藏》第45册，华夏出版社，2004，第45页。

城、峨眉山具有此文。抱朴子云：昔黄帝东到青丘，过风山，见紫府先生受《三皇内文》。晋时鲍靓学道于嵩高，以惠帝永康年中，于刘君石室清斋思道，忽有《三皇文》刊成字，仍依经以四百尺绢告玄而受。后亦受葛洪子孙。"①《鲍靓真人传》载："《小有三皇文》，本出《大有》，皆上古三皇所授之书，亦诸仙人所授，以藏名山。昔黄帝东到青丘，过风山，见紫府真人，受《三皇内文》。又黄卢子、西岳公皆受禁虎豹之术，真人介象受乘虎之符，八威使者受策虎豹文。鲍靓于晋惠帝永康年中，于嵩山刘君石室，清斋思道，忽有刻石《三皇天文》出于石壁。靓以绢四百尺告玄而受。后授葛洪。又壶公授费长房，亦有洞神之文。石室所得，与今《三皇文》小异。陆修静先生得之，传孙游岳。游岳传陶隐居。其天中十二部经，未尽出世。今传者是黄帝、黄卢子、西岳公、鲍靓、抱朴子所授者也。"②

从这些记载可知，帛和所得《三皇文》被称为"小有《三皇文》"，葛洪之岳父鲍靓所得《三皇文》被称为"大有《三皇文》"。但无论是哪种版本的《三皇文》，俱托名于"三皇"所传，帛和、鲍靓所受《三皇文》传经的共同特征，都讲的是他们是在嵩山石室中清斋思道而见《三皇文》出现于石壁之上。

《三皇经》的传经过程，以《三皇经说》中引《三皇经》的部分较为典型，其文曰："昔天皇治时，以《天经》一卷授之。天皇用而治天下二万八千岁，地皇代之。上天又以经一卷授之。地皇用而治天下二万八千岁，人皇代之。上天又以经一卷授之。人皇用而治天下亦二万八千岁。三皇所授经合三卷，尔时号为《三坟》是也，亦名《三皇经》。三皇后又有八帝，治各八千岁。上天又各以经一卷授之，时号为《八索》是也。此乃《三坟》《八索》根本经也。如法而言，三宝俱起无量之世，但以隐显有时。自三皇八帝之后，其文亦隐。至于晋武皇帝时，有晋陵鲍靓，官至南海太守，少好仙道。以晋元康二年二月二日登嵩高山，入石室清斋，忽见古三皇文，皆刻石为字。尔时未有师。靓乃依法以四百尺绢为信，自盟而受。后传葛稚川，枝孕相传，至于今日。三宝行世，自然之数，心与理契，因缘冥符使之然也。"③

"三皇"之称，始见于《庄子·天运篇》及《吕氏春秋》，书中言及"三皇"之称呼。丁山认为，以上三皇的称谓可能远在战国屈原作赋之前就已出现，"宜是荆楚

---

① （唐）孟安排撰《道教义枢》卷二，《道藏》第 20 册，第 813～814 页。
② （北宋）张君房编《云笈七签》卷一〇六，《道藏》第 22 册，第 729 页。
③ （北宋）张君房编《云笈七签》卷四，《道藏》第 22 册，第 21 页。

宗教的大神"①,"三皇传说的来源,本于天神、空神、地神的三界,由屈原赋上皇、东皇、西皇演变到秦博士议定的天皇、地皇、泰皇,大体上还保存那宗教思想的本来面目"②。儒家将三皇衍化为上古传说中的三位氏族领袖人物,③ 而汉代的道教信徒继承了"三皇"信仰,并吸收了纬书中关于"三皇"的新说法。所以,从《抱朴子内篇》讲《三皇文》有"人皇文"一卷,及《三皇经》里出现天皇、地皇、人皇的内容来看,《三皇经》及其传经的出现时间不会早于西汉末东汉初。《太平经》有:"谓得文如得三皇之文者,即其上也。若得五帝之文者,即其中也。若得三五之文者,即其大中下也。如得五霸之文者,即其最下也。"④ 如果真如《太平经》所说,那么在《太平经》之前,也许就已经有《三皇文》了。帛和是三国时期的道士,那么可以推测,《三皇经》的出世不会晚于三国时期。《三皇经》的传经内容则至迟应在东晋葛洪之前已经形成。

北周道书《无上秘要·帝王品》有一段引用《三皇经》的文字,其中主要是讲述"三皇"传经故事,其文曰:"三皇者,则三洞之尊神,大有之祖气也。天皇主气,地皇主神,人皇主生,三合成德,万物化焉。故天皇于起甲子元建之始,治于太元三玄空天;地皇起于甲申太灵之始,治于三元素虚玉天;人皇起于甲寅虚成之始,治于七微浩郁虚玉天。天皇之神,先天而生,后改化治世各一万八千岁而升,又有八帝,次其治即女娲、伏羲之前也,所受灵书妙术,佐圣辅治,凡有帝王之君,必应以济世立教,其道行焉。天皇之治,料理更始,开受皇文,以定后化,记尽开立之事,三千六百年毕竟。天皇化去,地皇受纪,追摄政事。后上启太极,后受地皇文,以定天地更始之化,所受大有之纪,以枝新化之物,一以平焉。天皇受大有敕玄妙图书皇文十四篇,召天地之神,九天高上推校天地更纪,万物更化之始始之。地皇修续其后,复上受皇文,又召会群神,以大有玄中玄妙图书推校,今之鬼神天地新化之种类方面,属类数之政定,又天地有福,地化而不流,物迫而不死,得在七百二十门中,化而不改容,因而易类而心不移,宿命存者,正定天皇、地皇,各三千六百年毕竟,各能化形为神。人皇复起摄而行之,复上受大有之秘文,追召天地之神,九天高上诸

---

① 丁山:《中国古代宗教与神话考》,上海书店出版社,2011,第476页。
② 丁山:《中国古代宗教与神话考》,第485页。
③ 儒家"三皇"有多种说法,或云伏羲、神农、祝融,或云伏羲、女娲、神农,或云伏羲、神农、黄帝等。
④ 王明:《太平经合校》,中华书局,1979,第140页。

神之父母,更以正定所有所无,复更正定七百二十门中之所化,天下万品之取正焉。"①

这段"三皇"传经的内容,很可能是取自纬书中的内容并加以改编而成。譬如《春秋纬·命历序》就说:"天地初立,有天皇氏十二头,澹泊无所施为而俗自化。木德王,岁起摄提。兄弟十二人立,各一万八千岁。地皇十一头,火德王。姓十一人,兴于熊耳、龙门等山,亦各万八千岁。人皇九头,乘云车,架六羽,出谷口,分长九州,各立城邑,凡一百五十世,合四万五千六百年。"②《三皇经》中的传经神话吸收了纬书中天皇、地皇、人皇出世、治世一万八千岁等内容。其他内容则有增有减,一是将纬书中"三皇"各有兄弟多少人之类的说法简化为天皇、地皇、人皇各有一位神灵;二是在此基础之上增加了"三皇"各受皇文道书,以召天地之神,定天下万品之类的受书传经内容。

《三皇经》文中最后一段的内容反映了汉代方士们具有的"致太平"和"天人感应"的思想,这也和成书于汉代的《太平经》反映的思想有相通之处。《太平经》钞壬部云:"天地为万物之庐,贤人为万物工匠。帝王者象天,常欲生;后妃者象地,常欲养;大臣者象人,常欲思成。此三人并力,凡物从生到终,无有伤也。"③此处既有"致太平",也有"天人感应"的思想在里面。而《三皇经》中说:"天道广大,贤愚混同,强者在西,弱者在东。九天定衡,九地合纵。下成君臣,以立国邦"也有此意。《太平经》钞乙部中有:"帝王其治不和,水旱无常,盗贼数起,反更急其刑罚,或增之重益纷纷,连结不解,民皆上呼天,县官治乖乱,失节无常,万物失伤,上感动苍天,三光勃乱多变,列星乱行。"④若帝王治理不和谐,则会引起天地一系列不好的事情发生。这看起来就像是对《三皇经》中"顺天者吉,不顺者凶"在政治方面的注解。这种现象再次说明《三皇经》和《太平经》可能是同一时代或相距不远的作品。《三皇文》可能是在东汉末期就已存在的古道经。⑤

帛和、鲍靓生活的时代是在上清派、灵宝派形成之前,可见三皇派的渊源早于东汉。在魏晋时期,可能并没有道教派别意义上的"三皇派",奉持《三皇经》的人也

---

① (北周)宇文邕撰《无上秘要》卷六,《道藏》第25册,第19、20页。
② 〔日〕安居香山、中村璋八辑《纬书集成》中册,第876、877页。
③ 王明:《太平经合校》,第703页。
④ 王明:《太平经合校》,第23页。
⑤ 《太平经》记载:"如得三皇之文者,即其上也。"所以,《三皇文》可能在《太平经》之前既已存在,但不一定就是帛和、鲍靓所传之文。

许会同时奉持其他道教经典，比如郑隐、葛洪等人就是如此。据《无上秘要》卷四三《修道冠服品》引《洞神八皇经》的资料来看，南北朝时奉持三皇系经典的道士，既有经戒，又有法箓符图、斋醮科仪等，还有法服；唐中叶张万福《三洞众戒文》《传授三洞经戒法箓略说》亦讲到三皇经戒和三皇法箓。所以，魏晋南北朝至唐初，可以认为存在经教意义上的三皇派。丁培仁先生亦认为在南北朝时期，"称三皇为一经教派别，也未尝不可。至唐，犹有称三皇内景弟子者"①。

《三皇经》传至南朝，为陆修静所得并汇归一流，立成威仪。后传孙游岳，再传齐梁时陶弘景，由陶弘景加以发挥。其道派传诵《三皇经》，习炼召劾鬼神的法术。唐代一度遭禁，但仍有流传。遭禁的原因是说《三皇经》中有图谶预言，因此太宗敕旨焚之。唐释道宣《集古今佛道论衡》卷三载，贞观二十二年（648）十月，有吉州上表云："有事天尊者，行三皇斋法。依检其经，乃云欲为天子，欲为皇后者，可读此经。"吏部杨纂等议云："依识《三皇经》，今与老子《道德经》义类不同，并不可留，以惑于后。""敕旨其《三皇经》并收取焚之，其道士通《道德经》者，给地三十亩。"② 元释念常《佛祖历代通载》卷六曰："道家《三皇经》，乃鲍静所撰十四纸也。彼曰：凡诸侯有此文者必为国王，大夫有此文者为人父母，庶人有此文者钱财自聚，妇人有此文者必为皇后。既犯国讳，永康中被诛。出《晋史》。后人改曰《三洞》。至唐二十年贞观间，吉州囚人刘绍妻王氏，有《五岳真仙图》及鲍静所撰《三皇经》。时吉州司法参军吉辨因检囚，于王氏处得之申省，敕令邢部郎中纪怀业等，追京下道士张惠元、成武英等勘问，得在先道士鲍静所撰妄为墨本，非今元等所造，敕令毁除。追诸道士及百姓有此文者，其年冬并集得之，遂于礼部厅前悉焚之。"③ 于是一场焚经运动便大举施行，从而沉重地打击了三皇派。然而无论是古本的《三皇经》，还是犹存的《三皇经》，书中并无这些图谶预言内容，显然载有图谶预言的《三皇经》当为民间流传的伪作，以致造成一件冤案。

五代杜光庭删定《洞神三皇七十二君斋方忏仪》，宣称三皇属下有七十二君，即东方九天帝君、岁星木德苍龙七宿中外诸星官，南方九天帝君、荧惑火德朱鸟七宿中外诸星官，西方九天帝君、太白金精白虎七宿中外诸星官，北方九天帝君、辰星水德玄武七宿中外诸星官；东方九土皇君、东岳山川丘陵原阜江海溪谷一切众灵，南方九

---

① 丁培仁：《三皇经新考》，《宗教学研究》2012 年第 4 期。
② 〔日〕小野玄妙等编《大正藏》第 52 册，台北：佛陀教育基金会，2015，第 386 页。
③ 〔日〕小野玄妙等编《大正藏》第 49 册，第 518 页。

土皇君、南岳山川丘陵原阜江海溪谷一切灵官，西方九土皇君、西岳山川丘陵原阜江海溪谷一切灵官，北方九土皇君、北岳山川丘陵原阜江海溪谷一切灵官，"今以一心回向大道，归依上帝，委命真皇，启建宝斋，备依仪式。乞使四时应序，万物生全，风云长契于祯祥，水旱不为其灾沴。皇帝德符天地，道契羲黄。福庭下际于八纮，寿域上参于七政。家国隆盛，遐迩晏安。内外士民，同沾善庆。得道之后，与皇君合真"①。说明唐末道教三皇派仍有活动，并有科仪传世。元代再度遭禁，并有焚经之祸，《三皇经》被焚，三皇派遂绝。

  鲍靓得《三皇经》于嵩山刘君，后授葛洪，葛洪后传至陆修静，陆修静传孙游岳，孙游岳传陶弘景。《三皇经·序》称孙游岳有四卷本，后陶弘景分析支流增至十一卷，此外别有十四卷本流行于南北朝隋唐之际。《三皇文·序目》云："《小有三皇文》本出《大有》，皆上古三皇所受之书也。《天皇》一卷，《地皇》一卷，《人皇》一卷，凡三卷，皆上古三皇时所授之书也。作字似符文，又似篆文，又似古书。各有字数。神宝君所出，西灵真人所撰。此文在小有之天玉府之中。诸仙人授之，以藏诸名山石室，皆不具足，唯蜀郡峨嵋山具有此文。昔仙人智琼以《皇文》二卷见义起，不能解，遂还之。王公以帛公精勤所得，传之贤达，宣行至今。《大字序说》十四篇，是天文次第之诀。《小有经》下记所载十一卷，推部本经，分别仪式，合一十四卷。今孟先生所录者，是其山中所传，犹十一卷。此二本并行于世。抱朴子云：'昔黄帝东到青丘，过风山，见紫府先生，受《三皇内文》。'晋时鲍靓学道于嵩高，以惠帝永康二年于刘君石室清斋，忽有《三皇文》刊石成字，乃依经以四百尺绢告玄而受。后亦授葛洪。按《三皇经序》云：'鲍君所得石室之文，与世不同，洪或兼受也。陆先生时所得初传弟子孙游岳，有四卷而已。孙后传陶先生。'先生分析支流，稍至十一卷耳，即山中所传者是。《命召咒文》云：'三皇治世，各受一卷以理天下。有急，皆召天地鬼神敕使之，号曰《三坟》。后有八帝，次三皇而治人。'各授一卷，凡八卷，号曰八索。八帝之治，邪鬼逆窜。黄帝述以断邪恶。"② 至北宋王尧臣等编《崇文总目》载《三皇经》三卷，则题名阴长生撰。

  那么，《三皇文》又是什么性质的道经呢？葛洪曰："余闻郑君言，道书之重者，莫过于《三皇内文》《五岳真形图》也。古人仙官至人，尊秘此道，非有仙名者，不

---

  ① 《道藏》第18册，第307页。
  ② （北宋）张君房编《云笈七签》卷六，《道藏》第22册，第23页。

可授也。受之四十年一传，传之歃血而盟，委质为约。诸名山五岳，皆有此书，但藏之于石室幽隐之地，应得道者，入山精诚思之，则山神自开山，令人见之。如帛仲理者，于山中得之，自立坛委绢，常画一本而去也。有此书，常置清洁之处。每有所为，必先白之，如奉君父。其经曰，家有《三皇文》，辟邪恶鬼，温疫气，横殃飞祸。若有困病垂死，其信道心至者，以此书与持之，必不死也。其乳妇难艰绝气者持之，儿即生矣。道士欲求长生，持此书入山，辟虎狼山精，五毒百邪，皆不敢近人。可以涉江海，却蛟龙，止风波。得其法，可以变化，起工不问地择日，家无殃咎。若欲立新宅及冢墓，即写《地皇文》数，十通，以布着地，明日视之，有黄色所着者，便于其上起工，家必富昌。又因他人葬时，写《人皇文》，并书己姓名着纸里，窃内人家中，勿令人知之，令人无飞祸盗贼也。有谋议己者，必反自中伤。又此文先洁斋百日，乃可以召天神司命，及太岁日游五岳四渎，社庙之神，皆见形如人，可问以吉凶安危，及病者之祸祟所由也。又有十八字以着衣中，远涉江海，终无风波之虑也。又家有《五岳真形图》，能辟兵凶逆，人欲害之者，皆还反受其殃。道士时有得之者，若不能行仁义慈心，而不精不正，即祸至灭家，不可轻也。"①

　　紫微道人《三皇内文遗秘后序》："金阙神章，三皇默秘之文也。在天与天为道，而统五行，着万神，主万象。在地与地为德，宰万物，擒精怪，斩邪神。故为无上御摄之法，至神不死之道也。内隐阴阳六化之功，使修行之人，不遭外患。居山止洞林境，修真养素，求访山中岩谷，若非斯文，则精怪以祸人之性命者多矣。故世市闹宅，堂室舍宇之中，或年深绝于无人之迹，精邪尚有存焉，而况于深山幽谷，穷路林芳之处也。居山守静，若不怀斯文者，如将身自投于死地。今降斯文，以辨邪正，令后学仙之士，不遭祸患，横伤命耳。"② 显然，《三皇文》主要是一些劾召鬼神、驱邪治病的云篆符书。

三　三皇派的神仙谱系

　　道教尊三皇为始祖，并将其纳入神仙谱系之中。唐陆希声《道德经传序》曰："大道隐，世教衰，天下方大乱。当是时，天必生圣人。圣人忧斯民之不底于治，而

---

① 王明：《抱朴子内篇校释》，第336页。
② 《道藏》第18册，第581页。

扶衰救乱之术作，周之末世其几矣。于是仲尼阐三代之文以扶其衰，老氏据三皇之质，以救其乱，其揆一也。""昔伏羲氏画八卦，象万物，穷性命之理，顺道德之和。老氏亦先天地，本阴阳，推性命之极，原道德之奥。此与伏羲同其原也。文王观大易九六之动，贵刚尚变，而要之以中。老氏亦察大易七八之正，致柔守静，而统之以大。此与文王通其宗也。孔子祖述尧舜，宪章文武，导斯民以仁义之教。老氏亦拟议伏羲，弥纶黄帝，冒天下以道德之化，此与孔子合其权也。此三君子者，圣人之极也。老氏皆变而通之，反而合之，研至变之机，探至精之归，斯可谓至神者矣。"①认为老子道家直接承袭了三皇的法脉，而传大易之学于后世。

《道教本始部》说："正真之教者，无上虚皇为师，元始天尊传授，泪乎玄粹，秘于九天，正化敷于代圣，天上则天尊演化于三清众天，大弘真乘，开导仙阶；人间则伏羲受图，轩辕受符，高辛受天经，夏禹受洛书。四圣禀其神灵，五老现于河渚，故有三坟五典。常道之教也，返俗之教者，玄元大圣皇帝以理国理家。灵文真诀，大布人间；金简玉章，广弘天上。欲令天上天下，还淳返朴，契皇风也。"② 从而把三皇五帝全部纳入了道教神仙谱系之中，成为道教史上著名的代表人物。

道教是一种崇拜祖宗、信仰神灵的中国本土宗教。三皇派始立，即把三皇纳入其神系之中。再来看这段文字，据《三皇经》记载："三皇者，则三洞之尊神，大有之祖气也。天宝君者，是大洞太元玉玄之首元。灵宝君者，是洞玄太素混成之始元。神宝君者，是洞神皓灵太虚之妙气，故三元凝变，号曰三洞。气洞高虚，在于大罗之分。故大洞处于玉清之上，洞玄则在千上清之域，洞神总号则在于太极。大洞之气则天皇是矣，洞玄之气则地皇是矣，洞神之气则人皇是矣。天皇主气，地皇主神，人皇主生，三合成德，万物化焉。故天皇起于甲子元建之始，治于太元三玄空天；地皇起于甲申太灵之始，治于三元素虚玉天；人皇起于甲寅虚成之始，治于七微浩郁虚玉天。天皇之神，先天而生，后改化治世各一万八千岁而升，又有八帝，次其治即女娲伏羲之前也。所受灵书妙术，佐圣辅治，凡有帝王之君，必应以济世立教，其道行焉。天皇之治，料理更始，开受皇文，以定后化，记尽开立之事，三千六百年毕竟。天皇化去，地皇受纪，追摄政事。后上启太极，后受地皇文，以定天地更始之化，所受大有之纪，以枝新化之物，一以平焉。天皇受大有敕玄妙图书皇文十四篇，召天地

---

① （北宋）张君房编《云笈七签》卷一，《道藏》第22册，第6页。
② （北宋）张君房编《云笈七签》卷三，《道藏》第22册，第12页。

之神，九天高上推校天地更纪，万物更化之始始之。地皇修续其后，复上受皇文，又召会群神，以大有玄中玄妙图书推校，今之鬼神天地新化之种类方面，属类数之政定，又天地有福，地化而不流，物迫而不死，得在七百二十门中，化而不改容，因而易类而心不移，宿命存者，正定天皇、地皇，各三千六百年毕竟，各能化形为神。"①也就是说在人类尚未诞生的时候，世界上首先存在的神灵是三皇——天宝君、灵宝君、神宝君，他们改化治世各一万八千岁，完成了自己承担的历史使命，后退隐升天。

三皇派神系中的三皇，分为初、中、后三皇，实则为"九皇"。三皇九君，"其神本一，其应则殊，引初及中，阶级亦异，至于极诣，故复还同也。初皇不言为化，中皇微言以教，后皇结绳而治。学士谛识九皇，先学后三，须能结绳，次至微言，乃极无言，与道同"②，昭示着人类的精神世界如何到达归真返璞、与道合一的境界，这也正是道教信仰三皇九君的人文价值。东晋道经《洞神八帝妙精经》中所言"九皇"，是指初三皇、中三皇、后三皇，他们代表着人类历史发展的不同阶段。首先，初三皇代表初始阶段生命存在的状态，没有任何的人格意志。

图1 初三皇 采自《洞神八帝妙精经》

---

① （北周）宇文邕撰《无上秘要》卷六，《道藏》第25册，第19、20页。
② 《洞神八帝妙精经》，《道藏》第11册，第388页。

初天皇君长九寸，披青锦帔，着青锦裙，戴九天宝冠，执飞仙玉策。初地皇君长九寸，披白锦帔，着素锦裙，戴三晨玉冠，执元皇定录之策。初人皇君长九寸，披黄锦帔，着黄锦裙，戴七色宝冠，执上皇保命玉策。其形象为人，峨冠博带，宽衣大袖，俨然南朝官员的仪态。世界的秩序因此在初三皇的治下有条不紊，文明的光芒酝酿其中。

图2 中三皇 采自《洞神八帝妙精经》

中天皇为"人面蛇身"，有十三个头。他姓望，名获，字闿，"主治云中百二十魆鬼，千二百游行鬼贼、万二千阴邪之魁"。中地皇为"人面蛇身"，十一头。他姓岳，名铿，字紫元，"主治八荒四极，三河四海，川溪谷龙，蛇龟鳖鼋鼍，老魁为人作精祟者"。中人皇"人面龙身"，九头。他姓恺，名胡桃，字文生，"将天地水三官兵万万九千人，主治一切七世父母，三曾五祖，三鬼五神，内外男女，伤死客亡，堕水产乳，恶禽猛兽，木石所杀，刑岳刀兵之鬼，为人作精祟者"。① 这三位皇君，"是玄、元、始之应变"，仍然是绵延不息的元气生化的产物。不论是"人面蛇身"，还是"人面龙身"的混合，都包含着早期文明中图腾崇拜的因素，暗示着人类从众多生物中脱颖而出。

后三皇的时代，彰显着文明曙光的初现。是他们创造的不朽功德业绩，引导了精神自觉的潮流。"天皇君人面蛇身，姓风，名庖牺，号太昊。后地皇，地皇君人面蛇身，姓云，名女娲，号女皇。后人皇，人皇君牛面人身，姓姜，名神农，号炎帝。右后三皇，玄元始三炁，化为三元，变为三台，应形以异，率异归同。学士建功，象效三台。仁礼信义智为五通，通此五德，三五炁和，八达六通，成真圣也。"② 五德的

---

① 《道藏》第11册，第387页。
② 《道藏》第11册，第388页。

图3　后三皇　采自《洞神八帝妙精经》

建立，标志着人类文明的开始。

三皇派建有较为完整的神鬼谱系，主要尊奉的神明是后三皇：天皇庖牺、地皇女娲、人皇神农、五岳之神等。《太上洞神三皇传授仪》收载的三皇神系十分庞大。

天皇庖牺，亦号伏羲、伏牺、包羲。宋罗泌《路史》讲述了伏羲的事迹。

> 太昊伏羲氏，方牙，一曰苍牙，风姓，是为春皇，包羲，亦号天皇、人帝、皇雄氏，苍精之君也。母华胥，居于华胥之渚，尝暨叔嬬，翔于渚之汾，巨迹出焉，华胥决履以蜷之。意有所动，虹且绕之，因孕。十有二岁，以十月四日降神，德亥之应，故谓曰岁。生于仇夷，长于起城，龙身牛首，渠肩达掖，山准日角，奫目珠衡，骏毫翁鬣，龙唇龟齿。长九尺有一寸，望之广，视之专。继天出震，聪明睿智，盖承岁而王，以立治纪，而万世循用之。肇修文教，为百王典以载德。自木，木实丽，东道不可尚，同乎元气，是称太昊。得乎中央，别而全宿而有成，因号伏羲。自有句而应世，故又曰有句氏。方是时也，天下多兽，教人以猎。豢育牺牲，服牛乘马，草鞬皮蒙，引重致远，以利天下，而下服度。天出文章，河出马图，于是观象于天，效法于地，近参乎身，远取诸物，兆三画，著八卦，以逆阴阳之微，以顺性命之理，成神明之德，类万物之情，而君民事则阴阳，家国之事始明焉。微显阐幽，章往察来，于是申六画，作十言，以明阴阳之中，以厚君民之德于，以洗心退藏于密。观象之变，爻之动，于是穷天地之用，

极数之原，参天两地而倚数，以成变化，而行鬼神。八卦而小成，因而重之，以尽生生之理，而天地之蕴尽矣，所谓先天易也。原始反终，神明幽赞，于是神蓍着地，灵龟出洛，乃穷天地之赜，极天下之动，以龟为策，以蓍为筮，献南占之，一十八变而成卦，以断天下之吉凶。出言惟辞，制器惟象，动作惟变，卜筮惟占。政治小大，无非取于易者。紾离象法，蟞狐作，为冈罟，以畋以鱼。化蚕桑为繐帛，因冈罟以制都市，给其衣服，霾龙时瑞，因以龙纪官，百师服皆以龙名。作为龙书，以立制号而同文。稽夬象，肇书契，以代结绳之政。百官以治，万民以察，而文籍由是兴矣。于是尽地之制，分壤时谷，以利国用。必不自圣庸，委师于宛华。爰兴神鼎，制郊禅，即命臣芒，庖牺登鳖，使鬼物以致群祠，而升荐之。正姓氏，通媒妁，以重万民之丽。丽皮荐之，以严其礼，示合姓之难，拼人情之不渎。法乾坤，以正君臣父子夫妇之义。①

亦言伏羲生有异象，肇始人文，成为后世百王效法的榜样。

天皇伏羲下属有太上上真、上部功曹、都部功曹、左都部功曹、右都部功曹、中官都部功曹、都官前部功曹、都官后部功曹、太官上部功曹、上官下部功曹、上真促忝功曹、促忝左功曹、促忝右功曹、定忝功曹、左定忝功曹、右定忝功曹、阴阳功曹、左阴阳功曹、右阴阳功曹、太官左生忝功曹、太官右生忝功曹、中官中生忝功曹、太官中生忝功曹、左都官生忝功曹、右都官生忝功曹、治病功曹、左右治病功曹、左大官五忝功曹、太官都监功曹、太官左都监功曹、太官右都监功曹、右太官五忝功曹、中太官五忝功曹、太官监察功曹、左太官监察功曹、右太官监察功曹、太官三五功曹、左太官三五功曹、右太官三五功曹、中官三五功曹、都官三五功曹、九宫功曹、左九宫功曹、右九宫功曹、五星玉仙功曹、五星玉仙左功曹、五星玉仙右功曹、太官都使者、左都部使者、右都部使者、太官下部使者、上官下部使者、下官上部使者、下官都部使者、上官下部左官使者、上官下部右官使者、太和左官使者、太和右官使者、邋贤使者、邋贤左使者、邋贤右使者、洞达远察使者、洞建远察左使者、洞达远察右使者、无极洞明上官使者、都部功曹使者。

地皇女娲，是另一位颇具神话色彩的传奇人物。相传女娲曾抟土造人，炼五色石补天，断鳌足以立四极，发明笙簧等乐器，为女媒而设置婚姻，是中华民族的总先

---

① （南宋）罗泌撰《路史》卷十，《景印文渊阁四库全书》第383册，第72~75页。

妣。宋罗泌《路史》详细讲述了女娲的事迹。

> 女皇氏炮娲,云姓,一曰女希,蛇身牛首宣发,太昊氏之女弟。出于承匡,生而神灵亡景亡譻,少佐太昊,祷于神祇,而为女妇,正姓氏,职婚姻,通行媒,以重万民之判,是曰神媒。太昊氏衰,共工为始作乱,振滔洪水,以祸天下,骙天纲,绝地纪,覆中冀,人不堪命。于是女皇氏役其神力,以与共工氏较。灭共工氏而迁之,然后四极正,冀州宁,地平天成,万民复生,炮娲氏乃立,号曰女皇氏。治于中皇山之原,所谓女娲山也。继兴于丽,爰绝瑞席萝图,承庖制度,袭水胜,主于东方。造天立极,惟虚亡醇一,而不嘤喋于苛事。上际九天,下契黄垆,合元履中,开阴布纲,而下服度。乃命臣随,作制笙簧,以通殊风,以才民用。命娥陵氏,制都良之笃,以一天下之音。命圣氏制颁笃,以合日月星辰,以易兆之晨作充乐,用五弦之瑟于泽丘,动阴声极,其数而为五十弦,以交天侑神。听之悲不能克,乃破为二十五弦,以仰其情。具二均声乐成,而天下幽微,亡不得其理。总紒而笄加之,聚带而头饰用。于是乘雷车,辀六螯,以御天。申祠祝而枚,占之曰吉。乃设云幄,而致神明,道标万物,神化七十。罢车出泽,马来川岳,效灵微,纬应理,是故馨烈弥椒,不设法度,而以至德遗后世。治百有三十载而落,其肠爰化而神,居于栗广之野,横道而处,站王裕于堇龙、古塞洪河之流,是为风陵堆也。①

其丰功伟绩,从远古流传至今。在古代,把伏羲、女娲与神农氏列为三皇,认为他们是中国历史上先于五帝的开辟时代的圣王,并为他们立传。

地皇女娲下属有太官监天使者、左官监天使者、右官监天使者、都官监天使者、无上正一监地使者、左监地使者、右监地使者、中官监地使者、太官监地使者、上官监水使者、左官监水使者、右官监水使者、中官监水使者、正一官监水使者、太官监兵使者、真正官监兵使者、真正左官监兵使者、真正右官监兵使者、真官监兵使者、正一都官监兵使者、太官监属使者、左官监属使者、右官监属使者、正一都官监属使者、太上监生东岳使者、南岳使者、西岳使者、北岳使者、中岳使者、东海使者、南海使者、中海使者、西海使者、北海使者、水官使者、主正真三河使者、九江使者、

---

① (南宋)罗泌撰《路史》卷十一,《景印文渊阁四库全书》第383册,第83、84页。

主七十二名山使者、汤谷神王主八极使者、正真神主山林孟长十二淮济使者、主十二河平侯使者、左玄大将军、右玄大将军、中玄大将军、上一大将军、中一大将军、下一大将军、前一大将军、后一大将军、上元大将军、中元大将军、下元大将军、太元玄元大将军、左太元玄元大将军、右太元玄元大将军、太元上部大将军、太元下部大将军、太初大将军、太初左领大将军、太初右领大将军、太初前部大将军、太始大将军、太始左大将军、太始右大将军、太始前大将军、太始后大将军、太始中玄大将军、太始上玄大将军、太始下玄大将军、太素上元大将军、中元大将军、下元大将军、左玄大将军、右玄大将军、前部大将军、后部大将军、太上神明、太仪大将军、太上大将军、左领大将军、右领大将军、前部大将军、后部大将军、上素大将军、中素大将军、下素大将军、太玄大将军、左上大将军、右上大将军、前部大将军、后部大将军、中玄大将军、下玄大将军、真玄大将军、太素太宝大将军、大玄太宝大将军、太宝左将军、太宝右将军、太宝中将军、太宝前部大将军、太宝后部大将军、上元大宝大将军、中元大宝大将军、下元大宝大将军、神荼郁垒、五道九皇君、五仙九灵皇极君、皇极九灵君、皇极君、皇灵君。

  人皇神农，或称为炎帝神农，是中国古代传说中的一位远古帝王，是原始农业的创始人，还发明了最早的医药等，为原始渔猎时代进化至农耕时代做出了重要贡献，所以备受先民推崇，是一位非常了不起的伟大人物。在传世文献中，有很多关于神农氏或炎帝神农的传说与记载。如《周易·系辞下》说"包牺氏没，神农氏作，斫木为耜，揉木为耒，耒耨之利，以教天下"①。意思是说远古时代先民们以渔猎为生，神农氏用木制作农具，才开创了人类进入原始农业社会的新纪元。以后黄帝和尧舜相继兴起，不断改良生产工具，从而使人们的社会生活也得到了不断的改变和提高。

  宋罗泌《路史》详细讲述了神农的事迹。

    炎帝神农氏，姓伊耆，名轨，一曰石年，是为后帝皇君，炎精之君也。母安登，感神于常羊，生神农于列山之石室。生而九井出焉。初少典氏取于有蟜氏，是曰安登，生子二人，一为黄帝之先，袭少典氏；一为神农，是为炎帝。炎帝长于姜水，成为姜姓，其初国伊继国耆，故氏伊耆。长八尺有七寸，弘身而牛颠，龙颜而大唇，怀成铃，戴玉理，生三辰而能言，五日而能行，七朝而齿具，三岁

---

① （清）阮元校刻《十三经注疏》上册，第86页。

而知稼穑般戏之事，必于黍稷日，于淇山之阳，求其利民。宜久食之谷，而艺之天，感嘉生菽粟，诞苓爰勤，收拾刚壤地而时焉。已则鳌年五子偕至，神农灼其可以养民也。于是因天之时，分地之利，垡土曀秽，烧麋埒野，以教天下播种，嗣瓜蓏之实，而省杀生之敝。始诸饮食，烝民乃粒，惟生亡德，咸若古政。于是师于悉诸九灵，学于老龙吉祖，其高矩以致于理，受火之瑞，上承荧惑，故以火纪时焉。于是修火之利，范金排货，以济国用，因时变煤，以抑时疾，以炮以燀，以为澧洛。谓木器液，金器腥，圣人饮于土而食于土，于是大埏埴以为器，而人寿官长师事，悉以火纪，故称炎焉。肇迹列山，故又以列山厉山为氏。预若天命，正气节，审寒暑，以平早晚之期。谓人之生，太仓为主，而太仓谷为主，天下万物亡以易于谷。于是斫木为耜，揉木为耒，踌穷发跛，芃野制晦，清甽分龙，断而戒之耕。然后六谷膴，以供粢盛，而给军国，爰布国禁，春夏所生，不伤不害，谨修地利，以成万物……乃命司怪主卜，巫咸巫阳主筮。于是通其变，以成天地之文；极其数，以定天下之象。八八成卦，以酬酢而佑神，以通天下之志，以定天下之业。谓始万物，终万物者，莫盛乎艮。艮，东北之卦也。故种艮以为始，所谓连山易也。故亦曰连山氏。谨时祀尽敬而不蕲，喜抱春间焚，封豨块，桴土鼓，以致敬于鬼神，而上下达矣。①

人皇下属有导神通明君、显皇通炁君、皇神通元君、皇天太上阳明兄公君、九炁通真君、九曜元灵君、太极返真君、少阳君、上灵太仙君、皇极玉童君、皇极青腰玉女、东皇青阳明灵仙童、元皇青帝勾芒君、皇仙大洞元灵君、赤灵太阳太丹君、执法延寿司录君、曜灵南极丈人、玉童、皇灵赤帝玉女、赤帝绛章仙童、南极太皇宝魄曜魂君、赤帝祝融太阳君、太白子留元道君、元素元皇君、浩皇元素玉童、化皇元灵玉女、九皇大洞玉机玉女、西皇白帝素仙灵童、元皇元影宝魂定魄君、太皇白帝蓐收少阴君、东极灵宝元君、真灵五灵元华君、太皇五灵玉仙君、太阴玄门太极五仙君、大辰九皇伐杀君、郁冥皇机君、太元上皇道母玉女、仙皇阴皇仙灵、北太皇宝魄定魂君、黑帝玄冥君、中皇三天都录司命君、中皇洞极玄天君、太山上皇君、领仙元皇玉童、元阳千二百官玉仙君、皇灵太山君、元皇保魂曜魄君、中皇后土三泰千二百官君、皇灵度世升玄功曹、皇灵阴阳治病功曹、洞元功曹、洞天元炁治病功曹、洞天治

---

① （南宋）罗泌撰《路史》卷十二，《景印文渊阁四库全书》第383册，第89、90页。

病功曹、阴阳护命功曹、紫元度命更生功曹、洞天无极度命功曹、洞天太元度命功曹、洞天紫元虎符将军、洞天无极虎符将军、洞天太元虎符将军、洞天虎贲郎吏、符吏洞天虎贲郎吏、金刚大将军、金刚左将军、金刚右将军、金玄大将军、金玄左将军、金玄右将军、金威大将军、金威左将军、金威右将军、金光大将军、金光左将军、金光右将军、破敌金刚、将赍章飞龙骑、天兵骑吏、开通仙路骑、上皇真人、高车剌吏、三阳功曹、五阳功曹、皇真天君吏、左右执法君、左右执法吏、皇天执法君、皇天执法吏、上三天执法开化君、左右阴阳功曹、明导吏、通玄吏、通真吏、通道吏、通精吏、通神吏、通炁吏、长生吏、直符吏、直事吏、金刚功曹、主簿干佐、传言书佐、习事小吏、零下五百吏、云中辅章吏。①

东晋道经《洞神八帝元变经》宣称，道符是天仙召役之神文，学者灵章之秘宝，"故道家以灵文太版、真文大字，及都箓鬼符，并是役神之秘书，阶仙之典诰。真人隐要，莫不因符。能效诸符之力也，或致天神地祇，或辟精魅，或服之长生不死，或佩之致位显达"，并谓天地间有八大鬼神，"南斗吏佐，列宿群神，名曰皇天使者，各有为直日，来下人间，遍游于世，营护学道之人。若有术者，精诚学道，心业纯粹，好饵符药，闲习禹步，此等八神，即来奉事。如侍天官，常加覆护，安营无息。而吉凶未象，祸福始萌，神能逆知，预来诫告，又令术者常得斯益。然群神呈效，各有所长，业行殊能，功用不一。或能辟兵来敬，雪怨报仇。或取药供人，令得仙道。或招官除谤，致悦兴财。或令致真见神，洞鉴精魅。或能转祸为福，取食赡饥。或作医巫，预知生死，千里转通，令人聪慧，广取财金，以供学者。或令田蚕倍收，珍物尽致。或令夜行禳盗，辟虎追奔。斯等之效，动延万品，若欲备言，书不能述，略陈功用，并写神图，依经列次第，条之如左"②。

---

① 《道藏》第32册，第644~647页。
② 《道藏》第11册，第394页。

早期道教的性观念与婚姻态度

强 昱

内容提要：与儒家对性与婚育问题的暧昧态度不同，道教自创立以来，逐步对此展开了十分系统深入的探索。从未将正常生理本能的满足视为洪水猛兽的道教理论家与修行者，为后人留下了一份重要的精神财富。在"人的尊严与发展"的主题下进行的说明，较为具体地揭示了早期道教独特的认识和实践关切。

关键词：守一　精气神　黄赤之道　偶景　丹田

作者简介：强昱，北京师范大学哲学学院、价值与文化研究中心教授。

汉民族对性的问题历来态度保守，是一般人共同的印象。然而认真回顾秦汉的文化与早期道教的历史，事实却并非如此简单。马王堆汉墓的惊人发现，不仅让后人见识了当时贵族上层日常生活的重要侧面，而且也使学者们能够透过发掘出来的文献，重新认识《汉书》记载的"房中术"部分实际流行于社会的客观情形。我们可以猜想与性行为以及婚姻问题关系密切的房中养生，逐步进入道教的理论实践中，必然经历了较为漫长的时间。道教对房中问题的回应与继承发展，可以视为从上流社会到民间下层的普及。

一　女仙的导师身份

《汉武帝内传》中刻画的众多女仙形象颇耐人寻味，以导师的身份出现的诸女仙降临宫阙，是对虔诚求仙的汉武帝的正面鼓励。主角既贵为天子，且身处男权为主的时代发生的神学事件，哪怕是出自道教中人刻意的杜撰编造，其反映的思想观念也值

---

* 本文为国家社科基金项目"六朝道教《因缘经》的哲学观与实践论"（项目批准号：19BZJ045）的相关成果之一。

得认真考虑。获得尊贵无比的西王母的垂青，毫无疑问是人生的幸运。问题是随从西王母闪亮登场的诸女仙的光彩令陪侍的众男神黯然失色，不禁促使我们思考男女尊卑地位的转移背后隐藏的信念问题。

武帝首先关注的是"不审服御可以永久者，吐纳可以延年者"的真伪，祈求王母"乞赐长生之术"而解决生存的困境，达到"暂悟于行尸之身"的永恒解脱的目的。表示"将告女要言"的王母则欣然指出，"夫欲长生者，宜先取诸身，但坚守三一"乃是核心要诀，并且以"我曾闻天王"的语言告诫膜拜于己的武帝刘彻，绝对不能将此宝贵教诲等闲视之。如果以为"呼吸六气，安在一身。灌溉三宫，近出阿庭"的修行实践不过尔尔，那么就会产生"浅薄其术"的心理，甚至是出现"弃而不为"的行径，直率地予以"其大憨者也"的痛斥，突出地强调精气神"三一"的重要性。循序渐进地"呼吸六气"而使之"安在一身"的努力，正是"灌溉三宫"的三丹田指向的对象。当"六气"处于饱和状态时，能够逐步"近出阿庭"的明堂，标志着曾经走向凋敝的生命开始复苏。实际上"坚守三一"是整个六朝时期道教各个派别的普遍共识，可以从《老子节解》中获得参证。[①]

成书早于《汉武帝内传》的《老子节解》对实践准则的论述，又是对《太平经》思想的继承发展。认为如果缺乏对"三一"的自觉，则"人不修其一"的直接结果是将不可避免地出现"朝夕自饰而生病"的现实危机和芸芸众生"故心荒芜也"（释"田甚芜"）的心灵判断力的沦丧，因此乃是"不修其一"的反映。创造力的贫乏与"不守固其一，则五脏空乏"互为表里，内心世界"虚"（释"仓甚虚"）的个人无法回应自然与社会的挑战。虽然汉武帝不失为雄才大略的一代帝王，但是在《汉武帝内传》笔下的上元夫人眼中不过是"五浊之人"而已。同常人一样"耽酒荣利，嗜味淫色"而不能自拔，沉湎于"固其常也"的荒唐放纵，是否具有坚定的向道之心当然值得怀疑。况且刘彻自身"以天子之贵，其乱日者，倍于常人焉"的生活状态，能不能通过"呼吸六气"发生改变同样需要考虑。即在"服御"与"吐纳"中达到平衡，是汉武帝的当下诉求。而上元夫人以为离开了守一或修一，任何"长生之术"仅仅是虚伪的工具。在西王母的要求指示下，上元夫人对汉武帝提出了传授"长生之术"的条件：汉武帝如果能够以"亘久"的毅力告别过去的生活，完

---

① 小南一郎对《汉武帝内传》堪称典范的论述值得我们认真参考。〔日〕小南一郎：《中国的神话传说与古小说》，孙昌武译，中华书局，1993，第232页。

全满足"孜孜不泄精液"的修行律法,那么就可以实现"闭诸淫,养尔身"的目标。上元夫人委婉而客气地谢绝了西王母的请托。

房中修炼存在着较为规范的操作技术,未见于《老子节解》的记载。虽然正常的生理需求应当尊重,但是在禁锢与放纵间能否达成统一,考验着每一个人的定力。饮食男女类似军队交战,对老子的"兵"之喻"谓口也"的解释,意为"口强为人所穷,阴强为女所侵也"(释"是以兵强则不胜")的生理冲动,修行者时刻需要保持高度的警惕。一旦忽视了"自恣交接者,则有丧祸之灾"(释"祸莫大于轻敌")的谆谆忠告,各种"贪为交接阴阳,欲得快心"的暂时快感就会把自己推向"生往死还"的深渊。说明"此曰勇也"的轻狂,同"轻道慢神,则致身夭,此曰敢也"的躁动,由于"二者皆自杀也"(释"勇于敢则杀")的同一的本质,左右着每一个人的生存境遇。

> 上兵,谓口也。下兵,谓阴也。口言妄,则自伤,故言谦让也。轻用阴,则丧精,故不敢为唱而为和也(释"吾不敢为主而为客")。(《道德真经注疏》)

个人的放纵贪婪或自以为是会造成形形色色的麻烦,同时还需要注意"自伤"的"言妄"产生的困扰,因此"谦让"不仅反映的是个人的道德修养,而且还表现在性行为过程中对异性具有的平等态度与尊重方面。①

精气神"三一"或三宝,被"轻用阴,则丧精"的个人浪费挥霍,违背了"不敢为唱而为和"的行为规范。人所共知的"攘臂所以表怒"的经验,揭示了"善战不怒,故若无臂可攘也"(释"攘无臂")的心态平和的重要。因此能够自觉珍惜"宝"的"精气"的修行者,摆脱了"轻敌数战,则亡失精神也"(释"轻敌几丧吾宝")的覆辙。显而易见,《老子节解》的作者是以男性立场为出发点而展开自己的讨论分析,不同于《汉武帝内传》以女仙为主角的观念。以《老子节解》为中轴反观《太平经》的"守一"或存思之论,其虽然存在着房中术或明或暗的踪影,但是以基本的理论原理为说明的重点对象缺乏技术性的文字段落。

---

① 大约成书于晋元康年间的《老子节解》是中国哲学史上十分重要的学术作品。拙作《老庄学的时代精神:从〈节解〉到〈道德经义疏〉的道教思想》初步考察了相关的认识节点问题。载于《中国哲学史》2016 年第 2 期。

> 夫神，生于内，春，青童子十。夏，赤童子十。秋，白童子十。冬，黑童子十。四季，黄童子十二。此男子脏神也，女神亦如此数。男思男，女思女，皆以一尺为法。昼使好，令人爱之。不能乐禁，即魂神速还。（《太平经钞·悬象还神法》）

独创了体内神或五脏神的道教认为，冥思的直接对象为个人体内的五脏神。在初始阶段不易凝神静气的修行者，可以借助悬挂大小幅度为"一尺"的画像，帮助自己排除纷扰的意虑干扰而起到入静的作用。白天的效果会好于晚上，且"不能乐禁"即人为产生好恶的心理意识。在不同季节导引胎息，观想各自有别的十位童子。四季中如果能够同十二位黄童子发生共鸣，那么"速还"的"魂神"将激发固有的生命活力，人生状态将获得明显的提升。

上元夫人不愿意向汉武帝传授"真人赤书所出"的经文，绝对不是因为个人的矜持，而是因为"传之既自有男女之限禁"的教条的约束，需要尊重"又宜授得道者"的传统。灵官也明确指出，在"太上科禁"中存在着"女受传女，男受传男"的刑典，违背了"已表于昭生之符矣"的上元夫人，遭受惩罚将是意料之中的事情。虽然《太平经》的"男思男，女思女"的提法，明显有别于《汉武帝内传》的"女受传女，男受传男"的规定，但是只要考虑到传经与修行实践不能彻底分离，自然明白两者的实质并无不同。最终以上元夫人向汉武帝传经而皆大欢喜的结局似乎意味着，一方面上元夫人即使突破了"太上科禁"的限制也依然会获得赦免，另一方面女传男亦非绝对禁止的行为，而取决于受经者个人的身份及其应有的素质。由于《汉武帝内传》的文字表达极为隐晦，我们难以从中一窥房中修炼的具体情况，然而却获得了女仙可以承担男性道众的导师的明确信息。

被道教接纳的房中修炼绝对不可能是大众话题，其秘传属性可以从《汉武帝内传》含糊其词的表述获得证明。按照《真诰》（卷二）的"黄赤之道，混气之法，是张陵受教施化，为种子之一术耳。非真人之事也"（《真诰·运象篇第二》）的记载，早在张道陵创立天师道时，房中修炼即已进入道教内部。虽然明确给予了"非真人之事"的评价，但是"为种子之一术"的作用依然不能否认。准确理解"种子之一术"的内涵，关系到道教自身对房中修炼的认知。[①]

[①] 周予同在《"孝"与"生殖器崇拜"》的文章中，曾经有"假使我们轻薄点说，夫妇的性交，就儒家的解释，实在是在所谓的'替天行道'"的调侃。朱维铮编《周予同经学史论著选集》（增订本），上海人民出版社，1996，第82页。然而此论可成为在性观念和婚姻态度领域把握儒与道之别的对照。

二　神圣婚姻的缔结

　　反对纵欲与禁欲的主张，可以说是道家与道教的一贯传统。如果正当生理欲望的满足被不恰当地否定，那么生命的延续与文明的创造，就会成为严重的问题。在相当长的时间里，人口的多寡被当作衡量拥有的财富数量的指标之一，不言而喻地同对劳动力的占有控制直接联系在了一起。因此既是个人的，又是家族血缘的，同时也是社会的婚姻与生育观，包含着极其复杂的认识与实践背景。自然属性与社会属性统一的人类文明发展程度的高低，必然折射在那一时代的性观念以及对待婚姻的态度上。

　　生命活力的旺盛与否决定着当下的生活质量，尽可能地维持生理机能的和谐有序，是实现长生久视的可靠保障。经历了漫长成书过程的《太平经》对生死问题的认识，典型地反映了早期道教的主张。从草木的枯荣获得深刻启示的道教先知，在日常生活经验的基础上，对生命属性问题予以了神圣化的说明。而对每一个体生命的尊重与敬畏在极其庞大的道教思想体系中，落实在对现实问题的有效解决方面，绝非空洞却美丽的承诺。

　　　　人有命树，生天土各过（当是"处"之讹误）。其春生三月，命树桑。夏生三月，命树枣李。秋生三月，命树梓梗。冬生三月，命生槐柏。此俗人所属也，皆有主树之吏。命且欲尽，其树半生。命尽枯落，主吏伐树，其人安从得活？欲长不死，易改心志。传其树，近天门，名曰长生。神吏主之，皆洁静光泽。自生天之所，护神尊荣。（《太平经·有过死谪作河梁诫第一百八十八》卷一百一十二）

　　如同果仁的生机是在大地回春的季节重新复苏一样，受到时间洗礼的个体生命也必然存在着盛衰的交替。把桑、枣、李等树木与四季匹配，遵循其先验的客观法则作为指导修炼实践的指南，人生不再被动地盲从冥冥中天命冷酷无情的摆布。每一个人的"命树"既存在于天界也存在于人间，即使"主树之吏"的天职非一己之力能够取代，然而通过养护得法的努力付出，能使"命树"生存的周期扩展至极限状态。人所共知，遭受天灾人祸摧残的品质低劣的种子不可能生长出苗壮健康的秧苗。原来后世流行的"种民"概念，一方面指堪受道法品行出众的信徒，另一方面还包含着具有过人的身体素质的要求。①

以为身体素质天生过人的奉道者具有超越常人的优越性,已经暗示着对其智商的肯定。使之自觉践行道教的思想,也就解释了汉武帝能够备受西王母欣赏的理由问题,但是却不能据此得出道教排斥普通大众的结论。可以从《真诰》(卷二)曾经提到的"色观谓之黄赤,上道谓之隐书。人之难晓,乃至于此"(《真诰·运象篇第二》)的文字,具体把握不足为常人所道的原因。其禁秘而"难晓"之处在于,虽然可以指称"命树"的物种,但是"生天土"的详情只有"欲长不死"的有志者才能通过"易改心志"的不懈奋斗,不断"传其树,近天门"而成就自己"长生"的理想期待。由于"主之"的"神吏"苛刻地考核着"命树"的生存变化,非"皆洁静光泽"的欣欣向荣,无法召唤其"自生天之所"发挥"护神尊荣"的作用。浅薄地把尘世的现象与天界的神秘简单等同的结果,必然彻底地丧失了释放生命潜能的机遇。因此《太平经》在强调阴阳调和可贵的同时,又指出服气炼形的功能难得。

> 夫人,天且使其和调气,必先食气。故上士将入道,先不食有形,而食气,是且与元气合。故当养置茅室中,使其斋戒。不睹邪恶,日练其形。毋夺其欲,能出无间去。上助仙真元气天治也。是为神士,天之吏也。毋禁毋止,诚能就之,名为天士。简阅善人,天大喜之,还为人利也。何谓乎哉?然此得道去者,虽不为人目下之用,皆共调和阴阳气也。古者帝王祭天,上神下食,此之谓也。(《太平经·九天消先王灾法第五十六》卷四十二)

家族血缘的延续不绝需要依赖婚姻的缔结。不论男性还是女性,自身是否具有正常的生育能力和建立家庭的经济条件自然是不可或缺的前提。在进入婚育年龄阶段之前"先不食有形,而食气"的"入道"之士,至少已经开始为未来的幸福生活有序地进行着充满期待的准备。

既没有对性能力与性行为狂热崇拜,又没有视之为罪孽丑恶的《太平经》,承认性欲的适度满足的合理性,认为其实际上成为养护"命树"的组成部分。联系传统的孤阳不生、孤阴不成的观念,异性间的"调和阴阳"不能被束之高阁。虽然《太平经》

---

① 姜守诚的最新研究表明,《太平经》中关于房中术的技术操作的分析远不及《天下至道谈》那样具体。姜守诚:《〈太平经〉研究——以生命为中心的综合考察》,社会科学文献出版社,2007,第145页。

没有直接讨论男女双方的交往，但这是作为社会生活必须正视且解决的重要问题，彼此之"和"正是《太平经》的基本原则。随着道教的发展，上清派经典以女性为主导的择偶立场打破了男权至尊的现状。在陶弘景的《真诰》（卷一）中，记载了宣称"我是元君之少女，太虚李夫人爱子也"的紫清真妃直率大胆的求偶表白。

　　（我）非不能采择上室，访搜紫童。求玉宫之良俦，偶高灵而为双。接玄引奇，友于帝郎矣。直是我推机任会，应度历数，府景尘沫，参龙下迈。招冥求之雄，追得匹之党耳。（《真诰·运象篇第一》）

由于"推机任会，应度历数"的历史机遇降迎到紫清真妃身上，因此其"府景尘沫，参龙下迈"的重归尘世，承担了"招冥求之雄，追得匹之党"的神圣使命。远离了往昔"采择上室，访搜紫童。求玉宫之良俦，偶高灵而为双。接玄引奇，友于帝郎"的生活，展现的是神灵济度有缘的博大精神情怀。①

社会成员中存在的"冥求之雄"者，如果能够获得紫清真妃的倾心眷顾，那么必将成为真妃内心"得匹之党"的中意伴侣。而"冥求之雄"就是指那些虔诚向道宿缘深厚的世人，门第与美丑以及财富等绝对不是考虑的因素。与真妃能够产生心灵共鸣的途径，在《老子中经》中进一步把《太平经》的泛称集中指向了体内神方面。

　　得道者，则万神皆来。鸣于腹中，与子相见言语。知身五神，元气流驰，故曰得之若惊。失之若惊者，谓失气亡精。神不行而失一，则头白齿落而死。众人所哭，上屋呼魂，惊于天神，故曰失之若惊也（释"失之若惊"）。（《道德真经注疏》）

净心斋戒是沟通神人的桥梁，修行者"养置茅室中，使其斋戒"的目的，是暂时建立一种能够"不睹邪恶"的环境。在"日炼其形"的冥思过程中，需要"毋夺其欲"而逐步成熟。稳定状态下的魂神"能出无间去"的自由自在，即《老子中经》"鸣于腹中"的"万神"的和谐相处。在此状态下"与子相见言语"的各路神灵答

---

① 王卡的《〈黄书〉考源》对早期天师道房中术作品的流传及产生的社会影响问题的考察，从一个侧面揭示了上清派房中观的变化情形。王卡：《道教经史论丛》，巴蜀书社，2007，第52页。

疑解难，人生的困惑因此烟消云散。

真诚祈求神灵的福佑，在《太平经》与《老子中经》诸经典中，存在着明显的层次之分。同"魂神"产生互动的四季"命树"之神，与遵循着春生夏长秋收冬藏的客观原理具有职能上的差别。与无限世界中的"神士"与"天士"的深度交融，意味着体内神之一的"魂神"活力的空前增长。说明《老子中经》的"知身五神，元气流驰"的状态，大致与《太平经》的"得道去者"相当。只是《太平经》甚至还把"古者帝王祭天"的仪式纳入了存思的范围，并且以为"上神下食"的显灵就是对祭祀者的回报。然而"天神"虽然也是"万神"之一，但是发展至《老子中经》创作的时代，主要指六天之神"天神"的含义，早已不像《太平经》那样笼统。贯通其中的同一的精神就是避免"失气亡精"局面的产生，彻底瓦解"神不行而失一，则头白齿落而死"的生命凋零。回到"上助仙真元气大治"的论述，对照《老子中经》对"守一"的说明分析，由于"一"可以兼指心与神以及气，需要根据语境的不同确定其内涵。因此可以判断敞开大门"招冥求之雄"的紫清真妃，仅仅是以"黄赤之道"为特定的传授对象，向尘世中的意中人发出真诚呼唤，远不及《汉武帝内传》、《太平经》以及《老子中经》等涉及的范围广泛。

而对"偶景"的说明则又从一个具体的侧面，进一步揭示了道教存思的真谛。

> 夫真人之偶景者，所贵存乎匹偶，相爱在于二景。虽名之为夫妇，不行夫妇之迹也。是用虚名，以示视听耳。（《真诰·运象篇第二》）

精神高度专注的修行者受到心理暗示的影响，以为受到神灵的启示而形成的宗教体验或经验，普遍存在于各大社会化的宗教体系之中。与域外宗教不同的是，中国的道教往往把被异族强调的信仰理解为属于个人生命体验的产物。既需要知识的学习也离不开个人实践的存思，因此使"黄赤之道"发展至极变成了纯粹精神性的欢娱。肉体的或性欲的享乐被视为浅薄低级的东西，不足与"虽名之为夫妇，不行夫妇之迹"的"偶景"相提并论。[①]

也许后世成熟内丹学的婴儿姹女之说，就是对"所贵存乎匹偶，相爱在于二景"

[①] 陈国符在《道藏源流考》（新修订版）中精确地区分了道法与佛法的差异。陈国符：《道藏源流考》，中华书局，2014，第354页。

的直接提炼。而"守一"的智慧本身来自老子的洞见，则超越生命的终结造成"众人所哭，上屋呼魂，惊于天神"的情感束缚者的心灵能够保持一贯的平静，得益于长期塑造的"偶景"生起的陶醉怡悦。反观《太平经》的"毋禁毋止，诚能就之"的"和调气"的向往，其"虽不为人目下之用"的自觉，指向的终极目标是"皆共调和阴阳气也"的宇宙万物的普遍和谐。道教始终把社会责任义务的担当作为个人价值实现的组成部分，而统一于身心的修炼活动之中。

三　实践的禁忌规定

失传甚久的《天下至道谈》作为马王堆发掘出土的众多文献中的一种，对性行为过程中女性生殖器官的变化的精确描写以及体位姿势的说明，揭示了达到高峰体验的技术操作的规范，同域外以"爱经"为题的作品论述的重点为性意识或性心理的态度存在着极其鲜明的反差。虽然性行为中产生的生理的愉悦感也是被讨论的对象，但是其目的以释放生命的创造潜能、满足现实的生育与繁衍后代的需要以及家庭关系保持稳定为归宿。

由于夫妻的性生活与婚姻的牢固以及生育意愿往往彼此不可分割，因此夫妻双方承担着相互协调配合、共同达到高潮的职责。对女性的体贴尊重，自然成为男性一方必须考虑的因素。心灵的纯洁问题在《真诰》（卷一）中被南岳夫人郑重地提出，明确了同单纯享受性快感的界限。

> 冥期数感，玄运相适。应分来聘，新构因缘。此携真之善事也。盖示有偶对之名，定内外之职而已。不必苟循世中之弊秽，而行淫浊之下迹也。偶灵妃以接景，聘贵真之少女。于尔亲友，亦大有进业之益，得而无伤绝之虑耳。（《真诰·运象篇第一》）

虔诚的心灵如果能够与女仙灵妃在适当的时节彼此默契，那么"吉日良辰"就会悄然而至。被视为"携真之善事"的嘉会，又再度以"示有偶对之名，定内外之职而已"的论述，澄清了遭到曲解的错误。"内外之职"在神仙婚姻中，指男女社会成员不同的职责不能发生错乱。因此"不必苟循世中之弊秽"的认识，客观上排除了"行淫浊之下迹"的妄想，即性行为不会出现在与灵妃的交流活动中，而完全处于精神性的迷狂状态。至于"偶灵妃以接景"表示受到灵妃的教诲启迪，个体生命的阴阳魂魄回归了先验的和谐。只有"聘贵真之少女"才是现实生活需要把握的事情，意为进入尘世的世界里，身份之"贵"而心灵之"真"的妙龄女子是优先考虑的婚姻人选。美满的婚姻能够使亲朋好友催化产生"大有进业之益得"的积极效果的判断，肯定了社会秩序的和谐价值。在此基础上则有"无伤绝之虑"的劝慰，否定了以栖息林泉为至道的主张。

非"贵真之少女"不是最佳的择偶人选的意见，仅是对实现利益最大化的问题的限定。而已见于《太真玉帝四极明科经》的"黄书赤界，真一之道，此交接之小术，亦道手之秘事"（卷一）的忠告，提醒修行者行此"秘事"的重要。因为时刻遭到异教徒的攻击，隐晦涉及私密话题的文字言说的各种禁忌不在少数。而戳穿历史上鼓吹神圣的黄帝通过御女三千而成仙的流言，在《真诰》（卷五）中是以间接的方式得以表达的。

> 食草木之药，不知房中之法及行炁、导引，服药无益也，终不得道。若至志感灵，所存必至者，亦不须草药之益也。若但知行房中、导引、行气，不知神丹之法，亦不得仙矣。若得金汋神丹，不须其他术也，立便仙矣。若得《大洞真经》者，复不须金丹之道也。读之万过毕，便仙也。房中之术、导引、行气，世自有经，不复一二说之。（《真诰·甄命授第一》）

陶弘景的"此谓徒服药、存思，而交接之事不绝，亦不得长生"的解释指出，修行之方各有其效，同实践者的个人天赋密切对应，因此"非言都不为者"考虑的是不同个体的差别性。领会了"若都不为"的特定对象及其实践方式内在的必然性，就不会把"止服药"而"皆能得仙"的人生成就当作普遍的途径。①

寻常的"草木之药"的服食，一旦不与"房中之法及行气、导引"诸方相互结合，那么"无益"的徒劳无功，是芸芸众生"不知"造成的悲剧。实现自我价值的"得道"的觉悟，关键在于心灵的净化。那些"不须草药之益"超越生死而获得解脱的事实，又诠释了"若至志感灵，所存必至"的人生解放的核心秘诀。

---

① 荷兰汉学家高罗佩的《中国古代房内考：中国古代的性与社会》（李零等译，上海人民出版社，1990）与《秘戏图考——附论汉代至清代的中国性生活（公元前二〇六年—公元一六四四年）》（杨权译，广东人民出版社，1992）作为本领域的奠基之作，迄今依然具有重要的学术价值。

据《女仙人刘纲妻口诀》(《真诰》卷十)所言,在一些特别的日子不能与女子发生性行为。

> 求仙者,勿与女子(交)。三月九日、六月二日、九月六日、十二月三日,是其日当入室,不可见女子。六尸乱,则脏血扰溃飞越,三魂失定,神凋气逝,积以致死。所以忌此日者,非但塞遏淫泆而已,将以安女宫。女宫在申,男宫在寅。寅申相刑,刑杀相加。是日男女三尸,出于目珠瞳之中。女尸招男,男尸招女。祸害往来,丧神亏正。虽人不自觉,而形露已损。由三尸战于眼中,流血于泥丸也。子至其日,虽至宠之女子,亲爱之令妇,固不可相对。(《真诰·协昌期第二》)

忌讳在"三月九日"等日期交接的理由是,将会导致"六尸乱,则脏血扰溃飞越,三魂失定,神凋气逝"的生命力的瓦解。世人"积以致死"的可悲可怜,在于完全漠视了"女宫在申,男宫在寅"的客观法则,把自己逐步推向了"寅申相刑,刑杀相加"的深渊。由于"男女三尸,出于目珠瞳之中"之日,旺盛的"女尸招男,男尸招女"的情欲,必然加剧"祸害往来,丧神亏正"的结果,因此需要通过"入室"斋戒的静虑,抑制情欲的冲动泛滥。

按照裴君(《真诰》卷六)的理解,消解生命活力的"三尸"不能得到有效的制约,自然不具有"塞遏淫泆"的自觉性。如果出现了"三尸战于眼中,流血于泥丸"的问题,那么神经错乱的"泥丸"由于思维功能的丧失,未来的人生将一片黑暗。

> 夫真者,都无情欲之感、男女之想也。若丹白存于胸中,则真感不应,灵女上尊不降矣。纵有得者,不过在于主者耳。阴气之接,永不可以修至道也。(《真诰·甄命授第二》)

心灵纯粹之"真"者"都无情欲之感、男女之想"的超越性,乃是和谐的知情意使然。房中修炼的"阴气之接"不过是区区的"种子之一术"罢了,实在是难以同"修至道"者比肩。裴君虽然承认"若丹白存于胸中,则真感不应"的普遍准则不可逾越,且存在着"灵女上尊"偶然"有得"降临的现象,但是做出了其仅发挥"主者"身份的作用的判断。态度鲜明地把"至道"之"修"的核心实践方向,定位在了"真感"之"应"的生命潜能的激发。

紫微夫人(《真诰》卷二)的"夫黄书赤界,虽长生之秘要,实得生之下术也"的认识,与裴君并无本质的差别。然而其"非上宫天真流鞯景晏之夫,所得言也"(《真诰·运象篇第二》)的骄傲宣称,却在提醒我们注意问题的另外一面。真正了解此"得生之下术"奥秘的只能是女性,男性对"黄书赤界"的真谛没有发言权。则"至宠之女子,亲爱之令妇"在"三月九日"等"固不可相对"的特别警告,除了避免损伤"形露"的考虑,主要关心的是若在当日孕育后代,将承担极大的风险。如果把排卵与经期、哺乳等生理问题联系起来,那么紫微夫人的判断既包含着女性自身对性心理与性行为等的感受的特殊性,其细致入微只能为经历了婚育过程的成熟女性把握,又特别强调了从受孕到生育的整个阶段母亲的角色永远无法为他人替代的绝对性的内容。因此"灵女上尊"同进入深度存思状态的男性修道者的交流,不能简单而浅薄地以为仅仅是具体的知识传授,幼稚地把修道产生的高峰体验从中剔除。①

是《老子节解》对房中术的哲学化解释,促使我们抛弃一切偏见与成见,对道教的生命观及其认识价值予以客观的评估。而结合《真诰》的多方面论述,重新审视《汉武帝内传》对婚姻问题的认识,必须保持正确立场的阐释,现代人或许不禁会对道教否认视女性为生物个体、彰显其社会化角色的地位万分惊讶。围绕认识自我的终极宗旨,考察道教的房中修炼,其作为"守一"实践的整体中相对较低的层次,在《真诰》(卷六)中曾经被给予了清晰的说明。

> 顷者末学,互相扰竞,多用混成及黄书赤界之法。此诚有生和合,二象匹对之真要也。若以道交接解脱网罗,推会六合,行诸节气,却灾消患,(则)结精宝胎。上使脑神不亏,下令三田充溢。进退得度而祸除,经纬相应而常康。敌人执辔而不失,六军长驱而全反者,乃有其益,亦非仙家之盛事也。(《真诰·甄命授第二》)

古典时代的中国社会中,一夫一妻是主要的婚姻形式。但是拥有三妻四妾的权贵之家

---

① 坂出祥伸认为,早期的房中术传授神圣纯洁,在葛洪之后逐渐变得猥亵淫荡。〔日〕福井康顺、山崎宏、木村英一、酒井忠夫监修《道教》第一卷,朱越利译,上海古籍出版社,1990,第226页。

又不在少数，更不论帝王后宫的三千佳丽。寻常百姓与道教的基层信众是否具有修习房中之道的机会依然值得认真反省。遭到了贬斥的"多用混成及黄书赤界之法"的"末学"之流，由于形成了"互相扰竞"的时尚，偏离了"守一"的精神旨趣，因此被历史使命感与社会责任感集于一身的理论家责难，而力求澄清其错误。只是不论为"以道交接解脱网罗，推会六合"的具体操作行为添加多少华丽的包装，依然不能使男女相对的房中实践彻底脱离肉体的接触。说明对丹田的"女宫"与"男宫"之"安"的底线，在现实世界必然以生理性的"行诸节气"为尺度，否则社会化与神圣化的提升，将彻底与现实人生的"结精宝胎"的努力脱节。①

在实践操作中达到"上使脑神不亏，下令三田充溢"的目的，运用和掌握"进退得度而祸除，经纬相应而常康。敌人执辔而不失，六军长驱而全反"的技术要领，大体不超出《天下至道谈》论述过的那些东西。把往昔被贵族垄断的知识资源还给普通的社会成员，当然会提升整个社会的文明程度。向一般的信众进行知识理论的启蒙固然重要，但是精神的、情操的洗礼则更为关键。从汉武帝墓中"所葬书目"的情况，可窥以《汉武帝内传》为代表的当时的道教经典对传经问题的审慎与克制态度之一斑。

《老子经》二卷，《太上紫文》十三卷，《灵跷经》六卷，《太素中胎经》六卷，《天柱经》九卷，《六龙步玄文》七卷，《马皇受真术》四卷。(《汉武帝内传》)

入葬汉武帝墓中的这一批书籍，因为武帝墓被盗掘而流传于社会，透露了道教徒基本知识构成的信息。对列入书目的各部经典内容的分疏稽考，为我们把握那一时代道教思想的演变，提供了较为可靠的线索。而光彩照人的女仙灵妃形象被推崇塑造，俨然为传统的贤妻良母的女性观注入了贴近人情需求的积极成分。历来被刻板的道德教条扭曲的生命真相，在道教思想的冲击下发生了精神气质焕然一新的改变。

社会秩序动荡不安的六朝，为思想观念的多元化发展创造了难得的条件。颠覆了传统权威的道教，换言之又可以理解为赋予了传统空前鲜活的营养。在"偶景"的隐喻中被道教思想家蔑视打破的是束缚生命尊严与价值的枷锁。魏晋玄学对儒家思想

---

① 朱越利的《房中女神的沉寂及原因》翔实地考察了曾经地位显赫的房中女神逐步从后来的经典系统中隐退的问题。朱越利：《道教考信集》，齐鲁书社，2014，第442页。

的批判，其实可以理解为道教对封建秩序的清算。而隋唐时期空前开放的文化环境，既发扬光大了六朝时期累积起来的丰富的精神资源，又极其深刻地推动了中国文明的历史进程。剥离了笼罩在"黄赤之道"上面的重重迷雾，充分展现于现代社会的精神内核给我们的深刻启示当然不仅仅是古典知识具有的魅力那样简单，更需要我们借鉴的是把自己从僵化的传统中解放出来的勇气与渴望。

道教史学百年：大势与评略*

韩吉绍

内容摘要：现代道教史学自20世纪初肇始以来，至今经历了三个阶段。"中华民国"时期为第一阶段，出现道教史、化学史和道教外史三种研究路径。新中国成立至改革开放以前为第二阶段，总体发展不均衡，化学史快速突进，道教外史畸形发展，道教史几乎停滞。改革开放后为第三阶段，发展大势有两个方向，一是建制化和专业化，二是研究领域和研究方法多元化。目前道教史学已成长为一门涵盖多种学科领域、蔚为大观的庞杂学问，未来尚有更多潜力可以发掘，有广阔空间可以拓展。

关键词：道教史　化学史　陈寅恪　农民战争史　科技史

作者简介：韩吉绍，历史学博士，山东大学历史文化学院教授、历史系主任，博士生导师。

史学疏于道教研究，其来尚矣。正如陈寅恪先生言，"中国史学莫盛于宋，而宋代史家之著述，于宗教往往疏略，此不独由于意执之偏蔽，亦其知见之狭陋有以致之。元明及清，治史者之学识更不逮宋。故严格言之，中国乙部之中，几无完善之宗教史"①。传统学术分类中，道教附于子部末尾，与史部泾渭分明。故二十四史中唯《魏书》与《元史》单列《释老》篇，略述佛道历史，且以佛教为主。其余正史，道教内容皆略散于各处而不得全貌。至于其他史籍，无不以正史为楷模。清末以降，在西方学术大潮的推动下，新史学应运而生，其对道教的处理虽然仍受传统观念的强烈影响，但毕竟出现一些新变化，对史学发展而言具有重要意义。本文拟将20世纪

---

* 本文为国家社科基金项目"道教与汉魏两晋南北朝史研究"（项目编号：18BZS047）的阶段性成果，同时得到了泰山学者工程专项经费资助。

① 陈寅恪：《陈垣明季滇黔佛教考序》，此据陈寅恪《金明馆丛稿二编》，生活·读书·新知三联书店，2011，第272页。

初以来中国大陆地区道教史学发展大势略做检视，祈望有益于增进当前史学界对道教问题的思考。

一 肇始前后的社会背景

1905年，穷途末路的清政府终于废除实行了1300年的科举制度，破败的中国旧学大厦终于整体垮塌。10年后，为进一步扫除旧文化，一批从旧学营垒里冲杀出来的有识之士发动了一次"反传统、反孔教、反文言"的新文化运动。在这场运动中，儒教作为传统文化的代表，遭受的弹药自然最多。但与此同时，势力最微弱的道教所受的打击其实最严重。

譬如新文化运动的发起者陈独秀，他在《新青年》第5卷第1号《随感录》一文中认为，较之儒家，阴阳家的社会危害最大。而他所谓的阴阳家，其实主要为道教。

> 古说最为害于中国者，非儒家乃阴阳家也；儒家公羊一派，亦阴阳家之假托也。一变而为海上方士，再变而为东汉、北魏之道士，今之风水、算命、卜卦、画符、念咒、扶乩、炼丹、运气、望气、求雨、祈晴、迎神、说鬼，种种邪僻之事，横行国中，实学不兴，民智日塞，皆此一系学说之为害也。去邪说正人心，必自此始。①

随后在同卷第5号《克林德碑》一文中，他总结造成义和拳乱象的原因时再次强调道教实为罪魁祸首。

> 这过去造成义和拳的原因，第一是道教。义和拳真正的匪魁，就是从张道陵一直到现在的天师。道教出于方士，方士出于阴阳家……一切阴阳、五行、吉凶、灾祥、生克、画符、念咒、奇门、遁甲、吞刀、吐火、飞沙、走石、算命、卜卦、炼丹、出神、采阴、补气、圆光、呼风、唤雨、求晴、求雨、招魂、捉鬼、拿妖、降神、扶乩、静坐、设坛、授法、风水、谶语，种种迷信邪说，普遍社会，都是历代阴阳家方士道士造成的，义和拳就是全社会种种迷信种种邪说的

---

① 《陈独秀文集》第一卷，人民出版社，2013，第311页。

结晶,所以彼等开口便称奉了玉皇大帝敕命来灭洋人也。①

鲁迅虽然言及道教不多,但批判态度十分鲜明。1918 年 8 月 20 日,他在致许寿裳的信中说了一段言简意赅的话:

> 《狂人日记》实为拙作,又有白话诗署"唐俟"者,亦仆所为。前曾言中国根柢全在道教,此说近颇广行。以此读史,有多种问题可以迎刃而解。后以偶阅《通鉴》,乃悟中国人尚是食人民族,因成此篇。此种发见,关系亦甚大,而知者尚寥寥也。②

此中"中国根柢全在道教"一句在日后广为流传,被当代道教研究者择出作为鲁迅肯定道教重要性的证据。其实,鲁迅本意显而易见,与陈独秀并无二致。1927 年,鲁迅在《小杂感》中又写道:"人们往往憎和尚,憎尼姑,憎回教徒,憎耶教徒,而不憎道士。懂得此理者,懂得中国大半。"③ 这句话的含义与前言相近。另外,周作人于 1920 年所作《乡村与道教思想》一文虽与鲁迅无关,但我认为很有助于理解鲁迅的思想。周氏认为,改造旧文化最大的障碍并非儒教或佛教,而是道教,因为其对百姓影响最深刻,此与鲁迅"中国根柢全在道教"的提法颇为相合。

> 改良乡村的最大阻力,便在乡人们自身的旧思想,这旧思想的主力是道教思想……平常讲中国宗教的人,总说有儒释道三教,其实儒教的纲常早已崩坏,佛教也只剩了轮回因果几件和道教同化了的信仰还流行民间,支配国民思想的已经完全是道教的势力了。我们不满意于"儒教",说他贻害中国,这话虽非全无理由,但照事实看来,中国人的确都是道教徒了。④

在当时的同人中,属钱玄同对道教的态度最为决绝。1918 年 4 月 15 日,他在《新青年》第 4 卷第 4 号上发表《中国今后之文字问题》一文,疾呼废除汉字,言语间数

---

① 《陈独秀文集》第一卷,第 337 页。
② 《鲁迅全集》第十一卷,人民文学出版社,2005,第 365 页。
③ 《鲁迅全集》第三卷,第 556 页。
④ 周作人:《谈虎集》,北京十月文艺出版社,2011,第 239 页。

次鞭挞道教，极欲除之而后快。

所谓《四库全书》者，除晚周几部非儒家的子书外，其余则十分之八都是教忠教孝之书……还有那十分之二，更荒谬绝伦：说什么"关帝显圣"、"纯阳降坛"、"九天玄女"、"黎山老母"的鬼话；其尤甚者，则有"婴儿姹女"、"丹田泥丸宫"等说，发挥那原人时代"生殖器崇拜"的思想。

欲祛除三纲五伦之奴隶道德，当然以废孔学为唯一之办法；欲祛除妖精鬼怪、炼丹画符的野蛮思想，当然以剿灭道教——是道士的道，不是老庄的道——为唯一之办法。欲废孔学，欲剿灭道教，惟有将中国书籍一概束之高阁之一法。何以故？因中国书籍，千分之九百九十九都是这两类之书故；中国文字，自来即专用于发挥孔门学说，及道教妖言故。

我再大胆宣言道：欲使中国不亡，欲使中国民族为二十世纪文明之民族，必以废孔学、灭道教为根本之解决，而废记载孔门学说及道教妖言之汉文，尤为根本解决之根本解决。①

在同卷第5号《随感录·八》中，他又感慨道：

呜呼！汉晋以来之所谓道教，实演上古极野蛮时代"生殖器崇拜"之思想。二千年来民智日衰，道德日坏，虽由于民贼之利用儒学以愚民；而大多数之心理举不出道教之范围，实为一大原因。②

上述人物及其言论对道教几乎全盘否定，代表了20世纪初新文化思潮对道教的基本态度，这一思想背景对当时的学术研究产生了直接影响，其典型例证，前有梁启超，后有胡适。

1925～1927年，梁启超在清华大学讲授中国历史研究法，将史学研究分为五种专史，即人的专史、事的专史、文物的专史、地方的专史和断代的专史。其中文物的专史又包括政治、经济、文化等专史，而文化史中含宗教史。但检其所述，宗教史范

---

① 《钱玄同文集》第一卷，中国人民大学出版社，1999，第162～167页。
② 《钱玄同文集》第二卷，第10～11页。

畴中几乎没有道教的立锥之地。他先是否认中国有像西方那样的纯粹宗教，"在中国著宗教史——纯粹的宗教史——有无可能，尚是问题……中国是否是有宗教的国家，大可研究"，"中国土产里既没有宗教，那么，著中国宗教史主要的部分，只是外来的宗教了"。然后又十分不情愿地承认道教是所谓"中国原有的宗教"，但是没有什么研究价值。

> 就中国原有的宗教讲，先秦没有宗教，后来只有道教，又很无聊。道教是一面抄袭老子、庄子的教理，一面采佛教的形式及其皮毛，凑合起来的……讲中国宗教，若拿道教做代表，我实在很不愿意。但道教丑虽很丑，做中国宗教史又不能不叙。他于中国社会既无多大关系，于中国国民心理又无多大影响，我们不过据事直书，略微讲讲就够了。①

1933年，为庆祝蔡元培65岁生日，胡适写了一篇很特别的文章祝寿，题为《陶弘景的真诰考》。之所以特别，在于这是一篇以道教为主题的文章，而早在1908年，17岁的胡适便发表了《论毁除神佛》对道佛进行批判，呼吁"第一，神佛是一定要毁的；第二，僧道是一定要驱逐的"，认为"僧道是一定要驱逐的，然而神佛没有毁去，那些僧道终究有个藏身之地，这便是藏垢纳污的害处"。② 以前彻底否定道教，后来为何又研究呢？在《陶弘景的真诰考》中，胡适先是盛赞陶弘景编撰《真诰》使用的方法十分科学——"很可以吓倒人的精密的考订方法""何等谨严的校勘记""这都是最谨严的校勘方法"，然后话锋一转，认为"用这样精密谨严的方法来编纂一部记天神仙女降授的语言"，"真不能不格外疑心他或者是一个'读书万余卷'的大傻子，或者是一个'好著述，尚奇异'的大骗子"，"他有心要把一大堆鬼话变成一部道教传经始末的要典，所以特别夸炫他的材料如何真实，方法如何谨严，这就是存心欺诈了"。接下来又论证《真诰》如何抄袭佛教的《四十二章经》，断定陶氏"自抄，自阙，自校，自补，又自己作出那种故设迷阵的注语来欺一世与后世的读者！"文章最后由《真诰》祸及《道藏》，声称"其实整部《道藏》就是完全贼赃，偷这二十短章又何足惊怪！"胡适在文章开篇强调"这是我整理道藏的第一次尝试"，

---

① 梁启超：《中国历史研究法　中国历史研究法补编》，中华书局，2015，第382~384页。
② 姜义华主编《胡适学术文集·哲学与文化》，中华书局，2001，第367~369页。

末尾又呼应道,"我所以详细叙述这二十章的窃案,只是要人看看那位当年'脱朝服挂神虎门''辞世绝俗'的第一流博学高士的行径也不过是如此而已"①。为了论证无研究价值而研究,这就是胡适作这篇特别文章的目的。

就在这样的社会背景下,近代道教研究步履蹒跚地登上了历史舞台。通观整个民国时期,也即道教史学的早期阶段,道教史、化学史和道教外史是三种主要研究路径,并对后续阶段的研究产生了深远影响。

二 民国的三种研究路径

(一)道教史

清末时,偶有著述论及道教。譬如由儒入道的陈铭珪(道名教友,1824~1881)撰有《长春道教源流》八卷(后刊登在《亚洲学术杂志》第2~4期,1921~1922),专述全真道龙门派的历史,内容包括全真教总论、王重阳事迹汇纪、邱长春事迹汇纪、邱长春弟子纪略、邱长春再传弟子纪略、邱长春后全真法嗣纪略、辨证与杂钞等。再如硕学通儒沈曾植(1850~1922),其《海日楼札丛》撰有关道教札记近50条,涉及道教经典、人物、门派、道术、事件等。再如刘师培(1884~1919),1910年旅居北京白云观期间曾借阅《道藏》,"日尽数十册。每毕一书,辄志其序、跋,撮其要旨。若鲜别刊,则嘱仆人移录,略事考订",撰成《读道藏记》,是为最早的道藏提要,考述道经37部,陆续发表在1911年《国粹学报》第75~77、79期。②总体上看,这些著述采用的研究方法虽不外乎旧学,但不乏新见地,乃现代道教史学研究的序曲。

最早撰写道教通论性著作的为四川奇才刘咸炘(1896~1932)。他虽然英年早逝,但学贯中西,身后留下800余万言的著作集《推十书》,《道教征略》便是其中之一。该书撰于1924年,分为三卷,上卷述道学学术源流和各派系传承及特点,余下两卷述历代道经目录及《道藏》分类等。不过该书只是一部未完稿,内容较为粗糙零乱,而且留有很多空行或空页没有来得及补充。据序言可知,刘咸炘没有通读

---

① 《庆祝蔡元培先生六十五岁论文集》下册,台湾中研院历史语言研究所,1992,第539~554页。
② 有学者注意到,《国粹学报》第79期《黄帝太乙八门入式诀》篇末有"未完"二字,可知刘师培所作提要原不止37篇。刘师培著,万仕国点校《读书随笔(外五种)·前言》,广陵书社,2016,第5页。

《道藏》,"仅就所知见,旁考四库,爬梳大略","以史传校雠之法整理之"。①

1926年,商务印书馆出版了陈彬龢译的日本道教研究先驱小柳司气太的《道教概说》一书(后多次再版)。翌年,中华书局又推出傅代言译本,书名为《道教源流》。小柳氏原书以其大学讲义为基础,撰成于1923年,为日本初期道教通史研究的代表作。书中内容分为道教起源、道教小史和道教神学及教理三篇,颇为简略。但正如序言所说,"道教为中国民族之一大宗教,然尚未有组织的说明者。本书……颇能概说其内容。唯因有他故,不能以《道藏》及《道藏辑要》为资料,诚为憾事。然本书庶几可补道教之阙漏欤",该书的出版对国内道教史研究起到了重要的促进作用。

1933年,傅勤家(商务印书馆"老臣"傅运森之女)的《道教史概论》由商务印书馆出版。该书框架尚可,但内容较《道教概说》更略。1937年,傅氏在此前工作的基础上增补成《中国道教史》,同由商务印书馆出版,成为民国最重要的道教通史著作。尽管作者声称"道藏之书虽多,要皆空虚诞妄,等于无物,无从采择",但在她之前毕竟有小柳氏著作、妻木直良《道教之研究》和常盘大定《道教发达史概说》等著述参考。不过,由于书中引述较多,曾遭时人指摘。一则1939年的书评这样评价道:"本书颇采用日人小柳司气太之说……惟著者有时不加辨别,以直引为能,殊难令读者惬意。""斥是书为杂抄,不为过苛也。"(《图书季刊》新1卷第3期)

1934年,另一种《道教史》同样由商务印书馆出版,其作者为著名学者许地山(1893~1941)。1922年,许地山曾在燕京大学任助教,讲授《中国古代宗教史》课程。1923~1926年,他先后到美国哥伦比亚大学和英国牛津大学接受宗教学训练,回国后继续进行宗教学的教学和研究。1927年,他在《燕京学报》第2期发表《道家思想与道教》一文,为其道教史研究的先声。据《道教史·弁言》介绍,该书"不能说是著作,只将前人及时人研究底结果总撮起来,做为大学参考底书。本分上下,上编述道家及预备道教底种种法术,下编述道教发展中教相与教理。全书创见极少,成见也无,不完不备"。从实际内容来看,这些话并非完全的谦虚之辞。与傅勤家类似,许地山虽然研究道教史,却说"古初的道家是讲道理,后来的道教是讲迷信"(《绪说·四》)。尤其令人遗憾的是,1934年的版本只是上编"道家及预备道教底种种法术"部分,下编"道教发展中教相与教理"部分他没有写完就去世了,成

---

① 此据上海科学技术出版社2010年本《道教征略(外14种)》。

为像胡适那样的"半部先生"。

除上述道教史著作外，还有一些专题论著也很重要，例如王国维《长春真人西游记校注》（最早为《蒙古史料校注》本，清华国学研究院，1926）、宋佩韦《东汉之宗教》（商务印书馆，1930，1934年再版改名为《东汉宗教史》）、王维诚《老子化胡说考证》（《国学季刊》1934年第4卷第2期）、汤用彤《读太平经书所见》（《国学季刊》1935年第5卷第1期）、陈垣《南宋初河北新道教考》（辅仁大学，1941）、吕思勉《道教起原杂考》（《齐鲁学报》1941年第2期）、王明《论〈太平经钞〉甲部之伪》（《史语所集刊》第18本，1947）等，不烦详述。

需要注意的是，早期研究者对《道藏》资料的利用很不充分，这对道教史研究造成了严重影响。那些声称《道藏》无价值的言论，其实很大程度上是因为没有对其通读过。造成这种状况除上述大环境的影响外，也有《道藏》自身的原因。如同佛藏一样，道藏在历史上也曾有多次撰修，但民国时保存下来的只有明《道藏》一种，珍稀难见，像刘师培也只是在全真祖庭白云观中才有幸得以阅览。为解决这一困难，1923～1926年，一批学界政界名流联合发起重印《道藏》的活动，由上海涵芬楼缩小影印北京白云观藏《道藏》，改经折装为线装本，印行350部，每部1120册，为研究者提供了很大便利。不过，解决无书可读只是第一步，更大的困难是《道藏》难读，正如罗常培所言，"卷帙浩繁，儒者畏难，羽士鲜学。虽或撷其古本诸子，据以校勘；而于道经科条，道教宗派，鲜能挈其纲维，穷源竟委。至于摭拾日人余绪，移译成书，疏舛百出，尤难凭依"（《道藏源流考序》）。这种窘况直到1949年陈国符《道藏源流考》面世后才得以改观。

在《道藏源流考》之前，尚有曲继皋的《道藏考略》值得重视。民国时青岛崂山太清宫保存有一部《道藏》（今存青岛市博物馆）。1931年，国立青岛大学（1932年改国立山东大学）试图收藏之，未果。但该校图书馆工作人员曲继皋（曲培谟，1949年后任山东农学院图书馆馆长）曾与顾颉刚一起赴太清宫阅览部分藏经，后来撰成《道藏考略》一书，1935～1936年陆续刊登在《国立山东大学周刊》的副刊《图书馆增刊》上。① 该书凡一万七千言，包括绪言、《道藏》之组织、《道藏》之分类、《道藏》之厄运、化胡经被禁之原因、《道藏》之书目、《道藏》之存放和结论

---

① 以上内容据《道藏考略》。《道藏要籍选刊》第10册收录此书。但《道藏考略》中记载的读《道藏》的时间是1932年5月23日晚，而顾颉刚日记的记载是在1931年5月23日晚，前者当误。《顾颉刚日记》卷二，中华书局，2011，第530页。

八部分，对《道藏》多方面做了开创性研究，是《道藏》研究的先声。

1942年，陈国符在德国取得化学博士学位后旋即回国，任教于昆明西南联大化工系。当他在北京大学文科研究所见到《道藏》时异常高兴，因为在德时他已着手进行研究。此后更是沉醉其中，兼顾化工与《道藏》研究，在两个领域都取得巨大成就（他既是我国纤维素化学的奠基人和著名教育家，又是《道藏》研究的巨擘）。花费数年时间通览《道藏》后，陈国符最终撰成《道藏源流考》一书，经罗常培推荐，1949年由中华书局出版。该书考证极具功底，内容上全面超越《道藏考略》，对《道藏》三洞四辅经的渊源及传授、历代道书目录及《道藏》之纂修与镂板进行了系统的考证梳理，一举奠定了此后道教研究的基础。此书出版后成为经典，享誉世界，至今仍未被超越。1968年，第一届国际道教会议在意大利召开。由于反响很大，拟在日本召开的第二届会议很快开始筹备。由于第一次会议中国学者缺席，国际同行们深感遗憾——毕竟道教是中国的——于是组织者先后两次致函时任中国科学院院长的郭沫若，试图邀请陈国符参会。尽管最终没有成功，但陈国符的国际学术声誉由此可见一斑。

（二）化学史

化学史视角的道教研究出现相当早，肇始于西方传教士学者。明清时期，西方来华传教士在输入西方文化的同时，部分人也颇为注意研究中国本土文化。通过传教士这个枢纽，西方学术界对道教有了初步认识。由于炼金术与近代化学的产生具有密切关系，道教炼丹术引起西方人的注意也就不难理解了。

据说最早有关中国炼丹术的研究为克拉普罗特（H. J. Klaproth）于1810年发表在《彼得堡科学院院刊》上的《第八世纪时中国人的化学知识》，讨论了唐朝一部叫《平龙认》的与炼丹术有关的书。① 其后有来华传教士开始关注炼丹术，如美国传教士丁韪良（William Martin, 1827~1916）是一位中国通，他在中国生活了62年，曾任同文馆和京师大学堂的西学总教习。其《汉学菁华》（*The Lore of Cathay*, New York, Chicago, Toronto: Fleming H. Revell Company, 1901）第一卷讨论了中国古代科技，其中第三章标题为"中国的炼丹术：化学的起源"，不仅认为道教追求不朽的欲望促使其发现植物学、矿物学和地理学三大科学领域，更主张道教炼丹术出现最早

---

① 袁翰青：《中国化学史论文集》，生活·读书·新知三联书店，1956，第27页。

并传至西方。① 随后英国学者翟理斯（Herbert A. Giles）的《中国与中国人》（*China and The Chinese*, New York: The Columbia Press, 1902）则认为中国炼丹术是由希腊经过大夏传入的。对此，美国加利福尼亚大学约翰逊（Obed Simon Johnson）在其1925年完成的博士论文《中国炼丹术考》（*A Study of Chinese Alchemy*, 商务印书馆，1928, 1937年出版中文版）中予以反驳，极力论证欧洲炼金术是受中国炼丹术的影响，并且认为炼丹术在中国古代医学与化学工艺上具有重要地位。

西方对道教炼丹化学内容的关注最先影响到在国外学习化学的中国留学生，如王琎（1888~1966）、曹元宇（1898~1988）等。20世纪初期，这批人成为中国化学史的开拓者，并且普遍重视道教炼丹术的化学史价值。1920年，《科学》第5卷第6、7期连续刊出王琎《中国古代金属原质之化学》和《中国古代金属化合物之化学》两文，从金属化学角度对炼丹术进行探讨。前者认为，"儒家为中国学术之渊薮，于天然学既不注意若此，宜中国科学之不振也。道家研究天然现象较儒家为勤，故于化学方面亦略有发明"；后者则强调道教点金术对金属化学的重要贡献，称赞"多数道家，其研究金石，实具有一种科学的精神，而非全为长生术所迷者"②。1933年，《科学》第11卷第1期刊登曹元宇《中国古代金丹家的设备和方法》，以约20种炼丹文献为基础考察炼丹的诸种操作及设备。1935年，《学艺》第14卷第2、3号连刊曹氏《葛洪以前之金丹史略》，介绍了炼丹术的起源和早期发展史。文章首先论证金丹术在学术史上的重要性，认为中国金丹术和西方点金术颇多类似，只是始终不能脱离迷信范围，最后没有发展出科学。"近来评论家常鄙视排辟其术，以为是真正学术的障碍。其实我国不产生科学的原因，并不只此。况且金丹术经了许多人千余年的努力，成绩已自可观。在中国化学史上，确能占得重要地位了。今日的化学家不应鄙视金丹术。正如不应鄙视点金术一样啊。"从这里可以看出，当时化学史家对知识界讨伐道教的状况很熟悉，但并没有随波逐流，而是尽量客观地对待研究对象，这是有别于大多数人文学者的宝贵科学态度。

事实表明，化学史家的态度对其他领域的认识起到了正面引导作用。如孙中山《孙文学说》（上海华强书局，1919）云：

---

① 丁韪良：《汉学菁华：中国人的精神世界及其影响力》，沈弘等译，世界图书出版公司，2010，第20~40页。

② 王琎等：《中国古代金属化学及金丹术》，中国科学图书仪器公司，1955，第1、12页。

> 然为化学之元祖者,即道家之烧炼术也。古人欲得不死之药,于是方士创烧炼之术以求之。虽不死之药不能骤得,而种种之化学工业则由之以兴,如制造朱砂、火药、瓷器、豆腐等事业其最著者;其他之工业,与化学有关系,由烧炼之术而致者,不可胜数也。①

再如曲继皋在《道藏考略》中说他为何要研究《道藏》时,特别提到其科学内容的重要时代意义。

> 《道藏》虽觉荒诞无稽,而半切于实用。故不营其起身微贱,为方士所假托,仍历数千年,尚能与佛藏巍然并存者,未尝不是赖有此耳。《道藏》里面的烧铅炼汞,医药,技击,无往而不是科学,就是从前方士所玩的那一些把戏,也逐渐可以拿科学来证明的。处此提倡科学救国的时期,觉得研究《道藏》,似乎比佛藏还重要些。

民国后期,相关化学史研究继续推进,出现如劳干《中国丹砂之运用及其推演》(《史语所集刊》第7卷第4期,1938)、薛愚《道家仙药之化学观》(《学思》第1卷第5期,1942)、黄素封《我国炼丹术考证》(《中华医学杂志》1945年第31期)等相关成果。尤应注意的是,这一时期国外学术界延续了对这一领域的热情,而且因为有中国留学生的参与,使得这项工作成为中外合作研究的范例。如美国麻省理工学院化学家戴维斯(T. L. Davis)在20世纪三四十年代与陈国符等几位中国留学生合作,陆续翻译了《周易参同契》《抱朴子内篇》《悟真篇》《金丹正理大全》等炼丹文献,并对一些问题进行了初步讨论。②

上述研究在当时看似稀松平常,波澜不惊,其真实影响在多年后渐渐显露时,世人始识其巨大而深刻。英国著名科学史家李约瑟就是这种影响下的杰出代表,他又进一步对新时期的道教科技史研究起到巨大的推动作用,当然此是后话。

(三)道教外史

早期阶段,道教的通史和化学史研究虽然是史学的一部分,但与传统史学的聚焦

---

① 孙中山:《建国方略》,中国长安出版社,2011,第32页。
② 袁翰青:《中国化学史论文集》,生活·读书·新知三联书店,1956,第29页。

范畴不合，又很少涉及一般史学问题，故被当时大多数历史学家置于视野之外。以梁启超为例，他在清华大学讲授中国历史研究法时，极力反对将道教纳入中国史领域："道教是一面抄袭老子、庄子的教理，一面采佛教的形式及其皮毛，凑合起来的。做中国史，把道教叙述上去，可以说是大羞耻。他们所做的事，对于民族毫无利益；而且以左道惑众，扰乱治安，历代不绝。"① 当然，仍有少数史学家能够意识到道教的重要性。曲继皋在《道藏考略》中曾呼吁顾颉刚"挪出点功夫来谈《道藏》"，尽管顾颉刚后来并没有道教研究之作，但他当时之所以愿意去太清宫，与他早先对《道藏》的认识有关。1926年，在《古史辨》第1册《自序》中他写道："一部《道藏》，用实用的眼光看固然十之八九都是荒谬话，但若拿它作研究时，便是一个无尽的宝藏；我们如果要知道我们民族的信仰与思想，这种书比了儒学正统的《十三经》重要得多。"② 能够从不同视角出发肯定《道藏》的重要性，对史学而言无疑具有积极意义。早先钱大昕基于对西域地理的重视从《道藏》中抄出《长春真人西游记》，而后王国维、张星烺等对其进行校注，均为这方面的表率。不过，民国时真正将道教与传统史学研究有机结合并取得巨大成绩的是大史学家陈寅恪（1890~1969）。

1933年，胡适完成《陶弘景的真诰考》19天后，陈寅恪转告他，早在宋代朱熹便已发现《真诰》有抄袭《四十二章经》之处。同年，陈寅恪在《史语所集刊》第3本第4分发表《天师道与滨海地域之关系》的长篇论文，大量引用《真诰》等《道藏》资料与正史记载相印证。此后十余年内，他相继发表《魏书司马睿传江东民族条释证及推论》（《史语所集刊》1944年第11本第1分）、《陶渊明的思想与魏晋清谈之关系》（哈佛燕京学社，1945）、《崔浩与寇谦之》（《岭南学报》1950年第11卷第1期。为方便起见放在这里一起讨论）等与道教主题或与道教密切相关的论文。此外，《冯友兰〈中国哲学史〉下册审查报告》（载冯友兰《中国哲学史》，商务印书馆，1934）和《陈垣明季滇黔佛教考序》（陈垣：《明季滇黔佛教考》，北平辅仁大学，1940）中也有关于道教的重要论述。③ 通过以上作品，陈寅恪开辟出早期道教研究的第三种路径。王承文曾撰文《陈寅恪的道教史研究论略》，是笔者所知目前唯一

---

① 梁启超：《中国历史研究法 中国历史研究法补编》，第384页。
② 顾颉刚编著《古史辨》第1册《自序》，海南出版社，2005，第40页。
③ 以上论文收入陈寅恪《金明馆丛稿初编》，生活·读书·新知三联书店，2015，审查报告和书序收入《金明馆丛稿二编》。以下引用均据此二书。

介绍陈寅恪道教研究的专论。① 本文不敢掠美，尽量略其所详，详其所略。

如前所言，民国学人对道教多加鞭挞，陈寅恪在这方面则未见明显指责。他曾在《天师道与滨海地域之关系》中说道，两晋南北朝士大夫表面遵名教论自然，但细考其安身立命的秘密，"实为惑世诬民之鬼道，良可慨矣。凡前所举此时期宫廷政治之遽变多出于天师道之阴谋，考史者自不可得而忽视"②。此处的"惑世诬民""阴谋"或可表明其本人对道教的批评态度。不过，这个问题于本文主旨来说无关紧要，我们关注的是他在学术上如何对待道教。《天师道与滨海地域之关系》和《冯友兰〈中国哲学史〉下册审查报告》两篇文章表明，至迟到 1930 年代初，陈寅恪对道教在史学上的重要性已形成系统而深刻的认识，并付诸实践。这里需要首先说明，如果将道教史分为内史和外史，内史关注教内之历史，外史着眼教内外之关系，则毫无疑问，上文介绍的道教研究均为内史，而陈寅恪所关注的却是外史。1941 年，许地山卒于香港大学，陈寅恪悼念之余曾说：

  寅恪昔年略治佛道之学，然于道教仅取以供史学之补证，于佛教亦止比较原文与诸译本字句之异同。至于微言大义之所在，则未能言之也。后读许地山先生所著佛道二教史论文，于教义本体有精深之评述，心服之余，弥用自愧。遂捐弃故技，不复谈此事矣。③

王承文引述此段文字，指出陈寅恪的"关注重点并非道教'本体教义'，而是道教与政治社会的密切关系"，评论切中肯綮。仅仅通过数篇论文，陈寅恪的道教研究在学术界异军突起，深入触及多个重要史学领域，开拓了很多重大史学问题，以下略做解释。

首先是政治社会史领域。通观中国古史，道教从汉代兴起到唐代鼎盛，整个中古是其生命力和创造力最旺盛的时期，对政治社会很多方面影响深广。但以宋代为分水岭，道教转为衰退，不仅影响力渐趋枯竭，社会声誉也每况愈下，直至近代遭遇"剿灭"之灾。与道教颓势恰相反，宋代是中国史学的发达时期，至清代又出现乾嘉

---

① 王承文：《陈寅恪的道教史研究论略》，载胡守为主编《陈寅恪与二十世纪中国学术》，浙江人民出版社，2000，第 407~433 页。
② 陈寅恪：《金明馆丛稿初编》，第 44~45 页。
③ 蒋天枢：《陈寅恪先生编年事辑》（增订本），上海古籍出版社，1997，第 128 页。

之学，这导致传统史学家们对日薄西山的道教无不鄙夷漠视，道教研究遂成空白，即陈寅恪所谓"中国乙部之中，几无完善之宗教史"。这一学术空白为陈寅恪清醒认识，遂结合其政治社会史研究加以开拓，撰写了多篇代表性论文。如《天师道与滨海地域之关系》以天师道为线索，将中古三百年间一系列重大政治社会问题串联在一起，起到一把钥匙解决系列问题的良好效果。

> 若通计先后三百余年间之史实，自后汉顺帝之时，迄于北魏太武刘宋文帝之世，凡天师道与政治社会有关者，如汉末黄巾米贼之起原，西晋赵王伦之废立，东晋孙恩之作乱，北魏太武之崇道，刘宋二凶之弑逆，以及东西晋、南北朝人士所以奉道之故等，悉用滨海地域一贯之观念以为解释。①

文中还留下天师道与前蜀的建国、西汉赤眉与天师道祖先的关系两个问题待解，其间还旁涉六朝人姓名、鹅与服丹石的关系、天师道与竹的关系等社会文化问题。《崔浩与寇谦之》则通过天师道揭示出崔浩和寇谦之结合的原因，进而对崔氏政治行为的性质和目的做了深刻解剖。

其次是思想史领域。陈寅恪最先在《冯友兰〈中国哲学史〉下册审查报告》中概述了他关于道教对中古思想史研究具有重大意义的观点，这篇文章虽然很短，但可谓字字珠玑。冯友兰的两卷本《中国哲学史》是第一部完整的现代中国哲学史著作，学术价值自不待言。但陈寅恪在高度评价该书的同时，暗示它忽视了非常关键的道教内容。他说：

> 新儒家之产生，关于道教之方面如新安之学说，其所受影响甚深且远，自来述之者，皆无惬意之作。近日常盘大定推论儒道之关系，所说甚繁，仍多未能解决之问题。盖道藏之秘籍，迄今无专治之人，而晋南北朝隋唐五代数百年间，道教变迁传衍之始末及其与儒佛二家互相关系之事实，尚有待于研究。此则吾国思想史上前修所遗之缺憾，更有俟于后贤追补者也。
>
> 二千年来华夏民族所受儒家学说之影响，最深最巨者，实在制度法律公私生活之方面，而关于学说思想之方面，或转有不如佛道二教者。

---

① 陈寅恪：《金明馆丛稿初编》，第1页。

> 六朝以后之道教，包罗至广，演变至繁，不似儒教之偏重政治社会制度，故思想上尤易融贯吸收。凡新儒家之学说，似无不有道教，或与道教有关之佛教为之先导。①

陈寅恪后来将这种认识付诸史学研究，先是在《魏书司马睿传江东民族条释证及推论》中考证了陶渊明的血统及其家世的天师道背景，继而在《陶渊明之思想与清谈之关系》中揭示出陶渊明的思想本质是为"外儒而内道，舍释迦而宗天师"。他又推而广之地强调，"研究当时士大夫之言行出处者，必以详知其家世之姻族连系及宗教信仰二事为先决条件，此为治史者之常识"。② 早先梁启超在《历史研究法补编》中曾专门介绍思想史的研究，但其所谓"道术史"只包括先秦宋明主系思想和六朝隋唐佛学旁系思想，毫无道教的身影。③ 相较之下，更可看出陈寅恪在这个问题上的史识。

其余领域有中外文化交流及佛道关系史、医学史、书法史等，这里一起扼要介绍。《天师道与滨海地域之关系》两次提到滨海仙道信仰可能与外来文化影响有关，以及北斗延命道术间接传自印度的可能性。《崔浩与寇谦之》则论及寇谦之如何吸收佛教天算医学及戒律等以清整道教。又《天师道与滨海地域之关系》梳理了"天师道世家皆通医药之术"的史实，揭示出古代道教与医学密不可分的关系。此外还专门论述了天师道和书法的关系等。《崔浩与寇谦之》也提到北朝天师道与书法的关系。这些问题虽然是兼及讨论，但都是原创性的重要问题，在日后都形成了单独的研究领域。

最后是研究方法。王承文将陈寅恪关于道教研究的方法总结为教内典籍与教外典籍相结合、于史实中求史识两方面。笔者再强调一点，即陈寅恪对《道藏》的重视。上文谈到当时即便是道教史研究者也对《道藏》置之不理，更遑论胡适这样持极端态度的大有人在。然而陈寅恪却不在乎《道藏》多么"空虚诞妄"，在《天师道与滨海地域之关系》中大量征引《真诰》中的"鬼话"作为论据。注文表明，他使用的《道藏》为出版仅数年的涵芬楼重印本，充分表明他对新材料的重视和利用同样体现在道教研究上。

---

① 以上据陈寅恪《金明馆丛稿二编》，第 282 ~ 285 页。
② 陈寅恪：《金明馆丛稿初编》，第 227 ~ 228 页。
③ 梁启超：《中国历史研究法 中国历史研究法补编》，第 388 ~ 396 页。

当然，陈寅恪的道教研究并非无可指摘，例如其"天师道"概念不严谨，实际指称全部道教，以致后来引起争论。但瑕不掩瑜，他提出的问题不仅发人深省，而且最可贵之处不在于结论，而是开辟了广阔的研究空间。王承文试图探寻陈寅恪这方面的思想源出，如王国维、沈曾植以及国外汉学家等。这些因素无疑会促进陈寅恪思想的形成，但从学术理路和认识水平来看，这完全属于他的原创思想。在《陶渊明之思想与清谈之关系》的结尾处，陈寅恪称赞陶渊明"就其旧义革新，'孤明先发'而论，实为吾国中古时代之大思想家，岂仅文学品节居古今之第一流"。陈寅恪关于道教的研究几乎都是"孤明先发"。借助于这方面的慧眼，他发古人之所未发，察时贤之所未备（如《冯友兰〈中国哲学史〉下册审查报告》对冯友兰的委婉批评，《陶渊明之思想与清谈之关系》对梁启超主观判断陶渊明思想的否定，《崔浩与寇谦之》纠正钱大昕、王鸣盛等对六朝名讳的错误认识，以及间接批评胡适完全否定《真诰》等）。总而言之，陈寅恪道教研究的深邃洞察力以及取得的成就完全超越了那个时代，这是他汲取传统学术精华，并密切关注世界学术潮流的结果。陈寅恪的道教外史研究实质不在道教，而在史学。

三 新中国成立初期的激情与低潮

新中国成立后至改革开放前是道教史学发展的第二阶段。由于社会形势的影响，此时期宗教在各领域的影响全面消退，道教研究受到严重抑制，只是个别方面由于特殊原因有幸得到进一步发展。简而言之，这一时期的道教研究总体发展不畅，呈现不均衡态势，可以概括为两类激情和一段停滞。第一类激情出现在化学史领域。受增强民族自信心和爱国主义教育的强烈影响，炼丹化学在延续早期阶段研究特点的基础上加速发展，并取得一批重要学术成果。第二类激情出现在农民战争史领域，研究者对早期道教兴趣异常，但取得一些成绩的同时也带来严重问题。一段停滞指道教内史研究，其整体氛围甚至不如早期阶段，几乎完全停滞。

（一）化学史的突进

20世纪五六十年代，由于爱国主义教育等因素影响，古代科技史研究热情高涨，带动道教炼丹化学的探索迅速发展，代表学者如陈国符、袁翰青、张子高、冯家昇等。陈国符撰成《道藏源流考》后注意力逐渐转到炼丹化学研究，这一时期发表有

《中国外丹黄白术史略》(《化学通报》1954年第12期)、《说〈周易参同契〉》(《天津大学学报》1957年第6期)以及《中国外丹黄白术考论略稿》(《道藏源流考》1963年增订版附录五)等。袁翰青相继发表《推进了炼丹术的葛洪和他的著作》(《化学通报》1954年第5期)、《从道藏里的几种书看我国的炼丹术》(《化学通报》1954年第7期)、《周易参同契——世界炼丹史上最古的著作》(《化学通报》1954年第8期)等（后收入其《中国化学史论文集》，生活·读书·新知三联书店，1956)。张子高著有《中国化学史稿（古代之部)》(科学出版社，1964)，对炼丹化学史提出了不少创见。冯家昇著有《火药的发明和西传》(华东人民出版社，1954)、《火药的由来及其传入欧洲的经过》(载《中国科学技术发明和科学技术人物论集》，生活·读书·新知三联书店，1955)等，论证火药的发明、发展及传入欧洲的经过，其"炼丹家发明了火药"的论断有力地肯定了道教对古代科技的重要贡献。

其他成果还有很多，如朱晟《医学上的丹剂和炼丹的历史》(《中国医学杂志》1956年第6期)与《我国人民用水银的历史》(《化学通报》1957年第4期)、俞真初《祖国炼丹术与制药化学的发展》(《浙江中医杂志》1957年第8期)、孟乃昌《〈周易参同契〉及其中的化学知识》(《化学通报》1958年第7期)与《关于中国炼丹术中硝酸的应用》(《科学史集刊》1966年总第9期)、谢海洲等《有关汞及其炼丹的历史》(《哈尔滨中医》1963年第3期)、王奎克《中国炼丹术中的"金液"和华池》(《科学史集刊》1964年总第7期)等，不再赘述。

（二）农民战争史与道教

马克思主义史学对宗教的态度决定了新中国成立初期道教的冷遇状况，但这并不排除某些具体问题得到了史学界重视。当时颇为兴旺的史学理论研究领域有五个问题关注度最高，引起社会性大讨论，即中国古史分期、资本主义萌芽、封建社会农民战争、封建土地所有制和汉民族的形成等，被誉为史学界的"五朵金花"。五个问题中封建社会农民战争研究与宗教有密切关系，因此在这方面宗教具有了重要的史学意义。由于汉魏晋南北朝是整个封建时代农民起义的初始阶段，而道教与数次重要起义关系密切，由此得到重点关注。

汉代道教方面，孙祚民《中国农民战争和宗教的关系》(《历史研究》1956年第5期)认为东汉五斗米道和太平道起义是"中国历史上农民大起义大规模与宗教会门相结合的开始"。在这种几乎是共识观念的推动下，《太平经》及东汉道教活动成为讨论的焦点，出现杨宽《论〈太平经〉——我国第一部农民革命的理论著作》（《学术月刊》1959 年第 9 期）、戎笙《试论"太平经"》（《历史研究》1959 年第 11 期）、熊德基《〈太平经〉的作者和思想及其与黄巾和天师道的关系》（《历史研究》1962 年第 4 期）、喻松青《道教的起源和形成》（《历史研究》1963 年第 5 期）等系列研究，《历史研究》连续刊发专题论文尤具风向标意义。在这种热潮中，1960 年中华书局出版了由王明整理的《太平经合校》。此书原稿出自民国时期，但新中国成立后重新整理出版具有完全不同的意义，正如《前言》所说，"全书的大义代表中国道教初期的经典。值得注意的是，其中有朴素唯物主义观点和辩证法因素，又有反对剥削阶级聚敛财货等思想"。尽管受到意识形态的显著影响，作者还是严格遵循了学术方法，使得该书成为早期道教研究的经典作品。

魏晋南北朝道教研究具有同样特点。如汤用彤和汤一介《寇谦之的著作与思想——道教史杂论之一》（《历史研究》1961 年第 5 期）开篇便说了研究寇谦之的目的："寇谦之建立新道教的根本目的在于反对为农民起义所利用的原始道教，建立一个政教合一的封建王朝，巩固封建统治阶级的统治。因此通过对寇谦之的新道教的分析批判，将会使我们进一步了解剥削阶级如何利用宗教斗争为其政治斗争服务。"同期其他重要作品，如汤用彤《读道藏札记》（《历史研究》1964 年第 3 期）、杨向奎《论葛洪》（《文史哲》1961 年第 1 期）、王明《试论〈阴符经〉及其唯物主义思想》（《哲学研究》1962 年第 5 期）等，无一不带有意识形态明显影响的痕迹。

上述类型的道教研究虽然也有对道教历史、人物、教派或经典的专门讨论，但更主要的是关注道教和农民战争的关系，其主旨明显不在教内史，因此整体上可将其归为外史范畴。然而，这类道教史学与陈寅恪时代又有不同，它尽管成为史学的重要论题，但只是研究农民战争史不得不面对的问题，这种重视并非基于对道教的全面客观的认识。而且，大多数研究标签化现象严重，认识很容易脱离历史事实，更常带有一种对道教居高临下、先入为主的批判否定态度，正如孙祚民《中国农民战争和宗教的关系》论述中所体现的那样，说道教"对于麻醉劳动人民的斗争意识，是流毒极深的。因此，为统治阶级所乐于接受，并常常'挟帝王之力以行之'，广泛传布民间、特别是上层社会中间"，说东汉于吉的《太平清领书》只是"作为代表农民利益的一种'异端'思想，从道教中分裂出来的"。由此之故，道教只是当时史学的附庸，完全没有独立的学术价值和地位。后来随着农民战争史研究的热潮退却，史学界对道教的这股热情很快烟消云散。

（三）道教史的停滞

相比以上两种研究路径，纯粹的道教史或谓道教内史研究在这一时期几乎陷于停滞，没有出现任何新的道教通史、断代史或教派史专著。唯一值得提及的亮点有两个。一是1963年中华书局出版的陈国符《道藏源流考》增订版，除修订原稿外，又增加了《道乐考略稿》《南北朝天师道考长编》《中国外丹黄白术考论略稿》《说周易参同契与内丹外丹》等四篇附录。这个版本迄今已流行半个多世纪。二是第一个从事道教研究的专门机构中国道教协会研究室于1961年建立，由著名道教人士陈撄宁（1880~1969）担任主任。早在民国时期，陈撄宁便利用《扬善半月刊》《仙道月报》等大力提倡"仙学"。研究室成立后，在道教史研究方面做了很多工作，并于1962年创办道教内部刊物《道协会刊》，可惜仅出4期便遭停刊。

四　改革开放后的多元化发展

民国时期的道教研究与国外相比并不逊色，甚至有超越之处。但第二阶段当我们处于徘徊停滞状态时，欧洲与日本的道教研究开始发力，进展迅速，优秀成果迭出。于是当改革开放国门初开时，我们立即面临两个方面的严峻局面。一是道教研究的中心在欧洲和日本，相比之下国内研究水平的差距相当大；二是道教研究进行了半个多世纪，始终没有形成一个固定学科，研究人员多为其他专业兼及。令人欣慰的是，借助于大环境的改善，国内道教研究逐渐进入正规化、专业化的发展轨道，而且这种进步是全方位的。例如在研究机构和人才培养方面，1979年中国社会科学院世界宗教研究所建立了道教研究室，1980年四川大学建立了以道教研究为主的宗教学研究所。20世纪80年代后，很多大学和省级社科院相继建立了宗教研究机构、宗教学专业或者宗教系。在学术期刊方面，1979年《世界宗教研究》创刊，成为包括道教学在内的宗教学领域最重要的刊物。《宗教学研究》1982年创刊，1985年起公开发行，是以道教研究为特色的重要刊物。此外中国道教协会于1989年建立了道教文化研究所，第二年又创办了中国道教学院，以提高道教内部的学术研究和人才培养水平。以上所有工作的推进，使得道教的学术研究、教育体系和人才培养体系渐趋完备，并逐步实现良性循环，为道教研究的快速健康发展提供了坚实基础。

通观改革开放后至今的40余年间，道教研究的发展趋势有两个大方向。第一是建制化和专业化。以往分散的研究力量逐渐汇入高校或专门科研机构的哲学或宗教学专业，以及科技史和历史学等专业，形成一支较为稳定的研究队伍。这种学院化建制化的变化，自然形成了研究的专业化特点。第二是多元化。在主流专业领域外，其他一些专业如医学史、文学史、艺术史等也开始重视道教研究，由此进一步带动了研究视角和研究方法的多元化。进入21世纪以来，这种多元化趋势尤其明显。当然，专业领域的多元化同时也带来一些不利影响，譬如缺乏沟通，容易形成学科壁垒等，此不赘述。总之，在上述有利条件的推动下，这一阶段的道教研究可谓遍地开花，硕果累累，限于篇幅，以下只能以少数成果作为例证从宏观角度概略述之。

（一）文献整理的进步

1988年，由文物出版社、上海书店和天津古籍出版社联合影印的明代《道藏》，以上海涵芬楼版《道藏》为底本，据原上海白云观藏本补足残缺（共计补缺1700余行，纠正错简17处，描补缺损字500余个），并附明白云霁《道藏目录详注》四卷，编为16开本，共36册。该套书为广大研究者提供了极大便利。1992~1994年，巴蜀书社出版由胡道静、陈耀庭等主编的《藏外道书》36册，其中包括《道藏》失收道书、后出道书以及藏内道书异本共1016种，为研究明清及近代道教提供了大量珍贵典籍。2004年，华夏出版社出版由张继禹主编的《中华道藏》，除《道藏》外还增收部分敦煌道经，最大特点是进行全文标点，当然水平参差不齐。以上三种丛书是这一阶段最重要、使用最广泛的《道藏》。

结合《道藏》文献，学界先后编撰了多种道教辞典和书目提要等工具书。辞典如闵智亭、李养正主编《道教大辞典》（华夏出版社，1994）、黄海德和李刚编《简明道教辞典》（四川大学出版社，1991）、胡孚琛主编《中华道教大辞典》（中国社会科学出版社，1995）等。书目提要如任继愈主编《道藏提要》（中国社会科学出版社，1991）、朱越利《道藏分类解题》（华夏出版社，1996）、潘雨廷《道藏书目提要》（上海古籍出版社，2003）等。另外朱越利所撰《道经总论》（辽宁教育出版社，1991）与其主编的《道藏说略》（北京燕山出版社，2009）也值得重视。

道教金石资料方面，1988年文物出版社出版了由陈垣编纂的《道家金石略》。该书原稿出于民国时期，共收文约1500篇，百余万字，收录大量珍贵资料，可一定程度补充《道藏》的不足，是目前最重要的道教金石资料集。不过，现存道教金石资料实际上浩如烟海，长期不被重视。陈垣之后，直到最近数年才有新进展出现。例如龙显昭、黄海德主编《巴蜀道教碑文集成》（四川大学出版社，1997）、王宗昱编《金元全真教石刻新编》（北京大学出版社，2005）、吴亚魁编《江南道教碑记资料集》（上海辞书出版社，2008）、赵卫东主编《山东道教碑刻集》之青州昌乐卷、临朐卷和博山卷（齐鲁书社，2010、2011、2013）、萧霁虹主编《云南道教碑刻辑录》（中国社会科学出版社，2013）、黎志添与李静《广州府道教庙宇碑刻集释》（中华书局，2013）等。姜生先生对山东道教碑刻摩崖建筑等地面遗存资料做过全面拓录，可惜尚未整理出版。另外，地方志也是一个被长期忽视的巨型资料库，何建明主编的《中国地方志佛道教文献汇纂》（国家图书馆出版社，2012）首次对包括港澳台在内的全国各地所藏地方志中的佛道教资料进行了选编和整理，分成寺观卷、人物卷和诗文碑刻卷出版，全书达1039册之多。

道经整理研究方面，出现一批重要成果，如王明《抱朴子内篇校释》（中华书局，1980）及《无能子校注》（中华书局，1981）、饶宗颐《老子想尔注校证》（上海古籍出版社，1991）、杨明照《〈抱朴子外篇〉校笺》（上下册，中华书局，1991、1997）等。尤其是中华书局1988年推出的《道教典籍选刊》，目前已出23种，包括《云笈七签》《神仙传校释》《真诰》《登真隐诀辑校》《黄帝九鼎神丹经诀校释》《无上秘要》等重要文献。另外，古灵宝经研究的推进值得注意，代表作有王承文《敦煌古灵宝经与晋唐道教》（中华书局，2002）与《汉晋道教仪式与古灵宝经研究》（中国社会科学出版社，2017）、刘屹《六朝道教古灵宝经的历史学研究》（上海古籍出版社，2018）等。

作为道教研究最基础性的工作，文献整理虽然取得上述巨大进步，不过总体仍然十分薄弱。就《道藏》研究而言，陈国符《道藏源流考》继1949年首版、1963年增订版，2012年又出了第三版，70年后仍未出现同类题材著作。历代《道藏》包括明藏的编撰，很多问题一直悬而未解。就道经整理而言，长期停滞不前，近些年像《道教典籍选刊》出版速度加快，但距初步拟目为84种，仍差距很大。总之，道教文献整理研究工作任重而道远，作为瓶颈问题仍将长期存在。

（二）道教史的丰富

在前两个阶段，道教史研究视角实际上比较单调。到了新时期，研究出现突飞猛进的发展，除通史系原有写作模式外，各种断代史、教派史、区域史、思想史以及其他专史等不断涌现，成蔚为大观之势。

民国的道教史多数为通史，且写作水平较为初步。新时期道教研究恢复之初，编撰道教通史的工作立刻被提上议事日程。经过多年努力，出现两部新代表作，即任继愈先生主编《中国道教史》（上海人民出版社，1990）和卿希泰先生主编四卷本《中国道教史》（四川人民出版社，1988、1992、1993、1995分册出版）。这两套书都是以《道藏》为基础撰写的真正意义上的道教通史，虽然为集体撰写，但不乏新意，为新时期的道教研究奠定了重要基础。此外，牟钟鉴等编《道教通论——兼论道家学说》（齐鲁书社，1991）、胡孚琛与吕锡琛合著《道学通论——道家·道教·仙学》（社会科学文献出版社，1999）等也各有特色。

断代史、教派史和区域史在第一阶段已成雏形，像陈垣《南宋初河北新道教考》更是综合三种模式的经典之作。进入新时期，三种专题研究各自得以深入发展。断代史前期有汤一介《魏晋南北朝时期的道教》（陕西师范大学出版社，1988）和胡孚琛《魏晋神仙道教》（人民出版社，1989）两部重要作品。近期则有葛兆光《屈服史及其他——六朝隋唐道教的思想史研究》（生活·读书·新知三联书店，2003）和刘屹《敬天与崇道——中古经教道教形成的思想史背景》（中华书局，2005）等，二者均以历史学方法从思想史角度考察道教，重视宏观历史背景，突破了以往道教史的写作模式。教派史大概受道教现状的影响，以全真道研究最为丰富，涉及教派发展、人物及其思想、宫观等很多方面。最近张广保出版的《全真教的创立与历史传承》（中华书局，2015）一书，其导言《中国全真教研究一百二十八年（1879~2007）》介绍了百余年来全真道研究的学术概况。其他派别也有重要进展。以净明道为例，郭武发表了一系列论著，尤以《〈净明忠孝全书〉研究——以宋元社会为背景的考察》（中国社会科学出版社，2005）为代表作。区域史在最近十多年来得到广泛关注，出现很多专著，譬如郭武《道教与云南文化——道教在云南的传播、演变及影响》（云南大学出版社，2000）、任颖卮《崂山道教史》（中央编译出版社，2009）、任林豪等《台州道教史》（中国社会科学出版社，2009）、孔令宏等《江西道教史》（中华书局，2011）与《浙江道教史》（中国社会科学出版社，2015）、樊光春《西北道教史》（商务印书馆，2010）、孙亦平《东亚道教研究》（人民出版社，2013）等。不过就整体水平而言，道教区域研究还需更多地借鉴吸收成熟的区域史和社会史的研究方法。

道教思想方面，通论性研究的主要代表为卿希泰先生。他早期主编的《中国道教思想史纲》，第一、二卷由四川人民出版社分别于1980年、1985年出版。后来又主编四卷本《中国道教思想史》（人民出版社，2009），共236万字，众多学者参与撰写，为目前道教思想通史研究最重要的作品。与道教史研究稍有不同，道教思想史研究需要借鉴使用其他一些成熟学科如哲学、宗教学、伦理学等的研究方法，因此在通论著作之外开拓出多种分支，在20世纪90年代后逐渐形成一些较为稳定的研究方向，如道教哲学、内丹学、道教伦理学等。道教哲学史是道教思想史研究的重点内容，又分为很多小的研究方向，例如重玄学、心性学、生命哲学、生态哲学等，这些方面的相关成果很多，如卢国龙《中国重玄学》（人民中国出版社，1993）与《道教哲学》（华夏出版社，1997）、张广保《金元全真道内丹心性学》（生活·读书·新知三联书店，1995）等。内丹本以修炼为主，是一门实践学问，新时期以来一些人尝试用多学科交叉的方法对其进行研究，如养生学、生理学、心理学等方法，尤其是内丹养生学受到社会关注，相关成果如王沐《内丹养生功法指要》（东方出版社，1990）、胡孚琛《丹道法诀十二讲》（社会科学文献出版社，2009）与《道法秘籍解读：丹道实修真传》（社会科学文献出版社，2017）等。道教伦理思想史为这一时期拓展的新方向，相关研究如李刚《劝善成仙——道教生命伦理》（四川人民出版社，1994）、姜生《汉魏两晋南北朝道教伦理论稿》（四川大学出版社，1995）和《宗教与人类自我控制——中国道教伦理研究》（巴蜀书社，1996）、姜生与郭武合著《明清道教伦理及其历史流变》（四川人民出版社，1999）等。

  其他专史还有很多。例如道教与考古方面有张勋燎与白彬《中国道教考古》（线装书局，2006）、刘昭瑞《考古发现与早期道教研究》（文物出版社，2007）、姜守诚《出土文献与早期道教》（中国社会科学出版社，2016）等专论。敦煌道教研究方面有王卡《敦煌道教文献研究——综述·目录·索引》（中国社会科学出版社，2004）、刘屹《经典与历史——敦煌道经研究论集》（人民出版社，2011）和《敦煌道经与中古道教》（甘肃教育出版社，2013）等。王卡先生对敦煌道经的整理尤其令人瞩目，可惜更重要的综合成果未及出版便驾鹤仙游。道教仪式方面如吕鹏志《唐前道教仪式史纲》（中华书局，2008）、刘仲宇《道教授箓制度研究》（中国社会科学出版社，2014）等，后者尤其为道箓研究少有之力作。道教与儒、释二教关系史方面有李养正《佛道交涉史论要》（青松观香港道教学院，1999）、洪修平《中国儒佛道三教关系研究》（中国社会科学出版社，2011）、张广保等主编《儒释道三教关系研究论文选粹》（华夏出版社，2016）、牟钟鉴《儒道佛三教关系简明通史》（人民出版社，2018）、姜生《千真洞的变迁：崂山全真道迁佛史迹考》（《历史研究》2013年第6期）与《汉代老子化胡及地狱图考》（《文史哲》2018年第2期）等。

(三)道教外史的进展

道教研究中属外史与传统史学的关系最密切。此前农民战争研究对道教的热情由于惯性在新时期内延续了 20 年,进入 21 世纪后销声匿迹。但是,史学界对道教研究的重视程度不仅进一步增强,而且出现新视角,在政治史、社会史、思想文化史等方面取得重要进展。

20 世纪晚期农民战争研究一度呈复兴之势,延续了对早期道教的重视,其中以方诗铭先生取得的成绩最为显著。他先后发表《黄巾起义的先驱与巫及原始道教的关系——兼论"黄巾"与"黄神越章"》(《历史研究》1993 年第 3 期)、《释"张角李弘毒流汉季"——"李家道"与汉晋南北朝的"李弘"起义》(《历史研究》1995 年第 2 期)、《"汉祚复兴"的谶记与原始道教——晋南北朝刘根、刘渊起义起兵及其他》(《史林》1996 年第 3 期)、《黄巾起义的一个道教史考察》(《史林》1997 年第 2 期)等重要专论,代表了这一理路最后的辉煌。进入 21 世纪,新出现的道教政治社会史研究完全脱离阶级斗争史观的影响,强调从历史实际出发,注重在宏观历史背景下考察道教现象,相关成果譬如姜生《原始道教之兴起与两汉社会秩序》(《中国社会科学》2000 年第 6 期)、韩吉绍《"承复说"与两汉灾异论》(《史学月刊》2007 年第 12 期)及《自杀求仙——道教尸解与六朝社会》(《文史》2017 年第 1 期)、魏斌《句容茅山的兴起与南朝社会》(《历史研究》2014 年第 3 期)、付海晏《北京白云观与近代中国社会》(中国社会科学出版社,2018)等。

除上述进展外,还有一个新研究范式值得特别注意,即"从宗教理解古史",这是姜生先生《汉帝国的遗产:汉鬼考》(文物出版社,2016)提出的观点。作者早先在《曹操与原始道教》(《历史研究》2011 年第 1 期)中提出,中国古史研究中"存在一个视野转换的问题",历史学家"要探索历史背后的隐线索,一种往往为我们所忽视却内在地制约着历史进程的或许神秘甚至看似荒诞而晦涩的内在逻辑"。以此为导向,作者进行了一系列探索,《汉帝国的遗产:汉鬼考》是为集大成之作。该书以从道教理解历史为视角,采用以经解画、以画证经的论证方式,系统考察了西汉后期至东汉后期近 300 年间墓室画像背后的"宗教化汉家叙事",提出"墓葬皆宗教"的观点。该书具有原创思想和完整的逻辑体系,不仅是汉代道教史的新突破,也开辟了墓葬考古研究的新视野。如果说以陈寅恪为代表的道教史学强调以道教为线索或背景来审查历史事件的内因或寻找其关联,采用历史学的研究方法,那么《汉帝国的遗产：汉鬼考》则更进一步，主张以宗教阐释历史，将宗教学和历史学的研究方法融为一体。这种研究理路对思想史、艺术史、考古学等领域的启发有待于进一步展现。

（四）从化学史到科技通史

20世纪80年代，道教的化学史研究更加红火，并在两个方向取得重要进展，一是术语文献研究的突破，二是实验方法的广泛引入。

长期以来，道教炼丹术语和文献年代是横亘在研究者面前的一道天堑。为解决这个瓶颈，陈国符自20世纪70年代开始将精力集中到这一领域，撰成《中国外丹黄白法词谊考录》《中国外丹黄白法经诀出世朝代考》《石药尔雅补与注》《中国外丹黄白术所用草木药录》等鸿篇长文，对炼丹术语、重要经诀的出世时代进行了系统研究，一举攻克了这两大难关。1979年，第三次国际道教学术会议在瑞士苏黎世召开。经当时党和国家领导人批准，陈国符和王明得以参会。陈氏以《道教与中国的自然科学之相互关系》为总题目宣读了上述四篇长文，引起轰动。1983年，这些文章被汇总成《道藏源流续考》在中国台湾明文书局出版。后来，书中内容经修改补充后分成两本书在大陆出版，一为《中国外丹黄白法考》（上海古籍出版社，1997），二为《陈国符道藏研究论文集》（上海古籍出版社，2004）。

实验方法在化学史研究中十分常见，由于客观条件限制，到这一时期才得以广泛使用，从而解决了许多争论已久的疑难问题，将西方科学实证研究法推向高潮。赵匡华和孟乃昌取得的成绩最大，连续发表了一批重要实验成果。赵匡华如《我国金丹术中砷白铜的源流与验证》（《自然科学史研究》1983年第1期）、《关于中国炼丹术和医药化学中的制轻粉、粉霜诸方的实验研究》（《自然科学史研究》1983年第3期）、《关于我国古代取得单质砷的进一步确证和实验研究》（《自然科学史研究》1984年第2期）、《中国金丹术中的"彩色金"及其实验研究》（《自然科学史研究》1986年第1期）、《中国古代炼丹术中诸药金、药银的考释与模拟试验研究》（《自然科学史研究》1987年第2期）、《中国古代炼丹术及医药学中的氧化汞》（《自然科学史研究》1988年第4期）、《中国古代的铅化学》（《自然科学史研究》1990年第3期）等，以及集大成之《中国科学技术史·化学卷》（科学出版社，1998）。孟乃昌如《秋石试议——关于中国古代尿甾体性激素制剂的制备》（《自然科学史研究》1982年第4期）、《中国炼丹术伏硫黄、硝石、砒砂诸法的试验研究》（《自然科学史研究》1984年第2期）、《孙真人丹经内伏硫黄法的模拟实验研究》（《太原工业大学学报》1984年第4期)、《中国炼丹术"金液"丹的模拟实验研究》(《自然科学史研究》1985年第1期)、《中国炼丹术朱砂水法模拟实验研究》(《自然科学史研究》1986年第3期)、《铜汞药金的模拟实验研究》(《太原理工大学学报》1995年第1期)等,以及《道教与中国炼丹术》(北京燕山出版社,1993)。此外,张秉伦等对秋石方的模拟实验研究也很有影响。

随着研究的深入,炼丹化学研究在20世纪90年代出现重大变化,开始突破化学史范畴,从多学科角度全面考察道教的科技成就。当时中国科学技术大学自然科学史研究室在张秉伦教授的带领下,对《道藏》中的科技史料进行全面检索整理,编成"《道藏》科技史料分类目录"。后来又出版了祝亚平《道家文化与科学》(中国科学技术大学出版社,1995)一书,全面考察了《道藏》中的科技史料及成就,从科学思想、天文物理、炼丹化学、数学地理与气象、技术与发明、生命科学等学科进行了详细探讨,在很多方面做出创造性研究。进入21世纪,规模更大的由姜生和汤伟侠主编、海内外数十名知名学者共同撰写的多卷本《中国道教科学技术史》由科学出版社陆续出版(汉魏两晋卷,2002;南北朝隋唐五代卷,2010;宋元明清卷待出)。与以往研究以西方科学为绝对准绳稍有不同,该书自立权衡,认为"科学是人类经过千百年的探索与实践而形成的用于有效延长和增强自身能力的知识系统,它使人类在面对自然界这个生存环境时,具有符合其价值取向的攫能效率"①。以此定义为标准,书中从科学思想、炼丹术与化学、医学、养生学、天学与地学、物理学与技术、生物学等视角对道教科技成就进行了全景式描绘,为百余年来道教科技史研究的集大成之作。

虽然科技通史包含几乎所有学科领域,但个别学科也有自身发展,其中以道教医学得到的关注最多。相关成果如盖建民《道教医学》(宗教文化出版社,2001)、李应存与史正刚《敦煌佛儒道相关医书释要》(民族出版社,2006)、张觉人《中国炼丹术与丹药》《外科十三方考》《丹药本草》《红蓼山馆医集》(学苑出版社,2009)、黄永锋《道教服食技术研究》(东方出版社,2008)、王家葵《养性延命录校注》(中华书局,2014)等。

科技史分为内史和外史,前者研究科学技术的内在发展逻辑、规律及成就,后者则注重考察科学技术与社会的关系。以往无论是炼丹化学还是科技通史均以内史为

---

① 姜生、汤伟侠主编《中国道教科学技术史·汉魏两晋卷》,科学出版社,2002,第5页。

主,但近些年外史视角得到发展。如韩吉绍《知识断裂与技术转移——炼丹术对古代科技的影响》(山东文艺出版社,2009)和《道教炼丹术与中外文化交流》(中华书局,2015),前者对道教炼丹术在古代医药学、冶金、经济、文化等领域内产生的广泛影响进行了详尽考察,描绘出一幅知识、技术和社会如何互动的图景;后者勾勒出中国文化视角下炼丹术与中外文化交流的一些重要图景,考察了古代中国与印度、波斯、阿拉伯、东南亚、欧洲以及其他地区所发生的文化、科技、医药学、经济等的交往情况。再如蔡林波《神药之殇——道教丹术转型的文化阐释》(巴蜀书社,2008),从文化视角阐释了道教由外丹到内丹转变的深层次原因。

(五)其他领域的拓展

进入21世纪以来,道教研究逐渐引起主流专业以外领域的关注与重视,其中最令人瞩目的莫过于文学史和艺术史领域。

中国古代文学深受道家道教思想的影响,此为不刊之论。早在民国时期,即有李长之《道教徒的诗人李白及其痛苦》(商务印书馆,1940)这样的作品问世。进入新时期,道教与唐代文学仍然是学界关注的重点,代表作品如蒋振华《唐宋道教文学思想史》(岳麓书社,2009)、孙昌武《道教与唐代文学》(人民文学出版社,2011)、段永升《唐代诗人接受道家道教思想史论》(中国社会科学出版社,2016)等。汉魏晋南北朝文学史是另外一个重点领域,成果有蒋振华《汉魏六朝道教文学思想研究》(中南大学出版社,2006)、赵益《六朝南方神仙道教与文学》(上海古籍出版社,2006)等。其他时期以及通论性研究如左洪涛《金元时期道教文学研究》(人民出版社,2008)、詹石窗《道教文学史》(上海文艺出版社,1992)、张成权《道家、道教与中国文学》(安徽大学出版社,2010)、孙昌武《道教文学十讲》(中华书局,2014)等。

道教艺术史是最近十年异军突起的一个研究领域,当然这主要指视觉艺术而言。以与道教有关的造像、墓室绘画、传世绘画、道经插图等为主要研究对象,代表成果如胡文和《中国道教石刻艺术史》(高等教育出版社,2004)、肖海明《真武图像研究》(文物出版社,2007)、汪小洋等《中国道教造像研究》(上海大学出版社,2010)、李淞《道教美术新论》(山东美术出版社,2008)与《中国道教美术史》(第一卷,湖南美术出版社,2012)、张鲁君《〈道藏〉图像研究》(齐鲁书社,2017)等。至于听觉艺术,早在1945年,陈国符便撰《道教斋醮仪源流考略稿》讨论道教斋醮音乐，后经增补改名为《道乐考略稿》，收录于《道藏源流考》1963年增订版。新中国成立初期，学术界曾组织力量采集记录民间音乐，道教音乐研究在此过程中受益较大。如杨荫浏对湖南道教音乐、中国舞蹈艺术研究会对苏州道教音乐的采集整理等。无锡道士、俗称"瞎子阿炳"的音乐就是在此时被挖掘整理出来（杨荫浏等合编《瞎子阿炳曲集》，上海万叶书店，1952），为后人留下一笔宝贵遗产。改革开放后，曾中断多年的道教音乐研究得以蓬勃发展，新作迭出。更重要的是，"自80年代中后期至今，随着田野资料的积累，学术界对道教音乐的研究从记谱整理过渡到理论性分析研究"[①]。

此外，近20年来海外道教研究的译介有可喜进步。长期以来，国内道教研究界对海外同行的研究相当陌生，除科技史领域情况稍好外，其他海外研究成果鲜有介绍到国内者（20世纪90年代初，上海古籍出版社曾出版日本学者福井康顺等监修的《道教》三卷本，由朱越利等人翻译）。这种情况对提高自身学术水平极为不利，也与改革开放后的整体学术氛围格格不入。为此，一些学者积极谋划推动海外道教研究著作的汉译工作，以加强国内外学术界的交流和沟通，促进国内研究快速发展。这方面以朱越利先生取得的成绩最为显著。自2000年起，他牵头组织"海外道教学译丛"，在香港青松观董事会的资助下，先是由中国社会科学出版社出版了日本学者秋月观暎《中国近世道教的形成——净明道的基础研究》、吉川忠夫等《真诰校注》和蜂屋邦夫《金代道教研究——王重阳和马丹阳》三种译著。此后，译丛改名为"道教学译丛"，由齐鲁书社出版，至今已翻译推出20多种欧美日著作。当然，由于历史欠账太多，中外学术交流工作亟待获得更多的关注和参与。

五 结语

以上分三个阶段介绍了道教史学的发展大势，从民国时期少数人从事的业余研究，到新中国成立初期的不平衡发展，再到改革开放后的专业化建设和多元化拓展，迄至今日道教史学已成长为一门涵盖多种学科领域、蔚为大观的庞杂学问。应当说，这种状态是道教研究步入正轨和走向成熟的必然结果，道教的主要特点就是"杂而多端"，必定会牵涉很多不同学科，任何单一视角或学科方法只能是盲人摸象。不

---

① 刘红主编《中国道教音乐史略》（修订版），文化艺术出版社，2013，第231页。

过，尽管已取得巨大成绩，但客观而言，目前对道教的认识仍有待进一步解放思想。道教对古代中国的实际影响极为深广，精神层面至深至隐，社会层面波澜壮阔，只是以近代以来之价值观判断，这些影响多属负面，故为人所不齿。但对学术研究而言，应秉持客观立场，尽量不为后世的价值观羁绊。何况不同时期道教的历史地位并不相同，完全以近代观念等同视之，不仅难以脱离辉格史窠臼，也容易忽视道教应有的历史作用。

  要而言之，道教史学尚有更多潜力可以发掘，有广阔空间可以拓展。根据目前的研究状况来看，未来有几个方向值得特别期待。第一是道教史（包括思想史）研究。作为最基础的工作，道教史是进一步研究的前提，这个领域今后仍将得到持续关注，相信更多的突破会出现在微观、局部或断代史方面。第二是道教与政治社会史研究。这是陈寅恪开创的道路，借助于已有基础，这一领域仍将是史学关注道教的重点阵地，尤以社会史拓展空间最大，这个方向将使更多的注意力投向下层民众的生活及精神世界。第三是道教文献整理和研究。道教文献虽然一直是道教研究的重点内容，但它最为瓶颈，很多问题长期得不到有效解决，而史学对文献研究具有先天优势，这是一个大有可为的领域，尤其是精细化整理方面。第四是科技史研究。这一领域尽管目前形势不容乐观，后继乏力，但毫无疑问它仍然是一个有巨大开发潜力的学术宝藏。最后，除了以上几个关注度较高的方向外，我们还期待能有更多的新亮点涌现。

经典解读

文本批评与错综复杂的《六祖坛经》历史*

〔美〕徐德（Morten Schlütter）　　王圣英 译

摘要：在中国佛经中，唯《六祖坛经》现存诸多版本，且各版本间差异显著，故特为有趣。因此，《六祖坛经》并非仅是一个单一固定的文本，而是一个多样的文本体。本文将重新审视早期的研究，并就目前研究及发现，来讨论《六祖坛经》诸版本间的差异及关系。本文将着重文献校勘方法，指出各不同版本是如何相互关联的，并探讨今后将如何继续进行本研究。

关键词：《六祖坛经》　慧能　禅宗　文献学

作者简介：徐德（Morten Schlütter），美国爱荷华大学宗教学系中国宗教与佛教研究所教授。

译者简介：王圣英，台湾辅仁大学宗教学系博士研究生。

《六祖坛经》是中国佛教制造的最广为人知也最受人关注的文本之一。这是一部几个世纪以来僧侣、平民、学者都痴迷的经文，今天已被译为好几种欧洲和亚洲语言。它讲述了慧（惠）能（一般认为637~713）成为禅宗六祖的戏剧性的故事，还包括了慧能的训诫、他对听众的"无相戒"传授、他遇见的弟子的记载，以及他冗长的临终指示。这是唯一一份出现于中国并被冠以"经"题名的文本，其他的"经"（sūtra）则都留给了佛陀的教导。①

现代学者已经以结论性的方式表明，《六祖坛经》不能被当作慧能教导和生涯的确切记载，慧能与这部在他死后才出现的文本恐怕没有任何实质联系。有关慧能的东

---

* 英文原文发表于台湾中研院语言学研究所《语言暨语言学》专刊系列之五十三"汉语与汉藏语研究：方言、音韵与文献"（2014）。原文所附中文标题为《文献校刊法与〈六祖坛经〉诸版本之研究》。

① 其他在中国创作的佛教文献也称"经"，但它们号称是从梵文翻译的佛陀语录；这类文献通常被认为是伪经（apocryphal sūtras）。

西，几乎没有什么是可以确定的，而慧能作为禅宗六祖的名望似乎完全是神会和尚（684~758）废寝忘食努力而来的结果。神会声称自己是慧能的弟子（尽管他们俩好像从未见过面）并且很明确地希望自己被认可为七祖。① 神会自己很快就被历史忘却了，但慧能则被普遍接受为六祖，并且成为之后整个禅宗传统的始祖。如此，从9世纪中叶开始，所有中国禅以及韩国禅和日本禅，都将他们的系谱（lineage）直接回溯到慧能。

一个关于《六祖坛经》的庞大研究体系已经被东亚学者和西方学者建立起来了，这些学者中的大多数人都聚焦于这个文本最早的版本，这个版本在20世纪初被发现于中国西部（今天的甘肃省）敦煌一个隐蔽的洞窟书库中。② 这一研究对8世纪禅宗的形成有许多很有价值的洞见，新的发现和研究方法使得进一步扩展我们对这一时期的理解有了成功的可能。③

但之所以《六祖坛经》在中国佛教文本中如此独一无二，是因为现存的诸多版本（跨度从8世纪到13世纪）在很大程度上是各不相同的。因此《六祖坛经》并不是一份单一的、稳定的文本，而是一个不定型的、文本化的实体（amorphous textual entity）。这个实体经历了许多次变形，并且使今天的我们得到了各种完全不同的版本，最长的版本几乎是最短的两倍长。对慧能这个角色和他教导的理解随着时间的推移明显发生着演化，《六祖坛经》也随之改变。因此，《六祖坛经》并不单单给研究禅的早期形成带来启示，而且给其文本历史提供了这样一个能够让我们对至少在5个世纪之内禅的关键历时性变化和发展进行观察的大型实验室。④

为了能深度处理《六祖坛经》文本历史的和义理的发展，我们显然需要知道现存的不同版本之间互相有什么样的联系。许多学者以各式各样的方法进行过研究，而我出版过基于《六祖坛经》"谱系学"（genealogy）的研究。⑤ 尽管近几年来有不少

---

① John Jorgensen, *Inventing Hui-neng, the Sixth Patriarch: Hagiography and Biography in Early Ch'an* (Leiden & Boston: Brill, 2005).
② 关于敦煌洞窟书库的发现，见 Morten Schlütter, "Introduction: the Platform Sūtra, Buddhism, and Chinese religion," in Morten Schlütter & Stephen F. Teiser eds., *Readings of the Platform Sūtra* (New York: Columbia University Press, 2012), pp. 1 – 24。
③ 对敦煌《六祖坛经》近来研究的综述可见 Schlütter and Teiser, *Readings of the Platform Sūtra* 中的论文。另可见 John Jorgensen, "The Platform Sūtra and the corpus of Shenhui: recent critical text editions and studies," in *Revue Bibliographique de Sinologie* 20 (2002): 399 – 438。
④ 我正在写一本通过分析《六祖坛经》的不同版本来尝试说明中国禅的历史发展的书。
⑤ Morten Schlütter, "A Study in the Genealogy of the Platform Sūtra," in *Studies in Central and East Asian Religions* 2 (1989): 53 – 114.

重要的新发现，并且有一种重兴的对《六祖坛经》及其发展的学术兴趣，但对于现存版本之间的关系并没有形成共识，① 而错误的假设和不当的方法对这个领域的研究造成了阻碍。最重要的是，文本批评（textual criticism）的方法一直被严重忽视，尽管我之前的著述已经说明了文本批评是想要对各种现存《六祖坛经》版本之间的关系获得洞见的至关重要的工具。

在这篇论文中，我重新处理了关于《六祖坛经》不同版本之间的关系中我们所能够（或者不能够）知道的东西。我的目标很简单，就是建立一个按照年代次序整理出的现存《六祖坛经》各版本的系谱树（stemma），并由此促进对这些文本中的意识形态发展（或思想发展）的历时性研究。尽管这篇文章并没有纵览《六祖坛经》的具体内容，但我做了这样的结论：随着禅宗的发展，《六祖坛经》的旧版本已被认为是不完整的、不可靠的。因为，这个文本的重点在于用来传递那些记录下来的六祖教导，而这样的情况在过去似乎是不可容忍的，因此《六祖坛经》不得不被数次更新。

一　文本批评法

如同先前说过的，最重要但也不幸被中国研究常常忽视的、用于研究一个文本不同版本以及不同版本之间联系的研究工具，就是文本批评法。② 文本批评最开始被当作"还原文本至尽可能接近它们最初样子的技术"③，自18世纪以来被广泛运用于像《新约》研究、罗马希腊经典作家的作品、莎士比亚戏剧等多种多样的文本传统中。文本批评最基本的前设是这样的原则：一个文本每次被手工重抄、重刻，或者重新制版印刷，一个文本上具有独特性的新"本"（version）就被创造出来了。也就是说，参与制造新"版"（edition）的一个人或一群人总是有意或无意地给文本引入变化。这些变化包括从字词错误或疏漏，或者对之前版本被认为是错误之处的修正，到大篇

---

① 综述可见 Jorgensen，"The Platform Sūtra and the Corpus of Shenhui"。
② 见 Harold D. Roth，"The Textual History of the Huai-nan Tzu," in *Association for Asian Studies Monograph No. 46* (Ann Arbor: Association for Asian Studies, 1992) 和 Harold D. Roth, "Text and edition in early Chinese philosophical literature," in *Journal of the American Oriental Society* 113.2 (1993): 214-226, 以及 William G. Boltz, "Textual criticism and the Ma Wang tui Lao tzu," in *Harvard Journal of Asiatic Studies* 44.1 (1984): 185-224, 这些学者的著作增进了文本批评法与古代汉语文本之间的联系。
③ Edward John Kenney, "Textual Criticism," Encyclopedia Britannica Online, http://www.britannica.com/EBchecked/topic/589489/textual-criticism, 2009, Retrieved June 19, 2012.

幅重述或改写文本。通过对一个文本现存不同版本逐字逐句地对比，文本批评家要争取能判断各式各样的文句（readings，或"异文"）中哪一种更像原始的，并修订文本以将之复原到有可能的最早、最真实的状态（当然，在这里，最关键的是要达成那些被研究文本的直接再现）。文本批评的各种规范已随着时间推进而发展，但这些规范只能被视为指南，而每个案例都必须被视为独特的个例来处理。文本批评的许多思维方式（logic）是基于常识的。比如，"首选更难阅读"法则（the principle of lectio difficilior）告诉我们，更难阅读、更费解或者更含糊的文句常常被判断为属于文本更早期的版本，因为对编辑者而言合理的是，他们希望把自己编辑的文本处理得更清晰明白，而非反其道而行之。同样，如果一段话在一个版本中作为注释出现，而在另一个版本中作为常规文字出现，则前一个版本更像是更早期的版本，因为一段注释很容易被合并到正文中去，反过来常规文本则不太可能被降格为注释。

　　文本批评并非精确的科学，在这个领域的学者也常常互相挑剔同行的作品。即便是追寻原始文本（urtext）这样的观点也会招致批判。[①] 不过，这种追寻留下了一种通过多样证据判断诸文本最佳文句的绝对重要的工具，尽管原始文本仍旧是难以寻得的。令人遗憾的是，这种方法并不被中国佛教研究所广泛运用，而且学者们在研究一份文本的多种版本时常常不懂使用文本批评的思维方式。比如说，存在于诸版本之间、对研究很有用的文本的精校版本（critical edition）[②]，并不能用编订精校版本的学者自己认为的各版本中最有价值的文句直接拼凑而成——认识到这一点是很重要的。这样的过程创造的是一个全新的文本，和之前所有的文本都不相同，所以实际上是更混淆了而非厘清了文本的历史。

　　总之，文本批评的方法和思维方式并不需要专注于寻找某个原始文本，而是可以更有成效地被用来帮助我们更好地理解同一文本的不同现存版本之间的关系。这正是我在之前关于《六祖坛经》现存版本的文章中尝试做的，也是我想在这篇文章中深入发展和说明的。在文本批评中，这代表着要做一个系谱图（stemma codicum）的建构，这是种文本的家族树（family tree），常常被视为重建一份原始文本的第一

[①] 比如 Edward Hobbs, "Prologue: an Introduction to Methods of Textual Criticism," in Wendy Doniger Flaherty ed., *The Critical Study of Sacred Texts* (Berkeley: University of California Press, 1979), pp. 1 – 27。上古中国研究的例子见 Martin Kern, "Methodological Reflections on the Analysis of Textual Variants and the Modes of Manuscript Production in Early China," in *Journal of East Asian Archaeology* 4.1 – 4 (2002): 143 – 181。

[②] 即假想中的理想原始版本。——译者注

步目标。①

就我们的目标而言，在《六祖坛经》的研究上，将那些篇幅重大的、看起来像是刻意而为的改变引入文本的版本，和那些相反只是做一些表面上的、不是故意的或者微小的改变的版本区分开来，是很有用的。因此，我用"版"这个词来指代重抄、重刻、重印文本的任何情况，而用"本"来指代这样的一个"版"或者基于同样作品的一组"版"——编者（在这里，某种意义上已经成了共同作者）对之进行了重大的增删，或者将整个句子进行改述，从而创造出一个实质上和其他版本不一致的文本。②

在此需要指出的是，基于文本所附带的文献资料，如序和跋、编者名录或捐赠名单，所能够生成的只能是关于文本历史的设想（tentative ideas）。尽管这类信息在任何文本检视中都占据着重要地位，但它们也能轻易地把我们带入歧途，因为序和跋可以被加给本来没有它们的版本，后来的编者可能会选择保留或者恢复原来编者的名字而让自己的名字不为人所闻，带有一个特定标题的有关文本的外来参考（outside references）可能指向的是一个与现在具有这个标题的作品完全不同的文本。同样，一个版本比另一个更早的情况并不代表更早的版本就更"原始"（original）。所以任何这种信息都要被极其小心地使用，而且都需要进行文本间逐字逐句的比较研究、对从任何文献信息中获得的证据进行独立地评估。

二 《六祖坛经》的诸敦煌写本

发现于敦煌的这一《六祖坛经》版本受到的学者关注远多于其他任何版本。这并不令人吃惊，因为这一版本显然是我们能够触及的最早的《六祖坛经》版本（尽管一些学者质疑这点，这会在这篇文章的结论部分讨论），并为早期禅和一开始被认为是慧能的那些思想的形成提供了有趣的线索。③

相当多的讨论都在设想《六祖坛经》原始首版会是什么样子的、是谁写的，以

---

① 关于系谱研究的方法，见 Paul Maas, *Textual Criticism*, trans. by Barbara Flower (Oxford: Clarendon Press, 1958) 与 Vinton A. Dearing, *Principles and Practices of Textual Analysis* (Berkeley & Los Angeles: University of California Press, 1974)。

② 见 Roth, "Text and Edition in Early Chinese Philosophical Literature" 的类似讨论，该讨论中提供了一种更为细致的、适用于同一文本更多样本数量案例的方法。

③ 见 Schlütter & Teiser, *Readings of the Platform Sūtra* 中的文章。

及我们今天所得到的敦煌本是谁书写的。我会在将来的研究中处理这些问题，但针对现在这篇文章的目标来说，可以肯定的是，尽管敦煌本无疑是现今可获得的《六祖坛经》的最早版本，但许多线索都表明一个（或多个）更早的版本是肯定存在的。

目前《六祖坛经》敦煌写本有三个完整抄本存世，它们都有一个很有意思的题献："南宗顿教最上乘摩诃般若波罗蜜经：六祖惠能大师于韶州大梵寺施法坛经一卷，兼受无相戒弘法弟子法海集记。"①

许多年来，英国国家图书馆收藏的著名写本"斯坦因5475"被认为是唯一来自敦煌的《六祖坛经》写本的完整抄本。②之后在1990年代初，又一份写本——现在一般称为"敦博本"，在敦煌博物馆的地下室被发现并得以出版。③该文本在更早的时候被学者向达描述过，④但该描述的背景情况已不可知。最近一次发现是在2011年，第三个敦煌写本在中国辽宁省的旅顺博物馆被发现（旅顺本），紧接着被出版。⑤这份文本之前只自1930年代始有少量照片为世人所知，一度被假定已遗失。旅顺写本与另一文本同时出现，其年份被推定为959年。⑥

作为这三份完整写本抄本的补充，《六祖坛经》的两份写本残片在敦煌被发现，现在收藏于北京图书馆。⑦第一份残片只有一页长，另一份则长得多，有三分之一完

---

① 另见 Christopher Anderl, "Was the Platform Sūtra always a Sūtra? Studies in the Textual Features of the Platform Scripture Manuscripts from Dūnhuáng," in Imre Galambos and Budapest eds., *Studies in Chinese Manuscripts: From the Warring States Period to the 20th Century*, by Institute of East Asian Studies（Budapest: Eötvös Loránd University, 2013）, pp. 121 – 175 对这一标题不一样的戏剧性解读。我发现 Anderl 的分析很有趣，尽管在这点上他说服不了我。
② 一份黑白重印的斯坦因5475抄本可参见柳田圣山主编的《六祖坛经诸本集成》，京都：中文出版社，1976。这一抄本的高分辨率彩色扫描档案最近已由国际敦煌项目（International Dunhuang Project）发布，见 http://idp.bl.uk（查询 S. 5475）。一份可用的编辑过的版本及英译本可见 Philip B. Yampolsky, *The Platform Sūtra of the Sixth Patriarch*, 2nd edition（New York: Columbia University Press, 2012）。
③ 敦煌博物馆称其为编号077 – 4。它已被出版多次，第一次为杨曾文的《敦煌新本六祖坛经》（上海古籍出版社，1993）。一个效果较好的影印本见黄连忠编《敦博本六祖坛经校释》（台北：万卷楼，2006），这一版本还与斯坦因5475进行了对照比较。
④ 向达：《唐代长安与西域文明》，生活·读书·新知三联书店，1957，第368~369页。
⑤ 见该写本印制精良的彩色重印本：郭富纯、王振芬编《旅顺博物馆藏敦煌本六祖坛经》，上海古籍出版社，2011。
⑥ 郭富纯、王振芬编《旅顺博物馆藏敦煌本六祖坛经》，第108页。这个年份推定是很模糊的，资料给出的年份是显德五年、己未年，但显德五年为958年，而己未年为959年。这个用黄历标识的年份可能是正确的年份。
⑦ 见黄连忠编《敦博本六祖坛经校释》的描述。

整敦煌写本的长度。①

对敦煌发现的《六祖坛经》版本和残片的初步探究表明，它们都来源于同一个文本，而且看上去它们之间都没有一者作为另一者基础的关系。②既然它们最终都来源于同一个文本，它们就应当被看作同一个"本"的各种"版"。

敦煌《六祖坛经》的大多数现代版本都编订于新发现出现前，因此它们大多都只参照了斯坦因写本。但是，因为这个写本有着许多明显的错处和空白，现代版本通常会使用在日本发现的版本，一般称为"兴圣寺版"（Kōshōji edition）③来进行修订。这样做的结果是很令人遗憾的，因为（如我们后文要分析的）兴圣寺的文本是一个后来被大量修编过的版本，几乎不能反映敦煌《六祖坛经》的原本内容。而新近可见的文本和残片应该可以容许制作一个使我们非常接近它们共同起源的批评版本，但迄今为止，没有编订者在各写本的对比中严格使用文本批评的原则并制作这样一个批评版本的作品。④

三 诸惠昕本

学者最早了解到一个惠昕和尚编订于967年的《六祖坛经》版本，是通过20世纪30年代在京都一座寺庙发现的、被称为兴圣寺版的《六祖坛经》所附的序文中得知的。⑤尽管兴圣寺的文本是印刷的，就像另一篇序一样，惠昕的序是通过手写添加的，阴差阳错这两篇还被并为了一篇。它们显然是从1599年日本僧人了然（1559~

---

① 第一份残片，《敦博本六祖坛经校释》给出了其编号，为北京图书馆有字79号残片；这份残片的校订出版见李申、方广锠《敦煌坛经合校简注》，山西古籍出版社，1999，第232页。第二份残片，《敦博本六祖坛经校释》给出的编号为北京图书馆冈字48号。更多讨论见田中良昭「敦煌本六祖壇経諸本の研究——特に介新出の北京本の紹介」『松ヶ岡文庫研究年報』5、1991、頁9-38。这个残片与斯坦因5475一致。《大正新修大藏经》第48册，东京：大正一切经刊行会，1924~1932，第338页c~341页c。
② 郭富纯、王振芬编《旅顺博物馆藏敦煌本六祖坛经》对比了各写本，尽管有一些错处。
③ 比如可见 Yampolsky, *The Platform Sūtra of the Sixth Patriarch*。
④ 可以对汉语写本补充的，是一些存世的西夏语《六祖坛经》的译本小残片。这些残片似乎是基于一个很接近但可能不完全相同于《六祖坛经》敦煌本的版本译成的。这些残片的译本可见史金波《西夏文〈六祖坛经〉残页译释》，《世界宗教研究》1993年第3期，第90~100页。根据西夏译本来重建一个精确的汉语文本是不可能的，我也没有在我现在的研究中囊括西夏残片的内容。
⑤ 影印出版的兴圣寺本见柳田圣山《六祖坛经诸本集成》，第49~66页。编订、注释的版本见中川孝编『六祖壇経禅の語録4』筑摩書房、1976。

1619）的某个未知著述抄来的。①

兴圣寺版中惠昕的简短序文标题为"六祖坛经序",在序中他写道,《六祖坛经》的旧文字很伤人脑筋（原文为"古本文繁"。"文繁"我理解为错误百出、难以卒读）,而一开始愉快地接触它的学生很快就反感它了。惠昕接着简要地陈述了他将文本划分为两卷十一章。这篇序文记有干支纪年,胡适推定为967年。② 它写于邕州（今广西南宁）,在10世纪这是个文化上的边远地区。

兴圣寺版附的第二篇序可以追溯至宋代（960~1279）；它由学者晁子健（生卒年不详）写作,时间为1153年。③ 晁在这里讲述了当他在四川旅行时,如何找到一份他祖先文元的手写《六祖坛经》抄本。在抄本的末尾,文元写道:"时年八十一,第十六次看过（《六祖坛经》)。"晁说之后他便将这个写本付诸出版。胡适表示文元就是著名学者晁迥（951~1034）,晁迥在1031年是81岁。④

如同惠昕所描述的,兴圣寺版有两卷十一章。它只有一个简单的题名"六祖坛经",也没有写出编纂者的名字,有一页丢失了。这个版本看起来是镰仓时代（1185~1333）日本五山（Gozen）版的重印,大约印于室町时代末期（16世纪初）。⑤ 兴圣寺版木质印刷板上刻着的编号让学者们相信兴圣寺版最终可以追溯到某个宋代的经典版本,但没有任何今天已知的宋代经典书目中收录有《六祖坛经》。⑥

一些《六祖坛经》的其他版本在日本保存了下来,而且都是两卷十一章。显然它们都与惠昕版关系甚密,而且似乎有理由假设它们都可以追溯到惠昕版。但是如同我之后要展示的,每一个在日本保存下来的存世版本都被编辑过,都不是对惠昕

---

① 松本文三郎:《佛教史杂考》,大阪:创元社,1944,第101页。Yampolsky, *The Platform Sūtra of the Sixth Patriarch*, p. 99.
② 胡适:《坛经考第二》,原载《胡适文存》,重印于柳田圣山编《胡适禅学案》,京都:中文出版社,1975,第78页。同见Yampolsky, *The Platform Sūtra of the Sixth Patriarch*, n. 28. 关于惠昕没有更多的信息了。
③ 昌彼得等:《宋人传记资料索引》第3册（台北:鼎文书局,1975）第1947页给出了关于晁子健的参考资料目录。
④ 见胡适《坛经考第二》。
⑤ 见宇井白寿《禅宗史研究》第3册,东京:岩波书店,1941,第60页；以及驹泽大学禅宗史研究会编《慧能研究》,东京:大修馆书店,1978,第407页。五山版的研究,见驹泽大学内禅学大辞典编纂所《禅学大辞典》,东京:大修馆书店,1978,第341页a。
⑥ 见《慧能研究》408页,及《禅学大辞典》第1142页b。同见石井修道编『真福寺文庫所藏の「六祖壇經」の紹介——惠昕本「六祖壇経」の祖本との關連』『駒沢大学仏教学研究論集』10、1979、頁78b。

版原封不动的复制。根据上述的标准，通过文本比较可以让我们将这些版本分为三类。①

（一）兴圣寺本

许多《六祖坛经》的日本版本都非常接近兴圣寺版。首先是宽永（Kan'ei）版。没有题名也没有其他信息出现在文本之前，但在每卷都有给出"六祖坛经"的标题。没有附加序也没有跋，但文本中的最后一个注释给出了宽永八年（1632）和日本出版者的名字。② 益淳1697年的《法宝坛经肯欵》列出了宽永版，将之认定为中国宋代庆元时期（1195～1201）的版本。③ 其次是金泽文库（Kanazawa Bunko）写本。这个版本只有三个残片和8页还存世。④ 这些残片中的一份含有第三章的开头，标题与兴圣寺版的这一章完全一致。柳田圣山将金泽写本的时间推定为镰仓时代。⑤

细致的比较显示了金泽残片与兴圣寺版的对应内容是极为一致的。此外，将宽永版与兴圣寺版文本进行对比，这两个版本展示出了明显的相似性。因此，根据之前略述的方式，这三个文本应当被认为是同一"本"的不同"版"，在此处和在后文里都称为兴圣寺本。

（二）大乘寺本

另一个可以最终溯源到惠昕《六祖坛经》主要版本的是大乘寺（Daijōji）版，1930年代在加贺市的曹洞禅寺发现。⑥ 这份写稿带有"韶州曹溪山六祖师坛经"的题名。⑦ 没有给出编纂者。十一章的布局和兴圣寺版是一致的，但章节标题有所变

---

① 这里我仅仅讨论能够进行分析的版本；在Schlütter, "A Study in the Genealogy of the Platform Sūtra"中的讨论涉及了一些其他的版本。
② 由驹泽大学图书馆收藏，索书号为121：1-16。石井修道编『惠昕本「六祖壇経」の研究——定本の試作と敦煌本との対照』『駒沢大学仏教学研究論集』11、1980、頁96-138及石井修道编『惠昕本「六祖壇経」の研究（続）——定本の試作と敦煌本との対照』『駒沢大学仏教学研究論集』12、1981、頁68-132中也有收录。
③ 见宇井白寿《禅宗史研究》第3册第60页的引用，以及《慧能研究》第408页b。
④ 影印版见柳田圣山主编《六祖坛经诸本集成》，第395～400页。
⑤ 见柳田圣山主编《六祖坛经诸本集成》一开始的表格。
⑥ 这个写本以影印的方式重制出版，见柳田圣山主编《六祖坛经诸本集成》，第89～113页。文字印制版见杨曾文《敦煌新本六祖坛经》，第76～111页。
⑦ "曹溪"也读为"cáo qī"。

化。① 文本末尾有一处空白，慧能的最后一偈和接着的几句话消失了。大乘寺文本没有收录惠昕的序，取而代之的是附上了来自福唐即今福建省的和尚存中（生卒年不详）的一篇序。序文写作年份为1116年，除了说明这个版本是第二次印刷之外没有提供其他方面的信息。在大乘寺写本的末尾，有一个注释说是道元（Dōgen）写的。道元（1200~1253）是日本禅曹洞宗的创始人，在1223~1227/1228年游历中国，但这个版本的真实抄写者更像是道元的弟子彻通义介（1219~1309），他是作为曹洞寺庙的大乘寺的奠基者，很可能他从1259到1263年在中国的这段时间里完成了这个抄本。②

天宁寺版，现藏于日本东北大学（Tohoku University）图书馆，也属于大乘寺版。③ 这是个写本的抄本，但完全没有说明谁是抄写人。版本的题名和章节标题都与大乘寺版一致，也没有给出编纂者。在每一卷的末尾都盖了两个章，这两个章是那种常见于镰仓时代著作的印章风格。④ 如同大乘寺版，天宁寺版收录了1116年存中的序。还有一篇这个版本添加的序言，这点与这个版本其他文本均不同，这篇序言是手写的，落款是日本僧人白英惠宝，序言出现在存中的文字之前。在这个写作时间为1747年的序中，白英惠宝说，这个版本来自金山天宁寺的藏书阁，与当时所通行的其他任何版本的文本都不相同。他还注意到了这个版本的文本和大乘寺版有差别的地方都不超过一个词，并且他用大乘寺写本补充了天宁寺版遗失的空白部分。⑤

大乘寺和天宁寺版的比较显示了这两个文本的确互相非常接近，两个版本的每个差异处都不超过一个字。⑥ 除了这些轻微差别之外，大乘寺与天宁寺版列出的印度祖师明显不同。如同《六祖坛经》的其他两卷版一样，天宁寺版遵循了在敦煌《六祖坛经》中出现的名单，而大乘寺的文本则用的是《宝林传》（801）中的名单，而《宝林传》的名单后来成了普遍接受的版本。⑦ 我们或许可以推测大乘寺版的抄写者

---

① 见石井修道编『真福寺文庫所藏の「六祖壇経」の紹介』、頁91-111，列出了各种不同的章节标题。
② 见宇井白寿《禅宗史研究》第3册，第61页。关于彻通义介，见《禅学大辞典》第194页a。道元从他知道《六祖坛经》起就对它各种批评，并拒绝将之视为慧能的语录。
③ 这个写本的影印重制版见柳田圣山主编《六祖坛经诸本集成》第67~86页。对这个版本的讨论见椎名宏雄『金山天寧寺旧藏「六祖壇経」について』『印度学仏教学研究』23.2、1975。
④ 见椎名宏雄『金山天寧寺旧藏「六祖壇経」について』、頁292b。
⑤ 他明显引用了约800字，这些是他用手写的，出现在第二卷的一开始处。
⑥ 我细查了90处相互不同的文句。大多数情况下，天宁寺文句里的像是错别字，和其他所有版本都不同。
⑦ 见Yampolsky, *The Platform Sūtra of the Sixth Patriarch*, pp. 47-49。

改变了祖师的名单,从原始的版本改成了遵循已成为正统的版本。不考虑这点不同的话,这两个版本在其他所有方面都极为相似,可以考虑为是同一个"本",二者又因为都具有存中的序,因此看上去都是复制自存中版的某个抄本。

(三)真福寺本

真福寺(Shinpukuji)版是最新发现的两卷写本的抄本。它以发现它的真言(Shingen)寺藏书阁命名,最早于1976年由石井修道展示并出版供人阅读。① 真福寺版有着和兴圣寺版一样的题名:"六祖坛经",但章节标题几乎和大乘寺与天宁寺版一样。如同兴圣寺本,真福寺本包含了惠昕967年的序,并且加上了"韶州曹溪山六祖坛经序"的标题;如同其他两卷版,没有注明编纂者。这个文本还有一个简短的周希古(生卒年不详)写的跋,时间为1012年。在这个跋中,《六祖坛经》的题名被称为"曹溪六祖大师坛经",并有三个与此版本出版有关的不知身份的名字被提及。关于周希古几无可知,但看上去他来自福建,还在988年中了进士。② 石井修道认为这个写本可能来自日本南北朝时代(1336~1392)或者镰仓时代晚期。③

对比真福寺本和其他两卷文本显示,真福寺本与其他版本有着较大的不同,我们应该要认为它是惠昕本的一个孤本。

(四)对惠昕诸版的分析

让我们开始用文本批评法来分析不同的两卷十一章诸版。这个分析的进展得益于石井修道出版的版本。④ 石井修道使用真福寺版作为基础,修订了一个包含多种版本的《六祖坛经》,将兴圣寺、宽永、真福寺、大乘寺以及天宁寺版文本所有的不同都列出来了。另外,他还加入了敦煌写本(斯坦因5475)以便参照。我认为石井的版本极为便利和可靠,因此我在下文将之用以参照,称之为"石井版"。

想要在这里进行一个全面的文本分析以建立兴圣寺/金泽/宽永本和大乘寺/天宁

---

① 石井修道编『真福寺文庫所藏の「六祖壇経」の紹介』、頁91-112。这份写本没有直接复制出版的版本,但我很感谢石井教授提供了一份影印本供我使用。
② 昌彼得等:《宋人传记资料索引》第2卷,第1476页。同见石井修道编『真福寺文庫所藏の「六祖壇経」の紹介』、頁78b~79a。
③ 石井修道编『真福寺文庫所藏の「六祖壇経」の紹介』、頁75b。
④ 即石井修道编『惠昕本「六祖壇経」の研究』,及石井修道编『惠昕本「六祖壇経」の研究(続)』。

寺本文本的最权威的文句是不切实际的，对我们的研究来说这也不是必须做的。下文我会将兴圣寺版作为兴圣寺/金泽/宽永本的代表，以大乘寺版作为大乘寺/天宁寺本的代表——除了天宁寺版用了不一样的印度祖师名单。

那么，这就留给了我们三个不同的《六祖坛经》两卷十一章版本以供比较：兴圣寺本、大乘寺本，以及真福寺本。尽管它们有诸多不同，这三个版本70%到80%的文本是完全一致的，而且这三个版本毫无疑问是关系甚密。与此截然不同的是，敦煌本尽管也有大量一致的内容，也有一样的文本轮廓，却相当地短，而且常常比两卷本细节要更少，在遣词上和两卷本也少有完全一致的地方。这证明了一个许多学者所支持的观点：所有两卷本归根结底都出于同一版，而敦煌写本所展现的是这个文本一个更早的也更少被开发过的本。

通过分析三个版本，可以做出以下的关联性观察报告。

1. a. 兴圣寺与真福寺本有约210处文句与大乘寺本相左。大部分不同既影响了意义也影响了风格。

1. b. 大乘寺和真福寺本有约430处文句与兴圣寺本相左。同样，大部分不同既影响了意义也影响了风格。

1. c. 兴圣寺与大乘寺本约有75处文句与真福寺本相左。这些不同几乎都看上去是真福寺本抄写时的错误，通常是单个词语，几乎没有影响到意义和风格。

1. d. 大约有40处，兴圣寺、大乘寺和真福寺本都有属于它们自己的文句，三个版本都互相相左。大多数情况里，真福寺本的文句像是抄写错误。

此外，当把兴圣寺、大乘寺和真福寺本与敦煌本进行对照时，我们观察到了以下几点。①

2. a. 兴圣寺本有许多文句既与敦煌本接近，又与大乘寺和真福寺本一致的地方相左。

2. b. 大乘寺本有许多文句既与敦煌本接近，又与真福寺和兴圣寺本一致的地方相左。

2. c. 真福寺本没有文句既与敦煌本接近，又与大乘寺和兴圣寺本一致的地方相左。

最后，以下几点可能需要注意。

---

① 关于这些点的具体例子说明见 Morten Schlütter, "A Study in the Genealogy of the Platform Sūtra," pp. 104 – 113 中的附录 A。

3. a. 在至少一处三个版本都不一样的地方，兴圣寺本比大乘寺或真福寺本都更接近敦煌本。

3. b. 在至少一处三个版本都不一样的地方，大乘寺本比兴圣寺或真福寺本都更接近敦煌本。①

3. c. 在至少两处三个版本都不一样的地方，真福寺本比兴圣寺或大乘寺本都更接近敦煌本。

很可能还能做出其他的关联性观察报告，但任何要给各两卷版之间关系下结论的尝试，以及给这些两卷版与敦煌版、惠昕版之间关系下结论的尝试，都需要对这些要点加以考虑，提出的任何理论也都要必须能解释这些要点。

现在让我们转向石井修道已经提出的系谱树，石井修道是第一个描述且出版真福寺文本的人。石井教授提出说，真福寺本是三种版本中最接近惠昕本的，它是基于周希古版的，而周希古版通过存中版成为大乘寺与天宁寺版的基础，而兴圣寺版则从一条单独的线路承接惠昕版。②

在这个系谱树中，我们可以预想到兴圣寺和真福寺文本有时会一起与大乘寺文本相左（上文 1. a.），但更多时候会预想的是大乘寺和真福寺一起与兴圣寺本相左（1. b.），这确实和我们发现的案例完全一致。我们还可以预想到一些兴圣寺和大乘寺文本一起与真福寺相左的案例（因为真福寺本的编者应该至少会对周希古版做一些改动），这也符合我们观察到的（1. c.）。另外，与我们的所得信息相一致的是，在一些案例中兴圣寺文本比真福寺和大乘寺版更接近敦煌本（2. a.），但我们没有找到真福寺文本更接近敦煌本且与兴圣寺和大乘寺文本相同文句所相左的案例（2. c.）。真福寺文本比另外二者更接近敦煌文本的唯一一种情况，是三者文本都互不相同，我们也确实在一些案例中看到了这种情况（3. c.）。

从这些方面说，这一系谱树似乎完美地符合我们的文本数据。但是，还有一个问题：如之前说过的，兴圣寺版和真福寺版所有一致的地方肯定都来源于惠昕版，而任何接近敦煌版的文句肯定也都来源于惠昕版。因此，在上述的这个系谱树里，是不可能出现大乘寺文本接近敦煌文本而又与兴圣寺和真福寺文本的一致文句相左的案例的。但事实是，我们看到了一些这样的实例（2. b.）。这或许就证明了这个系谱树是错的。

---

① 我在这里用的词是"接近"，即那些段落可能不是逐字逐句完全对应的。但是，那些文本在遣词造句上的足够相似已经清楚说明了它们的文句之间是有联系的。

② 石井修道編『真福寺文庫所藏の「六祖壇経」の紹介』、頁80。

确实，就是这一点观察让我在以前的文章中拒绝了石井的系谱树。取而代之的是，我偏向一种认为真福寺文本可能是同时基于兴圣寺与大乘寺文本的资料阐释；也就是说，真福寺版的编者读了另外那两份文本，并在不同情况下选择了遵循这个或那个文本。但因为这个方案与明显的事实并不相符，我也不再相信它可能会是实情。一个较为不那么复杂的解释是，大乘寺文本的前身文本的编辑者可能是存中或者是使用存中文本的编辑者，这个编辑者接触了至少是与敦煌本相似的文本的残片，他还同时查阅了周希古版。似乎这些残片只是文本第一部分的残片，因为上面谈及的所有敦煌文句都只能在大乘寺版第一节找到（在石井版中是第 10 节）。我们没法判断存中和存中的前辈使用了什么文本，只能知道那个文本和敦煌文本相似。所以，稍做修改，石井教授的系谱树可以被大致上修正成如下展示出来。

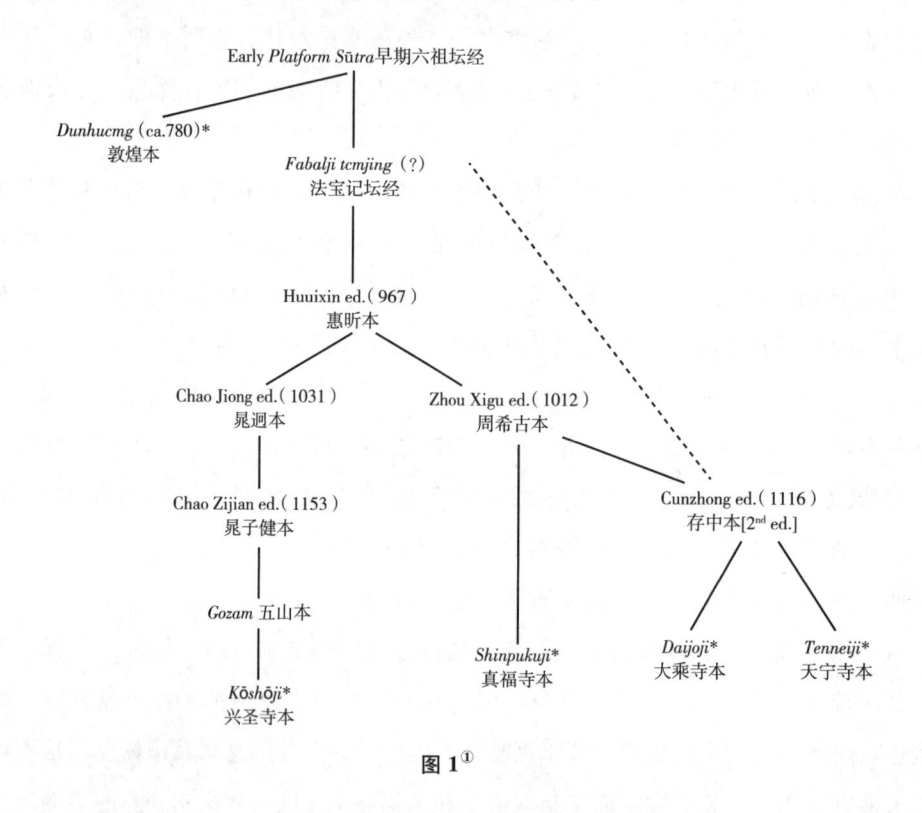

```
                Early Platform Sūtra 早期六祖坛经
               /              \
    Dunhucmg (ca.780)*      Fabalji tcmjing（？）
    敦煌本                    法宝记坛经
                                |
                          Huuixin ed.(967)
                          惠昕本
                         /         \
              Chao Jiong ed.(1031)   Zhou Xigu ed.(1012)
              晁迥本                   周希古本
                    |                      \
              Chao Zijian ed.(1153)          Cunzhong ed.(1116)
              晁子健本                        存中本[2nd ed.]
                    |                        /        \
              Gozam 五山本          Daijoji*      Tenneiji*
                    |              大乘寺本       天宁寺本
              Kōshōji*     Shinpukuji*
              兴圣寺本      真福寺本
```

图 1 ①

需要注意的是，一旦我们认识到至少一个编辑者用了一个以上版本来制造他自己的版本，我们处理的就是文本批评中被称为"文本混杂"（contamination）的情况，

---

① 图中带 * 的为存世版本。

这就出现了一整批不同的可能方案。不过，这些方案大多数可能性都还不够大，我也不会在这里讨论它们。①

周希古版应该是和惠昕版相当接近的，但并非完全一致。兴圣寺的一些文句更接近敦煌本而与大乘寺和真福寺本一致的文句相左，这一事实就展现了上述这点。大乘寺和真福寺的相同文句一定是来自周希古版，但兴圣寺中的敦煌文句一定是源自惠昕版。

因为惠昕说他将文本分为两卷，他很可能处理的是一卷的版本，学者已经假设这个版本就是敦煌本。惠昕版和敦煌本之间的相似性清楚地表明，惠昕所用的文本在许多方面都和敦煌文本所像。但是，文本内部证据说明，惠昕依靠的不可能是一份准确复制敦煌本的文本，其他的线索表明他所用的版本在许多方面和敦煌本是显著不同的。

在《六祖坛经》的末尾，慧能提供了一个神会以其教导的保卫者身份出场的模糊预言。敦煌本中，慧能简单地说，"吾灭后二十余年，邪法缭乱，有人出来，不惜身命，定佛教是非"。但惠昕版说得更加详细、细节更多；而在惠昕版中，慧能说那个20年后恢复其"法"的人来自南阳县（在兴圣寺文本中被删掉了），那个人将传法于洛阳地区。②惠昕本所增加的信息使预言更加清晰地指向神会，神会即住在南阳的庙宇中，且于730年在洛阳开始开展活动。不过，当惠昕在967年编写他的版本时，神会作为将慧能定位为六祖的人的身份已经被忘得一干二净，惠昕极不可能还会添加这些细节。这应该是出现在惠昕为自己版本参考所用的某个文本（或这某几个文本中的一个）中的。

这一联系中还有一点也很重要，即《六祖坛经》本身是怎么传承的，敦煌本和惠昕本所做的描述并不相同。敦煌本写道，文本的编纂者法海在他临死时将《六祖坛经》托付给他的同门道际（斯坦因5477中写作"道漈"），道际在临死时将之传给弟子悟真，悟真"在岭南曹溪山法兴寺，现今传授此法"。除了法海，这个系谱中的这些大师在其他数据中都不为人所知，而法海的"同学"道际则不在敦煌《六祖坛经》慧能所列的十个弟子之中。然而，惠昕本的平行段落中法海去世时是将《六祖坛经》传给了志道，志道再传给了彼岸，彼岸传给了悟真，悟真再传给了圆会。但没有圆会之后的内容。③志道确实在所有版本的《六祖坛经》中名列慧能的十个主

---

① 见 Morten Schlütter, "A Study in the Genealogy of the Platform Sūtra" 中对各种可能方案的讨论。
② 石井版，第58节第6~7行。
③ 石井版，第65节第1~2行。

要弟子,但系谱中的其他大师则信息不详。就因为惠昕本多了好几个人,两份《六祖坛经》系谱中比较粗劣的(awkward)显然就是更早的那份。而且惠昕本中的系谱似乎被"一致化"(normalized)为法海将文本传给了文本中提及的同门。总之,这个扩展版本的系谱看起来也极端地不像是起源于惠昕自己的,因为在惠昕的时代,《六祖坛经》的传承几乎可以肯定不会成为一个问题,而这个系谱被描述得过分简短,简短得无法与惠昕的同代人发生有切身利益的关系。更确切点说,这个段落更可能是惠昕保留了他所使用的那一版中的,因此更进一步表明,那个文本和敦煌本是不一致的。按照它更长的系谱来判断,那个本的写作时间很可能晚于敦煌本。也因此,很可能惠昕采用的大量对《六祖坛经》文本的改变,是已经存在于惠昕所使用的那个本中的。而多种迹象表明那个文本是《六祖坛经》的一个早期本,叫《法宝记坛经》。①

四 较长的《六祖坛经》诸版

对《六祖坛经》的大部分历史而言,仅有的、流通过的、我称为较长本(longer version)的各种版本,最早以"六祖大师法宝坛经"的题名出现于 13 世纪。较长本的诸多不同版都存世,大部分都是一卷十章。它们都比敦煌本或现存的两卷版要明显更长,都包含了许多慧能和他遇见的弟子等人的新故事,还有很多没有在敦煌本或惠昕本中出现的素材。较长本的诸版变得非常受欢迎,它最终完全迫使其他版本在中国和韩国无法继续存在,也实际地影响到了日本。

各种现存较长本之间的关系是复杂的,许多迹象指向了文本混杂,也就是说,编者们使用了多种多样的文本来作为他们自己版本的基础。② 但是,所有《六祖坛经》的较长版看上去都出自最早于元朝(1271~1368)出版的、因推测的其编纂者的名字而被称为德异(版)和宗宝版的一个或两个版。

宗宝版成为统治中国的版本,也成为日本现代佛教经典《大正大藏经》所收录

---

① 以《法宝记坛经》为题的文本被日本僧人圆仁(794~864)列在他 847 年从中国带回的书单中,这个题名也是 14 世纪以前《六祖坛经》韩国版本的题名。见 Jorgensen, "The Platform Sūtra and the corpus of Shenhui," pp. 416-417。这个文本还被无著道忠(1653~1744)所提及,无著道忠表示他抄本的时间为 826 年,见中川孝编《六祖坛经》,东京:筑波书房,1976,第 237 页。我准备将来对《法宝记坛经》做一个更细致的处理。

② 对许多这类版本的描述,见宇井白寿《禅宗史研究》第 1 卷,第 1~172 页。

的版本。① 大正版《六祖坛经》是基于保存在日本净土宗寺庙增上寺明代（1368～1644）版本的，为一卷十章。文本的题名为"六祖大师法宝坛经"，元代和尚宗宝（生卒年不详）被列为编纂者。这个文本的末尾收录了一篇宗宝的跋，宗宝说他拥有三个不同版本的《六祖坛经》，每一个都有自己的错处和长处。他修正错误、填缺补漏，并增加了弟子与慧能相遇的材料。宗宝接着叙述了一个官员叫云公从龙（生卒年不详）②，来到宗宝的屋子并看到了宗宝的《六祖坛经》版本，就为之找来了印制材料以付诸刻印。③ 这个跋上写的时间是1291年夏天，并署名"南海释宗宝"。南海，当然就是在中国南部的地区（现在的广州地区），据说慧能去见五祖前在这里住过。

宗宝版《六祖坛经》还包含了僧人蒙山德异（1231～?）的序，以及著名学者僧人契嵩（1007～1072）对《六祖坛经》的一篇赞。④ 这更加令人迷惑了，因为德异和契嵩都关联了他们自己的《六祖坛经》版本。

而通过德异的序能够了解到德异版，时间为1290年春，序的标题为"六祖坛经法宝坛经序"。在他的序中，德异抱怨了后来几代人缩写了《六祖坛经》，并因此使人难以了解六祖的完整教诲。但德异说道，他年轻时见过一个旧的版本，后来四处寻找了30多年，通过某位高人⑤（生卒年不详）找到了全部文本。⑥ 之后他将这个文本在吴中（今日的苏州附近）休休禅庵出版。⑦

尽管德异的序都附在大多数较长版的《六祖坛经》里，但一些特定版本则只有他的序，既没有存中的跋也没有将宗宝列为编纂者。这些版本以其他特定方式和把宗宝作为编纂者的那个版本区分开来，这些版本因此被认为是德异写作的。关于这一版的最早证据是一个韩国的版本，根据它的跋可知它出版于延祐三年（1316）。⑧ 延祐

---

① 《大正新修大藏经》第48册，第345～365页。一个很好的、包含了所有附加数据的全文英语译本，见 John R. McRae, *The Platform Sūtra of the Sixth Patriarch*, BDK English Tripitaka（Berkeley：Numata Center for Buddhist Translation and Research, 2000）。
② 其他方面未知。
③ 《大正新修大藏经》第48册，第345页c～第347页c。
④ 《大正新修大藏经》第51册，第364页c。
⑤ 此处经文原文为"近得通上人寻到全文"，本文作者认为"通"是"上人"的名字，译者认为可能有争议但不足以影响研究主旨，是以模糊处理。——译者注
⑥ 关于这个人没有更多的讯息了。
⑦ 根据宇井白寿《禅宗史研究》第3卷，第13页。
⑧ 这个版本在大屋德城「元延祐高麗刻本六祖大師法寶壇経に就いて」『禅学研究』23（1935）、頁1－29中重新校勘出版并描述过。延祐版的文本就紧接在大屋德城的文章之后。关于德异版鉴定的讨论，见李嘉言《六祖坛经德异刊本之发现》，《清华学报》1935年第2期，第483～490页。

祐版以德异的序开篇；接着《六祖坛经》的题名被写为"六祖大师法宝坛经"（与宗宝版同），"弟子法海"被列为编纂者。之后是一篇被认为是法海写的"简序"。然后是文本的正文，分为十章。章节标题和大正版的很不一样，章节的划分也不太一样。

将宗宝本和德异本进行对比，我们可以很容易看到它们表述的都基于同一个文本，而且，如果先不理会一些明显的差别，这两个版接近得可以被考虑为同一个本。鉴于它们都似乎在互相相距一年的时间内于中国完全不同的两地完成，这二者很不像具有一版基于另一版的关系。关于这个我们下文要讨论的结论还可以被其他证据所支持。我们可以下结论说，这两个版应该最终是基于同样的单一《六祖坛经》底本，我将之称为"较长本祖本"（ancestral longer version）。

当较长本的文本（即宗宝本和德异本）和其他各较短本比较时，很快就可以清楚它与兴圣寺本非常有关系，但不能看出来自敦煌本、大乘寺本或真福寺本的影响。大约90%的兴圣寺本文本几乎逐字逐句地出现在较长本中，尽管这些素材被彻底重新调整了。① 这个源头文本似乎很可能就是益淳提到过的兴圣寺本的庆元时期（1195~1201）的印制版（见上文）。

兴圣寺本的一个版是《六祖坛经》较长本祖本编撰者使用的主要来源，这是个极为重要的事情，而且很不幸这点完全被其他人的研究忽视了。这一要点说明了当我们想要知道版本之间的互相联系时逐字逐句进行对比的重要性。

尽管如此，《六祖坛经》的兴圣寺本只提供了较长本文本的一部分，而较长本还包含了许多增添的素材。逐字逐句细致的对比显示出，以现有的发现来看，这些素材最重要的来源是开创性的禅宗传承史（Chan transmission-line history）之书和1004年的《景德传灯录》。② 《景德传灯录》特别给出了许多关于慧能与宋代或更晚时代被认为是其重要弟子、却没有出现在更早版本《六祖坛经》中的僧人相遇的故事。这一点很早就被宇井白寿所注意到，③ 但之后并没有受到什么注意。来自兴圣寺版的和《景德传灯录》的素材算在一起，占据了较长本《六祖坛经》文本的90%以上。而对较长本《六祖坛经》影响较小的其他素材看起来像是来自1183年的《宗门联灯会

---

① 关于细节分析，见 Morten Schlütter, "A Study in the Genealogy of the Platform Sūtra," pp. 76 – 94。
② 《大正新修大藏经》第51册，第196~467页。这部作品序的时间注明为1004年，但献词表示作品直到1009年才出版。这个时间见石井修道《宋代禅宗史研究——中国曹洞宗和道元禅》，东京：大东出版社，1987。
③ 见宇井白寿《禅宗史研究》第3册，第34~44页。

要》① 和 952 年的《祖堂集》②。

毫无疑问，我们处理的情况是较长本《六祖坛经》从《景德传灯录》借用了文字，而不是反过来。这一点因下述情况得到证实：每次较长本《六祖坛经》使用兴圣寺本的材料时，它都背离了《景德传灯录》，即使段落的其他部分和《景德传灯录》完全一致。也就是说，较长本《六祖坛经》的编纂者先借用了兴圣寺本，再用来自《景德传灯录》的素材进行补充。如果《景德传灯录》的编纂者用《六祖坛经》作为他们的来源，他们不可能刻意回避掉那些原来出现在兴圣寺文本中的段落。这确认了较长本祖本《六祖坛经》使用了《景德传灯录》和一个像兴圣寺的版本一起来完成它自己的文本。

当我们一边在分析兴圣寺本与宗宝本之间的关系，一边讨论关于兴圣寺本与德异本的关系时，我们可以看到德异本比宗宝本在许多方面都更接近兴圣寺本。最明显的例子就是章节标题，德异本常常和兴圣寺本相似，但和宗宝本完全不一样。在德异本和宗宝本不同的地方，德异本通常比宗宝本更接近兴圣寺本。但并不是一直都这样：在一小部分例子中，宗宝本比德异本更接近兴圣寺本。③ 因此，我们应当下这样的结论：宗宝本和德异本都是来自同一来源的独立版本。这一共同来源应该要包含能同时在宗宝本和德异本文本中找到的所有东西，以及在两个文本里各自与兴圣寺本接近的那些特征。因为德异本比宗宝本有更多接近兴圣寺本的特征，德异本应该更接近这个原始来源，可能就与这个原始来源非常相似。总之，德异简单地声称他拿到了一个他出版的那个老版本，而宗宝说他是基于三个版本做了大量编辑，还叙述了他是怎么从这三个版本进行增删的，并填进了弟子们遇见老师的故事。如同刚才说过的，最后这点是较长本加进兴圣寺本中的最重要的内容之一。但是，如果宗宝真的是这个与他有关的版本的编者，那我们应该要把他所说的话扔到一边去。就算他比德异多带来了一些变化，他所做的改变也不过就是新的章节标题、一些章节的重新划分以及相当少量的文本编辑。

五 契嵩的《六祖法宝记》

研究《六祖坛经》较长本的祖版鉴定问题的学者，大都没有假设过这个版是出

---

① 《大日本续藏经》二乙编，第 9 套，京都：藏经书院，1905～1912，第 3～5 页。
② 见柳田圣山编《祖堂集》，京都：中文出版社，1984。
③ Morten Schlütter, "A Study in the Genealogy of the Platform Sūtra," p. 92.

自宋代名僧契嵩之手。不过上文给出的数据也显示,这种设想几乎是不可能的。

契嵩本现在已经遗失,但可以从契嵩自己编纂的《镡津文集》所收录的官员朗简(生卒年未知)的序得知。① 这个序标题为"六祖法宝记叙"。在这个序中,朗简抱怨普通人在祖师的话中增删了内容,而把文风弄得"鄙俚繁杂",以致文本不可信任。朗简接着汇报说他去找了契嵩,契嵩写过一篇赞美《六祖坛经》的文章,朗简跟契嵩说,如果契嵩能修正《六祖坛经》,朗简就会为其出版出资。两年后,契嵩得到了一个"曹溪古本",编辑了它并将之分为三卷,随后出版。这个序写于1056年。

但是,如果契嵩版是《六祖坛经》的较长本祖本,那么如同我们已经见到的那样,他应该使用了一个像兴圣寺本文本的某个版本作为他的来源。这个文本很可能最早出版于1153年,即晁子健写序的那年,因为晁子健很可能实际上指的是兴圣寺版的祖本。当然了,也可能这个文本在更早的时候就流传了:晁子健的祖先晁迥可能在1031年之前或之后出版了自己的版本,因为晁子健没有谈及对文本的编辑,可能他只是简单地沿袭了一个别人更早之前做好的版本。但晁子健提及他出版的文本是手写的,而且他很确定地认为这个文本是独一无二的,而我们也没有找到迹象表明这个文本可能已经在更早的时候出版或者流传过了。②

另一点也说明了契嵩版不会成为德异版与宗宝版的祖本。契嵩1061年的《传法正宗记》,包含了与较长版《六祖坛经》平行的一些段落,这些段落可以上溯到《景德传灯录》。③ 但是,在《传法正宗记》中,所有这些段落使用了与《六祖坛经》和《景德传灯录》都不同的措辞。这情况看上去不太可能发生:在1056年之前,契嵩编写他自己的《六祖坛经》版本时,满足于从兴圣寺本和《景德传灯录》复制词句,而到了1061年之前,他在编纂《传法正宗记》的时候重写了一切而且不用这两个文本的任何一丝材料。④

中国文献中有一些提及《六祖法宝记》的地方。最早的出现于1041年的《崇文

---

① 朗简生平的参考数据,见昌彼得等《宋人传记资料索引》第3册,第1804页。序的文本见契嵩《镡津文集》,《大正新修大正藏》第52册,第703页b~c。
② 在13世纪前的中国文献中,被认为是来自慧能的或者《六祖坛经》的引文从未与这个兴圣寺本一致,但普遍跟随了敦煌或者惠昕的版本。
③ 这些段落见《大正新修大正藏》第51册,第715~768页。
④ 《景德传灯录》是契嵩所熟悉的,契嵩在《传法正宗记》中提到过它。见《大正新修大正藏》第50册,第715页c。

总目》中，这当然提及的不会是契嵩的1056年版。① 事实上，这个题名之下的版本都号称是一卷的，而朗简说契嵩的版本是三卷的。似乎契嵩用的"曹溪古卷"是一份使用这个题名的一卷版《六祖坛经》抄本，但可惜我们无法得知这个文本可能会是什么样子。

我在历史数据中找不到关于契嵩《六祖坛经》版本的提示或者像是来自这个版本的引用。② 似乎契嵩本从来都没能广泛流行，这可能是因为惠昕本的竞争，而且，关于这点显然也没有任何痕迹留下。

六 小结

下面的图表显示了《六祖坛经》的文本发展大致能确定的主线。尽管许多出现在这个主线的细节没有办法被证明完全确定，但这里任何对《六祖坛经》不同版本之间关系的替代重建应当要能解释这篇论文中概述过的文本资料。

作为总结，我们可以首先下个结论：《六祖坛经》敦煌本确实是我们能得到的最早的版本，尽管这个文本的其他早期版本一定也流通过。一些学者将惠昕评论古本《六祖坛经》文本的"繁"理解为文本冗长，因为"繁"同时还有"许多"和"复杂"的含义，并认为惠昕抱怨这个文本已经是"扩展了的"（expanded），而他则缩写了这个文本。③ 按照这个观点，长达7个世纪被认为是正统的较长本《六祖坛经》，会以某种方式被认为是接近"原始"《六祖坛经》的，但现在这可以被结论性地证明是错误的。

惠昕应该确实略略扩展了他处理的文本，尽管与他相关的这个版本的主要贡献似乎是更优雅的预言和更清晰的文章布局。这些"改进"中的一部分可能已经在惠昕所使用的一个（或多个）文本中存在了，尽管如此，他的版本在967年出版后迅速

---

① 《崇文总目》卷十。《大正新修大藏经》第10册，第13页a。
② 《禅苑蒙求拾遗》，写作时间不详，有一段来自《六祖坛经》的长引文《大日本续藏经》二乙编，第21套，第148页b～c，这一段引文和大正版较长本《六祖坛经》是一致的（《大正新修大藏经》第48册，第348页b～349页a），尽管若干行被省略了。在Morten Schlütter, "A Study in the Genealogy of the Platform Sūtra," p.94中，我犯了一个错，将《禅苑蒙求拾遗》和更早的、1225年的《禅苑蒙求》弄混了，我没能鉴定出这段引文是整段来自较长本《六祖坛经》，而是错误地认为这段引文可能来自契嵩版。
③ 如印顺《中国禅宗史》，台北：慧日讲堂，1971，第278页；同见Jorgensen, "The Platform Sūtra and the Corpus of Shenhui"中的讨论。

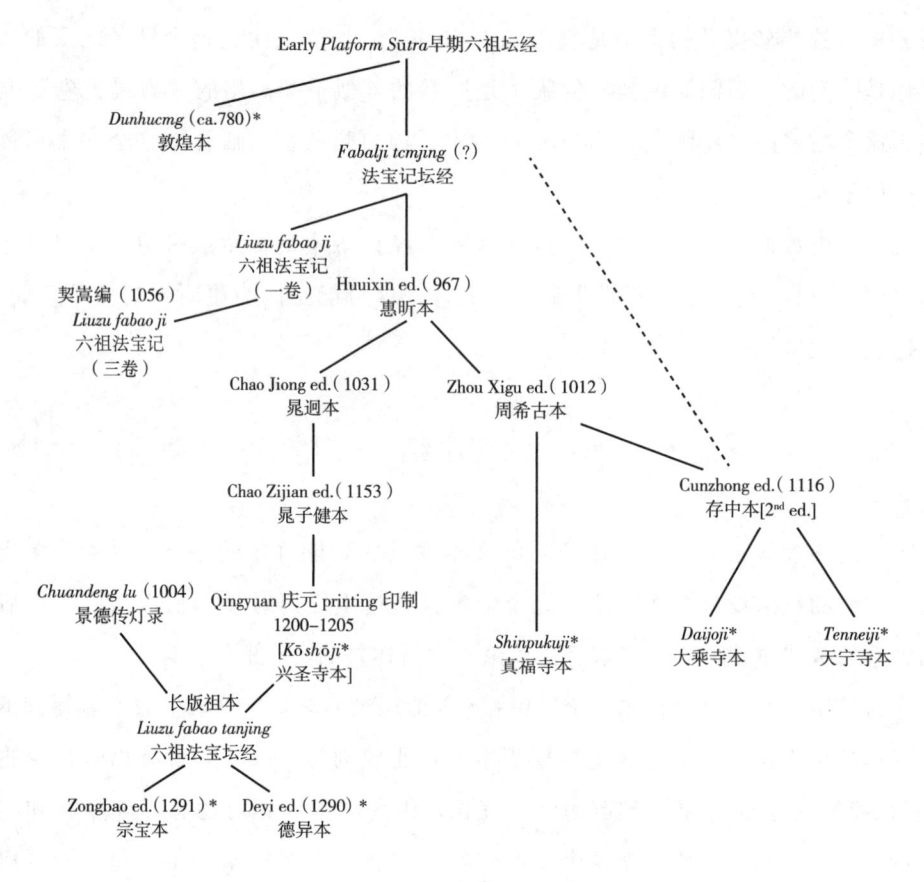

```
                    Early Platform Sūtra 早期六祖坛经
                   ╱              ╲
         Dunhuang (ca.780)*      Fabaoji tanjing (?)
            敦煌本                    法宝记坛经
                           ╱              ╲
                  Liuzu fabao ji
                    六祖法宝记
                     (一卷)
     契嵩编(1056)              Huixin ed.(967)
     Liuzu fabao ji              惠昕本
       六祖法宝记           ╱        ╲
        (三卷)                                          ╲
              Chao Jiong ed.(1031)   Zhou Xigu ed.(1012)    ╲
                  晁迥本                 周希古本              ╲
                    │                      │                   ╲
              Chao Zijian ed.(1153)        │           Cunzhong ed.(1116)
                  晁子健本                   │              存中本[2nd ed.]
                    │                       │           ╱        ╲
     Chuandeng lu (1004)  Qingyuan 庆元 printing 印制
        景德传灯录            1200-1205
              │             [Kō shō ji*
              │              兴圣寺本]
              │                 │       Shinpukuji*    Daijoji*    Tenneiji*
              │             长版祖本        真福寺本      大乘寺本     天宁寺本
              │        Liuzu fabao tanjing
              │          六祖法宝坛经
              │         ╱          ╲
        Zongbao ed.(1291)*    Deyi ed.(1290)*
            宗宝本                德异本
```

图 2①

成为宋代的标准版本。惠昕版成了宋代至少三个不同"本"的基础，而且几乎我能鉴定的所有归于慧能或《六祖坛经》的引文都能溯源到惠昕版。有意思的是，通过现存的引文判断，我们从兴圣寺本得知的、由《六祖坛经》较长本祖本的编纂者所继承的、很可能是惠昕本晁迥版的版本，显然没有在宋代广泛流传过。但这个版本以元代以降变得具有统治地位的《六祖坛经》较长本的方式变得非常有影响力。

随着禅宗的发展，尤其是随着诡谲、惊异的"机缘问答"成为开悟的禅宗大师的特征，《六祖坛经》的惠昕本显然开始被认为是不合适的，还在流通的其他甚至更古老的版本也都遭遇到这种情况。② 不足为奇的是，尤其在《景德传灯录》出版之

---

① 带 * 的为《六祖坛经》的存世祖本。
② "机缘问答"这一短语是柳田圣山创造的，不会在任何前近代（pre-modern）的禅宗资源中见到；John R. McRae, "The antecedents of encounter dialogue in Chinese Ch'an Buddhism," in Steven Heine and Dale S. Wright eds., *The Koan: Texts and Contexts in Zen Buddhism* (New York: Oxford University Press, 2000), p. 47.

后，宋代的禅宗学生感到《六祖坛经》缺少了某些东西。这一点已经在 1056 年契嵩版本中流露出来了，同样的情绪可以在 1108 年的《祖庭事苑》里找到。《祖庭事苑》特别提到了，尽管《六祖坛经》广为流传，但已经找不到它和其他更古老禅宗文本的"完整版本"了，这个事实令人感到悲伤。① 有人会去做出一版包含了慧能和其弟子间那些著名对话，还包含了慧能及其生活的其他知名故事的《六祖坛经》，这只不过是个时间问题。一旦这样的文本被编纂出来，它就会迅速被认可为正统的《六祖坛经》，而且只有等到现在我们才意识到它漫长而复杂的历史。我们希望的是，关于《六祖坛经》的学问能够持续发展，也希望文本批评法能够成为这门学问的重要组成部分。

---

① 《大日本续藏经》二乙编，第 18 套，第 110 页 d～111 页 a。

《老子中经》新探*

郜同麟

内容提要：关于《老子中经》的成书时代，目前有汉代说、魏晋说、东晋中期说等多种学说，但都稍有问题。本文考察了历代文献对《老子中经》的引用，认为《洞玄灵宝三洞奉道科戒营始》中的"历藏经"即今本《老子中经》。汉魏时期并没有关于"中经"的传说，刘宋以后方兴起老子传尹喜除《道德经》上下篇还有"中经"的说法。在这种传说的影响下，一大批"中经"被造作出来，今本《老子中经》仅是这批"中经"中的一种。关于道经的来源，同时还有"玉历笥"的传说、"太清天"的传说，因此《老子中经》及同时代的一批"中经"都有不少异名。今本《老子中经》大量因袭前世道经，这也是学者断代过早的原因。

关键词：《老子中经》 道经 "中经"

作者简介：郜同麟，中国社会科学院文学研究所副研究员。

《老子中经》是关于存思方法的一部重要道经，目前主要有三个版本：1. 《云笈七签》卷十八、十九引"老子中经"，并称"一名《珠宫玉历》"；① 2. 《正统道藏》太清部收有《太上老君中经》上下卷；② 3. 敦煌 P.3784V 残片，有首题"老子中经"，第八章以后残缺，正面抄《祇园图记》，该卷字品不佳，每行抄二十二三字，与多数敦煌道经一行十七字的形式不同，可能不是一件正式写本，且抄写时代较晚。关于该经成书的时代，学界有汉代说、魏晋说、东晋中期说等多种学说，因此有对这一问题重新考察的必要。

---

* 本文为国家社科基金青年项目"敦煌吐鲁番道教文献综合研究"（项目编号：16CZS005）的阶段性成果。

① （宋）张君房编《云笈七签》，中华书局，2003，第418页。本书所引《老子中经》均据此本，为省烦冗，以下不再一一标注出处。

② 《道藏》第27册，文物出版社、上海书店、天津古籍出版社，1988，第142~156页。

《老子中经》新探

一

陈国符在《道藏源流考》中已注意到了这部经书。他在分析《三洞奉道科戒营始》时，认为其中的《玉历经》即今《老子中经》。《道藏源流考》中引"玉历经一卷"后注曰："《抱朴子·遐览》篇著录《老君玉历真经》、《玉历经》各一卷。是《玉历经》有二种。《云笈七签》卷十八、十九收《老子中经》，云一名《珠宫玉历》。卷十一、十二《上清黄庭内景经》注引作《玉历经》。盖即《玉历经》。而另一种经亦称《玉历经》，则已亡佚矣。"① 陈国符谓《抱朴子》中的《老君玉历真经》或《玉历经》即今《老子中经》，那么《老子中经》应在《抱朴子》成书之前。但《三洞奉道科戒营始》后文又有"《老子中经》一卷"，陈国符没有说明它和《玉历经》的关系。

施舟人《〈老子中经〉初探》一文则认为该经至迟在三国时代就已出现。② 主要理由有以下几点：第一，《老子中经》第五十五章有"为汉出，合于黄世"之文；第二，《老子中经》中使用了"兆""兆身""兆汝"等词；第三，《抱朴子》提到了该经（用前引陈国符说）；第四，《五符序》引用了该经。这些论据有些是明显不可靠的，如"兆"字在六朝道经中大量存在，绝非汉代特有的人称代词。而《五符序》与《老子中经》孰先孰后还值得进一步讨论。

刘永明《〈老子中经〉形成于汉代考》修正了施舟人的学说，认为《老子中经》只是《玉历经》的一个传本，而非就是《玉历经》，该文从哲学思想、宗教信仰、修炼方法和官制称谓四个方面论证《老子中经》最终形成在汉魏易代之前。③ 陈荣子硕士论文《〈老子中经〉研究》也接受了刘永明的观点。④

何江涛《〈老子中经〉成书年代刍议》从太一崇拜、中黄信仰、八使观念、文本结构和内容结构等方面推测《老子中经》初成于存思术流行的东汉中后期，最终编

---

① 陈国符：《道藏源流考》，中华书局，1963，第78页。
② 见［荷］施舟人《〈老子中经〉初探》，载陈鼓应主编《道家文化研究》第16辑，生活·读书·新知三联书店，1999，第204~216页。
③ 刘永明：《〈老子中经〉形成于汉代考》，《兰州大学学报》2006年第4期。
④ 陈荣子：《〈老子中经〉研究》，辅仁大学宗教学系硕士学位论文，2012。

成于三国时期。① 丁培林《增注新修道藏目录》虽将该经的时代定在魏晋，② 但所用论据与以上几篇文章大致相近。《道藏提要》《中华道藏》《敦煌道教文献研究》也均认为该经约出于魏晋之际。③

前田繁树《〈老子中经〉觉书》详细对比了《老子中经》与《太上灵宝五符序》，认为《老子中经》应该形成于《太上灵宝五符序》之后，并且也在《抱朴子》之后。④

加藤千惠《〈老子中经〉与内丹思想的起源》一文认为，《老子中经》中有服食青牙之法，但据《真诰》，服青牙始于太和二年（367），故《老子中经》必然在泰和二年以后。⑤

刘屹在《敬天与崇道》中认为今本《老子中经》应在《抱朴子》后，并提到两点理由："一是今本《老子中经》的体内神和体外神的观念显然比《抱朴子》更丰富和复杂，应该是在葛洪之后进一步发展的结果。二是在汉末三国时期，三吴之地流行一种'重列式神兽镜'，上有南极老人，中有东王公、西王母，下有天皇大帝。这种构图所反映的，与上面所述《老子中经》的宇宙观十分相似，但显然也是比《中经》要简单得多。因此《中经》也许就是在这种三吴地区流行的宇宙观影响下产生的，也未可知。"⑥ 刘氏又于《神格与地域》中将该经确定为"上清、灵宝风教大行之前的东晋前期"⑦。

胡百涛也认为《老子中经》形成于《抱朴子》之后，理由主要有两点：一是《老子中经》第五十五章中的符剑显然是《抱朴子》之后的观念；二是"《老子中经》多次使用'泥丸'一词，也说明它的成书年代在东晋中期或以后"。但他认为"《老子中经》的成书已经处在《上清经》出世的前夕"，那么基本认定该经为东晋中期的作品了。⑧

---

① 何江涛：《〈老子中经〉成书年代刍议》，《宗教学研究》2014 年第 4 期。
② 丁培仁编著《增注新修道藏目录》，巴蜀书社，2008，第 477 页。
③ 任继愈主编、钟肇鹏副主编《道藏提要》，中国社会科学出版社，1991，第 565 页；张继禹主编《中华道藏》第 8 册，华夏出版社，2004，第 211 页；王卡：《敦煌道教文献研究》，中国社会科学出版社，2004 年，第 191 页。
④ 见前田繁樹『初期道教経典の形成』汲古書院、2004、頁 289。前田繁树还引楠山春树之说，但笔者未见原文。
⑤ ［日］加藤千惠：《〈老子中经〉与内丹思想的起源》，《宗教学研究》1997 年第 4 期。
⑥ 刘屹：《敬天与崇道——中古经教道教形成的思想史背景》，中华书局，2005，第 642 页。
⑦ 刘屹：《神格与地域——汉唐间道教信仰世界研究》，上海人民出版社，2011，第 94 页。刘屹在此书中还引马伯乐、劳格文、李福等人之说，因笔者未见原文，此处不再引述。
⑧ 胡百涛：《六朝道教上清派存思道法研究》，中国社会科学院研究生院博士学位论文，2013，第 19 ~ 23 页。

二

在具体考察《老子中经》之前，有必要考察一下历代典籍对该书的引用情况。早期的道教经典中并未见对该经的直接引用，《无上秘要》《三洞珠囊》等类书也没有引用。南北朝末期到唐初的一些道籍中始见对该经的引用，但多非引作"老子中经"。各书所引书名多有不同，现分别抄录于下。

1. 老子历藏中经、历藏中经、历藏经、藏中经

日本国会图书馆藏敦煌文献 WB32（30）-1 佚名道教类书共引用两次。

《老子历藏中经》云："道君时乘六龙以御天。"（第五章）①

《老子历藏中经》云："大海中有神龟，上有八星，北斗在中②，其龟黄色，状如黄金③。"（第二十章）

该残类书的成书时代不明，但至迟应形成于唐初。除此之外，《上清道宝经》引用《老子中经》亦较多，卷二：

《老子历藏中经》云："日月者，天地之司徒司空也。"④（第十章）

（《藏中经⑤》：）乾神，字仲尼，号庖牺。坤神，字大鲁子。艮神，字非先王。震神，字小鲁子。巽神，字大夏侯。离神，字孔文昌。坎神，字扬雄招王，号女娲。兑神，字一世。⑥（第十六章）

卷三：

（《老子历象中》：）眉神，元光，大灵君也。⑦（第二十二章）

---

① 括号中为引文在今本《老子中经》的章次，下同。
② 上有八星北斗在中，《老子中经》作"上有七星北斗，正在中央"。
③ 黄金，《老子中经》作"黄金盘"。
④ 《道藏》第33册，第711页。
⑤ 此处似脱"历"字。
⑥ 《道藏》第33册，第713页。
⑦ 《道藏》第33册，第717页。

（《老子历藏中经》：）天大将军，姓王，名阳，字子灵，衣绛单衣。①（第十三章）

（《老子历藏中》：）玉女，字道明，在神龟上，乘紫云气之车。太阴玄光玉女名元阳，字子丹也。（第十章）东方神女，名青腰。南方神女，名赤圭。中央神女，名素女。西方神女，名玉女。北方神女，名玄女。②（第二十四章）

（《老子历藏中》：）天一，以晦朔八节日击鼓，集召诸神，无录者终矣。③（第十四章）

卷四：

（《老子历藏中》：）道君乘珠玉之辇，腾蛇为轮。④（第五章）

卷五：

（《历藏中》：）东王父者，清阳之气，万神之先，衣五彩朱衣。⑤（第三章）

《上清道宝经》体例与《北堂书抄》非常相近，可能也出于隋唐之际。《太平御览》引书目有《老子历藏中经》，正文中有三条引文，卷六百七十五：

《老子历藏中经》曰："东王父者，清阳之气，万神之先，衣五彩衣。"⑥（第三章）

卷六百七十六：

《历藏经》曰："天王侯（侯玉）带紫绶金印。"⑦（第九章）

---

① 《道藏》第33册，第718页。
② 《道藏》第33册，第719页。
③ 《道藏》第33册，第723页。
④ 《道藏》第33册，第724页。
⑤ 《道藏》第33册，第728页。
⑥ （宋）李昉等撰《太平御览》，中华书局，1960，第3010页。
⑦ （宋）李昉等撰《太平御览》，第3017页。

卷六百七十七：

《历藏中经》曰："昆仑山有金城九重，玉楼十二，神仙所治也。"①（第四章）

《云笈七签》卷二十三：

《老子历藏中经》云：日月者，天地之司徒司空也。②（第十章）

2. 老君中经
《道教义枢》卷七《混元义》第二十五：

《老君中经》云："日月者，天之司徒司空也。"③（第十章）

《云笈七签》卷七十九：

（《老君中经》曰：）东王父者，清阳之气也，万神之先。治东方，下在蓬莱山，姓无为，字君解。人亦有之，在头顶，精气为日，在左目中，名伏戏，字偃昌。（第三章）

西王母者，太阴之气也，姓自然，字君思。下治昆仑之［山］，金城九重，云气五色，万丈之巅。上直（治）北斗，华盖紫房，北辰之下。人亦有之，在右目中，姓太阴，名玄光，字偃玉。人须得王父、母两目中护之，乃能行步，视瞻聪明，别知好丑，下流诸神。如母念子，子亦念母，精明相得，万世常存。人之两乳，万神精气，阴阳之凑液，左乳下有日，右乳下有月，王父、母之宅。上治目中，游戏头上，止于乳下，宿于绛宫，此阴阳之气。④（第四章）

3. 玉历经
引作"玉历经"的，仅见于《黄庭内景经》梁丘子注。陈国符以来的研究者多

---

① （宋）李昉等撰《太平御览》，第3022页。
② （宋）张君房编《云笈七签》，第525页。
③ 《道藏》第24册，第829页。
④ （宋）张君房编《云笈七签》，第1795页。

引述该书。

《天中》章注：

《玉历经》云："太清上有五色华盖九重，人身亦有之。"①（第五章）

《脾长》章注：

《玉历经》云："下丹田者，人命之根本，精神之所藏，五气之元也。在脐下三寸，附着脊，号为赤子府。男子以藏精，女人以藏胎。主和合赤子，阴阳之门户也。其丹田中气，左青右黄，上白下黑。"②（第十七章）

《常念》章注：

神华者，《玉历经》云："太阴玄光玉女，道之母也。衣五色朱衣，在脾腑之上，黄云华盖之下。"③（第十一章）

《治生》章注：

《玉历经》云："老子者，天地之魂，自然之君，常侍道君在左右，人身备有之。"④（第六章）

除此之外，该书于《治章》章注中还引有一条《玉纬经》，见于今本《老子中经》第十四章，可能是"玉历经"之讹。⑤

《玉纬经》云："五脏有八卦天神宿卫。太一八使者主八节日。八卦合太一

---

① 《道藏》第6册，第519页。
② 《道藏》第6册，第525页。
③ 《道藏》第6册，第531页。
④ 《道藏》第6册，第532页。
⑤ 此《黄庭内景经》注及其他文献中都引有不少"玉纬经"的文字，但主旨大多是言三洞名义源流，可能就是指《玉纬七部经书目》，所以笔者怀疑这里的"纬"是"历"字之误。

为九宫。八卦外有十二楼,楼谓喉咙也。脐中为太一君,主人之命也,一名太极,一名太渊,一名昆仑,一名持(特)枢。主身中万二千神也。"①

4. 老子观天太清中经、老子观身太清中经

引作"老子观天(身)太清中经"的,仅见于《道要灵祇神鬼品》的两处。

《老子观天太清中经》云:"河伯神名曰冯夷,号无梁使者。"②(第十五章)

《老子观身太清中经》云:"八卦天神下着于人,常卫太一,为八方使者,主八节之日上计校定天下吉凶。乾神,字仲尼,号伏戏。坎神,字大象子。艮神,字非先王。震神,字小曾子。巽神,字大忧侯。离神,字文昌。坤神,字扬攉耀王,号曰女娲。兑神,字一世。人常以八节日存念之,吉。"③(第十六章)

但这两部经是否为《老子中经》可能还有疑问。因为《上清道宝经》卷四引《老子观天》和《道典论》卷四引《老君观天太清中经》均不见于今本《老子中经》。另外,这两个经名非常相近,可能有一处是误字。"身"字俗写作"⿰"(见 P.2032 号《维摩经疏》)或"⿰"(见 P.2305 号《妙法莲华经讲经文》)等形,也有与"天"字互误的可能。

以上这些引文虽与今本《老子中经》稍有异同,但除最末两条外,其他均应是从今《老子中经》中引出。何江涛《〈老子中经〉成书年代刍议》也辑录了前引关于《老子历藏中经》的传世文献,却依然跟从陈国符《道藏源流考》之说,认为《历藏经》即《抱朴子·遐览》中的《历藏延年经》,这显然是说不通的。刘永明、刘屹均认为《老子中经》是在《玉历经》的基础上改造而成。刘屹详细分析了《太平御览》和《云笈七签》关于《老子历藏中经》的引文后,认为《老子中经》是对《历藏经》规整化后的结果。④ 但他们收集的引文不太完备,对引文起讫的分析可能也有些问题,并且忽视了类书引书较为随意的特点,其结论恐怕并不可取。

---

① 《道藏》第 6 册,第 531 页。
② 《道藏》第 28 册,第 386 页。
③ 《道藏》第 28 册,第 385 页。
④ 刘屹:《神格与地域——汉唐间道教信仰世界研究》,第 91 页。

三

在考察完《老子中经》的各种引文后，我们再来讨论一下《三洞奉道科戒营始·法次仪》中的这段话。

《老子妙真经》二卷、《西升经》二卷、《玉历经》一卷①、《历藏经》一卷、《老子中经》一卷、《老子内解》二卷、《老子节解》二卷、《高上老子内传》一卷、皇人三一表文。②

这是高玄弟子升高玄法师时的所授经目。陈国符《道藏源流考》引述该文，于《玉历经》下所注已见前文所引，彼书又于"历藏经"下注曰："《抱朴子·遐览》篇著录《历藏延年经》一卷。《道藏阙经目录》卷上著录《太清太上混元上德皇帝神仙历藏经》一卷，有画。"何江涛在考察完关于《老子中经》的引文后，也认同陈国符的观点。实际上，这里提到的经书都与老子有关，不可能独"历藏经"是一部与老子无关的《历藏延年经》。如前文分析，日本国会图书馆藏敦煌佚名道教类书、《上清道宝经》以及《太平御览》《云笈七签》等多种类书（后二者很可能是袭自更早的类书）均引"《老子中经》"作"《老子历藏中经》"，这应该让我们有足够的理由认为《三洞奉道科戒营始》中的《历藏经》便是今《老子中经》。

关于《玉历经》，除了梁丘子《黄庭内景经注》中引用到外，刘屹又注意到了《至言总》卷四《运气》引用的一段。

《老子玉历中经》曰："养生之术绝俗事，约归清净养元气，和精蓄神还返生。审欲修道守自然，慎无导引劳尔形，辟谷不食饿子精，六甲阴阳勿扰倾，心狂意乱神去形，枯骨独立归黄泉。静处冥室养尔神，精熟思之道自然。"③

---

① "《西升经》二卷、《玉历经》一卷"，敦煌本作"《西升经》一卷、《玉历经》二卷"。《西升经》仅三十九章，似乎分作两卷的可能性不大，敦煌本似乎更合乎该经原貌。
② 《道藏》第 24 册，第 758 页。
③ 《道藏》第 22 册，第 863 页。

刘屹由此分析《老子玉历中经》并非《老子中经》。①《太上混元真录》中亦引此段，而称其为《玉历中经》的"要旨"。陈荣子认为既称"要旨"，则经过了后人的改写，不宜因此否定《玉历中经》即《老子中经》。② 但是即便不考虑文体的问题，这段引文与今本《老子中经》的主要内容差异仍然很大。比如这段引文中对于导引、辟谷之术的批评就完全不见于今《老子中经》。

《玉历中经》并非《老子中经》，在文献中还可以找到不少证据。《太上混元真录》在述老子"作《玉历中经》三篇五十五章"及其"要旨"后，论曰："其三篇，乃元气之祖。酌自然之和，其要在于抱一而无离矣。一日之道，朝饱暮饥。一月之道，不失盛衰。一岁之道，夏瘦冬肥。百岁之道，节谷食枣。千岁之道，独男无女。是谓长生久视，道莫有数矣。次授《自然经》、《历藏经》及《黄庭经》，内秘咽气、吞精、存真、固龄之道。关令受毕，因各秘而内修焉。"③ 由此可见，《玉历中经》的主要内容应是关于抱一及饮食节度的，与《历藏经》《黄庭经》等关于存真之术的经典不同。

宋谢守灏《太上混元老子史略》《混元圣记》《太上老君年谱要略》等列举老子自天皇氏至商汤的历变事迹，云"出《帝系谱》、《历代记运图》、《洞神大有经》、《玉历经》、《出塞记》、《尹氏玄中记》、崔山《地理志》"④。而在《太上混元老子史略》卷中辨析三皇时，称"《帝系谱》《中经》《出塞记》《濑乡记》以为伏牺、神农、祝融也"⑤。由此异文知《玉历经》即所谓"中经"，应即《玉历中经》之简作。今本《老子中经》中完全没有这类老子历变事迹，且就该书体例，即便有佚文，也不可能有这一类内容。

如果如前文所述，《三洞奉道科戒营始》中的"历藏经"即今《老子中经》的话，那彼文中的"《老子中经》一卷"又是什么书呢？笔者认为，这很可能是在唐代就已失传的一部道经。杜光庭《太上三洞传授道德经紫虚箓拜表仪》载高玄法师拜表云："今蒙真师某岳先生某，授以青丝金纽、《道德尊经》、《高上紫虚天书秘箓》、《河上公章句》、《想尔》、《要戒存图》、《传诀》、《西升上品》、《妙真玄经》、《六甲

---

① 刘屹：《神格与地域——汉唐间道教信仰世界研究》，第84页。
② 陈荣子：《〈老子中经〉研究》，第8页。
③ 《道藏》第19册，第510页。
④ 《道藏》第17册，第891页。此引文据《太上混元老子史略》。《混元圣记》见《道藏》第17册，第784页；《太上老君年谱要略》见《道藏》第17册，第885页。
⑤ 《道藏》第17册，第898页。

存图》、《历藏》、《玉历》、朝仪、斋法。"① 宋初孙夷中《三洞修道仪》于高玄部道士称:"参究《道德经》、《西升经》、《玉历经》、《妙真经》、《宝光经》、《枕中经》、存思神图、太上文节解、内解、自然斋法仪、道德威仪一百五十条、道德律五百条、道德戒一百八十三科。"②《三洞奉道科戒营始》中提到的经书这里大部分都提到了,但并无《老子中经》。那么很可能《三洞奉道科戒营始》中的"《老子中经》"已经不存于世,所以后世的高玄道士不再授受此经。③

四

如前文分析的,《三洞奉道科戒营始》中的《玉历经》《历藏经》《老子中经》可能都声称是"中经"。就目前所见材料看,今本《老子中经》和唐宋时所见到的《玉历中经》都声称是老子西出函谷关时授予尹喜的。这些矛盾又是如何产生的呢?

汉人的作品中,从未见到有老子授尹喜"中经"的说法。成书较早的敦煌S.2295《老子变化经》也称老子"去楚而西度咸(函)谷关,以《五千文》上下二篇授关长尹喜"。《太平御览》卷六百五十九引葛洪《神仙传》言"著《道德》二篇,尹喜行其道"④,《无上秘要》卷一百引《妙真经》亦称"吾前以道授关令尹生,著《道德》二篇"⑤,旧题葛玄所造实则可能成出于东晋的《老子道德经序诀》称"于是作《道德》二篇"⑥,《西升经》亦称"为说《道德》,列以二篇"⑦,这些较早形成的文献均称老子所作仅《道德经》二篇,皆无"中经"之说。

目前所见最早记载老子传授"中经"传说的是刘宋时的《三天内解经》:"至关,

---

① 《道藏》第18册,第332页。
② 《道藏》第32册,第167页。
③ 应该指出的是,唐代有一派道士在传授道德经目时,将《老子中经》《玉历经》《历藏经》等统统摒弃不用,如张万福《传授三洞经戒法箓略说》卷上之"道德经目"为"《道德》上下二卷、《河上公注》上下二卷、《想尔注》上下二卷、《大存图》一卷、《传仪》一卷、《朝仪》一卷、《斋仪》一卷、《老君西升》一卷、《妙真》上下二卷、《内解》二卷、《节解》二卷、《高上传》一卷、《无上真人传》一卷、《紫虚箓》一卷",无《老子中经》一类经典。这可能意味着当时已有人发现了此类经典作伪的痕迹。《传授三洞经戒法箓略说》卷下记载金仙、玉真二公主受道箓之事,那么此书中的看法很可能代表了唐代的官方意见。这似乎也可以解释何以唐代的道教类书少有对此类经典的引用。
④ (宋)李昉等撰《太平御览》,第2943页。
⑤ 周作明点校《无上秘要》,中华书局,2016,第1263页。
⑥ 王卡点校《老子道德经河上公章句》,中华书局,1993,第313页。
⑦ 《道藏》第11册,第490页。

乘青牛车与尹喜相遇,授喜上下中经一卷,五千文二卷,合三卷。"① 这段话被施舟人以来的研究者广为引用。各家在引用时均补"中经"二字,作"授喜上下中经,中经一卷,五千文二卷,合三卷",这无疑是正确的。刘屹就据这段话,将《老子中经》成书的下限定在刘宋时期。各家都认为是先有了《老子中经》,才有了《三天内解经》中"上下中经"的传说。

这一逻辑是否站得住脚呢?可能与天地人三才以及"三生万物"的旧说有关,也可能与刘宋时天师道张大"三天"以除治"六天故气"有关,② 有些道教徒对数字"三"有特别的热情。如《三天内解经》称老君"因出三道,以教天民",又称"今世人有三台经者,是老子于胎中所诵者也"③。这一特点在《三天内解经》可能还不太明显,而在《太上洞玄宝元上经》(以下简称《宝元经》)则更为显著。

  法地则天,守道自然。自然妙炁,应以三位。④
  自然源一,应乎万物为三。⑤
  圣君与天地合德,善长分为三元,三元各有所尊。⑥
  天文者,三光也……地理者,三色也。⑦
  三生万物,玄元始分,于是天覆其上,地载其下,人列其中,万物参罗,三才相辅,同归崇道。道有三官,上有天官,下有地官,中有水官。道委三官,不立别职。物附三才,无复别司。人僚唯三,互相统摄。导末归本,大略是同。⑧

与此相关,那么经文自然也要分为三。⑨

  能明此六,由经有三。三经者,一以明天,二以明地,三以明人。⑩

---

① 《道藏》第 28 册,第 414 页。
② 关于"六天"与"三天"的更替,可参见小林正美《六朝道教史研究》第三编第二章《刘宋时期天师道的"三天"思想及其形成》。
③ 《道藏》第 28 册,第 413 页。
④ 《道藏》第 6 册,第 252 页。
⑤ 《道藏》第 6 册,第 252 页。
⑥ 《道藏》第 6 册,第 253 页。
⑦ 《道藏》第 6 册,第 254 页。
⑧ 《道藏》第 6 册,第 259 页。
⑨ 可与此相参照的是,一般认为"三洞"之称始于陆修静,也正是在刘宋时期。
⑩ 《道藏》第 6 册,第 253 页。

明天道者，由吾上经；明地道者，由吾下经；明人道者，由吾中经。中经能明，明天明地。明地明天，未能明人。明人者，在中经也。人貌丈尺，所行者仁，纵复礼义智信备修，则天法地，亦未成人。成人者，洞体中经。中经有真，真神有降，降与己神为一身。又一身二神，二神一身，混无分析，常存不改，乃成明人耳……洞晓中者，存三一也。①

　　三一者，天一地一人一是也，又名上中下三元一也，又名玄元始太一也。天一在吾上经，地一在吾下经，人一在吾中经。中经内观，别自有经。经所以有三者，自然三炁所生也，大道妙炁，一中有三，阴阳和、玄元始、上中下，自然而然，莫能使之然，莫能使之不然，故谓自然三炁也。上下二经，亦别有文。②

两段引文中的"中经"就已和今《老子中经》以及诸书关于《玉历中经》的描述非常接近了，都重视内观存神，有"存三一"等。但在此经成书时，《老子中经》是否已成书似乎还成问题。这是因为，首先，《宝元经》在下文几乎逐章阐释了《道德经》，并且对上、下经的章数进行了非常牵强的数字推演，但却对"中经"未置一词，这与上文所谓"中经能明，明天明地"的重要性是不相符的。其次，《宝元经》中称"中经有真，真神有降"，其中降神的法术也与今本《老子中经》存身神的方法不同。

这种老子授尹喜上下中经的传说在南北朝中晚期流传还颇有些广泛，除了前引《三天内解经》《宝元经》的相关内容外，又如《洞玄灵宝丹水飞术运度小劫妙经》："元始老君演出五千文《道德》上下中经、三洞真文、众要妙经，教化后学。"③ 约成书于齐梁时的《玉纬七部经书目》④ 亦言《道德经》有三卷，《云笈七签》卷六："旧云《道德经》有三卷。《玉纬》云：'其《中经》珍秘，部入太清。'"⑤《传授经戒仪注诀》也说："昔尹子初受大字三篇，中经在太清部中，所以付上下两卷。"⑥

但在唐代，这种传说似乎已经绝迹。《道教义枢》卷二《三洞义》谓尹先生所受

---

① 《道藏》第6册，第253页。
② 《道藏》第6册，第255页。
③ 《道藏》第5册，第857页。
④ 关于此书的时代，参见陈国符《道藏源流考》第4~5页的考证。
⑤ （宋）张君房编《云笈七签》，第102页。
⑥ 《道藏》第32册，第170页。

只是《道德》《妙真》《西升》。① 玄嶷《甄正论》在攻击道教时，论及老子授经事，所言有《道经》二篇上下两卷、《西升记》、《出塞记》、《文始内传》等，并不及"中经"。② 前引《太上混元真录》称"作《玉历中经》三篇五十五章"，一经就已三篇，并且不与《道德经》上下篇相配。这所谓三篇，很可能是对前引诸文中"大字三篇"的误读。这也说明当时对于上下中经三篇的传说已不太明了了。

由于这一传说广泛流传，并且还没有相应的"中经"存在，于是好事道士造作的各种"中经"大量涌现出来。除了前面提到的《历藏中经》《玉历中经》《老子中经》等外，笔者又从文献中钩稽出数种。

1. 《神仙中经》

《太平御览》卷六百七十六：

> 《神仙中经》曰："老子度关时，为尹喜著五千言，解五十五章，是手所书也。能行此道，知元气、父母、天地之先。不知此者，徒自苦耳。太微天帝君以紫简注紫度炎光经篇目，金简书其正文，玄章在焉。"③

此经亦取老子授尹喜的传说，且章数亦为"五十五"，可见正是同一系统的产物。

2. 《老君观天太清中经》

前引《道要灵祇神鬼品》已引此经，与今《老子中经》相合。但有些引文又不见于今《老子中经》，如《上清道玉经》卷四：

> （《老子观天》：）常思脾中有大日，日中有黄金楼，楼中有书，对以黄金之印，广纵三字，曰咸嬉，见而读之，心开目明，神仙矣。念胃中黄田中，正白如凝脂，中有黄气，至口咽之，即饱。谓黄田者，太仓也。诸神就中食，中有黄灶釜甑，玉女小童使令，呼曰黄帝子，致行厨矣。④

《道典论》卷四：

---

① 《道藏》第 24 册，第 812 页。
② 《中华大藏经》第 62 册，中华书局，1997，第 662 页。
③ （宋）李昉等撰《太平御览》，第 3015 页。
④ 《道藏》第 33 册，第 724 页。

《老君观夫（天）① 太清中经》云"《神仙经》曰：'常念脾中黄气上升至口中，咽之三五而止，则饱矣。可以辟谷，坐在立亡。'师曰：'常思脾中有大日，日中有黄金匮，匮中有书，封之以黄金之印，印广纵三寸，字曰威嬉。精而思之，穷则目出，兆能见而读之，心开目明，则得神仙矣。常念胃黄田中，正白如凝脂，中有黄气填满，上至口中，咽之即饱矣。'师曰：'胃黄田者，太仓也。诸神皆来就太仓中食饮，中有黄金灶釜甑。玉女玉童主使令，故呼之曰：黄常子是也。致行厨矣。'"②

此段内容与今本《老子中经》较为相近，且以"《神仙经》曰"起首，与敦煌本《老子中经》相同，恐怕也是这一系统的东西。所谓"老子观天"，只不过是老子的一个异称，《太上导引三光九变妙经》载四方老子天尊，即有"高业老子观天天尊"③。

3.《太清元君中经》
《道典论》卷四：

《太清元君中经》云"《神仙图》曰：'上圣食黄，贤者食元。食黄之道，上念中极乃脾上黄人，形长三寸。'两手中亦各有一黄人，黄气上升，即见其神，徐言咒曰："黄常子、黄常子，黄庭真人在于已。为某取五色丹芝草诸可饮食者。"急咽之三五而止，即饱矣，肥泽延年。"④

这一段也与今《老子中经》体例、内容相近，其中的咒语与《老子中经》第十一章相合，可能也属当时造作的"中经"之一。

到目前为止，已发现了至少六种"中经"。这些"中经"的下限应不过唐初，上限应该在刘宋，甚至可能在齐梁。陶弘景《养性延命录》卷上引《中经》称"静者寿，躁者夭"云云，⑤《至言总》卷二《养生》亦引此文，而称出自《黄帝中经》。⑥可见在陶弘景的时代，引《黄帝中经》可以简称"中经"而不至混淆，那么当时应

---
① 夫，似为"天"字之误。
② 《道藏》第24册，第855页。
③ 《道藏》第1册，第858页。
④ 《道藏》第24册，第854页。
⑤ （梁）陶弘景集，王家葵校注《养性延命录校注》，中华书局，2014，第51页。
⑥ 《道藏》第22册，第855页。

该还没有如此多的"中经"。前引《玉纬七部经书目》称"《中经》珍秘",可能在当时"中经"流传还不广,或者甚至是有目无书。

就这样,基于对数字"三"的特殊崇拜,在南北朝中后期产生了大量的"中经"——甚至这些"中经"的篇目也是基于数字崇拜的,今本《老子中经》《太平御览》所引的《神仙中经》、唐宋道书中提到的《玉历中经》都是五十五章,这并非巧合,因为五十五恰是数字一至十的总和,是天数二十五与地数三十的和。① 但应指出的是,虽然各书中引用这些"中经"有各种名目,但这些经典恐怕都可以自题"老子中经"。所以《三洞奉道科戒营始》中会有另外一种《老子中经》与今《老子中经》的祖本《历藏经》并列。而元代道士郑思肖编撰的《太极祭炼内法议略》卷中称:"《道藏》有《黄华经》《三五顺行经》《老子中经》《洞玄真一经》等,凡数处,累说东井黄华事,所载亦各有微异。"② 但今本《老子中经》中并无东井黄华之事,可见元代《玄都宝藏》中所收的《老子中经》亦与《正统道藏》中所收不同。这也证明了学者们一般认同的《太上老君中经》是明代修道藏时从《云笈七签》中辑出的观点。

与"老子中经"传说相近的,还有"玉历经"和"太清中经"的传说。关于"玉历经"的得名,施舟人引《洞玄灵宝自然九天生神章经解义》谓"玉历者,纪劫运仙曹之书",刘屹认为这是在六朝道教"终末论"影响下的经教体系建设中才产生的概念,不合书名本意。加藤千惠则认为"玉历"是长生成仙者的名籍。刘屹则认为"'玉历'最初应该是一种动词性的用法,即详列体内神的名讳、位置、服色,供人逐一存想周遍,以后才从动词性的用法转变成作为身中神名录的'玉历'"③,但他并没有给出这一说法的依据。其实《太上混元真录》云:"于是为作《玉历中经》三篇五十五章,本在上皇藏之金匮玉历笥中。"④ 今本《老子中经》第五十五章也有相近的内容,作"金匮玉笈玉笥"。"笈""笥"义近,"玉笈玉笥"语意重复,当以作"玉历笥"者是。因此所谓"玉历中经""珠宫玉历"云云,当均以其藏地命名。

---

① 陈荣子《〈老子中经〉研究》已指出这一点,见该文第58页。关于对数字五十五的崇拜,文献中用例极多,此处仅举一例。《上清太上开天龙蹻经》卷二《通生官属元置品第三》:"无极三界,皆感五气五运生成,故通天地五十五数。"(《道藏》第33册,第736页)道教经典先有经名、卷数,然后再造作内容的例子极为常见,如早期灵宝经中经常出现"十部妙经三十六卷"的说法,但到陆修静编制灵宝经目时,这三十六卷经书仍未造齐。
② 《道藏》第10册,第426页。
③ 刘屹:《神格与地域——汉唐间道教信仰世界研究》,第83页。
④ 《道藏》第19册,第510页。

《抱朴子·遐览》中提到了《老君玉历真经》《玉历经》,《三洞奉道科戒仪范》中也有《玉历经》,《太上混元老子史略》等书提到有《玉历中经》,今本《老子中经》又名《珠宫玉历》《玉历经》,有如此多的"玉历经",恐怕均与"玉历笥"的传说有关。

道典中有所谓"太清中经",施舟人谓"太清部的《老子中经》"恐怕并不恰当。《抱朴子·祛惑》称五原蔡诞"但昼夜诵咏《黄庭》《太清中经》《观天节详》之属,诸家不急之书,口不辍诵,谓之道尽于此。然竟不知所施用者,徒美其浮华之说而愚人"①。不知当时《太清中经》是否已成书,即便有书的话,恐怕也与《黄庭经》相近,是言辞"浮华"且可以施用的养生类经典。《真诰》卷十二《稽神枢》称"九华丹是《太清中经》法"②,而《黄帝九鼎神丹经诀》卷十七也有"《太清中经》上篇作华池法"③,那么《太清中经》又成了丹术之书。《云笈七签》卷九十二又引有《太清中经》,④其文不见于《老子中经》,且观其文亦不似丹术书。可见历代"太清中经"所指不同。关于"太清中经"有这样一个传说,谢守灏《太上混元老子史略》卷上云:"汉安元年壬午,老君降于蜀之鹤鸣山,授天师张道陵《正一盟威秘箓》。五月再降,赐《太清中经》九百三十卷、符文七十二卷。"⑤ 这一传说见于多种道经中,起源应较早。《太平广记》卷一"老子"条下云:"是以所出度世之法,九丹八石、金醴金液,次存玄素守一、思神历藏、行气炼形、消灾辟恶、治鬼养性、绝谷变化、厌胜教戒、役使鬼魅之法,凡九百三十卷、符书七十卷,皆《老子本起中篇》所记者也,自有目录。"⑥ "九百三十卷"的数目与前引传说中"太清中经"的卷数同,可见当时已为这一传说中的经书编造了内容。而"太清中经"之得名,大概与太清天有关。《无上秘要》卷八十四《得太清道人名品》:"太上老君,此太清老君中之尊者。"⑦ 太上老君即在太清天中,其所传经当即太清天中之经,故称"太清中经"。前引《抱朴子》《真诰》中的《太清中经》,《老子观天太清中经》《老子观身太清中经》的造作,以及前文所引《玉纬七部经书目》称"老子中经"部入

---

① 王明:《抱朴子内篇校释》,中华书局,1985,第348页。
② (梁)陶弘景撰《真诰》,中华书局,2011,第212页。
③ 《道藏》第18册,第846页。
④ (宋)张君房编《云笈七签》,第2026页。
⑤ 《道藏》第17册,第894页。
⑥ (宋)李昉等编《太平广记》,中华书局,1961,第2页。
⑦ 周作明点校《无上秘要》,第1044页。

"太清",恐怕均与"太清中经"的传说有关。① 甚至三洞四辅之"太清部"的得名,也有某些经典认为与此传说有关。②

五

如前所述,《老子中经》大约成书于刘宋以后,但其中保存了大量早期道经的内容。《老子中经》的造作方式恐怕主要便是因袭、抄掇早期道经。接下来从神真体系看今本《老子中经》对其他道经的因袭。今本《老子中经》的神真体系非常驳杂,甚至前后矛盾,但仍可看出《老子中经》非常重视三太一,及南极老人、中极君、北极君,以及心脾肾的相关信仰。《老子中经》第二十五章云:

> 太上神字元光太一君,其欲得太一之神也,非心神也,乃天神南极老人元光也,下在人心中……心中神字光坚,中太一中极君也,在脾中主养兆身……心下神字玄谷,北极君也,玄光道母也……故曰:能知三神字,可以还命延年。此三神者,乃天地神道君三元君字也,人之先也,常念勿忘也。三元,天之贵神是也。

由此可知,南极、中极、北极分别有上中下太一,分主心、脾、肾。这已是非常成熟的"三一"思想。类似的观点还在其他章节中出现,如第三十七章:

> 故太初者,元气之始也,道也,一也,心上为天。太始者,为万物之始也,山川也,地也,为肾。太素者,人之始也,精也,脾也,土也。

---

① 太清部所收本为丹术之书,可参见《云笈七签》卷六(第97~100页)以及陈国符《道藏源流考》(第87页)。前文所引的几种"老子中经"均与丹术无关。似乎可以推测,《玉纬七部经书目》所谓的"部入太清"并非指该经收于太清部,而是指该经部署于太清天。如此解释,也可以将"中经珍秘,部入太清"一句的逻辑理清,不然"珍秘"与收入太清部并无逻辑关系。据《道教义枢》卷二引《正一经》"太玄为大乘,太平为中乘,太清为小乘"(《道藏》第24册,第815页),如果将《老子中经》放在太清部,与放在太玄部的《道德经》相比,实在算不上"珍秘"。更何况据《三洞奉道科戒营始》《太上三洞传授道德经紫虚箓拜表仪》等经书,《历藏中经》《玉历中经》《老子中经》等都是作为太玄经授受的。
② 可参见《云笈七签》卷六引《墨录》说(第100页)。

第五十一章：

　　心为日，肾为月，脾为斗。

第十四章：

　　故常以晦朔八节之日，夜欲卧时，念上太一、中太一、下太一、五城、十二楼真人。

三太一分开的表述，如第九章：

　　南极者，一也，仙人之首出也，上上太一也，天之侯王太尉公也。主诸灾变，国祚吉凶之期。上为荧惑星，下治霍山。人亦有之，在长吴乡绛宫中元里，姓李，名尚（原注：一名常），字曾子。

第十一章：

　　中极黄老者，真人之府中斗君也，天之侯王，主皇后素女宫也。人亦有之……皇后者，太阴玄光玉女，道之母也，正在脾上中斗中也。

第十三章：

　　璇玑者，北斗君也，天之侯王也。主制万二千神，持人命籍。人亦有之，在脐中，太一君，人之侯王也。

由前引可见，《老子中经》中已有成熟的三一思想，但这种思想与《太平经》中精、气、神的三一思想有别，与上清派上元泥丸、中元绛宫、下元丹田的三一思想有别，同样也与《太上灵宝五符序》所谓"三一者，身上之三宫也，头、心、脐，谓之三宫也"之说不同。《云笈七签》卷四十九《秘要诀法》引《玄门大论三一诀》："孟法师云：涉学所宗，三一为本。故七部九经，皆有图术。今列如左……第三、洞神三一，南极老人、中极道元、北极玄妙。出《洞神太上三一经》。"① 由此可见，《老子中经》中的三一观正与洞神类经典一致。

自施舟人以来，学者都注意到《老子中经》第二十二章、二十三章所记身神名号与《太上灵宝五符序》相近。刘屹又发现这些内容与《无上秘要·身神品》引《洞神经》相近。事实上，它们大约都与汉代以来的历藏术有关，当时流传了多种身神名讳，除前面提到的三部经书外，又如《河图纬》（见《太平御览》卷八百八十一引）、《二十四生图经》、《黄庭内景经》等。今本《老子中经》的身神名讳与前述经书均不同，而与《洞神经》相近，这同样也证明了今本《老子中经》神真系统与洞神经的某种联系。而《太上灵宝五符序》可能在改编过程中同样地吸收了《洞神经》的一些内容。

另外，《云笈七签》卷七十九将《老子中经》与《五岳真形图》引在一起，似乎也表明了该经与帛氏道及洞神经的关系较为密切。而《老子中经》第四十三章有"天皇太一君"，"天皇"一词似乎更昭示了它与三皇类经典的联系。

除洞神经外，今本《老子中经》还有对其他经典中神真的沿袭，刘屹已指出了它对《五符序》《太清真人络命诀》等书的借鉴。② 除此之外，今本《老子中经》的某些神真与《太上明鉴真经》所述颇有相似。如《老子中经》第一章：

> 上上太一者，道之父也，天地之先也……其神人头鸟身，状如雄鸡，凤凰五色，珠衣玄黄。

《太上明鉴真经》：

> 或见人头鸟身，五色玄黄者，上上太一君道父也。③

《老子中经》第二章：

---

① （宋）张君房编《云笈七签》，第1093~1094页。
② 刘屹：《神格与地域——汉唐间道教信仰世界研究》，第75页。另外，刘屹也花了很大的篇幅讨论了今本《老子中经》对《洞神经》的沿袭问题，但主要是从身神名号的角度。
③ 《道藏》第28册，第423页。下条同。

> 无极太上元君者，道君也。一身九头，或化为九人，皆衣五色珠衣，冠九德之冠，上上太一之子也。

《太上明鉴真经》：

> 或见九人，皆衣青衣而白首者，无极大元君也。

《道藏提要》谓《太上明鉴真经》与《抱朴子·遐览》中的《四规经》《明镜经》等相关，① 那么今本《老子中经》可能也与此类经典有某种关联。

但应指出，无论是今本《老子中经》，还是《太上明鉴真经》，它们的神真体系恐怕都是各方抄撮，颇为混乱。② 如《老子中经》第二十四章：

> 东方之神女名曰青腰玉女，南方之神女名曰赤圭玉女，中央之神女名曰黄素玉女，西方之神女名曰白素玉女，北方之神女名曰玄光玉女，左为常阳，右为承翼。

《太上明鉴真经》：

> 或见玉女青衣者，名曰惠精玉女。或见玉女黑衣，名曰太玄玉女。或见玉女赤衣者，名曰赤圭玉女。或见玉女黄衣者，名曰常阳玉女。

这些诸方玉女名讳的源头应为上清类经典。但《洞真太上素灵洞元大有妙经》云："太上神仙洞天元洞岁星延崖青腰常阳玉女，讳惠精。"③《上清琼宫灵飞六甲箓》："甲子太玄玉女，名灵珠，字承翼……甲寅青要玉女，名启元，字惠精。"④ 可见常阳玉女即东方青腰玉女，亦即惠精；承翼即北方太玄玉女之一位。今本《老子中经》和《太上明鉴真经》的玉女名讳都有些问题。

---

① 任继愈：《道藏提要》，中国社会科学出版社，2005，第583页。
② 刘屹已指出今本《老子中经》整编此前道书，又没有彻底消化，故而有前后矛盾之处。刘屹：《神格与地域——汉唐间道教信仰世界研究》，第73页。
③ 《道藏》第33册，第402页。
④ 《道藏》第34册，第162～166页。

除以上两类经典外，今本《老子中经》的不少神真还可以在其他经典中找到踪迹，如内容同样非常驳杂的《上清太上开天龙蹻经》中就有不少内容与之相近。《上清太上开天龙蹻经》卷五《元始化身而生三界三十六相元置品第十二》："青阳元气为太阳精，东王父也。太和之气以为阴精，西王母也。"① 这与今本《老子中经》中关于东王父、西王母的表述一致。今本《老子中经》第四章关于西王母的"金城九重"之说，亦见于《上清太上开天龙蹻经》卷四《九京九山通生天人八十一好元置品第十》："昆仑上宫，亦名玉京玄都之山，金城九重，下统九气，玉楼十二。"② 这里不但有今本《老子中经》"金城九重"之说，也有《太平御览》卷六百七十七所引《历藏中经》"玉楼十二"之说。③

又如今本《老子中经》第十九章：

> 上有九人，三三为位，左有韩众，右有范蠡，中有太城子。左为司徒公，右为司空公，中有太一君。左有青腰玉女，右有白水素女，中有玄光玉女。玄光玉女者，道元气之母也。

《上清太上开天龙蹻经》卷五《元始化身而立三清三十六相元置品第十一》：

> 上有九人，三三为位。左有韩众，右有范蠡，中有大成子；左肾为司徒公，右肾为司空公，中有太一君；左有青腰玉女，右有白素玉女，中有玄光玉女。玄光玉女者，道之元气，生成之母。④

两处之文大致相同。而这里的"左有韩众，右有范蠡"，与《老君变化无极经》所称"韩终范蠡相辅匡"⑤ 的模式也很相近。

总之，今本《老子中经》的神真体系受到了洞神类经典的很大影响，该经在成书过程中又吸收了当时许多经典的神真名号。

---

① 《道藏》第33册，第746页。
② 《道藏》第33册，第745页。
③ 关于"十二楼"，不少经典中都有相关内容，如《太上灵宝五符序》即有"五城十二楼真人"。
④ 《道藏》第33册，第745页。
⑤ 《道藏》第28册，第374页。

六

　　今本《老子中经》的修炼方法同样多因袭他经。正如今本《老子中经》在隋唐时的经名"老子历藏中经"所昭示的，历藏为该经很重要的修炼术。该经第二十六章即曰："子俗为道，当先历藏，皆见其神乃有信。"所谓"历藏"，即《太上灵宝五符序》中所说的从头至足"存其神，养其根，行其气，呼其名"①。荀悦《申鉴·俗嫌》："若夫导引蓄气，历藏内视，过则失中，可以治疾，皆非养性之圣术也。"② 可见这是一种非常古老的养生术，至迟在东汉时亦已广泛传播。但大概在南北朝时期，道士们将历藏术与老子联系起来。《太平广记》卷一"老子"条下云："是以所出度世之法……次存玄素守一、思神历藏……之法，凡九百三十卷、符书七十卷，皆《老子本起中篇》所记者也，自有目录。"③《云笈七签》卷十引有《老君太上虚无自然本起经》，可能与此《老子本起中篇》有关。《云笈七签》的引文载"老君作《道经》，复作《德经》"④，不及"中经"，那么《本起经》的时代似乎应早于今本《老子中经》。也许正因为南北朝时将历藏与老子接合，所以才有好事者造作了《老子历藏中经》，将历藏术的发明权送给了老子。

　　《老子中经》第二十七章为咽云牙法。《真诰》卷十八《握真辅》："泰和二年四月，服青牙。"陶氏自注："此青牙始生法。世未见经。"⑤ 加藤千惠即据此谓《老子中经》当在泰和二年（367）以后出现。完整的咽云牙法见《无上秘要》卷七十六《咽云牙品》引《道迹经》，谓"南岳夫人受清虚真人方"⑥。《道迹经》，即《真迹》，《真诰》卷十九《翼真检》："真诰者，真人口受之诰也……而顾玄平谓为'真迹'。"⑦ 是《道迹经》为顾欢所作。既然咽云牙方为南岳夫人魏华存所传，那显然应是上清派的修炼术，今本《老子中经》又攘之以为老子所传。

　　《老子中经》第二十八章至三十二章分别为六甲、六丙、六戊、六庚、六壬之日

---

① 《道藏》第 6 册，第 321 页。
② （汉）荀悦撰，（明）黄省曾注，孙启治校补《申鉴注校补》，中华书局，2012，第 126 页。
③ （宋）李昉等编《太平广记》，第 2 页。
④ （宋）张君房编《云笈七签》，第 181 页。
⑤ （梁）陶弘景撰《真诰》，第 326 页。
⑥ 周作明点校《无上秘要》，第 984 页。
⑦ （梁）陶弘景撰《真诰》，第 333 页。

祝愿法及存思五脏法。《正统道藏》太平部有《太上洞玄灵宝飞行三界通微内思妙经》[①]，该经所见六甲至六壬日之祝文，与《老子中经》所记基本相同。《太上洞玄灵宝飞行三界通微内思妙经》于祝愿后为咽云牙法，与《老子中经》第二十七章相近；后为食日、月、斗、星之精法，与《老子中经》第三十四至三十六章食日、月、太极之精法相近。[②]《太上洞玄灵宝飞行三界通微内思妙经》后又为六甲至六壬存思五脏及"弱水黑炁"法，与《老子中经》第二十八至三十二章的内容亦相近。

除以上十章外，二经还有不少内容相近，如《老子中经》第十一章：

> 太素乡中元里中黄真人，字黄裳子，主辟谷，令人神明，乍小乍大。常以鸡鸣、食时祝曰："黄裳子，黄裳子，黄庭真人在于己，为我致药酒松脯粳粮黍臛诸可食饮者，令立至。"祝讫瞑目，有顷，闭口咽之二七过，即饱矣。

《太上洞玄灵宝飞行三界通微内思妙经》：

> 修灵宝飞行三界之道，常当行中极。存脾上黄人，形长三寸，两手中各有一黄人，黄炁上通天，下入身体，即见其神，便咒曰："黄裳子，黄裳子，黄庭真人在吾己，为我取醴酒肥脯、神仙芝草、诸可饮食者。"便引咽之，三五而毕。

《老子中经》第四十一章：

> 鬼箭十二，可以辟兵。常思心中十二芝茎，上与肺连，以意把之，名曰鬼箭。兆常行之，五兵自辟，凶恶自亡，以击四夷，捐摘电光，但闻兵楯刀戟金银。

《太上洞玄灵宝飞行三界通微内思妙经》：

> 修灵宝飞行三界之道，常当思心中有十二芝茎，正赤五色，上与肺连，名曰

---

① 《道藏》第24册，第686~691页。陆修静灵宝经目著录此经，谓"未出"，那么此经应成书于刘宋以后。
② 食日月星之法又见《太上灵宝五符序》。

思箭。以意把之,太一引怒,心中正圆,名曰咸喜。此乃天神太一、道太一。常存守百思,可精念之。

《老子中经》第四十四章:

还精绛宫之中法,常以月一日、十五日、晦日,以日初出时,被发东首向日卧,以左手摩两乳间,下至心,九反而止。拊心言曰:"神乎①,神还绛宫,无离己身;神乎! 安居静处,与己言语。"如此三乃止。

《太上洞玄灵宝飞行三界通微内思妙经》:

修灵宝飞行三界之道,当思日中黄精赤炁来下入口中,咽之三九止。止便咒曰:"日帝君,月夫人,神乎神乎,还归绛宫,俱养小童,太一玉女,无离其宫。"凡三咒文,思肺中白炁来上至口中,咽之三七而止。

无疑,这两部经应有相互因袭的关系。笔者认为,应是《老子中经》因袭《太上洞玄灵宝飞行三界通微内思妙经》。首先,《老子中经》除存思五脏和咽云牙的章节外,其他诸章并无明晰的五方、五脏观念。又据前引第二十五、三十七、五十一等章,《老子中经》特重心肾脾三脏,而非五脏。而第二十八至三十二章中如此明晰地将五脏、五行相配,并与弱水并列,当与其他诸章出处不同。《抱朴子·遐览》有"食日月精经""食六气经",可能便是《老子中经》及《太上洞玄灵宝飞行三界通微内思妙经》的共同源头。

其次,黄裳子信仰起源甚早,《抱朴子·杂应》:"或思脾中人名,名黄裳子,但合口食内气,此皆有真效。"② 此黄裳子为脾中主神。《太上洞玄灵宝飞行三界通微内思妙经》亦谓"存脾上黄人"③,与之相应,故有"黄裳子"之祝。但《老子中经》第二十章云:"故胃中神十二人谏议大夫,名曰黄裳子、黄腾子、中黄子,主傅相太子、玄光玉女。"第二十三章又谓脾神为玄光玉女。是黄裳子为胃中辅神,此祝与之

---

① 乎,原作"手",据李永晟校语改。
② 王明:《抱朴子内篇校释》,第267~268页。
③ 《道典论》卷四引《太清元君中经》,亦作"中极乃脾上黄人"。

极为不合。且该祝文在第十一章中亦与前文不连，颇疑为他处羼入。

由此可见，今本《老子中经》的历藏法、咽云牙法、食六气法、食日月精法等修炼术均渊源有自，袭自他处。

小　结

通过上面的分析，本文可以得出以下结论。

第一，大概在刘宋时期，流行一种老子除授尹喜《道德经》上下篇外还有"中经"的传说。受此影响，当时兴起了造作"中经"的风潮，《历藏中经》《玉历中经》《老子中经》《神仙中经》等，都是在此风潮下造作出来的"中经"。

第二，南北朝时期，除了有"老子中经"的传说外，还有"玉历经""太清中经"等传说，这些传说使新造出来的经典附会出相关的经名，从而导致了这一类经典异名较多。

第三，今本《老子中经》在隋唐之际的名称应是"老子历藏中经"，《三洞奉道科戒营始》中的《玉历经》《老子中经》应该都不是今本《老子中经》。元《玄都宝藏》中所收的《老子中经》可能也与今本《老子中经》不同。

第四，今本《老子中经》的神真名讳、修炼方法都大量因袭前世道经。

《中华道藏》录校商兑
——以《圣母孔雀明王经》为例*

牛尚鹏　王锦辉

内容摘要：作为大型整理本文献，《中华道藏》在校录影印本道经时存在俗字误录、讹字失校、正字误录、句读失误、录文不合拟定体例等方面的问题。本文从文献学、语言学的角度对这些失误进行了辨析，以期对道经的存真复原及准确使用有所裨益，并为《中华道藏》的修订提供参考。

关键词：《中华道藏》　三家本　涵芬楼本　讹误字　句读

作者简介：牛尚鹏，天津外国语大学副教授，硕士生导师；王锦辉，天津外国语大学硕士研究生，研究方向：汉字学。

　　《中华道藏》[①] 是 2003 年中国道教协会发起并组织编纂整理的一部道藏，它以三家本《道藏》[②] 为底本，对原三家本《道藏》所收各种道书做校补、标点、重新分类，并从近代发现的古道经中选取了 50 种增补其中，总计收录道籍 1526 种，5500 多卷，4000 余万字。与此前出版的各种影印本道藏不同的是，《中华道藏》是重新排版印制，加了新式标点，并进行了必要的文字校勘。这是继明代《正统道藏》之后，对道教经书首次进行的系统规范的整理重修，为《道藏》使用者提供了一个内容丰富、阅读方便的版本。

　　点校者学殖深厚，用力勤勉，令人钦佩不已。点校本沾溉一代学者，嘉惠学林，是不争的事实。但这部皇皇巨著所涉广博，内容庞杂，个别篇章文义晦涩难懂，点校者万得之隙也不免有半失之差，诸如误录、失校、破句等方面的问题所在多有。正如

---

* 本文为国家社科基金项目"《中华道藏》校正"（项目编号：18CZJ018）的成果。
① 张继禹主编《中华道藏》，华夏出版社，2004。
② 《道藏》，文物出版社、上海书店、天津古籍出版社，1988。

张继禹先生所说:"由于参加整理点校者的程度素质参差不齐,急于成事,时间仓促,结果导致点校质量良莠不一。"①

以《太上元始天尊说宝月光皇后圣母天尊孔雀明王经》为例,该经即存在俗字误录、讹字失校、正字误录、句读失误、录文不合拟定体例等方面的问题。该经是一部重要的道教典籍,简称《圣母孔雀明王经》,载正一派道士持诵此经之礼忏祈禳仪式,凡三卷,底本出自《万历续道藏》,撰人不详,明张国祥校梓,当出于南宋之后。② 兹从文献学、语言学的角度,逐一指出其中的录校问题,以期对该经的存真复原及准确使用有所裨益。

一 误录、照录俗字

俗字是在一定的社会群体中流行的不规范异体字。无论是传世道经还是敦煌道经,都有大量俗字。传世道经基本是刻本,饶是如此,俗体字仍是连篇累牍。《中华道藏》的基本做法是将俗体录成规范字,这种做法对点校本来说无疑是可取的,也符合一般点校本的常例。《中华道藏》对多数俗体(包括很多疑难俗字)的校录是正确的,体现了整理者深厚的文字学功底。然亦颇有校录失当或俗字失考者。简而言之,或不识俗字而误录为他字;或识字不准,没有把握,照录原字(等于未识别);或虽能够识别俗字,但忽略体例,审慎不够,同一俗字,时而录成规范字,时而照录原字;或把俗字错误还原为繁体字;或仅着眼于正字系统,忽略俗字系统的用字实际。这几种情况都反映出点校者对俗字形的把握不甚准确。

1. 有灾有患,皈投解谢之门。延福延生,敬启俻禳之会。(卷上,《中华道藏》30/592)③

按:"俻",涵芬楼、三家本原作"𢝺"。④ "俻禳之会"不辞,该字实乃"脩"

---

① 张继禹:《〈中华道藏〉出版后记》,《中国道教》2005 年第 5 期。
② 任继愈:《道藏提要》(第三次修订版),中国社会科学出版社,2005,第 695 页。
③ 30/592 指《中华道藏》第 30 册第 592 页,下同。
④ 《道藏》涵芬楼本,上海商务印书馆,1923~1926。

之俗字。① 《汉语大词典》:"修禳:谓祭祷消灾。"明沈鲸《双珠记·奏议颁赦》:"伏愿修禳殚祸苗,燮理阴阳气自调。"《三国演义》第七十八回:"群臣奏曰:'大王当命道士设醮修禳。'"该词道经极为常见,《正一殟司辟毒神灯仪》:"延福延生,俱有修禳之法。"《太上黄箓斋仪》卷二十六:"幽冥荷拯拔之功,厄滞有修禳之品。"《太上洞渊三昧神咒斋清旦行道仪》:"若有犯干禁忌,惊扰龙神,祈谢修禳,回凶就吉。"例多不备举。

2. 功过必察,赏罚无迯。大悲大愿,大圣大慈。(卷上,《中华道藏》30/595)

按:"迯",涵芬楼、三家本原作"迯",《中华道藏》照录。该字乃"逃"之俗字,《字汇·辵部》:"迯,俗逃字"。按照体例,录为规范繁体字"逃"即可。

3. 岁皇辅肝大天王。云霞蔚迭大天王。角木蛟宿大天王。亢金龙宿大天王。(卷上,《中华道藏》30/598)

按:"皇",涵芬楼、三家本原作"星"。"岁皇"不辞,该字实乃"星"之初笔点乱俗字。《敦煌俗字典》② 已收录,可详参。岁星即木星也。本卷另有"荧惑辅心大天王""岁星辅肝大天王""镇星辅脾大天王""太白辅肺大天王""北辰辅肾大天王"。心、肝、脾、肺、肾乃五脏也,五星辅之。

4. 十方世界,无上神王。洞囷天尊,急急如律令。(卷上,《中华道藏》30/600)

按:"囷",涵芬楼、三家本原作"囷",《中华道藏》照录。该字乃"渊"之俗字。《说文·水部》:"囷,古文渊。从口、水。"渊古文作囧,囷乃古文楷定字形。《玉篇·口部》:"囷,古文渊。"北周卫元嵩《元包经》:"气蠢于莫,物萌于囷。"

---

① 见秦公、刘大新《广碑别字》(国际文化出版公司,1995,第285页)、颜元孙《干禄字书》(紫禁城出版社,1992,第32页)、《佛教难字字典》(竹林居士,长春树书坊,2000,第15页)、黄征《敦煌俗字典》(上海教育出版社,2005)亦有类似字形,可详参。
② 黄征:《敦煌俗字典》,上海教育出版社,2005。

李江注:"囦,古淵字。""囦"既非道教专用字体,亦非习见俗字。按照《中华道藏》体例,录为规范繁体字"淵"即可。

5. 若遇三元五臘,四时八节,本命生辰。于清净室中,烧香默坐。(卷上,《中华道藏》30/601)

按:"臘",涵芬楼、三家本原作"臈",《中华道藏》照录。该字乃"臘"之俗字。《金石文字辨异·合韵》引《汉张迁碑》"臘"作"臈"。《集韵·盍韵》:"臘,《说文》冬至后三戌臘祭百神。或作臈。"《晏子春秋·内篇谏下四》:"量公令兵搏治,当臈冰月之间而寒,民多冻馁,而功不成。"孙星衍注:"臈,当为臘。"

6. 钟皷呈祥为注经,不敲自韵显玄真。吾今泄漏无他嘱,从此更新孔雀文。(卷中,《中华道藏》30/602)

按:"皷",涵芬楼、三家本原作"皷",《中华道藏》照录。该字乃"鼓"之俗字。即《颜氏家训·书证》所谓之"鼓外设皮",《正字通·皮部》:"皷,俗鼓字。"

7. 绿罗魔耶女,眇莽魔耶女。(卷中,《中华道藏》30/605)

按:"莽",涵芬楼、三家本原作"莾",《中华道藏》照录。该字乃"莽"之俗体,《干禄字书》《敦煌俗字典》已收,可详参。

8. 召诸天龙八部,地祇十代,四梵天王,阿修罗诸天帝王。(卷中,《中华道藏》30/605)

按:"祇",涵芬楼、三家本原作"祗","地祗"不辞,当录作"地祇"。但此处"祗"不能按讹误处理。该字在正字系统中是祗敬字,但在俗字系统中却是"祇"之俗字。佛经中已有这种用法,《佛教难字字典》已收,可详参。[①] 道经中"地祇"

---

① 竹林居士编《佛教难字字典》,第221页。

字多写作"祇",《太上元始天尊说宝月光皇后圣母天尊孔雀明王经》卷下:"阳间祀典十庙神祇。"涵芬楼、三家本原作"祗";又卷下:"虚空过往纠察神祇。"涵芬楼、三家本原作"祗"。又卷下:"灵妃玉女等,天神及地祇。"涵芬楼、三家本原作"祗"。例多不备举。这三处《中华道藏》皆录作"祇",是。《中华道藏》对于"明显讹误"有径改不出校记之例,这三处可能是当作"明显讹误"而非俗字处理的。

9. 酆都夜壑,忽吹光辉,照出幽魂,乘饴香糜。(卷中,《中华道藏》30/606)

按:"壑",涵芬楼、三家本原作"壑","夜壑"不辞。该字乃"壑"之俗字。《广碑别字》《明清小说俗字典》已收,① 可参。《太上救苦天尊说消愆灭罪经》、《灵宝领教济度金书》卷六十九和卷九十六、《上清灵宝大法》卷四十三均作"酆都夜壑"。"夜壑"喻坟墓,道经常见,此不赘。

10. 此经难言,说不尽述。此经在處,常有五方五帝,部领兵马各百万人守护。此经能与弟子之處,四向八方,上下中央,剪除不祥。魔禳木怪,普获消禳。(卷中,《中华道藏》30/605)

有诵此经處,斯人寿命延。百神来护卫,万病悉皆痊。(卷中,《中华道藏》30/606)

按:这三个"處",涵芬楼、三家本原作"處、處、處",《中华道藏》照录。该字显然乃"處"之俗字,《广韵·御韵》:"處,同處。"按照《中华道藏》体例,录成规范繁体字可也。《玄天上帝百字圣号》:"西北方头去路處,有人对面说踪由。"又:"要知踪迹归何處,只在山前及树林。"这两例《中华道藏》均录作规范字"處",是。

11. 掌维追义大龙王,变光浪权大龙王,变屡溢滩大龙王,幽微毕雷大龙

---

① 秦公、刘大新:《广碑别字》,第80页。曾良、陈敏:《明清小说俗字典》,广陵书社,2018,第106页。

王。(卷下,《中华道藏》30/610)

按:"義",涵芬楼、三家本原作"义"。《中华道藏》还原为繁体字,不妥。"义"在正字系统中是"義"之简体,但在俗字系统中常作为"叉"之俗写,《太上元始天尊说宝月光皇后圣母天尊孔雀明王经》中"罗叉""夜叉"字多写作"义",如卷中:"青玄度人罗义女,冥府开途罗义女,追魂奋命罗义女,过阴取魂罗义女。"卷上:"夜义护国广福天王。"例多不备举。在不清楚"义"是哪个词的书写符号时,应尽量保持影印原貌,不妄改,录作"义"可也。

上揭文句说的是各种龙王,"义"很可能是"叉"的俗字。《红楼梦》第五回:"只听迷津内响如雷声,有许多夜叉海鬼,将宝玉拖将下去。"《中国民间故事选·孟姜女的故事》:"四海龙王就真着了急,天天水晶宫摇摇晃晃,满宫廷乱响,赶紧派了巡海夜叉去探听。"可资比参。

12. 普天星斗河汉群真,三官三省四圣上帝,五老五师诸派师真,前傅后教历代宗师,南北东西中五斗星君。(卷下,《中华道藏》30/612)

孔雀明王之主宰,诤泓法界之高真,前傳后教之祖师,谈经演法之天人。(卷下,《中华道藏》30/615)

按:上揭二例中之二"傅"字,涵芬楼、三家本分别作"傅""傳",就字形而言,该二字既是"傳"之俗字,又是"傅"之俗字,《明清小说俗字典》已收,可详参。① 在此二句中,当作"傳"字,《中华道藏》识别有误。道经中"前傳"类表述常见,如《道法会元》卷八十二:"太和黄先生,前傳后度诸大师真。"又卷二百二十:"前傳后度历代师真,雷霆诸司帅将。"《太上玄灵北斗本命延生真经注》卷四:"六愿臣等前傳师友,同学门人,魂神无被击之牵,气数有飞升之步。"道经中有傳师,《道法会元》卷一百八十一:"此二使者,傳师心事之神,吉凶则问其神。"又卷二百六十五:"余外之令,只有九泉号令一符者其伪节也,乃傳师秘其真耳。"《伊川击壤集》卷六有《和孙傳师秘教见赠》篇。例多不备举。

---

① 曾良、陈敏:《明清小说俗字典》,第306页。

13. 稽首大光明王尊，消灾保安宁。殄妖灭恠，驱除邪鬼，和平冢讼。（卷下，《中华道藏》30/614）

按："恠"，涵芬楼、三家本原作"恠"，《中华道藏》照录，该字乃"怪"之俗体，《玉篇·心部》："恠，同怪，俗。"录成规范字可也。

二　讹误失校

讹文是古籍普遍存在的现象，明版《正统道藏》和《万历续道藏》在流传过程中本身就存在许多字形讹误现象，后来出版的《道藏》（如涵芬楼本、三家本）多为二书的影印本，因此讹误沿袭至今。《中华道藏》纠正了三家本《道藏》中许多显而易见的讹误，或出校记，或径改不出校，但许多不甚明显需做考辨的讹误仍因其旧。讹文是古籍阅读的一大障碍，严重影响了道经的准确使用。

14. 纯全梵炁，先天地以素存。化现妙身，历后妃而示应。具一气胚胎之妙，寓帝身生化之珠。（卷上，《中华道藏》30/593）

按："具一气胚胎之妙，寓帝身生化之珠"，《高上玉皇本行经集注》卷一异文作"具一炁胚胎之始，寓帝身生化之殊"。"妙""殊"对文，"殊"字义长。然道经中有天尊入黍米玄珠语，《高上玉皇本行经集注》卷一："入黍米珠，尽括真玄之精粹；在香林苑，屡谈秘要之筌蹄。"未敢臆必，或两存可也，但当出校记。

15. 功圆道备，放妙相卓冠于诸天。心广体胖，故慈光遍烛于三界。（卷上，《中华道藏》30/593）

按："放"，涵芬楼、三家本原作"放"。《中华道藏》未出校。"放妙相卓冠于诸天"句义费解，"放"当为"故"之形误。从异文看，其他道经均作"故"，可为明证。《高上玉皇本行经集注》卷一："功成道备，故妙相卓冠于诸天。"明周玄贞注："普度功成，至真道备，故妙好光相，卓然冠出于三千大界一切诸天。"《太上无极总真文昌大洞仙经》卷二："功成道备，故妙道卓冠于诸天；心广体胖，故慈光遍烛于三界。"可资比证。

16. 檢定图录大天王，制召上仙大天王，太白檢肺大天王，奎娄守魂大天王。（卷上，《中华道藏》30/599）

按：第二个"檢"字，涵芬楼、三家本原作"检"。《中华道藏》未出校。该字当为"辅"字，涉上字"檢"而讹。《太上元始天尊说宝月光皇后圣母天尊孔雀明王经》卷上另有"荧惑辅心大天王""镇星辅脾大天王""岁星辅肝大天王""太白辅肺大天王""北辰辅肾大天王"。心、肝、脾、肺、肾乃五脏也，五星辅之。

17. 北方玄天大天王，五炁徘徊大天王，中有黑帝大天王，双皇大微大天王。（卷上，《中华道藏》30/599）

按："大微"之"大"，涵芬楼、三家本原作"大"。"大"当为"太"之误，"太微"乃北天三垣之一，《道藏》中"大微"多为"太微"之讹。

18. 太皇翁重大天王，无思江由大天王，上揲阮乐大天王，无极旵擔大天王。（卷中，《中华道藏》30/603）

按："擔"，涵芬楼、三家本原作"擔"。"擔"当为"誓"之形误。"誓"之俗字或作"擔"，草书作"𢷖""𢵧"，与"擔"极为相似。道经无"旵擔天"，皆作"旵誓天"。如《太上一乘海空智藏经》："上揲阮乐天帝王子，无极旵誓天帝王子。"《元始无量度人上品妙经四注》："上揲阮乐天，帝勃勃监。无极旵誓天，帝飘弩穹隆。"《清微斋法》卷上："上揲阮乐天帝度，无极旵誓天帝度。"《洞玄灵宝无量度人经诀音义》："上揲阮乐天，无极旵誓天。"《灵宝无量度人上经大法》："上揲阮乐天苍炁，无极旵誓天黑炁。"《云笈七签》卷二十一："二十三曰上揲阮乐天，二十四曰无极旵誓天。"例多不备举。

19. 惟愿天尊演留十地王官、宫分姓名，广以示之。（卷中，《中华道藏》30/604）

按："官"，涵芬楼、三家本原作"宮"。"官"当为"宫"之形误。下文有"启请地府一宫，太素妙广广真君。启请地府二宫，阴德定休休真君。启请地府三宫，洞明普静静真君。……启请地府九宫，飞魔演庆庆真君。启请地府十宫，五化威灵灵真君"。"地府一宫"直至"地府十宫"即所谓之"十地王宫"。"太素妙广广真君"直至"五化威灵灵真君"即所谓之"宫分姓名"。"宫分"即各宫也，详见拙著《道经字词考释》。① 道经中"官""宫"二字相讹之例甚多，此不赘述。

20. 酆都夜壑，忽吹光辉，照出幽魂，乘饴香糜。（卷中，《中华道藏》30/606）

按："忽吹光辉"不辞，"吹"当是"以"之讹。该句之异文均作"以"，是。以，用也。

"乘"，涵芬楼、三家本原作"乘"，"乘饴"不辞，该字乃"来"之讹。"乘"俗字或作"秉"（见《隶辨》），与"来"形似。该句之异文均作"来"，可为明证。饴谓有滋有味地吃，唐杜牧《杜秋娘》："归来煮豹胎，餍饫不能饴。"宋王观国《学林》卷八："杜牧诗曰'餍饫不能饴'者，既餍饫矣，不能复甘食之也。"

上揭文句异文歧出，今一并校出。《太上救苦天尊说消愆灭罪经》："酆都夜壑，忽以光辉。照出幽魂，来饴香糜。"《灵宝领教济度金书》卷六十九、卷九十六："酆都夜壑，忽以光辉。照烛幽魂，来饴香糜。"《上清灵宝大法》卷四十三："酆都夜壑，忽以光辉。昭彻幽暗，来饴香糜。"《灵宝无量度人上经大法》卷七十"酆都夜壑，忽以光辉。照烛幽魂，来沾香糜。"《灵宝玉鉴》卷三十六："酆都夜壑，忽以光辉。照烛幽魂，来沾香糜。""沾"不辞，皆为"饴"之讹。

三 正字误录

《中华道藏》在校录过程中出现了一些显而易见的错误，即原影印本为甲字，却录成了乙字，导致新的讹误产生。这种"正字误录"现象虽然是低级错误，但也影响了道经的准确使用。出现这种情况的原因大致有三：一校者不明字际关系而误录，

---

① 牛尚鹏：《道经字词考释》，中国社会科学出版社，2017，第66页。

二校者不审而误录，三排印误植。

21. 持帝鍾之初叩，音彻十方。闻宝号以纔宣，声通九地。（卷上，《中华道藏》30/592）

按："鍾"，涵芬楼、三家本原作"鐘"。"鍾""鐘"二字有别，《说文·金部》："鐘：乐鐘也。""鍾：酒器也。"虽然二字古可通用，后简化汉字归并为一个"钟"字，但在古籍中区别明显，"鐘"表乐器，"鍾"表酒壶、酒盅。整理古籍宜保留古籍用字原貌，不宜妄改。《中华道藏》忽略二字的字际关系而误录。

22. 大悲大愿，大圣大慈。分躬應化，玉皇天尊。（卷上，《中华道藏》30/594）

按："躬"，涵芬楼、三家本原作"身"。《中华道藏》误录，或系误植所致。

23. 修真学道，功成于四十二年。拯济世人，泽被于千万亿劫。（卷上，《中华道藏》30/595）

按："被"，涵芬楼、三家本原作"波"。

24. 通径百千大天王，上帝赤文大天王，风火无闻大天王，金轮炽盛大天王。（卷上，《中华道藏》30/598）

按："闻"，涵芬楼、三家本原作"间"。

25. 摄炁监真大天王，总领群仙大天王，曲录玄图大天王，宿简王文大天王。（卷上，《中华道藏》30/598）

按："曲"，涵芬楼、三家本原作"典"。

26. 北辰辅贤大天王，斗牛卫扉大天王，女虚危室大天王，豁落四开大天王。（卷上，《中华道藏》30/599）

按："贤"，涵芬楼、三家本原作"肾"。

27. 追魂奋命罗叉女，过阴取魂罗叉女。（卷中，《中华道藏》30/604）

按："奋"，涵芬楼、三家本原作"夺"。

28. 于是，天尊普为众生、受苦罪人，尽皆拔度，俱得超昇。（卷中，《中华道藏》30/606）

按："昇"，涵芬楼、三家本原作"升"。"昇""升"可通，简化汉字归并为"升"，但二字并非简单的繁简对应关系，不可繁化为"昇"。《中华道藏》忽略二字字迹关系而误改。

29. 万劫难逢，仙缘可崇。开癖幽趣，全假真风。（卷中，《中华道藏》30/606）

按："癖"，涵芬楼、三家本原作"闢"。

30. 定傍野生大龙王，拯中昆消大龙王。（卷下，《中华道藏》30/610）

按："拯"，涵芬楼、三家本原作"极"。

31. 枝蓬溪蓬大龙王。舩直嚚都大龙王。（卷下，《中华道藏》30/610）

按："嚚"，涵芬楼、三家本原作"嚚"。

32. 稽首大光明王尊，消灾保安宁。起死回生，扶衰畢厄。（卷下，《中华道

藏》30/614）

按："畢"，涵芬楼、三家本原作"旱"。《中华道藏》误录。"旱"，通"捍"，卫也。

四 句读失误

句读问题是大型点校本古籍存在的通病，《中华道藏》也出现了个别句读失误现象，导致句读失误的原因有多种，简而言之，或割裂词语而误断，或不察词义而误断，或不察上下文义而误断，或不当断而断，或当断而不断等。

33. 光严国内，妙乐土中。圣母凝神，梦于虚无。道君授玉质于恍惚，慈爱和逊。弗贪万乘之尊荣。忍辱仁柔，不惮亿劫之修累。（卷上，《中华道藏》30/594）

按："圣母凝神，梦于虚无"句义费解，该句断句有误，当断作"圣母凝神梦于虚无"，与后句"道君授玉质于恍惚"对仗。《高上玉皇本行经集注》卷一亦有该句，《中华道藏》断作"圣母凝神梦于虚无，道君授玉质于恍惚"，是。"神梦"为一词，上例明周玄贞注："圣母梦道君抱婴儿付己，遂生玉帝。是凝会神异之梦于虚无中。梦本幻中之幻，故云虚无。然祥异特着，故云神梦。"可为明证。

34. 法箓全能，受盟咸品。而结璘诀，正邪两辨。夺福庭治，而化咸泉。（卷上，《中华道藏》30/595）

按：该句句义难解，断句失误。当断句作"法箓全能，受盟咸品而结璘诀；正邪两辨，夺福庭治而化咸泉。"《太上无极总真文昌大洞仙经》卷二、《诸师真诰》正作此断句。

35. 宝盖会中，玉光境内。奉上帝之敕命，作三界之慈航。斡运四时，主张造化。覆护受持，是此经者。满足所欲，如是愿心。（卷上，《中华道藏》30/

595）

按："覆护受持，是此经者"不当断开。"覆护受持是此经者"谓保护受持此经书之人。该句道经常见，如《高上玉皇本行集经》卷下：

我敕东方东华帝君青骑神仙兵马，无鞅数众，悉令下降，覆护受持是此经者。
我敕东南扶桑大帝与其部众神仙兵马，无鞅数众，悉令下降，覆护受持是此经者。
我敕南方朱陵大帝赤骑、神仙兵马，无鞅数众，悉令下降，覆护受持是此经者。
我敕西南太华元老与其部众神仙兵马，无鞅数众，悉令下降，覆护受持是此经者。
我敕西方诰灵皇老白骑神仙兵马，无鞅数众，悉令下降，覆护受持是此经者。

此处断句之关键在于对"是此"意义之把握。"是此"，此也，同义连文。"受持是此经者"即"受持此经者"，故"受持是此经者"又作"受持此经者"，《太上洞渊神咒经》卷五："自今以去，若有男女受持此经者，十方大兵守经，力士八亿万人当护经师，受经之人终不横死，恶鬼不敢近也。"《洞玄灵宝上师说救护身命经》："至心受持此经者，则得仙道，善神营护。"《太上灵宝升玄内教经中和品述义疏》："若有善男子、善女人能发自然道意，受持此经者，无愿不会，无福不合。"

36. 虚皇大道君，三教祖，四生父，天人耶易，传师无上尊，出教度群迷。无边化，鬼神钦，龙虎伏，万德周法界，遍满十方土。（卷上，《中华道藏》30/602）

按："天人耶易，传师无上尊"句义费解，该句当断作"天人耶，易传师，无上尊"，涵芬楼、三家本在影印本上有断句，其断句正如此，可参。

37. 时有孔雀明王，驾孔雀部，领天王、罗叉、玉女、魔耶、龙王等众前来，参远道前。（卷下，《中华道藏》30/610）

按："部"字当下属，"部领"为一词，谓率领也。该词道经常见，《太上元始天尊说宝月光皇后圣母天尊孔雀明王经》卷中："此经在处，常有五方五帝，部领兵马各百万人守护。"《太上元阳上帝元始天尊说火车王灵官真经》："龙兴西河，功满位立，登天神于水中，部领副将出现河中。"又："将灵官闻召，同师部领三千银牙将，百万夜叉兵，随即朝天尊。"例多不备举。

五　其他失误

除了以上四种错误之外，《中华道藏》还存在夺文、衍文、错简、录文不合拟定体例等问题。当然有些问题是明《道藏》、三家本旧有的，《中华道藏》只能算是失校。

38. 瑞气烜先天之祖母，慈光示释教之宗师。驾孔雀之灵现，乘鸾凤之显应。演真经皈告于天王，谈道昔从于上帝。（卷上，《中华道藏》30/593）

按："演真经皈告于天王，谈道昔从于上帝"为对偶文句，"谈道昔从于上帝"句"道"前当有夺文。涵芬楼、三家本已夺，《中华道藏》失校。今谓或夺"妙"字，《云阜山申仙翁传》："时有湖南邵陵申道人在朝，明皇以仙翁称之，诏入禁城，演谈妙道。"《太上中道妙法莲华经》卷七："今诸修仙学道群仙，但得逍遥，为荡除其五欲，居山居廓，共谈妙道五千之文。"可资参证。

39. 定而能应，去来自在以无拘。合而可分，变化圆通而莫测。演净解脱之道，济沉迷幽苦之徒。（卷上，《中华道藏》30/594）

按："演净解脱之道，济沉迷幽苦之徒"为对偶文句，"演净解脱之道"当有夺文，涵芬楼、三家本已夺，《中华道藏》失校。今谓夺"清"字，《高上玉皇本行经集注》卷一正作"演清净解脱之道"，可为明证。又卷二："七宝玄苑大光明殿光明

· 145 ·

座上,普为十方演说清净解脱之道。"《高上玉皇满愿宝忏》卷一:"臣等志心归命礼,愿演说清静解脱之道。"《高上玉皇本行经髓》:"尔时,玉帝即以所分其身,遍于是处,普为十方演说清净解脱之道。"《高上玉皇本行集经》:"直诣天尊真一不二法门,高证清净解脱之道。"例多不备举。

40. 至孝至仁,功存乎儒道释教。不骄不乐,职乎尽乎天地水官。(卷上,《中华道藏》30/595)

按:"职乎尽乎天地水官"第一个"乎"字涉后"乎"衍,涵芬楼、三家本已衍,《中华道藏》失校。《太上无极总真文昌大洞仙经》卷二、《玄真灵应宝签》卷上、《诸师真诰》均作"职尽乎天地水官",可为明证。

41. 蓬莱福地大龙王,玉京宝山大龙王,峨嵋山福地大龙王,扬子江水帝大龙王。(卷下,《中华道藏》30/611)

按:"峨嵋",涵芬楼、三家本原作"俄倄";"扬",涵芬楼、三家本原作"羊"。根据《中华道藏》"通假字不改成正字"的体例,录作"俄倄""羊"即可。

42. 碧云唤神霄,虚梵豁落语。层云元始尊,九龙驾皇人。(卷下,《中华道藏》30/612)

按:"碧云""层云"位置相近,《中华道藏》误录互易,当乙正。涵芬楼、三家本原作"层云唤神霄""碧云元始尊"。

43. 稽首大光明王尊,消灾保安宁。殄妖灭怪,驱除邪鬼,和平冢讼。(卷下,《中华道藏》30/614)

按:"冢",涵芬楼、三家本原作"塚",即"塚"字,该字乃"塚"之俗字。《类篇·土部》:"塚,展勇切,高坟也。""塚"乃"冢"之后起俗字,按照《中华道藏》体例,无须改成"冢"。

44. 芍药共荼蘼，万朵金莲开烂熳。（卷下，《中华道藏》30/614）

按："蘼"，涵芬楼、三家本原作"蘪"。"蘪"乃"蘼"之类化俗字，无须改成"蘼"。

以上我们以一部道经为例，对《中华道藏》若干录校失误进行了辨析。我们希望自己的研究工作能对该经的准确整理提供参考，并为《中华道藏》的修订提供参考性的建议。同时，本文的研究表明，点校道经，不仅需要一定的道学修养，语言学特别是文字学的知识也是必不可少的。点校者须着眼于多方，才能整理出理想的文献文本。

基于叙事学的灵宝经时间问题初探

王皓月

内容摘要：佛经叙事在时间方面有很多不同于传统中国神话传说的特点，如劫、三世、轮回等超出了之前中国传统文化的时间概念范畴，形成了具有宏大时间背景的宇宙观。从东晋中后期开始，佛经的叙事手法也影响了以灵宝经为首的道教经典，从而使道教经典在叙事时间方面变得复杂多样。我们通过对灵宝经中的时序、时间概念和频率等问题进行探讨，可以揭示各灵宝经在叙事时间方面的特点，借助叙事学的视角，让我们对灵宝经产生更为深入的认识。

关键词：灵宝经　道教　叙事学　时间

作者简介：王皓月，中国社会科学院世界宗教研究所副编审。

佛经从印度传入中国，其中所载的故事对于中国人是非常具有吸引力的。正如梁启超所说，中国佛教在鸠摩罗什之后被大乘派所占据，除了教理因素之外，大乘经典的文学因素也不容忽视，佛教的《大乘庄严论》是如同《儒林外史》的小说。① 而佛经叙事在时间方面有很多不同于传统中国神话传说的特点，如劫、三世、轮回等超出了之前中国传统文化的时间概念范畴，形成了具有宏大时间背景的宇宙观。从东晋中后期开始，佛经的叙事手法也影响了以灵宝经为首的道教经典，从而使道教经典在叙事时间方面变得复杂多样。

灵宝经作为具有叙事性的文本，同样涉及叙事学中有关时间的问题。灵宝经中的诸如元始天尊传教的叙事在神话时间之中展开，这是灵宝经的内在时间，或者说故事时间。同时，卷帙浩繁的灵宝经对于被传授经典的人来说，存在一个授经的过程，需要阅读和思考的时间，直到一部经典的最后才能从整体上对经典进行理解，而这正是

---

① 梁启超：《翻译文学与佛典》，《饮冰室佛学论集》，江苏广陵古籍刻印社，1990，第180页。

灵宝经的外部时间，或者说文本时间。从这个角度来说，灵宝经更接近于小说，而非绘画等能迅速把握整体的艺术存在。外部时间的存在，对叙事是一种束缚，但同时也让叙述者拥有了借助时间的力量灵活掌控叙事，并达到叙事效果的可能。小说正是利用读者无法一下了解全部内容的特点，逐步地展开情节、设置悬念，通过时间设定的变化来调整故事的进度，而灵宝经也借神格之间问答的形式，不断解开问者的疑惑。

灵宝经之中存在的内部时间，是一种情节时间，根据叙事情节，时间不断跳跃、停顿、交错，叙事中的时间可以倒退，也可以突然摆脱时间，开始插入天书元始旧经的内容。叙事的内部时间，也并非真实存在的历史时间，而是一种虚构。这种虚构有时依托于真实的时间背景，有时则是神话时间，尤其是灵宝经这种宗教叙事，超越了日常的时间概念，在龙汉、赤明等五劫之中展开，人物和情节也穿越五劫相联系，给读者以非日常的时间体验。以下，将围绕灵宝经中的时序、时间概念和频率等问题进行探讨，揭示各灵宝经在叙事时间方面的特点，通过叙事学的视角，让我们对灵宝经产生更为深入的认识。

一 灵宝经中的时序

在小说等叙事文研究之中，时序是讨论时间问题的一个重要方面。文本叙述时间与所叙述故事的时间不可以完全一致或平行，这就是热奈特所谓的时间倒错现象。热奈特将"时间倒错"解释成故事时序和叙事时序之间各种不协调的形式。他在说明"时间倒错"时引用了荷马史诗《伊利亚特》开篇的如下内容为例。

> 女神啊，请歌唱佩琉斯之子阿基琉斯的致命愤怒，那一怒给阿开奥斯人带来无数的苦难，把战士的许多健壮英魂送往冥府，使他们的尸体成为野狗和各种飞禽的肉食，从阿特柔斯之子、人民的国王同神样的阿基琉斯最初在争吵中分离时开始吧，就这样实现了宙斯的意愿。
>
> 是哪位天神使他们两人争吵起来？是勒托和宙斯的儿子，他对国王生气，使军中发生凶恶的瘟疫，将士死亡，只因为阿伽门农侮辱了他的祭司克律赛斯。①

---

① 〔古希腊〕荷马：《伊利亚特》，《罗念生全集》第五卷，罗念生译，上海人民出版社，2016，第5页。

热奈特分析认为,在这段诗中第一个叙述对象是"阿基琉斯的致命愤怒",第二个是"阿开奥斯人的苦难",第三个是"阿基琉斯与阿特柔斯之子(阿伽门农)的争吵",第四个是"瘟疫",第五个是"克律塞斯受到侮辱"。若用 A、B、C、D、E 指代它们出现在叙述中的先后,用 1、2、3、4、5 指代它们在故事中发生时间的顺序,就导出一个接续关系的公式概括二者:A4 – B5 – C3 – D2 – E1。这个公式近似于"反向规则运动",就是说首先叙述的事是最后发生的,而最后写的是事是最先发生的。①

佛经在叙事时序上,频繁采用了倒叙、插叙、预叙的手法,② 这影响了灵宝经的叙事手法,但灵宝经与之又有所不同。预叙是对之后故事的发展和结果进行的提前预言,佛经常见的预述主要包括受记和占卜。所谓受记是佛经故事中对未来事的记说,主要是对未来成佛的预言。占卜是古代印度重要的道术之一,占卜情节在佛经故事中较为普遍,最主要的占卜情节为太子降生后的一次占卜,仙人预言太子如果出家修行能成就无上正道。③ 道教灵宝经也经常采用倒叙和插叙,但预叙是佛经叙事的一个突出特点,而灵宝经则几乎没有采取预叙的情况。因此,本文不讨论灵宝经的预叙问题。

还有非时序的情况,所谓非时序是指"故事时间处于中断或凝固状态,叙述表现为一种非线型运动。在这类作品中,不存在完整的故事线索,共时叙述代替了历时叙述"④。灵宝经中有一些以"道曰"等方式构成的语录体经典,可以认为这部分灵宝经也有非时序的特征。以下对此不做深入讨论。

因为灵宝经中神话的时间跨度比较大,而且经常涉及人物前世因缘和经典流传内容,所以既有顺时叙述的情况,也经常插入倒叙,也就是逆时序的情况。以下,将着重就这两方面进行举例分析。

(一)顺时序

灵宝经之中,一些成书较早的经典尚未受到佛经的影响,其结构为序经仪结构,即经典正文的序、经典正文本身和传经的授度仪,其中序的部分为叙事,而此类故事

---

① 〔法〕热拉尔·热奈特:《叙事话语 新叙事话语》,王文融译,中国社会科学出版社,1990,第 14~15 页。
② 何秋瑛:《东汉三国汉译佛经叙事研究》,西南大学硕士学位论文,2006。
③ 王红:《汉译佛经叙事研究》,西北大学博士学位论文,2012,第 30~31 页。
④ 胡亚敏:《叙事学》,华中师范大学出版社,2004,第 64 页。

的叙述手法相对简单，也基本为顺时序，其文本时间顺序与故事的发展顺序是一致的。

典型的例子为《太上灵宝五符序》，这是公认成书时间最早的一部灵宝经，其中卷上开篇就论述了《灵宝五符》的产生和流传经过。该序文从玄古淳和、阴阳无纶之时开始说起，先描述宇宙的初始状态，然后记载黄帝、蚩尤之战，基本以黄帝及其后人帝喾的传说为基础，加上了九天真王、三天真皇向帝喾降授灵宝经符的新传说，然后说大禹治水之时，偶然得到灵宝经符，也将其藏于山中，待大劫至时传给世人。再之后吴王阖闾得到此灵宝天书，派人向鲁国孔丘请教经文之旨。从这个序来看，其讲述的故事顺序和故事本身的历史时间顺序是一致的，让读者可以清晰地看懂灵宝五符是如何产生并流传至今的。尤其是将神话部分与黄帝、大禹、阖闾、孔子等历史人物相结合，让他们按照时间先后依次登场，增强了读者对其叙事真实性的信任。可见，从灵宝经一开始还是采用顺时序叙事的，尚未采用倒叙等手法。

还有一些采用了三分结构的东晋末之后编纂的灵宝经，其主要叙事内容还是元始天尊等神格向太上道君等传授灵宝经典的经过。如《太上洞玄灵宝长夜之府九幽玉匮明真科》，其中记载了两个元始天尊传授经典的故事，这两个故事之间并不能看出时间上的先后顺序，但都是以顺时序记载的。第一个是元始天尊在香林园中，上智童子请求传授明真科律，为来生人世作善因缘，令度脱三涂，上升天堂，天尊于是召十方飞天神人出明真科律以度童子。经后半部为《九幽玉匮罪福缘对拔度上品》，这是太上道君向天尊请教让受苦之人从九幽之中解脱的方法，天尊命飞天神人说此《罪福缘对拔度上品》。这两个故事都比较精炼，没有使用倒叙的手法，序分之后直接插入了所传授的内容。

还有，《洞玄灵宝二十四生图经》开篇有两个序分，都是记载经典传授经过的叙事：一个是元始天尊在南浮洞阳上馆柏陵舍向太上道君传授三部八景二十四图的经过；另一个是上皇元年九月二日，后圣李君向元始天王请教二十四图教旨的经过。虽然第一个叙事没有如第二个叙事一样记载具体日期，但两个序分都是顺时序记载，而且元始天尊向太上道君传授二十四图应该在后圣李君向元始天王请教教旨之前，两个序分在时间上也应该是顺时的。当然，有一种可能是原本这部经典只有后圣李君向元始天王请教二十四图教旨的序，后来为了跟其他元始系灵宝经所见元始天尊向太上道君授经的传授模式相统一，后添加了元始天尊向太上道君授经的内容。但不论如何，这两个序之间形成了顺时。

《太上洞玄灵宝诸天内音自然玉字》之中，不同的传授之间应存在时间的先后。卷四最后记载了天书《内音玉字》的传授经过，先是记载了元始天尊向天真皇人传授，然后又记载：

> 西王母以上皇元年七月丙午，于南浮洞室下教，以授清虚真人王君，传于禹，封于南浮洞室石磧之中。大劫交运，当出于世，以度得道之人。①

其中可见西王母在上皇元年传经给清虚真人，然后传给大禹，将经封于洞室，等待大劫经典出世度人的过程。这让我们对元始系灵宝经如何出世有了认识，这基本上是将远古神话跟历史人物联系起来，从时间上顺序讲述了灵宝经的传经和出世的过程。

事实上，这种顺时序的特征，在基督教《圣经》之中非常普遍。如福音书之中，叙述的顺序和故事的发展顺序基本是一致的，就是按照耶稣的一生经历来写的，依次包括了出生、少年、成年、死去、复活和最后升天的过程。② 之所以采取顺时的手法，一方面是比较符合读者一般的理解习惯，另一方面也彰显了经文内容作为一种历史的严谨性和可信性，这在《太上灵宝五符序》和基督教《圣经》之中尤为明显。

（二）逆时序

在灵宝经的叙事之中，顺时序是基本，逆时序的情况也不少见。这里所谓的逆时序，也是我们通常所说的叙述中的倒叙。灵宝经中的叙事，基本母题是高位神格向低位神格传授天上的灵宝经典。比如，元始系灵宝经最基本的故事类型是元始天尊向太上道君传授经典，如果以传授经典之时为"此时"，那么在谈话之中经常会出现发生在"此时"之前的事件，或者说元始天尊讲了发生于过去的故事。

在灵宝经的时间体系之中，有龙汉、延康、赤明、开皇、上皇这五劫，龙汉为初劫是无争议的，而元始天尊向太上道君传授经典主要发生在更晚的上皇之劫，在传授之时讲述发生于龙汉、赤明等之前更早劫的事情，这属于逆时序的情况。

这种逆时序的存在，一般是通过神格讲述过去的因缘和经典流传经过而体现的。灵宝经具有镶嵌结构，故事中的人物会讲故事，这样就形成了不同的叙述层，也可以

---

① 《道藏》第 2 册，文物出版社、上海书店、天津古籍出版社，1988，第 563 页。
② 梁工：《略论圣经叙事的时间顺序》，《河南科技大学学报》（社会科学版）2005 年第 4 期。

理解为大故事套小故事。不仅从叙事角度，从整个经典构成的角度来说，灵宝经也是存在大经套小经的镶嵌结构，可以说镶嵌结构是灵宝经的基本结构特征之一。传授经典的"此时"是第一叙述层，而故事人物叙述的更早的故事则是第二叙述层。

那么，为何灵宝经会大量存在第二叙述层，并出现逆时序的现象呢？这是因为灵宝经具有五劫的时空观，不仅经典流转于五劫之中，元始天尊等神格也不断转世，因为元始系灵宝经传授的时间节点一般设置为上皇之劫，所以之前的因缘和经过需要通过讲述的方式进行介绍。

可以认为，灵宝经在这方面也是受到了佛经的影响，改变了《太上灵宝五符序》等早期道经以经典序的形式即按照时间顺序叙述的手法，而是直接以传授经典开篇，在传授过程的对话之中对经典更早的流传情况等进行倒叙说明。以下，结合几部典型经典进行分析。

《太上洞玄灵宝智慧罪根上品大戒经》开篇为其序分，记载的是太上道君礼问元始天尊智慧宿命罪根，元始天尊于是授太上道君《智慧罪根上品戒经》。当元始天尊命召十方飞天神人，打开九幽玉匮长夜之函，拿出生死罪录、恶对种根之后，天尊又讲了如下故事。

> 天尊告曰：<u>龙汉</u>之年，我出法度人。其世愚聋，不知法音，唯用纯朴，无有恶心，不识礼义，无有君臣，不识宿命，不知因缘。以法训喻，渐入法门，专心信向，无为罪根，命皆长远，不有夭伤。
>
> 我过去后，天地破坏，无复光明，男女灰灭，沦于<u>延康</u>，幽幽冥冥亿劫之中。
>
> 至<u>赤明</u>开光，天地复位，我又出世，号无名之君，出法教化，度诸天人。其世男女，行有精粗，不等一心，有信向者，皆得长年，有生嫉害，恶逆不忠，皆夭寿命，便有罪福因缘之根。
>
> 我过去后，一劫交周，天地又坏，复无光明，幽幽冥冥，五劫之中。至<u>开皇</u>元年，灵宝真文开通三象，天地复正，五文焕明，我于始青天中，号元始天尊，流演法教，化度诸天。始开之际，人民纯朴，结绳而行，混沌用心，合于自然，皆得长寿三万六千年。
>
> 至<u>上皇</u>元年，心渐颓坏，恐至凋落，正法不全。故国国周行，宣授天文，咸令入法，成就诸心。半劫之中，命渐凋落，寿得一万八千余年。……

今当相告治身之戒，功德报应，罪恶之对，生死命根。便可谛受，慎行勿忘，广宣开度，普示天人，咸令男女，归身法门，持戒修斋，远诸恶源，使生死欢泰，得道自然。道君欢喜，伏听戒言。①

该段概括而言说了以下内容。龙汉之劫，元始天尊号称无形常存之君，出世教化一切。之后，进入宇宙秩序崩溃的延康之劫。再到赤明之劫，宇宙的秩序恢复，元始天尊号称无名之君，再次出世教化一切。之后，宇宙的秩序再次崩溃。当进入开皇之劫的时候，宇宙秩序恢复，元始天尊号称元始天尊，再次开始宣教。开皇半劫之后，到了上皇元年，元始天尊对人们的堕落感到忧虑，所以周游各国度人，对太上道君进行了说教。从宣教的时间点追述到龙汉、延康、赤明、开皇、上皇再到今，其倒叙的特征非常典型。

《太上洞玄灵宝诸天灵书度命妙经》则记载了元始天尊和高上大圣玉帝撰十部妙经，其过程所遗留的神迹令五方国土世界多有不死极乐之人。整个内容就是通过元始天尊与五方世界国土的神格问答，回忆神迹的形成经过。如元始天尊到南方赤明国土，赤帝三气天君请问当地有火池，人进火池炼形能不老，这火池究竟为何存在？元始天尊回答说，当年（龙汉）创灵宝真文之时，文字未明，在此国用火炼真文，于是形成了该火池。整部经典，都是多次借助问答，采用这种倒叙的手法形成。

《太上洞玄灵宝智慧定志通微经》之中，记载了元始天尊向左玄真人、右玄真人自述曾名乐净信的故事，这也是元始天尊在倒叙自己的前世经历。相传，乐净信家为巨富，怀有感谢道之心，于是通过供养道士的方式做功德。后来，乐净信夫妇寿终，让其子法解继续供养道士。但是，由于法解供养道士不吝钱财，终于花光了家财。一次，道士要为他做斋，他苦于家中已拿不出钱买斋具，于是和妻子商量卖掉两个儿子中的一个。当他拿着卖儿的钱买好斋具，并给道士很多酬劳之时，知道他家已不富裕的道士非常惊讶，询问其由来，法解不敢隐瞒，于是坦白了自己是卖儿奉道。道士当时不语，等做完斋法解回到家后，发现家中居然堆满了从天而降的财宝。元始天尊讲完此故事之后，向左玄真人、右玄真人点明，法解就是现在的左玄真人，法解的妻子就是右玄真人。整个故事，是为了说明"一切善恶，皆有因缘"。这个故事的影响力非常大，以致世人相传元始天尊本名乐净信。如《隋书》卷三十五《经籍志》载：

---

① 《道藏》第6册，第886页。

"自云天尊姓乐名静信,例皆浅俗,故世甚疑之。"① 其中认为元始天尊为乐净信之说非常可疑,并不能令人信服。

《太上洞玄灵宝元始无量度人妙经》的结构为语录结构,以"道言"构成,可以认为是太上道君在宣教,但是开篇没有三分结构经典所具有的序分,并没有交代宣教的时间、地点、对象、机缘,所以经文整体是否构成叙事还比较模糊,但是如果从其属于镶嵌结构经典的角度来看,第二叙述层次之中明显是叙事,且属于倒叙。该经开篇如下。

> 道言:昔于始青天中碧落空歌大浮黎土,受元始度人无量上品。元始天尊,当说是经。周回十过,以召十方。始当诣座,天真大神,上圣高尊,妙行真人,无鞅数众,乘空而来。飞云丹霄,绿舆琼轮,羽盖垂荫,流精玉光,五色郁勃,洞焕太空。七日七夜,诸天日月星宿,璇玑玉衡,一时停轮,神风静默,山海藏云,天无浮翳,四气朗清。一国地土,山川林木,缅平一等,无复高下,土皆作碧玉,无有异色。众真侍座,元始天尊悬坐空浮于五色狮子之上。②

其中的"昔"表明了太上道君在讲述过去元始天尊在碧落空歌大浮黎土向自己传授元始度人无量上品的经过,其细节描写非常详尽。

仙公系灵宝经方面,也经常有倒叙的情况。《太上洞玄灵宝真一劝诫法轮妙经》记载了太极左仙公天台山静斋拔罪,太上玄一三真人降授经典。太上玄一真人先是介绍了《太上真一劝诫法轮妙经》的传授经历,然后这样记载自己修行《真一劝诫法轮妙经》的经历道:

> 太上玄一真人告仙公曰:吾昔受太上无极大道君《真一劝诫法轮妙经》。修行奉师,一日六时烧香,朝礼旋行。皆先朝我师,心存目想,见师如经,我无有师,经则不见。既得见经,师便在前,抱饥忍渴,随师东西,我受师训,切励备经,痛如刀割,克如毒锥,俯仰伏事,恒不敢亏,痛不敢辞,毒不敢言,如此经历四亿万年,真道得成,位登太上玄一真人。今复被师命,为子作三度法师。子

---

① 魏征:《隋书》,中华书局,1973,第1094页。
② 《元始无量度人上品妙经四注》,《道藏》第2册,第189~190页。

能如我不。若能如我者，我当为子说经。①

这里，太上玄一真人讲述自身的修行经历，并非一般介绍因缘的情况，而是现身说法，交代修行经典的注意事项，这与常见的用倒叙强调因缘报应的做法不太一样。

这样的回忆自己修行经历的还有《太上洞玄灵宝智慧本愿大戒上品经》，其中记载：

> 仙公告弟子郑思远曰：吾少游诸名山，履于崄，在禽兽之左右，辛苦备至，忍情遣念，损口惠施，后身成人，怀道安世，恒修慈爱，念道存真，无时敢替也。斋直一年而未竟，其冬至之日，天真昞降，见授大经上仙之道。天真令我大斋长静，按经施诵，次而学之，遂成真人矣。吾昔所受经道，太上所贵也，非中仙之所学矣。历劫以来，常传上仙，仙公仙王仙卿，不但我也。吾先世与子同发此愿，施行善功，勤积不息，致玄都有仙名，今相为师友，是以相授耳。吾去世也，将有乐道慈心居士，来生吾门者，子当以今道业，事事一通付之，法应世世录传也，皆是我前世与彼有宿恩，因缘使然也。子以一通依科传付弟子佳者也。若无其人，一通封付五岳名山矣。此太极真人口诀，子秘之，慎之慎之，时思之。②

葛仙公对弟子郑思远回忆了自己修道、被传授灵宝经典的经历。在这段倒叙之后，又对今后传授经典的方式进行了嘱咐，如果有合适的弟子就传给弟子，如果没有则封于五岳。这段倒叙对于仙公系灵宝经叙事的完整形成具有重要的意义，让我们比较清晰地了解了仙公系灵宝经的由来和传承经过。

总而言之，倒叙手法在灵宝经之中发挥了不可替代的作用，倒叙内容的出现都具有强烈的目的性，理解灵宝经叙事的关键往往在于这些部分，因此值得我们深入分析。

二 灵宝经中的时间概念

相比时序，时间节点、时长等时间概念更为直观。史书在叙述历史事件之时需要

---

① 《道藏》第6册，第172页。
② 《道藏》第6册，第161页。

记载事件发生的时间,甚至编年体的史书就是按照日期先后记载事件的。小说的故事虽然是虚构,但是也存在虚构的历史背景,一般都会写明故事的年代。宗教经典之中,虽然神话和传说占的比重比较大,但是也有具体的时间概念,而在时间概念的使用方面,基督教、佛教和道教之间又有所不同。

基督教的《圣经》之中,表示时间点的概念非常多,如"当挪亚六百岁,二月十七日那一天,大渊的泉源都裂开了,天上的窗户也敞开了"(创7:11);"我生孩子后第三日,这妇人也生了孩子。我们是同住的,除了我们二人之外,房中再没有别人"(列3:18);"从正月十四日晚上,直到二十一日晚上,你们要吃无酵饼"(出12:18)。表示时间长度的如"因为再过七天,我要降雨在地上四十昼夜,把我所造的各种活物,都从地上除灭"(创7:4);"大卫年间有饥荒,一连三年,大卫就求问耶和华。耶和华说,这饥荒是因扫罗和他流人血之家杀死基遍人"(撒21:1);"你要计算七个安息年,就是七七年。这便为你成了七个安息年,共是四十九年"(利25:8)。总体来看,《圣经》中的时间概念不仅数量多,而且非常具体,这些时间概念相互关联、交织,形成故事之间的关系,最终形成基督教庞大的神话叙事体系。

相比而言,佛教在具体时间节点方面并不很具体。佛经一般是序分、正宗分、流通分的三分结构,序分一般都有一信、二闻、三时、四主、五处、六众等六事为证信,而时间便是其中之一。吉藏法师撰《仁王般若经疏》卷上一说:"一时,明闻经时节。"① 佛经开篇一般都有"一时"提示故事发生的时间。又如《佛说观无量寿佛经》写道:"一时,佛在王舍城耆阇崛山中,与大比丘众千二百五十人俱;菩萨三万二千,文殊师利法王子而为上首。尔时王舍大城有一太子,名阿阇世,随顺调达恶友之教,收执父王频婆娑罗,幽闭置于七重室内,制诸群臣,一不得往。"② 其中就以"一时""尔时"来提示时间。可见,虽然"六信"之中包括时,但佛说法的时间一般都是"一时",并没有详细到几月几日的程度。

佛经在时间长度方面,提出了不同于年月日的劫的概念,这个劫有多重意思。《大智度论·往生品第四》曰:"劫簸,秦言分别时节。"③ 劫表现两种时间长度:第一,标识世界成、住、坏、空的数量,即成劫、住劫、坏劫、空劫;第二,标识一般

---

① 《大正新修大藏经》第33册,第316页上。
② 《大正新修大藏经》第12册,第340页下。
③ 《大正新修大藏经》第25册,第339页下。

时间概念，如昼夜、日月之数量。① 《法华经·寿命品》就记载了"此娑婆世界释迦牟尼佛刹一劫，于安乐世界阿弥陀佛刹为一日一夜；安乐世界一劫，于胜服幢世界金刚佛刹为一日一夜"② 等内容，表明了时间的相对性在不同的世界存在增减。

道教灵宝经方面，故事一般都是一时传授经典，涉及的时长很少，只有第二叙述层的故事会涉及不同劫和前世等，另外就是仪式之中对时长的要求比较多，如要求仪式进行多少天、佩戴符多少年、传授经典要多少劫一传等，这些时长本身也被与神圣性相联系，而并非单纯的时间周期。

（一）灵宝经的时间节点

灵宝经的时间节点又主要有两种类型，一种具体，一种模糊。具体的时间会记载事件发生年份的年号、干支、月日，甚至时辰，类似于史书的时间格式。可见如下具体时间节点的用例。

> 三龙之后，庚子之年，杂气普消，吾真道乃行。③（《元始五老赤书玉篇真文天书经》）

> 丘曾心悟，降目见南极所住南壁刻书：太甲岁七月一日，皇度明、阿丘曾同于丹阳柏林舍下发愿。④（《太上洞玄灵宝赤书玉诀妙经》）

> 后至赤明元年，化生神宝君，经二劫至上皇元年，出书时号三皇洞神太清太极宫。⑤（《洞玄灵宝自然九天生神章经》）

> 天真皇人曰：《天书玉字》凝飞玄之气以成灵文，合八会以成音，和五合而成章。大运启期，琳琅自生，神风虚奏，韶响洞鸣，焕乎诸天之上，朗曜太幽之中，与龙汉而俱化，披赤明于延康。⑥（《太上灵宝诸天内音自然玉字》）

> 梵形者，元始天尊也。开龙汉之劫，登赤明之运，号曰元始，上皇开运，号元始丈人，随世化生，故以一神。⑦（《太上灵宝诸天内音自然玉字》）

---

① 王红：《汉译佛经叙事研究》，第29页。
② 《大正新修大藏经》第9册，第589页下。
③ 《道藏》第1册，第776页。
④ 《道藏》第6册，第195页。
⑤ 《道藏》第5册，第843页。
⑥ 《道藏》第2册，第532页。
⑦ 《道藏》第2册，第551页。

  上皇元年九月二日，后圣李君出游西河，历观八门。①（《洞玄灵宝二十四生图经》）

  赤明元年正月上寅一日午时，天光四朗，紫云回天，庆霄八会，灵风扫尘。②（《洞玄灵宝二十四生图经》）

  元始天尊以开皇元年七月一日午时，于西那玉国郁察之山浮罗之岳，长桑林中，授太上道君智慧上品大诫法文。③（《太上洞玄灵宝智慧上品大诫》）

  通过灵宝经中时间节点的用法，我们可以发现一个规律，那就是出现龙汉等具体时间节点的部分绝大多数是第二层叙述，也就是在人物讲述的故事中出现。只有《洞玄灵宝二十四生图经》精确到上皇元年九月二日、赤明元年正月上寅一日午时，《太上洞玄灵宝智慧上品大诫》精确到开皇元年七月一日午时。原本，上皇、赤明等时间都是虚构的神话时间，但是被赋予年号日期甚至时辰之后，这种神话时间被历史时间化，这是灵宝经时间概念不同于佛经时间概念的一个特点。

  元始系灵宝经之中，关于天尊说教的时间一般都是用模糊的时间概念，如时、是时等。如：

  元始天尊时在香林园中与七千二百四十童子俱教化诸法度身威光。于是天尊放五色光明彻照诸天长乐福堂十方无极世界地狱。是时童子，俱在一处。④（《洞玄灵宝长夜之府九幽玉匮明真科》）

  太上道君时于南丹洞阳上馆柏陵舍稽首礼问元始天尊。⑤（《太上洞玄灵宝智慧罪根上品大戒经》）

  尔时灵宝天尊静处玄都元阳七宝紫微宫，恬神玄漠，寂然无为。时紫微宫中，中外光明映照无量，百和宝香不烧自熏。⑥（《太上洞玄灵宝智慧定志通微经》）

  元始天尊时于大福堂国长乐舍中，与诸天大圣众、飞天神王，俱坐七色宝

---

① 《道藏》第34册，第338页。
② 《道藏》第34册，第343页。
③ 《道藏》第3册，第391页。
④ 《道藏》第34册，第379页。
⑤ 《道藏》第6册，第885页。
⑥ 《道藏》第5册，第888页。

云。是时元始告太上道君曰：颇闻大福堂国十方边土有悲泣之声不？①（《太上洞玄灵宝诸天灵书度命妙经》）

天尊时于长乐舍香林园中，教化七千二百四十童子。②（《太上洞玄灵宝灭度五炼生尸妙经》）

从整体上来看，元始系灵宝经一般都会在开头提示时间，而仙公系灵宝经则一般不在开头提示时间。之所以元始系灵宝经在开篇提示时间，是因为其在结构上更多地受到佛经的影响。早期灵宝经的时间起点经常以宇宙初始为叙述起点，如《太上灵宝五符序》等，而后受佛经影响，以一时为传授经典的机缘，以此机缘为起点。

（二）灵宝经中的时长

灵宝经之中关于时长的概念分几种类型：第一，故事发生的时长；第二，斋戒仪式的时长；第三，施行法术的时长；第四，传授经典时限的时长。

关于故事发生的时长，古希腊戏剧之中的三一律有严格的要求，即故事之中的时间不能超过一昼夜。而灵宝经之中的故事以宣教为主，故事发生的时长也少有超过一昼夜的情况，都是在几个回合的问答之后传授经典，所以故事时长不会太长，但也有个别例外情况。

《元始五老赤书玉篇真文天书经》写道：

君自可诣灵都紫微上宫，视天音于金格，取俯仰于神王也。然后当使得备天文，以总御元始之天也。于是太上大道君、众真同时退斋三月，诣灵都宫，受俯仰之格。③

其中元始天尊说太上道君可以自己去取紫薇上宫取经典，而太上道君等进行三个月斋戒才去的。

《太上洞玄灵宝诸天灵书度命妙经》在描述元始天尊于火中说法之时，写道：

---

① 《道藏》第 1 册，第 799 页。
② 《道藏》第 6 册，第 259 页。
③ 《道藏》第 1 册，第 776 页。

> 尔时三日三夜，闭天光明，使光不照。聚柴高地二百丈许，天尊坐于柴上，以火自烧，火然光照四方，朗明诸国。①

其中说天尊三日三夜让天处于完全黑暗之中，然后坐柴火上自焚。还有，前面引用过的《太上洞玄灵宝元始无量度人妙经》之中也记载元始天尊说法经历七日七夜。

虽然说有上面这样的例子，但故事主要情节发生的时间并不长，只是增加了斋戒或者说法准备工作的时间。故事时长的有限性，也导致了情节的有限性，以至于灵宝经故事本身并不是重点，其故事的存在意义在于功能性，即引发经典的传授，或者神格的说教，传授的经典和说教的内容比故事本身重要得多。

灵宝经之中包含了大量的授度仪、斋法等仪式方面的内容，其中关于斋戒时间的时长有多种要求。如《洞玄灵宝自然九天生神章经》载：

> 修行之法：千日长斋，不关人事，诸尘漏尽，夷心默念，清香执戒，入室东向，叩齿九通，调声正炁，诵咏宝章。②

《洞玄灵宝二十四生图经》也写道：

> 天王口吐洞玄内观玉符，以授于君，使清斋千日，五香熏体，东向服符。③

可见清斋千日是灵宝经常见的要求。当然，千日太长，也有短的情况。如《上清太极隐注玉经宝诀》说：

> 师与弟子先对清斋九日，或七日、五日、三日。斋竟，日中时受经也。④

将清斋的时间定为九日，甚至最短到三日。

《太上洞玄灵宝赤书玉诀妙经》卷上记载了五帝真文神杖之法，说：

---

① 《道藏》第1册，第803页。
② 《道藏》第5册，第844页。
③ 《道藏》第34册，第338页。
④ 《道藏》第6册，第645页。

> 行此道九年，精谨不慢，神真形见，杖则载人空行，若欲尸解杖则代形。①

持杖修行九年可乘杖飞行，或以杖代人尸解。而《元始五老赤书玉篇真文天书经》卷上说佩戴五帝真文，"长斋修行二十四年，身得神仙。但佩此文，亦得尸解"②。同样的五帝真文，修行的方法不同，获得效果的时长也不同。

仪式的时长，跟季节也有关系。如《太上洞玄灵宝长夜之府九幽玉匮明真科》所载《九幽玉匮罪福缘对拔度上品》说进行灯仪的时间根据季节有所不同。

> 长夜之府九幽玉匮明真科法……春则九日九夜，夏则三日三夜，秋则七日七夜，冬则五日五夜，四季则十二日十二夜。罗列光明，照曜诸天无极世界长夜之中。③

而在传授经典时限方面，灵宝经有较为统一的规定，最基本的时限是四万劫。《元始五老赤书玉篇真文天书经》："五老玉篇皆空洞自然之书，秘于九天灵都紫微宫七宝玄台，侍卫五帝神官，依玄科四万劫一出。"④《太上灵宝诸天内音自然玉字》卷二："玉章上道，四万劫一传。"⑤《洞玄灵宝自然九天生神章经》："宝书妙重，九天灵音施于上圣，非鬼神所闻。明真有格，四万劫一行。"⑥《太上洞玄灵宝真文要解上经》："旧科四万劫一出，皆授宿有金名刻简，来生应为真人者。"⑦《太上洞玄灵宝三元品戒功德轻重经》："自非金简玉名得道之人，莫能施之。其文四万劫一出。"⑧

当然，四万劫是天界的说法，现实人间自然不可能按照这个执行，所以有四十年的说法。

这见于《太上无极大道自然真一五称符上经》："太上太极真人曰：学道者受此经后，四十年传一人。已延寿者，四百年传一人。得地仙者，四千年传一人。得天仙者，四万年传一人。得无上洞寂太上至真者，四万劫传一人。"⑨

---

① 《道藏》第 6 册，第 191 页。
② 《道藏》第 1 册，第 787 页。
③ 《道藏》第 34 册，第 387 页。
④ 《道藏》第 1 册，第 774 页。
⑤ 《道藏》第 2 册，第 544 页。
⑥ 《道藏》第 5 册，第 845 页。
⑦ 《道藏》第 5 册，第 903 页。
⑧ 《道藏》第 6 册，第 873 页。
⑨ 《道藏》第 11 册，第 641 页。

（三）五劫时间体系

灵宝经具有独特的以五劫为特点的时间体系。五劫，如《太上洞玄灵宝大纲钞》写道：

> 大道既分离为五行，流为五劫。每至劫终劫初，大圣出世，垂教说经，以度天人。所谓五劫者，龙汉木劫，赤明火劫，延康金劫，开皇水劫，上皇土劫。皆周而复始。①

五劫一般认为是龙汉、延康、赤明、开皇、上皇，这五劫不是一次性的，而是不断循环重复。另一个不同的说法，如《诸天灵书度命妙经义疏》写道："五劫者，有前龙汉、次延康，后龙汉、次赤明、次开皇即五也。开皇中又有上皇。"② 说五劫是前龙汉、延康，后龙汉、赤明、开皇，将上皇作为开皇中的一个时间。

在灵宝经之中，《太上洞玄灵宝诸天灵书度命妙经》、《太上洞玄灵宝智慧罪根上品大戒经》以及《云笈七签》卷三《灵宝略纪》之中也记述了元始天尊在不同的劫运宣教，以及十部妙经出世的情况。概括而言，就是龙汉时，元始天尊以无形常存之君之名出世教化。延康之劫，宇宙秩序崩溃。赤明时，元始天尊以无名之君之名再次出世教化。后，宇宙的秩序再次崩溃。开皇和上皇时，元始天尊以元始天尊之名，再次开始宣教。

关于元始天尊向太上道君传教，《元始五老赤书玉篇真文天书经》说灵宝五篇真文的旧经，藏于紫微宫。在五劫之后，传给太上道君：

> 元始自然赤书玉篇真文，开明之后，各付一文安镇五岳，旧本封于玄都紫微宫。众真侍卫，置立玄科，有俯仰之仪。至五劫周末，乃传太上大道君。③

概括各经典之中，关于元始天尊在不同劫运出世度人的说法，元始天尊在五劫之中似乎有四劫出世度人，即龙汉、赤明、开皇、上皇。但是，关于元始天尊传授给太

---

① 《道藏》第 6 册，第 376 页。
② 《道藏》第 2 册，第 566 页。
③ 《道藏》第 1 册，第 799 页。

上道君十部妙经的时间，有开皇和上皇说法上的区别。

陆修静在《灵宝经目序》之中，关于紫微宫元始旧经的成书与出世度人写道：

> 夫灵宝之文，始于龙汉。龙汉之前，莫之追记。延康长劫，混沌无期，道之隐沦，宝经不彰。赤明革运，灵文兴焉。诸天宗奉，各有科典。一劫之周，又复改运，遂积五劫。迨于开皇已后，上皇元年，元始下教，大法流行。众圣演畅，修集杂要，以备十部三十六帙。引导后学，救度天人。上皇之后，六天运行，众圣幽升，经还大罗。自兹以来，回绝无法。①

据此，十部妙经的元始旧经成书于龙汉，延康之时隐藏，赤明之时又兴起。开皇之后，在上皇元年，元始天尊又传教，众真整理编集天尊传授的十部妙经的内容，并添加杂要的内容。在上皇之后，六天运行，所以经典又被太上道君等众圣收回到大罗天。现在三天运行，六天运终，所以上皇之时的由太上道君等所整理的出世元始旧经又出现在世上。可见，在刘宋的天师道之中，将灵宝经的出世度人与"三天"的思想相结合，这应该是早期的葛巢甫、王灵期等人编撰的灵宝经之中所没有的思想。

虽然出世元始旧经的故事发生在上皇，新经的故事一般是在较早的夏的大禹至三国吴的葛仙公的时代，但是灵宝经故事的大的时间背景是五劫。

（四）时间体系中的新旧问题

灵宝经的时间体系之中，所谓经典的新旧问题是一直以来备受争议的热点。我们看到的灵宝经大致分类为两种：一种是元始天尊等神格向太上道君等神格传授经典的，故事时间背景设定为虚拟的开皇、上皇等上古时期；另一种是向左仙公葛玄传授经典的，故事时间背景设定为三国时期。

梁代宋文明《通门论（拟）》（P.2256）所记载的陆修静于泰始七年（471）编纂《灵宝经目》，在元始旧经的经目之后，陆修静列举了一组新经的经目，并有如下注解：

> 右十一卷，葛仙公所受教戒诀要及说行业新经。都合前元始，新旧经见已出

---

① 《道藏》第 22 册，第 19 页。

者，三十二卷真正之文，今为三十五卷，或为三十六卷。①

以及陆修静在《太上洞玄灵宝授度仪表》之中，也写到了"元始旧经"和"仙公所禀"。

> 然即今见出元始旧经，并仙公所禀，臣据信者合三十五卷。②

正是基于上述陆修静的《灵宝经目序》、《灵宝经目》和《太上洞玄灵宝授度仪表》的记载，传统观点一般讲灵宝经分为元始旧经和仙公新经。因为仙公新经和元始旧经二者存在一致的内容，所以引发了究竟是仙公新经引用了元始旧经，还是元始旧经引用了仙公新经的争论，涉及了两类经典历史上成书顺序先后的问题。

实际上，我们现在见到的经典，即使是记载元始天尊向太上道君授经故事的，也并非元始旧经本身，元始旧经真正的所指是龙汉时期编纂的十部妙经。③ 见《灵宝经目》可知，三十六卷的元始旧经也被称为"十部妙经"，《太上洞玄灵宝诸天灵书度命妙经》之中关于十部妙经的成书时间写道：

> 元始天尊答曰，汝见真文在光中不？此文以龙汉之年出于此土，时与高上大圣玉帝撰十部妙经，出法度人。④

据此，元始天尊在龙汉之劫与高上大圣玉帝共同编撰了作为元始旧经的十部妙经。也就是说，元始旧经在教理上的成书时间是龙汉之劫。

而出世的元始系灵宝经，结合前面所引陆修静《灵宝经目序》和《太上洞玄灵宝诸天灵书度命妙经》的内容可知，龙汉之时成书的"灵宝之文"或者"宝经"是指代作为经典的元始旧经。而"开皇已后""上皇元年"成书的记录元始天尊宣教的经典是元始系灵宝经，元始旧经比元始系灵宝经更早成书。

---

① 《敦煌道藏》，全国图书馆文献缩微复制中心，1999，第 2510 页。
② 《道藏》第 9 册，第 839 页。
③ 关于元始旧经，参见王皓月《再论灵宝经之中"元始旧经"的含义》，《世界宗教研究》2014 年第 2 期。
④ 《道藏》第 1 册，第 799 页。

关于元始旧经早于元始系灵宝经成书，通过元始系灵宝经成书之中所见的"今"和"旧"的区别也能确认。元始系灵宝经之中经常能看到旧文、旧经、旧典等说法，其实这些都是指代元始旧经。其"旧"所指代的时间，就是龙汉之劫。还有，元始系灵宝经之中也经常能看到"今"，其指代的时间就是该经典成书的开皇之劫或者上皇之劫。

如《元始五老赤书玉篇真文天书经》卷上写道：

> 五帝真符以元始同生，旧文今秘于玄都紫微宫。①

《洞玄灵宝自然九天生神章经》写道：

> 今大运启期，三五告辰，百六应机，阳九激扬……明真有格，四万劫一行。今冒禁相付，子秘之矣，慎勿轻传。登命九天司马，侍仙玉郎，开紫阳玉笈、云锦之囊，出《九天生神玉章》。②

还有的经典之中记载了元始天尊曾于赤明元年向太上道君传授三部八景二十四图，后经典被收回天上紫微宫，到了今日又再次传给世人。《洞玄灵宝二十四生图经》写道：

> <u>赤明元年正月上寅一日午时</u>，……元始天尊延宾琼堂于赤明天中南霍之丘丹灵洞宫，敷罗五色，黄金为坛，白玉荐地，七宝告灵，传度洞玄金书紫字玉文丹章自然灵图，二十四真三部八景神、天仙飞仙、神仙地仙、兵马乘骑，以授太上无极道君。……大运之中，当收文还上大罗七宝玄台紫微宫中。<u>今</u>三洞御运，灵宝下教，先度并升仙官空缺，应须中贤以充诸天某帝真人某岳先生。③

由此可见，虽然相对于仙公系灵宝经的新，元始系灵宝经的时间似乎就是旧，但是元

---

① 《道藏》第1册，第787页。
② 《道藏》第5册，第845页。
③ 《道藏》第34册，第343页。

始系灵宝经并非就是元始旧经，也有以新自称的情况。《太上灵宝洞玄灭度五炼生尸妙经》记载：

> 一切神明，各遵承大法，普同一庆，以今为新。①

应为该经一部分的《灵宝炼度五仙安灵镇神黄缯章法》也写道：

> 金券玉书，以付玄和玉女，约以今为新，敬奉大法，不得有偏。……元始天王今披元始之宝藏，以告太极上仙，遇之者将前生万劫，录名上清，应得仙道者也。诸天男女可不承女青之旨，秘而宝之焉。②

其中可见以今之经为新经的说法，而之后提到的元始天王传授"元始之宝藏"，才是元始旧经。

那么，陆修静所提出的新经的新又是指什么时期呢？仙公系灵宝经的《太上洞玄灵宝本行因缘经》写道：

> 吴赤乌三年岁在庚申正月一日壬子，仙公登劳盛山，静斋念道。是日中时，有地仙道士三十三人，诣座烧香，礼经旋行。肃毕，仙公命坐。良久，道士于是避席请问曰：下官等学道弥龄，积念于今六百甲子矣，而尚散迹于山林间，师尊始学道，幸早被赐为太极左仙公，登玉京，入金阙，礼克上虚皇，不审夙因作何功德，爰受天职，致此巍巍，三界北丰所仰，愿为启说宿命所由因缘根本也。③

按照经中的说法，在吴赤乌三年（240），葛仙公（葛玄）在劳盛山修道时，有地仙道士问他，为何自己六百年学道至今依然是地仙，而葛仙公能成为上玉京的天仙。《太上洞玄灵宝智慧本愿大戒上品经》《太极真人敷灵宝斋戒威仪诸经要诀》等，都是太极真人向葛仙公所授经，那么葛仙公所活跃的赤乌年间，几乎就是陆修静所谓的新经的时间段。

---

① 《道藏》第 6 册，第 261 页。
② 《道藏》第 32 册，第 732 页。
③ 《道藏》第 24 册，第 671 页。

虽然灵宝经研究之中很多学者用新经、旧经来指代不同的经典群，但是这个做法会让人产生很大的误解，也不符合灵宝经时间体系之中新旧的所指。灵宝经之中，主要是区分今和旧，无论元始系灵宝经还是仙公系灵宝经，所记载的传授时间都是"今"，而传授的天上的经典都是"旧"文。是不是可以认为旧经等同于龙汉成书的元始旧经？元始旧经之后还有开皇、上皇等劫成书的元始系灵宝经，这些是否也能叫旧经？这两种旧经的时间点不一，都称为旧经又如何区分？仙公系灵宝经之中所说旧文的旧又是指哪个旧？

正是因为灵宝经的新旧存在叙事时间上的相对性，所以需要更加细化为元始旧经、元始系灵宝经和仙公系灵宝经才更为准确。仙公系没有直接自称新经，但其中有旧典之类的说法，今和旧的区分还是存在的，那么所谓新经是不是陆修静编目录时基于经典叙事时间进行的判断？即叙事时间在葛仙公时代的为新经，在此之前的都统称旧经？陆修静没有进一步区分元始旧经和元始系灵宝经之间的新旧，但这并不能抹杀二者叙事时间上存在新旧、元始系灵宝经所见的今旧之分，也就是新旧之分。

元始系灵宝经基本就是宣扬元始旧经和元始天尊的度人功绩，而新经宣扬上清经、灵宝经、三皇经的三洞部经典，还特别尊崇老子五千文。元始系灵宝经以元始天尊和太上道君为主神，而新经则突出太极真人、葛仙公和三天法师张道陵。新经之中也记载了元始旧经的部分内容，发挥了将神话和历史结合的作用，因为新经之中的太上老君、葛仙公、三天法师张道陵都有历史的原型，所以是半神话性质的，将灵宝经的神学思想和天师道的历史观结合在了一起。

由于关于灵宝经的新旧长期以来被模糊使用，导致很多关于旧经和新经的说法并不准确。如虽然经常有观点认为新经是用来解释旧经的，但通过元始系灵宝经和仙公系灵宝经的叙事我们可以看出，这两种经典是在记载不同时期的经典传授经过，分属两个不同时间体系的叙事，并非仙公系在解释元始系。从元始系灵宝经的序分就可以清楚看出，是元始天尊在传授、讲解旧经（元始旧经），如果将元始系灵宝经也称为旧经，那么我们似乎也可以说是旧经（元始系）也在解释旧经（元始旧经），而不是只是新经在解释旧经。所以，厘清灵宝经叙事时间体系中的所谓新旧，对于讨论灵宝经的旧经、新经等常见问题有重要的意义，让时间关系更加清晰具体，解决由新旧概念不清而导致的无谓争论。

三 频率问题

　　元嘉十四年（437）陆修静创作的《灵宝经目序》之中，说当时存在的新旧灵宝经多达五十五卷。而数量如此庞大的灵宝经主要的创作时期在东晋末和刘宋初期，参与创作的道士也应该是以葛氏一族和陆修静等为主的少数道士。之所以能创作出这么众多的长篇经典，重要的原因就是灵宝经之中存在大量的重复，这种重复又有两类，一种是叙事性重复，另一种是非叙事性重复。

　　叙事性重复，是指叙事文之中的重复现象。叙事文之中存在重复的事件与不重复的事件，其呈现的频率有以下四种：一次发生的事件被一次论述；一次发生的事件被多次论述；多次发生的事件被多次论述；多次发生的事件被一次论述。基于此产生了三种类别：单起法的（一次发生的事件被一次论述、多次发生的事件被多次论述）、反复的（一次发生的事件被多次论述）、括复法的（多次发生的事件被一次论述）。

　　灵宝经之中，最具代表性的"一次发生的事件被多次论述"就是关于元始旧经出世度人于劫运的论述。正如前面已经看到的，在出世元始旧经的《太上洞玄灵宝诸天灵书度命妙经》和《太上洞玄灵宝智慧罪根上品大戒经》之中被重复论述。此外，《太上洞玄灵宝赤书玉诀妙经》卷下，有阿丘曾和南极尊神的传说，其是在重复《太上洞玄灵宝真文度人本行妙经》之中阿丘曾和南极尊神因缘的内容。

　　此外，元始天尊多次向太上道君传授元始旧经的内容，虽然传授经典的内容不同，传授的过程也不同，似乎可以看作不同的事件。但是，如果从事件的本质来看，这些又属于内容重复的事件，属于典型的"多次发生的事件被多次论述"。如《元始五老赤书玉篇真文天书经》《太上洞玄灵宝空洞灵章》《太上洞玄灵宝智慧罪根上品大戒经》《太上洞玄灵宝智慧上品大戒经》《太上洞玄灵宝元始无量度人上品妙经》《太上洞玄灵宝诸天灵书度命妙经》《太上洞玄灵宝三元品戒经》《洞玄灵宝二十四生图经》之中，都有元始天尊向太上道君传教的内容。《太上洞玄灵宝长夜之府九幽玉匮明真科》和《太上洞玄灵宝灭度五炼生尸妙经》之中，也都出现了元始天尊向上智童子传教的内容。《太上洞玄灵宝智慧罪根上品大戒经》之中，有太上道君游历十方世界的部分，此部分也是基本重复《太上洞玄灵宝真一劝诫法轮妙经》的《太上玄一真人说三途五苦劝诫经》的内容，只是人物进行了替换。

　　当然，除了经典之间的重复，同一经典叙事内部也存在重复的情况。如《太上洞玄灵宝智慧罪根上品大戒经》卷下分别记载了太上道君向东极世界飞天神、东南世界飞天神人、南方无极世界飞天神人、西南世界飞天神人、西方世界飞天神人、西北世界飞天神人、北方世界飞天神人、东北世界飞天神人、下方世界飞天神人、上方世界飞天神人询问该世界人民的罪根因缘和救度方法，其十次询问在内容构成方面几乎是一样的，可以说是用同一行为重复十次的方法构成了整个叙事。

而非叙事性重复，主要是指紫微宫元始旧经的内容在不同的经典之中重复出现。典型的例子包括以下几种。

太上洞玄灵宝召伏蛟龙虎豹山精八威策文、九天太素阳生符、三天太玄阴生符等，在出世元始系灵宝经的《元始五老赤书玉篇真文天书经》和《太上灵宝五符序》之中重复。

服食五牙之法和醮祭之法，在《太上洞玄灵宝赤书玉诀妙经》和《太上灵宝五符序》之中重复。

十诫和十二可从，分别出现在《太上洞玄灵宝赤书玉诀妙经》《太上洞玄灵宝智慧上品大戒经》之中。《太极左仙公请问经》卷下和《太上洞玄灵宝智慧罪根上品大戒经》也有同样的十诫和十恶，此十诫与《太上洞玄灵宝赤书玉诀妙经》的十诫内容略有不同。十善因缘，在《太上灵宝智慧罪根上品大戒经》和《太上洞玄灵宝智慧本愿大戒上品经》之中重复。

《太上洞玄灵宝真一劝诫法轮妙经》的《太上玄一真人说妙通转神入定经》的四十五念与《太上洞玄灵宝智慧本愿大戒上品经》的《智慧本愿大戒上品》存在大量的重复。

三十二天内音玉字，在《太上灵宝诸天内音自然玉字》和《太上洞玄灵宝元始无量度人上品妙经》之中重复出现。

二十四生图，在《太上无极大道自然真一五称符上经》和《洞玄灵宝二十四生图经》之中重复。

如果我们从灵宝经整体的角度看重复的问题，则可以发现新经的很多内容与元始系灵宝经的重复。例如，《太极真人敷灵宝斋戒威仪诸经要诀》与《太上洞玄灵宝长夜之府九幽玉匮明真科》《太上洞玄灵宝三元品戒功德轻重经》等在斋法仪礼上的对应关系、《太上洞玄灵宝智慧罪根上品大戒经》《太上洞玄灵宝智慧上品大戒经》与《太上洞玄灵宝智慧本愿大戒上品经》《太极左仙公请问经》在戒律上的对应关系。

更重要的是《太上灵宝五符序》与元始系灵宝经的重复关系，尤其是该经与

《元始五老赤书玉篇真文天书经》《太上洞玄灵宝赤书玉诀妙经》大量内容存在重复关系。

那么，同样的内容为何会被反复传授和宣教呢？根本原因是无论元始系灵宝经，还是仙公系灵宝经和《太上灵宝五符序》，其核心的内容都被认为是源自紫微宫元始旧经，所以存在了内容的重叠。陆修静的《灵宝经目序》之中写道：

> 上皇之后，六天运行，众圣幽升，经还大罗。自兹以来，回绝无法。虽高辛招云典之校，大禹获钟山之书，老君降真于天师，仙公授文于天台，斯皆由勋感太上，指成圣业，岂非扬芳于世，普宣一切也。①

上皇之时，出世元始旧经成书，但是随后六天运行，出世元始旧经又被收回至大罗天。之后，大禹获得钟山真人之书，即《灵宝五符》，还有太上老君向天师张道陵传授经法、太极真人向葛仙公传授经法，就是新经。元始系灵宝经和新经虽然内容上有重叠，但关于经典传授的叙事不同，所以可以认为是不同经典记载不同时期的宣教叙事。灵宝经之中采用重复手法的意义是什么呢？重复可以强化其说服力，如不同时期的神格都传授同样的十戒，则该十戒的重要性就会大大提高，同时相互印证其内容的可信度。

除了上述重复手法，还有一种重复主要出现在仪式之中，特定行为按照东、南、中、西、北五方等重复进行，通过颜色、数字进行区分。如《元始灵宝五帝醮祭招真玉诀》之中记载了分别奉请、上劳五帝，《灵宝炼度五仙安灵镇神黄缯章法》之中，详细记载了分别请五方真人。这种重复在道教斋法仪式之中普遍存在，可以说是借助行为重复进行神圣性的建构，在此不做深入探讨。

---

① 《道藏》第22册，第19页。

"早期道教经典研究工作坊"讨论辑录

杨金丽　吕鹏志

内容摘要：2019年4月西南交通大学中国宗教研究中心举办的"早期道教经典研究"工作坊是一次颇有创意的学术活动。工作坊以系列前沿学术讲座的方式进行，讲座由国际道教研究权威学者、美国亚利桑那州立大学柏夷（Stephen R. Bokenkamp）教授领衔主讲三场，并由国内该研究领域的专家学者王家葵、周作明、王皓月、孙齐、吕鹏志等各主讲一场，最后围绕道教经典研究方法展开综合讨论。系列讲座不仅内容精彩纷呈，提问和讨论环节也十分活跃。本文辑录八场讲座的内容提要和问答讨论，讨论的焦点是如何校勘复原道书文献，并在此基础上重新审视早期佛道关系及道教的历史、教团和仪式。主讲人一致强调要采用文献学的方法，同时也主张吸取借鉴文学、叙事学、社会学、宗教学、考古学和历史学等其他学科的方法。

关键词：道教经典　佛道关系　《真诰》　《登真隐诀》　古灵宝经

作者简介：杨金丽，西南交通大学人文学院硕士研究生；吕鹏志，西南交通大学人文学院教授。

　　2019年4月19~21日，新近成立的西南交通大学中国宗教研究中心在犀浦校区举办了首次学术活动——"早期道教经典研究"工作坊。① 工作坊主要针对明《道藏》中的三洞经（上清、灵宝、三皇）和正一经，以系列前沿学术讲座的方式进行。讲座由国际道教研究权威学者、美国亚利桑那州立大学柏夷教授领衔主讲三场，并由国内该研究领域的专家学者王家葵（成都中医药大学教授）、周作明（西南民族大学

---

* 本文系中央高校基本科研业务费专项资金资助西南交通大学"中国宗教研究"创新团队建设项目（项目编号：2682018WCX04）的阶段性成果。

① 关于该工作坊，参见赵川、杨金丽《"早期道教经典研究"工作坊综述》，《世界宗教研究》2019年第4期。

文学与新闻传播学院教授)、王皓月(中国社会科学院世界宗教研究所副编审)、孙齐(山东大学儒学高等研究院《文史哲》编辑部编辑)、吕鹏志(西南交通大学人文学院教授)等各主讲一场,最后围绕道教经典研究方法展开综合讨论。

因为主讲嘉宾均是道教研究领域的知名学者或青年新锐,不仅主讲内容精彩纷呈,引起了在座听众的强烈兴趣,而且提问和讨论环节也十分活跃。除主讲嘉宾之外,来自西南交通大学、香港大学、伦敦大学、宾夕法尼亚大学、浙江大学、云南大学、南京艺术学院、西北大学、四川大学、西南民族大学等海内外高等院校的60多位师生聆听了讲座并参与讨论。本文辑录八场讲座的提要和问答讨论的主要内容,谨供学界参考。

一 讲座"偷听真人——《真诰》的英译诸问题(一)"
演讲人:柏夷 主持人:王皓月

(一)内容提要

一般学者认为,道教最初大量采用佛教思想的道派是5世纪的灵宝派(即对应所谓"古灵宝经"),对佛教最充分的回应是灵宝经中的轮回报应说。讲座主要探讨和分析南朝齐梁高道陶弘景(456~536)编辑的东晋上清降诰《真诰》,试图证明,上清派创始人杨羲早已开始设法对付外来佛教带来的思想变化。讲座分两次进行,第一次阅读材料是《中华道藏》ZH 2:146c11-149a12。[①]

(二)问答讨论

【王皓月】听柏夷老师讲座我觉得其中有一些比较重要的提示。首先,讲座的资料非常详实,非常具体深入,比如"身神"的探讨。其次,提出了一些研究中应该注意的问题,也非常重要。比如说佛教其实不是我们现在所理解的佛教,而是当时中国化的佛教。我们研究时可能会先入为主地从现在理解的佛教入手,去看待道教受佛教的影响。其实当时佛教的存在形态跟我们现在理解的也许并不一样,这些是我们研

---

① 关于本讲座的相关论著,参见 Stephen R. Bokenkamp, "Research Note: Buddhism in the Writings of Tao Hongjing," *Daoism: Religion, History and Society* 6 (2014): 247-268,特别是第253~266页。

究佛道关系应该注意的一点，不能忽视。

【提问1/王家葵】听柏老的讲座真是特别有收获，讲到《紫文行事诀》时拈出来了三段东西，一是论文集（《"早期道教经典研究"工作坊交流参考文集》）第一页第二行的两大段，二是《紫文行事诀》最后一段。这三大段东西是讨论六朝佛道关系特别核心的东西，柏老敏锐地拈出来，而且准确地做了解释，包括"留秦""耽晨"和受胎前后的灵魂问题。当时那种中土和外来佛教之间的观念差别在这三段中就明确暴露了，包括柏老举的《道学传》里王公问陆修静的一段故事，王公问了陆修静两个问题，不光是"留秦"的问题，第二个问题也很重要，正好就解释了这三段的核心。王公问的另外一个问题是"都不闻道家说二世（三世）"，陆修静含混地绕过去了。这个问题重要在哪？重要在这个问题很厉害，怎么没听过道教谈三世的问题？这个三世是佛教的三世，是以本我为中心的过去我、现在我和未来我。而以前的中国人不太有这个观念，到佛教传入后才有这个观念。《紫文行事诀》的注释里面也在讨论这个，即刚才柏老拈出来的"先身"一词，佛教说的是"种子"，种子代表以我自己为中心的前世的我，和我死以后种子继续流转的种子。我们只有血亲的祖、父、孙三世，故有以《太平经》为核心的承负，我们承担的是家族欠的血债和积的福德，本身造的祸福影响血亲的子孙后代。而佛教不一样，本我造的东西是由未来我来承担。这一点王公问得很尖锐，陆修静顾左右而言他，到陶弘景逃不掉这个问题了，所以做了一段解释。还有一个是删文本的问题，佛道都会删文本，有一个例子：陶弘景写的《许长史旧馆坛碑》，此碑拓本还在，显示陶弘景是佛道兼修的，但在贾嵩的《华阳陶隐居内传》中陶弘景修佛部分的文本就被删掉了。

我想请教的具体问题是：在讨论佛道争论的关键问题时，柏老说这是一神论（monotheism）和多神论（polytheism）观念的冲击导致的，我觉得这个联系上要弱一些，想请柏老再进一步解释一下。怎么会与一神论的宗教观念和本土多神论状态有关系呢？

【柏夷】我应该不用一神论和多神论的词，我讲的是体中的神。对于身体的看法我已经在孙齐主译的《道教研究论集》里讲了一个观念：在古代中国，许多哲学家、思想家和老百姓都觉得自己的身体是多神存在的身体，而不是一个机器和一个灵魂在里面，所以我讲多神论也不是宇宙的神。因为佛教说实话也是多神论的，我是讲体中的神。我在《何为道身》（"What Daoist Body?"）这篇文章中采用了法国著名道教学者施舟人（Kristofer Schipper）的书名，以这个思考开头。有一个思考是道教好像是外来的东西，不是中国主体的一部分。尤其是很多西方学者，"滨海地区"那篇文章（陈寅恪《天师道与滨海地域之关系》）被他们奉为《圣经》一样的东西，他们觉得道教可能是从海外、东方的海边来感染了中原地区，所以他们觉得道教太奇怪了，它的内容与中国古代的思想是完全不一致的。我在《何为道身》那篇文章中指出，在《庄子》《孟子》《管子》中，已经有一些痕迹可以用体中神来理解，比方说里面的五脏他们叫五官，五官是官员的意思，而在《庄子》《孟子》《管子》中，五官之王就是心。后来一些说法有轮流的地位，就是帝王可以轮流地做。我那篇文章的目的是把道教与中国传统思想做结合，那个"神"是很难探讨的东西，因为它不是具体的东西，它是临时性的。可能古代中国对身体的看法还值得更深入的探讨，我只是做一个表面的探讨，我觉得那是一个值得研究的主题。

【提问2/吕鹏志】首先，王家葵老师刚才提到有一个关于陆修静的资料，谈到陆修静对佛道二教关系的回答。柏夷老师曾经发表过论文"Lu Xiujing, Buddhism, and the First Daoist Canon"（《陆修静、佛教与第一部〈道藏〉》），在论文中他谈到陆修静提到了"玉皇留秦"，他对"留秦"的含义也有解释。其次，柏夷老师每篇论文都会提出一个有创新的观点。20年前他在四川大学做了一个灵宝经与佛道关系的讲座，在讲座中他修正了荷兰佛教学者许理和的观点。许理和认为佛教对道教灵宝经影响很大，但柏老师认为不能用"影响"这个词，他说灵宝经对佛教的吸收不是被动的，而是主动地在吸取。柏夷老师每次提出新观点，都有资料依据。他在这次讲座之前发表的一篇相关论文（"Research Note：Buddhism in the Writings of Tao Hongjing"）中曾幽默地说，发现新资料或原始文献资料的本来面目，对以前的研究者（如荷兰的许理和、法国的贺碧来，也包括他本人）来说是一个坏消息，因为原来的观点站不住脚了。我今天听了这个讲座，对于我来说也是一个坏消息。最近几年我研究道教仪式，道教仪式最重要的一个类型就是斋仪，今天柏老师的讲座也提到了佛道二教的斋法。敦煌本《紫文行事诀》（也就是《登真隐诀》）中说："道斋谓之守静，佛斋谓之耽晨。"二教斋法的做法是："道静接手于两膝，佛晨合手于口前。"陶弘景的注释说："斯道佛之真致，二斋之正轨。"我在探讨灵宝斋时跟其他学者争论的焦点是，5世纪灵宝经创立的灵宝斋的来源到底是印度的布萨仪式（斋），还是中国古代本土先秦时期就有的祭祀之前洁净的仪式（斋法）？现在也遇到了这个问题，在灵宝经之前的上清经里谈到了斋。《紫文行事诀》如果就是《登真隐诀》的话，是不是在东晋中叶就有关于道教斋仪和佛教斋仪的说法？这里的道斋是不是道教仪式？是不是后来灵宝斋的集体仪式?

【柏夷】我注意到那个"斋"字,但没有进一步去看上清经中其他"斋"字的用法。你可进一步考察,保留你的立场,不需要改变,因为这是存思的方法。我也没有看到具体的群体的斋。我没有注意到"斋"字的由来,我想可能有一个过程,先有中国的"斋",祭祖前有一段时间(一个月的长斋)进行存思,与道教仪式有密切关系;"斋"后来被佛教用来作为一种群体宗教活动,道教后来就模仿他们。这个地方用"斋",可能是在佛教斋中,佛教还有观想,《紫文行事诀》说佛斋是"接手静观,则百神自朗"。但是"百神"不是佛教的概念,因为我们并不知道百神是体内神还是宇宙神,但是"静观"在佛教经典中可以看到很多的资料,所以在这个地方用的"斋"可能是模仿佛教,是群体仪式中的个人行为。我们失去的资料太多,所以要有准确的答案还比较困难。我之所以做早期佛道关系的研究,主要是对西方佛教学者(Nattier等)有两个不满意的地方。一是他们的研究对象是印度原来的纯粹佛教,但印度纯粹佛教的梵文资料很少,他们总是想通过中文佛经来复原印度佛教文献,但他们对佛教和对中国社会、文化的影响完全不了解。二是他们用西方的宗教概念来理解中国宗教,他们完全不了解在道教里面,佛教被视为道教之一种,"夫佛之为道,乃道之一法",二者是殊途同归的。

【吕鹏志补充】我认为《紫文行事诀》中的道斋只是一种个人修行方法,是道教存思之前的一种预备礼仪。就像佛教的禅定(《紫文行事诀》作"耽晨")一样,《紫文行事诀》中的道斋不是一种集体法会仪式。

【王皓月】我想先简单回应一下吕老师的问题,即吕老师说的道教之斋与佛教之斋的关系。思考这个问题首先要区分道教中的"斋"有不同意思,首先一个是清斋,另外一个是斋法。清斋就是中国古代已有的祭祀之前清洁身体、吃素食等一些行为。而佛教布萨也有类似行为,道教吸收佛教斋的六斋日,在灵宝经中成为十斋日,这是比较明确的道教在清斋方面对于佛教的吸收。至于斋法,即科仪,与佛教的布萨又不一样,它的直接来源还是天师道仪式和南方方士醮祭的仪式多一些。如果从这个角度来区分"斋"的不同含义,可能要清晰一些。

【提问3/香港大学研究生谢孟谦】我想问一下佛道关系的问题,请柏老师总结一下道教怎样回应佛教的引入,可能可以分三个层次:第一个层次是道教一开始有个人的内外之别,道教的"内"是比穿着袈裟的僧人更厉害的,没有袈裟在身也是一个真菩萨在家(按,《真诰》卷九陶弘景注曰:"依如三弟子虽奉佛道,不作比丘形服,世人谓在真菩萨家耳。"），这就是道教用内我去回应外在的佛，他把佛说成是外在的（身披袈裟），然后也可以继续从个人的联系去说佛教是化外之教，是蛮夷过来的，我们才是正统；第二点就是道教主动把佛教的神官僚化，所以我们有"玉皇留秦"的讲法，主动地用道教的方式去回应佛教；第三点要承接吕鹏志老师和王家葵老师的见解，如果不用一神论和多神论，而采用人类学的本体论的方法，本体论是讨论内在性和外在性的关系，可以很好地回应西方的 Cartesian division（笛卡尔分割），思想和身体在中国不是分开的，其界限很模糊，因为这个本体论在中国的处境是，佛教到来时，道教就很难及时回应它。《紫文行事诀》中的"大神"不是现代所理解的西方的外在神，而是一个现代一点的心性。佛教的本我是独立的，从过去、现在到未来的我都是独立的；而道教从东汉以来是主张承负的，个人行为会影响祖先或下一代。道教在古灵宝经《三元品戒经》中正式回应了这两种说法，元始天尊在经文里说不会祸延三代或上延祖先，因为"我"是由道炁生成的。我觉得这个本体的讲法可以代替一神论的讲法，一神论是要我们反思以前他们怎么看待思想和身体的关系，第三点可以看到身体跟环境的关系。希望柏老师可以对这三点做些解释。

【柏夷】你的第一个问题并不是问题，而是一个推测。也可能在这一个证据上这样解释它，但是我们证据太少，是不是所有道士都是这样做呢？我自己想还有很多不同的回应。在《九真中经》的例子上可以这样说，另外一个例子是《三天内解经》卷下批评佛教，因为佛教不知道身体里有神。5世纪初，佛教打坐的方法还是《安般守意经》的打坐法。但是其他道士有没有内外的说法我不敢说，还是证据不足。好不容易找出《登真隐诀》失去的部分，但是其他我们也失去了很多，很多道经都删掉了佛教的部分，敦煌本道经还保留了很多佛教资料。你的第二个问题，官僚化也是很有意思的看法，我也不能充分地回答。《真诰》里很有意思的部分就是它描写的酆都虽然有三官的死神，但是佛教因素很少，这好像是佛教传入前对死后世界唯一的描写。我在《祖先与焦虑》（Ancestors and Anxiety: Daoism and the Birth of Rebirth in China）这本书中提出了一个疑问：为什么在汉代，中国古人花大量的钱为祖宗造很好的地下世界？好像是对死后世界有什么看法，如马王堆汉墓，他们的棺材有七层，让身体不朽。为什么花费这么多而没有描写死后世界呢？一直到佛教来以后才有一个反应，是佛教传入后才开始描写酆都。酆都是官僚性很强的死后世界。佛教刚进来中国时与道教相比就有一个缺点，没有官僚性很强的地下世界，连死后的神灵都很乱，没有系统，所以在中国把地下鬼神组织起来也是佛教和道教之间的沟通需要做的一个工作。第三个问题，本体论问题，显然是有这样一个概念。还有那个死后的自我（与祖孙关系不同），也是道教中一直没有而是佛教的一个东西。可以说根据现存的证据，中国有固有的本体论。另外一个思想也是很重要的，战国时期百家争鸣时已有处理争论的很有逻辑的方法，就是我们原本是一样的，只是演变得不一样，那个跟本体论有很大的关联性，他们当然是用这个想法来对待佛教的。另外《后汉纪》里有佛教研究者经常提到的一个材料，即贵族尤其害怕轮回报应说，因为他们想在死后世界还能做官。《真诰》里的鄷都，就是有官僚制度的。

二 讲座"偷听真人——《真诰》的英译诸问题（二）"
演讲人：柏夷　主持人：王家葵

（一）内容提要

一般学者认为，道教最初大量采用佛教思想的道派是5世纪的灵宝派（即对应所谓"古灵宝经"），对佛教最充分的回应是灵宝经中的轮回报应说。讲座主要探讨和分析南朝齐梁高道陶弘景（456~536）编辑的东晋上清降诰《真诰》，试图证明，上清派创始人杨羲早已开始设法对付外来佛教带来的思想变化。讲座分两次进行，第2次阅读材料是《中华道藏》ZH 2：357a6－360a/ ZH 1：222c5－225b。①

（二）问答讨论

【王家葵】谢谢柏老精彩的演讲，今天下午的讲座更多谈到文本、写本的传播，里面提到好几个精彩的问题，是值得大家深思的。柏老用了很多时间讨论了一件事情，即陶弘景注释中提到连在一起的八张纸的写本，这个写本横跨了今本《真诰》的卷三到卷六。柏老从写本学的角度推测了这个写本的卷子，实际上只包括了十二首有待歌诗和众灵教戒中与《四十二章经》相关的部分，另外他认为从字数上讲，还应该加上方诸的一段，这样才构成八张纸。谈到这一点，柏老怎么没考虑《周氏冥通记》呢？陶弘景编的《周氏冥通记》就记载了每张纸写多少字，每张纸有多长

---

① 关于本讲座的相关论著，参见 Stephen R. Bokenkamp, "Research Note: Buddhism in the Writings of Tao Hongjing", 特别是第248~253页。

（按，如卷二所云"右一条八日夜所受记，书一白䕃纸""右一条十二日所受记，书四白纸"等）。虽然隔了一百多年，陶弘景可能还在模仿《真诰》的状态。《真诰》与《周氏冥通记》其实有联系，可以用《周氏冥通记》来作参证。《周氏冥通记》每一章都有记载，比今天人去臆想一个卷子写多少字可能要精确些。

另外顺带一说，胡适对陶弘景下的定义，说陶弘景"他自抄、自阙、自校、自补，又自己做出那样故设迷阵的注语，来欺一世与后世的读者"，这是胡适对陶弘景作《真诰》的判语。但这个《真诰》不是，《周氏冥通记》才担得起这个评语，《周氏冥通记》就是陶弘景"自抄、自阙、自校、自补，又自己做出那样故设迷阵的注语"的。胡适比我先说了，只是说的对象不一样。

还有今天柏老给我们讲偷听真人，一开始对"偷听真人"做了解说，解说得特别好。《真诰》也好，《周氏冥通记》也好，他的预期读者不是我们，我们是旁观者，我们在窥视或者偷听。可是这很好，我们正好站定了旁观者立场，可以从我们的角度去看陶弘景究竟在说什么，或者《真诰》究竟在说什么和为什么这么说，我们是旁观者，我们不参与，这样就容易取得很好的观察效果。我觉得柏老这个话是非常有价值的。

【提问1/吕鹏志】柏老师这场讲座主要通过原本《真诰》的三个材料探讨早期佛道关系。第一个是方诸山，引用《涅槃经》说明道主生、佛主死。第二个是《真诰》抄录的《四十二章经》，宣讲因果轮回报应。这两个材料都是明显吸收佛教思想。而第三个材料，即有待无待组诗，主要取自《庄子》的典故，其中的主题基本是吸取当时魏晋玄学的思想，虽然组诗中出现了"须弥山"等佛教术语，但是从整个有待无待组诗来看，看不出是在回应佛教，反而是本土的魏晋玄学，想问柏老师举的这个例子是在探讨佛道关系还是回应本土玄学思想？

【柏夷】主要是在陶弘景的注释里面，要注意那两句注释的内容，如果我的推测是没有根据的，汉明帝的故事和对方诸的描写如果不是八张纸的部分，还是很难否定有待无待诗和《四十二章经》是在八张纸上。他很明显地说了"从前卷《有待歌诗》十篇接《戒》来，至此凡八纸"，那个也是一个证据。说玄学是没错的，要提醒大家一下，王老师提醒我们《道学传》中问陆修静的第二个问题、他所引用的《庄子》那句话，当时佛教的慧远在《沙门不敬王者论》中引用了《庄子》的同一句话。所以玄学当时不只是影响道教，也影响了佛教，那是当时社会上的气氛，是佛道二教都共同引用的材料，不能说他引用玄学的东西就是与佛教没有任何关系的。但是我也必须承认，我很难解释它为什么从那里开始。我觉得它里面的诗写得特别好，所以可能那个意思是我们不单是在社会上有一些玄谈的场合，在天上的真人同样也会写诗讨论我们的事情。这样当时的人们会觉得比较稀奇，能引起他们的兴趣。

【王家葵】柏老我开一个脑洞，刚才您说的这八张纸"更手界纸书"，会不会是顾欢编的《真迹》一段呢？陶弘景没找到原件，用的是顾欢编的《真迹》，按顾欢的说法是抄在一起的，但是陶弘景归类时把它分开了。他觉得那些仙真的诗与戒各是一类，只是说是原件抄在一起的，占了八张纸，现在把它们分开了。

【柏夷】据我所知，陶弘景称他收集的杨羲原来的文件是一条一条的，那八张纸是后来人抄过的，不是杨羲的手书。我觉得也不是顾欢的，如果是顾欢的，陶弘景会有说明，因为他对于顾欢的批评是很激烈的，他每次注意到顾欢的错误都会指出。

【王家葵】显然陶弘景知道这八张纸是抄的，这个抄本不是降真当时的状态，不是原来小纸片的状态了，是其他人把它抄在一起的。如果这样，我们是不是就不敢太深究这三段为什么会抄在一起的背后意义，那就可能有意义、也可能是没有意义的。

【柏夷】也可能是没有意义的。但是因为他们是很仔细地把它们当作经典抄在一起的，而他们正好把《四十二章经》包括进去，我想他们是要在某个地方展示给别人看的，那个是有意义的。表明了在陶弘景以前，当时的人已经注意到了杨羲的抄本里面，杨羲创造了对佛教的新的看法。我们虽然有很多疑惑，但是可以确定一点，那就是当时的人已经注意到杨羲对佛教有所改革，证据之一就是《真诰》称方诸山上确实有一些原始佛教的教徒。

【提问2/周作明】柏夷老师的讲座对我们认识上清经受佛教影响的问题有深刻的启发，我感到对上清经受佛教影响的问题值得加大力度研究。一是《真诰》，二是上清经三十一卷（包括《大洞真经》），都谈到拯度七祖之法与其他佛教概念，其中"七世""七玄"等词都受佛教影响。对上清经中出世较早的三十一卷经典中受佛教影响的语言、思想进行深刻解剖，再跟《真诰》里面的问题对照起来，也许能够对魏晋南北朝时期佛教影响道教的课题做出新的研究。在东晋兴宁年间，支谦的大乘佛教已经翻译出来了，从时间跨度上讲，佛教对道教发生影响是完全正常的。但是上清经和灵宝经吸收佛教的方式和侧重及其吸收的深度和广度都有不同，这里面的原因何在，真是值得研究。我觉得通过解读思想及分析受佛教影响的用语是解剖佛道关系的一大途径，期待这方面的研究有更多成果涌现出来。

【柏夷】我可以证明有一些记录已经被消灭了,所以我们无法恢复。我有一个希望,希望研究中国佛教的人也体会到。许理和(Eric Zürcher)说,我们有很多早期佛经的翻译,但是它们在中国社会上有什么作用我们不知道,人们是不是用它们作为修炼指南我们也不清楚。他对早期佛经做了深刻研究,产生了疑问,我觉得我们后来的人必须考虑他的问题。因为我们不能简单地采用中国早期对佛经的翻译,认为没有问题所以它们就表示印度原来的佛教是怎样的。佛教来到中国时,不单是影响中国本土的宗教信仰和社会结构,而且是被中国的社会、中国的传统所影响的。所以佛教一入中国的边界,就不是原来印度的佛教,而是渐渐变成中国的佛教。所以我不用"影响"这个词,而是用道士们怎么"采用""改良"佛教的说法会比较好。

【提问3/西北大学研究生李志堃】是否可以把眼光收回中国本土?《真诰》与中国本土的原生宗教究竟有什么联系?比如鬼官、四大鬼帅之一的范疆(卑鄙小人),为什么会被选作鬼帅或者说上升到神格体系中?我觉得这个很大程度上跟民间的俗神崇拜或者说厉鬼崇拜有关。这些是《真灵位业图》或《真诰》中重要的一部分鬼官。但是陶弘景在评注《真诰》中,杨羲记录真人话语时,也提到了公元3世纪的另外一些历史人物,比如徐庶,这些人物并不是厉鬼,而是得到了善终的。我觉得他们是寒门武人,他们很受杨羲青睐和推崇。可不可以看作两个阶层?一个是没有文化的凶悍的鬼官系统,另一个是有文化的寒门武人的神仙体系。我觉得他们的结合或者妥协是有研究价值和研究意义的。柏夷老师可否就这种结合或妥协关系谈一谈您的看法?

【柏夷】这是很好的一个研究题目。我觉得把那些问题放在社会背景下来看,杨羲并不是完全凭空地创造一个死后世界(酆都)。而且那些鬼帅是一种比较强的力量,或者曾经是否做过人是个问题(按,我们请柏夷校对此文时,他发现此处自己有明显口误。他说《真诰》卷七陶弘景注称四鬼帅"本亦道家之祭酒",说明他们都是历史人物)。

【李志堃】他们很大一部分都是历史人物。

【柏夷】历史上的人是酆都的地下主者,那是另外一种(按,工作坊之后吕鹏志与柏夷讨论了地下主者。吕鹏志认为地下主者的居住地不在酆都,而是在《真诰·稽神枢》描述的洞宫。《真诰·稽神枢》称"鬼帅武解,[地下]主者文解,俱仙之始也。度名东华,简刊上帝,不隶酆都,不受制三官之府也",即为明证)。我说放在社会背景下研究它，我是想知道其后代是否还在建康、茅山附近活着，他们为什么把祖先说出来。我在《祖先与焦虑》一书中是顺着陶弘景的注释来研究一些其他故事，报告死后世界的人，不仅有杨羲，还有其他灵媒。还有很多有趣的故事，以前被当作志怪小说。但是也可以发现，不仅是陶弘景应用他们的故事，还有其他场合用这些故事来说明死后世界给生人带来祸福。这些对于道教的研究是个很关键的事情，比如说冢讼的问题，生人会觉得祖先做了坏事情，才有这样的报应。我的那本书推测，佛教进来中国后，就带来"我的祖先现在在何处"的焦虑，所以很多灵媒将死后世界的情况报告给生人。如果要研究《真诰》里的酆都，必须要看那些人的后代是否活着，杨羲是否准备把那些消息告诉他们。我觉得还是先不要把他们分类，先要看他们的后代是否在建康和茅山附近活着，我想那是很关键的一个事情，一直到现在都没有人做过。

【王家葵】可能还是与当时人的知识体系有关，包括民间一般人的知识体系。灵媒之间可能有共通的语言体系、共同认可的地下主者以及地下的故事。灵媒之间的语言基本相通，包括他们构建的《真灵位业图》等。

【孙齐】柏夷老师《祖先与焦虑》书中讲的郭翻的故事就是如此。杨羲所写的东西必须符合许氏家族的知识背景，他造了桓温死后去哪里的故事，这个故事是可以与《真诰》完全接得上的，看得出杨羲是接着前人的故事在往下讲。《真诰》应该被视作六朝志怪小说的一种。

【吕鹏志】这位同学提的问题，柏老在《祖先与焦虑》这本书中已经很好地回答了。

三　讲座"《真诰》校读举隅"
演讲人：周作明　主持人：吕鹏志

（一）内容提要

《真诰》在流传中多有舛误，既有两个校本对该书的校理做了大量工作，提供了可资利用的研究底本，但二书也偶有未善之处。文章筛选出数则文献，提出应充分参照同期或后世异文，加强文本校勘，以获得尽可能正确的文本。在文本的整理和解读中，要综合运用宗教、历史、语言文字等多重知识，对《真诰》一书中的"字面普通而义别"的行业用语以及方俗语词予以重点关注。①

（二）问答讨论

【吕鹏志】周老师不愧是道书语言研究的专家啊，他的校勘都是有理有据的。拜读过他的好多篇相关文章，十分佩服，只发现他批评其他校勘《真诰》的学者改"胇"为"肺"值得商榷（按，元代刘大彬《茅山志》卷六有曰："金陵地肺福地，按《洞天福地记》，福地有七十二，地肺福地为第一，即金陵之地是也。金陵之地出于《内传》。其地水至即浮，故又比之于肺。《抱朴子内篇》别有地肺山，乃玉溜屿，又商山亦名地肺。今以《内传》为正。保命君受，言金陵者，洞虚之膏腴，句曲之地肺也……"此可证"胇"与"肺"同）。但周老师与我真是神明之交，他可能早有预料，所以这次演讲对此一字未提。

【提问1/柏夷】第二卷里面有一个"高龄"，就是郗超、郗愔那个事情，提到"高龄"，我想请教一下对"高龄"的用法有什么资料吗？如果"阿郎"是地方称呼父亲的词，那"高龄"有没有什么特殊用法？

【周作明】"高龄"应该没有什么特别的，就是指很高的年龄。我从事的古汉语就是一种工具，能够为文本的恢复，包括对英译和宗教典籍的传播做一点贡献是非常开心的。借此机会再提另外几个字，有些字表面上很普通，但是很特别。"落"字在《真诰》中常常作"络"，比如"乘云落景"不是落下的日月，而是驾乘着日月；"骖"是个动词；还有"椿"字表长寿，这些字在翻译时必须注意。

【柏夷】我请教"高龄"这个词，是因为司马虚（Michel Strickmann）在翻译《真诰》中郗愔的这个部分时，他觉得"高龄"很可能是指郗愔，但他那个时候只有五十几岁，能不能称作高龄呢？

【周作明】古代五十几岁应该算是高龄了。

【柏夷】那"高龄"有可能就是指郗愔。

---

① 关于本讲座的相关论著，参见周作明、俞理明《东晋南朝上清经中的"宴/晏"》，载四川大学汉语史研究所编《汉语史研究集刊》第九辑，巴蜀书社，2006，第109~119页；周作明、俞理明《〈真诰〉校注补阙》，《图书馆杂志》2010年第6期，第78~80页；周作明《点校本〈真诰〉述评——兼论魏晋南北朝道经的整理》，程章灿编《古典文献研究》第十五辑，凤凰出版社，2012，第611~623页；周作明《"道教典籍选刊"与道教古籍整理》，《中国道教》2012年第5期，第50~54页；周作明《他山之石，可以攻玉——评〈真诰校注〉》，载朱越利主编《理论·视角·方法——海外道教学研究》，齐鲁书社，2013，第391~401页；周作明《"道教典籍选刊"之〈真诰〉与〈登真隐诀〉辑校》，《书品》2015年第1期，第26~41页。

【周作明】翻译时文本的理解非常难，我非常佩服能把《真诰》译成英文，这个工程是非常大的。我这里再讲一个小问题，《真诰》第一卷有一处"亦可杨权相问"，这个"杨权"怎么理解？我认为"杨"指杨羲，"权"意为暂时，即"权宜之计"的"权"，不能把"杨权"理解成"羊权"。赵益把"杨"和"权"都加了专名号，是理解成了杨羲和羊权，显然不对。

【提问2/王家葵】你是对的，而且"杨"和"权"不应该顿开，"杨"是杨羲，有专名号，"权"是个副词。用其他道经做参校这件事情，可以做脚注，但绝不可改底本原文。我们做校勘，要呈现原作者写作时的状态。有些烂字我们也许可以通过其他道经找到文字本来的状态，但绝不是原作者陶弘景想表达的状态。"如果"我校《真诰》也只敢用俞安期的本子做对校，遇到参校、旁校等二级校本的异文，只要不是太关键的使句子不可断的，都只敢出注，但绝不敢径改。你要是把这些都改了，那就是你的《真诰》，不是陶弘景的《真诰》了。

【周作明】王老师提醒得非常对。但是我个人的浅见是，不影响句意的，可以指出；与句意相反的，尤其是在做翻译的时候，还是要改。

【王家葵】指出来就可以了，尤其是与底本意思相反的，绝不可凭感觉改正，万一感觉错了，问题就大了，宁可保留着。翻译的话还是顺着底本字面意思去，然后加以注释，不能按个人理解去翻译。

【柏夷】同音异体字等，英文翻译是没有关系的。但是在做中文版时，必须按照原文，可以参考文献学标出其他的异文，若按照意思径改，对后来学者很不利，他们看不到底本原貌。做翻译是另外一回事。

【周作明】做版本的时候谨慎是第一原则。

【吕鹏志】可以标出异同，但不要轻易改，要详细出校。我在开幕致辞的时候说过，工作坊的特色之一是和而不同，虽然周、王二位老师的观点完全相反，但是都有一个共同目标——求真，都是想要复原《真诰》的本来面目。

【谢孟谦】可以加一个外行人的意见吗？我明白王老师的问题，比如"守心节度"的"守"比"受"更加有理由，我就很同意周老师的这一点，不过它确实是异文，那怎么办呢？因为放在注里头就没有味道，就感觉你没能把一个明显的错误校正过来。作为外行人来讲，我很想看到一个大胆的改动，这里应该是"守"字而不是"受"字，这可能是对文本不太负责任，却是外行人非常需要的、会很喜欢的一个改动。

【周作明】这个观点王老师是对的,在整理方面,谨慎是第一法则。谢孟谦同学的观点正表达了我们青年学者看到经书中的错误想做取舍的这种热情、兴奋。但是就整理的角度来讲,确实应该存真、谨慎。在谨慎的基础上,个人认为目前《真诰》的这两个整理本(赵益点校《真诰》和吉川忠夫、麦谷邦夫编,朱越利译《真诰校注》)至少可以在出校方面做得相当详细,就是一定要把这些异文,尤其是关系到原文语意的异文指出来,做这一步是比较合理且重要的。

四 讲座"《登真隐诀》的辑佚和研究"
演讲人:王家葵 主持人:罗宁

（一）内容提要

《真诰》与《登真隐诀》互为表里之作,所谓"《隐诀》以析纲目,《真诰》以旌降授"。但《真诰》在流传过程中,虽卷帙由七卷衍为二十卷,其内容基本完整,而今明《道藏》中之《登真隐诀》只有寥寥三卷,仅为原帙二十四卷的八分之一。本段考察《登真隐诀》之撰著、流传与亡佚经过;根据诸书引用情况,勾勒《登真隐诀》篇章结构之概貌;全面清理佚文,并对与本书相关的疑似道经稍加辨析。①

（二）问答讨论

【提问1/西南交通大学人文学院教授罗宁】非常感谢王老师的精彩报告。《登真隐诀》最为复杂,如果我们有幸看到唐宋原本的话,其重要性可能都要超过《真诰》,可惜亡佚,只剩三卷。我个人觉得这三卷本身都还有问题,而且汇集而来的很多资料也没有明确的归属结论,所以非常复杂。王老师做文献的辑佚、考证、整理,要做老吏断狱一样的功夫,王老师比较谨慎,没有把很多东西直接放进去,而是放入了"疑似道经"里面,这给我们提供了很多信息,让我们可以进一步来思考、探讨其中的问题。王老师的很多看法我都很同意,比如关于卷数二十四和二十五的问题,以及叙传加一卷的说法,这种习惯在中古以来,尤其是唐代以前,《太史公自序》

---

① 本讲座的讲稿在作者王家葵旧著《陶弘景丛考》(齐鲁书社,2003)第三章第五节"《真诰》与《登真隐诀》"的基础上修订而成,两稿观点相异处甚多,以本讲稿为定。

《汉书叙传》《文心雕龙序志》都是这样来写的。写叙传时有可能把原文重新进行整理抄写后再加写续传，也有可能原稿在那不动，过了十几二十年再来写叙传，所以叙传的时间对判断前面二十四卷的时间倒是没有太大关系。叙传在南朝梁天监末写成应该没问题，正文却可能完成于齐代。

另外我想谈一下流传，我也同意它应该是流传到南宋，至于元代呢不是很确定。但是这里面有一点是我不太同意的，即《登真隐诀》在宋代成为显学，当时很多人都知道。你讲了苏轼的诗和晁说之指出他的问题，其实苏轼称此书为"异书"，就意味着本书并不常见，如果常见，阳行先也不会送给他。苏轼这首诗写于晚年，直到此时他对《登真隐诀》都还很陌生，可见是不常见的书。我相信晁说之说的见于《道藏》，是指政和年间版印的《道藏》，那时苏轼已去世，是看不到这个《道藏》本的。我认为这个书基本还是在教内，在道观里，在市面上流传并不多。有本唐代书《造化权舆》，陈振孙找了很多年才在苏州一个道观里找到，可见南宋时《道藏》也不是容易见到的。

还有一个话题想谈的是《登真隐诀》这个书到底是本什么性质的书？按古代目录的分类是什么部类，它采用的是什么编辑体式？在六朝，有大量的杂钞和类书的编纂（抄纂），抄纂是很常见的书籍传播方式，还有就是通过抄纂进行归类和提取精华。这是六朝很流行的做法，所以我认为它本身具有类书的性质。但这里有分类的问题。七篇应该是一级分类，小类呢，如果是按刚才说的十七个，我又觉得不太对，一般来说七大类不止十七个小类。会不会是从十七本书中抄出来的呢？我不确定。它的体例问题，从现在书的体例来看，三卷里面，第一篇是传诀，再进行小类分别。下面的顺序是怎么排呢？是按一部一部书还是怎样？第三篇即卷下就是按类别分的，似乎更像类书。

【王家葵】是从一个经抄出的，不是类书。陶弘景编过类书，但没成功。现存的三卷，我想不出它曾经的流传形式，在入藏以前，它是怎么被编成三卷的，是被摘抄成三卷，还是编藏时去收集的残抄，都不知道。三卷的原初流传形式并不清楚。

【罗宁】它不是原来二十四卷里的三卷是肯定的，不是原有的排序，应该是乱七八糟抄在一起的。但我们要思考的问题是，如何把这三卷的文字归回原来的二十四卷里面去。

【王家葵】就是归不进去，我们不知道每一卷书是怎么抄出来的，也没有告诉我们传抄过程。没有别本，无法讨论。

【提问2/谢孟谦】请王老师不要感到遗憾,因为作为学生,有很大收获,明白了这三卷不是残本而是残篇三卷。请王老师加大力度讲一下,除了《登真隐诀》,还有什么其他类别的重要道书有类似遗憾的情况,可以先点出来,避免后学读不懂,希望由《登真隐诀》开启我们的后路。

【王家葵】同学请注意,今本《登真隐诀》上中下三卷的逻辑性就是完全不成逻辑,更说了肯定不是完整段落被剪裁,而是以残篇状态被收集,甚至还没有明确的联系性。明代人做辑佚书时,也是这种情况,少数书能重新复原,多数书也就只能以残篇的形式来做,如《玉函山房辑佚书》,到后来清代人做纬书的辑佚也只能是残篇,这样就算遇到了也给它拼不回去。这种情况很多,《道藏》的佚书实在太多,只剩半卷的、残渣的和拼错的。觉得遗憾是因为《登真隐诀》相对于其他佚书来说,它留下的线索是足够多的,而且今天的文献检索条件也很方便,但是还是无能为力。而这么多线索、这么多佚文,哪怕我装一个简单的框架我都把它编不进去,所以会有挫败感。无关于本身内容,而是文献家面对挑战的挫折感。

【提问3/孙齐】我们现在通过《道藏》看到的道教材料和中古道教的材料是很不一样的。我觉得《紫文行事诀》和《玄真经诀》应该是陶弘景写、陶弘景注的,它们只能属于《登真隐诀》。《握中诀》应该不是,因为它提到了《登真隐诀》这个题名。经过我的考证,发现《太平御览》卷六六五,大约有3000字,那一整卷都是抄自《登真隐诀》的,可以通过《道藏》中别的经书把《太平御览》的经文、注文分开。《太平御览》现在是经、注无别,大字、小字不分了,《道藏》本《登真隐诀》明显是陶弘景的《登真隐诀》。还有您提到《玄真经诀》,王悬河《三洞珠囊》引《玄真经诀》与现行的《玄真经诀》不一样,这个怎么理解?我注意到引《登真隐诀》时,"本文云""注云"极其少见。

【王家葵】是特殊的模式,担心抄书的时候抄错,单独把陶弘景注写为"注云",就跟《本草经集注》一样,"陶云""唐本注云",就是怕别人抄的时候注释混入本文,陶弘景特意做的文献符号。

【孙齐】那有没有可能它是经本身的注,不是陶弘景的注?

【王家葵】王悬河引的是《登真隐诀》,我觉得《玄真经诀》过不了关就在这。明显王悬河引的是两段《登真隐诀》的本经和注释,本经是和《玄真经诀》完全一样的,但是注释完全不对称,意味着王悬河看到的《登真隐诀》注释不见于您认可的陶弘景《登真隐诀》的一篇里面,这个话就不通了,通了我就马上认了。我想用

《登真隐诀》的异文去检索,看这个异文在其他道经是否有类似的注释。《登真隐诀》每篇都是两部分,大字是经书本文,与陶弘景无关,是前代的,小字是陶弘景的注文,这个文献体例很重要,在《真诰》中更为复杂,可是今天的流传版本看不到了。刚才说的本文和注释是唐代人王悬河在注释时发明的区别本文和注释的一种方式。

【提问4/四川大学历史文化学院教授白彬】王家葵老师质疑陈世华发表在《东南文化》1987年第3期上的"陶弘景铭文墓砖"的年代,认为是宋人刻的,提示我们对所谓"考古发现"的实物遗存的真伪和年代问题要仔细加以分辨。"陶弘景铭文墓砖"的字体的确不像南朝时期的风格,铭文砖的长宽尺寸也有问题,但我觉得并不完全是宋代人毫无根据的伪作。推测陶弘景的墓葬就在这一带,后来墓葬被毁坏了,鉴于他在道教史上的重要地位,宋人根据他们收集到的铭文墓砖等物品,重修了陶弘景的墓葬。原来的墓砖上可能有这样一些铭文,但重建墓葬并未完全模仿彼时的字体和墓砖的大小。东吴到南朝时期,铭文墓砖较为流行。但到宋代,墓砖带铭文的例子很罕见了。所以宋人为什么要在墓砖上刻写这么一些内容,值得深思。

《登真隐诀》中有两项内容与考古有关,一是"善解地理,以冢宅为意",二是"飞注"。《真诰》卷十里"建吉冢之法"提到的"起九尺以石,方圆三尺题其文,埋之土三尺",就与堪舆风水有关。带有"玄武延躯"字样的陶弘景铭文墓砖材料,如果其时代和真伪问题尚有疑问的话,考古发现实物材料,要到隋唐时期才有所见。像"飞注"一类的与注鬼有关的内容,在考古发现的南朝时期的考古材料中几乎不见。推测像《真诰》《登真隐诀》这类上清派经典,对社会中下层的影响比较有限,或者说,《真诰》《登真隐诀》主要是在受过良好教育的道教上层流行,他们对道教的理解与社会中下层相比有比较大的差异,故当时社会中下层根本不采用这些东西。迄今为止,考古发现的上清派的实物遗存都是不带符箓的,但是王家葵老师提到上清派尚符箓,这一点值得关注。希望道教研究者今后能对部分与考古遗存关系密切的道教典籍,如《赤松子章历》《正一法文经章官品》《道法会元》进行校勘和整理。

【王家葵】其实我们这个分类是错误的。我们觉得应当区分上清、灵宝、正一,陶弘景用过这些说法。但是(孙齐补充:陶弘景是天师道道士)只是他在描述他的上清法术时是这样的,在具体做法术时是不区分教派的,都会使用。陶弘景骂灵宝时说是我派和他派间的争论。

【白彬】一般道士和普通民众是否真能分清灵宝、上清或天师道,还是只要有需要就拿过来用,只要能起到作用就拿过来用?不管教派,才会出现不同道派的内容同出在一个墓葬中的现象。

【王家葵】选几部合适的道经，做图录性的工作，达到既有唐代道教文献又有唐代墓葬考古实物，来还原唐代墓葬状态的目的，读者就会明白更多，联系得更好。可以把文献与相关碑帖、明器等的链接先做起来。

五 讲座"叙事学视野中的汉译佛经与道教灵宝经"
演讲人：王皓月 主持人：陈平

（一）内容提要

20世纪60年代以来，叙事学理论迅速发展，现已成为文学研究的主流方法论之一。虽然叙事学的研究对象基本为小说，但是佛教经典和道教灵宝经也属于叙事文的范畴。所以，本文希望借助叙事学的研究方法，围绕人称、叙述者与故事的关系、叙述者的作用和视点等问题，对比研究汉译佛经与道教灵宝经的不同，揭示灵宝经在创作手法上的特点。[①]

（二）问答讨论

【电子科技大学外国语学院副教授陈平】王老师写得很深，对于佛教和道教都有非常专业的认识，而且加入了跨学科的观察，即用叙事学来研究道教经典。我从两个角度进行点评，首先是叙事学的角度，对于他的叙事学理解以及他把叙事学切入宗教文学的研究发表一些自己的看法，第二是从道教的角度来看这种跨学科的方法，特别是对他做得较好的方面做点评。

第一关于叙事学，我觉得王老师主要用的是经典的叙事学的方法进行研究，所谓经典是相对于后经典叙事而言的。后经典叙事的范围很广，比如说宗教的叙事、电影和连环画等，后经典叙事也更多地涵盖政治、经济、文化等方面，在西方是一种显学，并在文学理论以及宗教文学研究等方面有较好的运用。传统的经典叙事，王老师在一开始已经讲得比较详细，主要是讲叙事学的定义，以及经典叙事学意义上的托多

[①] 本场讲座主讲人王皓月因病未能出席，由西南交通大学人文学院研究生杨金丽代为宣读。关于本讲座的相关论著，参见王皓月《基于叙事学的佛经与道教〈灵宝经〉的对比研究》，《世界宗教文化》2018年第6期，第121~126页。

洛夫的语法、罗兰·巴特叙事作品结构分析导论等，主要是讲作品的结构，可能比较直白地说，叙事学就是一门讲故事的学问，所探讨的是一个故事怎么讲述出来，也牵涉句法结构、讲述形式（以人称来看有第一人称、第三人称和第二人称叙事，以视角来看有全知叙述、限知叙述——全知视角就是像上帝一样什么都能看到，而作为普通人眼睛所看到的很有限，而其内心的意识也是局限于个人的认知）。此外，对宗教经典的叙事学研究也涉及经典接收的问题，就是说谁在听谁说话；比如道教中的授度仪，讨论谁有资格接受经典的传授。与此相关的是经书的真实性问题。道教的授度有严格的仪式规定，要到一定的年龄，有了一定的修为才能授度。保证道经的真实性，也就是要保证其神圣性。比如道经中的灵宝五符就被视作来自天上的文字，由气形成。从讲故事的角度来说，灵宝经书中也有一个谁在讲故事、谁在听故事的问题。可能王老师讲的主要是这样一些内容。在我看来，他的出发点是经典的叙事学，但其实已经跨入了后经典叙事的领域，像宗教文学，还有道教这么边缘的叙事材料被他引入叙事学，对叙事学具有一定的贡献。总之，从叙事学的角度看王老师的发言，也许可以提出两个观点。第一点是王老师主要是从经典叙事学的角度论佛经和道经。第二点是他其实超越了经典叙事，进入了后经典叙事，只是他自己没有提到。

第二个评论是从道教的角度来看的，也可以说是从一般宗教文学的角度来做一点观察。其实，从叙事的角度研究宗教文学，在西方是有较好的传统的，比如对《圣经》的叙事研究就有较悠久的传统。德国著名学者奥尔巴赫的《模仿论》曾论述荷马史诗与《圣经》叙事的一个区别，他觉得荷马讲故事不厌其烦；《圣经》叙事则非常简约，一切为经典而服务，用来传递上帝的声音。此外，西方还有很多人在研究《圣经》的叙事方法，包括人称、结构、仪式等，使这种研究成为一个比较大的学问。但是从经典研究来说，不管是《圣经》的研究还是其他研究，确实都会涉及叙事技巧。叙事技巧看起来有点复杂。如果能够比较直白地说，全知视角指的是全知全能的上帝视角，包括《圣经》的开篇（太初有道……）就是一种全知全能的叙述。内聚焦在《圣经》里面就要少一点。在我们刚刚研究的早期道教经典《真诰》中，杨羲所接收的是很神秘的东西，他的内心有一种体验，是跟神女有爱情，因此他的心理活动揭示出来就有一种隐秘特性，讲到神女怎么传授他，他又怎么记录下来；同时也关涉视角问题，对杨羲的心理活动的描写当是对其内部心理的聚焦，叙事学称内聚焦。另外一种可能，按王老师的说法，就是道经中缺少一个像阿难一样的叙述者、目击者，因此杨羲的记录可能更客观一点，不是用的第一人称的"我"。此外，与叙事视角相关的还有经典的真实性问题；王老师提到采用隐身的叙事者形式，是为了增加读者对故事真实性的信任。经典具有怎样的真实性？是阿难记载还是杨羲记载，多大程度上可信？《真诰》记录的是神的话吗？《圣经》记录的是上帝的语言吗？从经典的真实性来看就可以引起很多与叙事话语相关的思考。此外，第三个问题是经典的传播，因为道教有授度。道经的传播具有神秘性，这么一个独特的授度仪式就关涉传播过程。王老师说这种仪式性的东西不属于叙事，但从后经典的角度来说这正是一种叙事；而从表演的角度来看，我觉得也是一种叙事，授度仪就有戏剧表演的形式，当然肯定也有叙事的成分在内。另外一点我觉得王老师说得比较好，他提到了戏剧里的戏剧性。他有戏剧叙事的意识，关注剧情怎么交代，他还提到写剧本的时候一定要考虑如何交代剧中的人物关系，如何塑造人物形象，如何把人物的经历介绍一下。他还提到一个基本概念，即经典叙事学关于故事和情节的区分（故事交代的是事件怎么发生，是一个本源的东西，而情节是作者的安排；比如说发生了一个授度仪式，作者记述这个仪式性的故事的时候，就需要考虑怎么安排处理，体现其匠心独运）。王老师在发言中很好地谈到了经典中的人物形象塑造和情节设计。他在这方面讲得这么好可能是因为他自己有戏剧创作的经历。再次，从经典分类来说，道教有自己独特的分类，比如陆修静等人都有比较完整的分类体系，而王老师创造性地把叙事学的分类方法运用进来，有些地方是做得比较好的，有力地证明了道经分类法与叙事学的分类法有契合的地方；有些地方则略显牵强，因为道经已经有自己的分类体系，那我们如果用叙事学的分类法进行再分类，就可能会显得比较烦琐，而且也不是每个地方都合适。最后，叙事文学与宗教文学的另一个契合点是它们都有说教成分，道经和佛经强化说教效果，宗教要教化众生。

综合来看，王老师创造性地把叙事学的方法运用于道经的分析，提出了一些创造性的看法，而且他有创作戏剧的经验，所以他对经典文学中人物形象的塑造、情节的设计、说教的效果等方面都有深入的观察。对道教与佛教研究中比较重要的一些问题，他通过跨学科的方法让它们产生碰撞，在仪式、表演、分类以及经典的真实性方面对我们都有新的启发。

总的来说，我觉得王老师提出的许多看法是非常有益的，他用跨学科的方法看待道教，看待经典文学，这在某种程度上也反映了以后国际汉学的研究方法。在较长时间内，国内学者和国外学者的研究路径会有所区别，国内学者在考证方面做得好一点，国外学者更注重跨学科研究，用到人类学、叙事学等多学科的方法。可能今后不论国内学者还是国外学者，一方面要做文献细读，另一方面也都会用到一些较新的方法，以求开阔视野，并对经典作品产生新的认识。

王老师不在，没办法向他提问，我们可以自由讨论。

【柏夷】我觉得用叙事学的方法完全可以做一个佛经与灵宝经的比较。我注意到最大的一个问题是，王皓月老师好像是把佛经看成一个整体，说佛经如何如何，但我没有听到任何一个翻译者的名字。这个是很关键的，因为在中国翻译的佛经已经变成中国文坛上的东西。而且，比如说用"如是我闻"来判断早期的经典是由哪一个翻译家翻译的，连开头的四个字在个别的翻译家手上都是不一样的。我想如果要运用这个方法，必须把具体的道教经典和具体的最好是同时期的汉译佛经拿来比较。灵宝经受到佛教方面影响最大的就是那些南方翻译家，所以我们可以把他们翻译的经典拿出来看。比较汉译佛经的叙述方法与灵宝经的叙述方法，做这样的分析会比较可靠一点。

【谢孟谦】最后的机会可以跨跨学科，第一个"跨"是文学研究，第二个"跨"是王老师用的文学框架，其实有社会学的理论在里头，是可以相合的。如果我们用人类社会演变的不同阶段来说，第一个阶段人类是以仪式为主的，以行为动作为主的，然后慢慢推进，有很多仪式之后，人们就把这些仪式的含义说成是故事，像我们在佛经和道经中看到的故事，那就是 symbolic understanding。再往上推一下，就是把这个 symbolic 上升到 philosophical，就是 conceptual understanding，最后是 unitive understanding，像我听到的上帝给我的信息。人类社会就是这样演进的。王老师提到灵宝经属于非聚焦跟外聚焦，两个都互通，是很好的启示，因为他讲述了灵宝经是怎样呈现人类各个阶段的，主要是故事阶段的（symbolic、philosophical 跟 conceptual 的阶段）。如果是天尊自己说的那就是说教，如果是道士跟天真联络的时候，那就是叙事。叙事跟说教，或者是叙事跟说理，这两个很完美地在灵宝经中活用出来。第一点我想说的是，王老师讲的内容可以用社会学去支持，而且是很有意义的，两者有非常相合的地方。第二点是王老师提到的三个作用，即塑造人物形象、丰富情节和强化说教的效果，我认为这是很好的工具，如果用这三个效果去研究灵宝经以外的一些道教经典，可以看到灵宝经与其他类别的道经对这三个效果的侧重会不一样，可以用这个来帮我们将不同的道经分类。

【吕鹏志】很有创意，把文学叙事的方法引入灵宝经的研究，为研究灵宝经提供了新的视角。是我建议王皓月老师讲这个题目的，因为我对叙事学在大学念本科时就有了兴趣。法国叙事学家热拉尔·热奈特的名著《叙事话语 新叙事话语》就是我的本科法语老师王文融教授翻译的，我在王老师的指导下完成了本科毕业论文《叙事作品语法结构分析》。

【南京艺术学院副教授张素琴】看了王老师的论文特别有收获，我一年前写过道教仪式的叙事分析，我觉得这可能是做戏剧和做艺术的一个共性，我们往往会从一个剧本的角度来观察仪式的文本，也来观察这个仪式的形式。我之前很犹豫是否要用叙事的方法对仪式进行分析，这种研究方法是否可行，今天看来我更坚定了一点。

六 讲座"从《太上洞玄灵宝三元品戒经》到《太上洞玄灵宝中元玉京玄都大献经》——道教中元节起源新说"
演讲人：吕鹏志　主持人：向仲敏

（一）内容提要

唐代僧人曾揭发道士刘无待仿拟佛教盂兰盆会伪造《大献经》，指出《大献经》倡导的中元节原非道家节日。近现代学者普遍都同意这个说法，只有个别人持相反的意见，认为佛教盂兰盆会模仿道教中元节。本文认为二说皆为片面之说。如果从仪式和日期两个方面仔细考察，会发现道教中元节一方面的确仿效了佛教盂兰盆会，另一方面与道教本身的信仰或教制也不无关系。道教中元节其实是糅合佛、道二教因素而创造的宗教节日，它是中古时代佛道融合的典型例证。[①]

（二）问答讨论

【提问1/西南交通大学人文学院副研究员向仲敏】讲座提到《谢罪上法》礼忏时几个方位的文本有缺失，可否通过其他文献进行弥补？

【吕鹏志】《三元品戒经》里的谢罪上法有一个仪节是二十方忏，现存《道藏》本缺了至少四方，不完整，但是可以通过校勘，利用《无上秘要》的引文进行复原。

---

① 关于本讲座的相关论著，参见吕鹏志《灵宝三元斋和道教中元节——〈太上洞玄灵宝三元品戒经〉考论》，《文史》2013年第1期，第151～174页；Lü Pengzhi, "The Lingbao Fast of the Three Primes and the Daoist Middle Prime Festival: a Critical Study of the Taishang dongxuan lingbao sanyuan pinjie jing," *Cahiers d'Extrême-Asie* 20 (2011): 35–61.

【提问 2/柏夷】早期的日本学者吉冈义丰、秋月观暎和大渊忍尔他们太注重佛教方面，没有注意《道藏》里面的资料，今天听你新的解读，想清了很多问题。我的问题是，印度原来是使用阳历还是阴历？在阴历十五月圆时搞仪式可能会搞到晚，就比较方便。

【吕鹏志】印度 15 天为一月，分黑月和白月，佛经中有"半月半月说戒"的说法。但是盂兰盆节在印度佛教中找不到，是汉传佛教发明了盂兰盆节，我说的也是道教受汉传佛教的影响。

【柏夷】第二个问题，《盂兰盆经》好像是要弥补中国古代对彼岸世界想法的不足，印度佛教带来的"因果报应""功德"概念对道教影响很深，但是从中国的眼光来看，印度佛教缺乏系统性，因为他们没有彼岸世界的官僚体系。中国早至战国时期，死后世界已经是官僚化的世界。我要问的是，《盂兰盆经》里面有没有一个官僚世界？

【吕鹏志】《盂兰盆经》明显没有官僚世界，官僚世界明显是来自道经的。我的结论是道教同时吸收或综合了佛教和道教两方面的东西，创造出了中元节这个宗教节日。中元节中的官僚体系明显来自《三元品戒经》。

【提问 3/王家葵】两个小问题。前面有个小句子，即引《艺文类聚》"献诸圣众道士。于其日夜，讲诵是经"的句读，是不是该把"道士"点断在后面？

【吕鹏志】根据其他版本——《道藏》本和敦煌本，和其他佐证材料，是既献给圣众，也献给道士，从对校、他校法及本校法来看，不应该把"道士"断在后面。那样的话，这个仪式就变成只献给诸神了。很多材料都证明，早期的中元大献，就是要献给道士，供养道士。道教中元节就是要创造一种类似于佛教供养佛教僧人的仪式，不可能只献给神，《盂兰盆经》也是"供养十方众僧威神（指佛）"。

【王家葵】第二个问题，您最后说到宋代道教，您说佛教第二次对道教产生很大的影响，特别是密教的影响。据我了解，经过唐末以后，整个佛教包括密教本身已经非常衰微了，以至于只留存于日本的东密了，宋代人做的密教仪式其实是捡着唐代剩下的很少的轨仪来做的，怎么到了道教反而得到更多的呢？

【吕鹏志】佛教密宗在唐代非常有影响，很兴盛，但是真正开始影响道教不是在唐代，唐代的密教对中国道教的影响并不大，真正深刻的影响是发生在宋朝以后。我们觉得密教的影响好像消失了，但是实际上在宋代的道教仪式文献中可以看到大量的密教因素。这一现象最早是柏夷老师的老师司马虚发现的。司马虚在法文著作《中国密教》（*Le tantrisme chinois*）中，第一个提出从宋朝以后（实际上是从南宋开始）道教开始大量吸收佛教尤其是密教的因素，很多密教后来因为衰退而失传的东西反而在道教里面保存，所以司马虚有一个说法，他说宋朝以后的密教是道教化的密教。我们想象中以为古代的佛教和道教像今天的佛道一样互不相干，有大量证据证明其实中国古代的佛道间一直互相影响。我也是受柏老师的影响，柏夷老师研究灵宝经和其他早期道教经典十分关注佛道关系，因为不懂得佛教就不可能真正理解道教。同样，我研究道教仪式也发现，不懂佛教仪式也看不懂道教仪式。我对仪式研究很有兴趣是因为，佛道两教的仪式之间有很多相似的东西，有互动、有影响，只要同时关注两教并将两教的材料结合起来，有比较有鉴别，就能看得更清楚。

【提问4/张素琴】不明白为什么宋代的仪式和前代的仪式完全不同了，变化非常大。特别好奇的是变神，这现在在道教法事中是非常重要的一节。它除了受密教影响之外，是不是跟存思、存神有很大的关系呢？想听您具体讲一下。

【吕鹏志】作为学者，我不会做法事。司马虚在法文著作《中国密教》中分析了变神仪式，表面上变神是在存思想象中自己变成了神，好像是中国本土的道教的存思术，实际上它主要还是借鉴了佛教密宗。佛教密宗中有好多文献资料可以佐证，后来道教变神仪式的基本模式还是模仿佛教密宗，他们可能在变的过程中添加了一些道教本身有的东西。但可能更多的是综合了佛道二教仪式的变神。

【提问5/孙齐】不知道您在梳理这些材料的时候有没有关注它实际是怎样运作的？这只是经典的记载，六朝的道经出现了中元节，有很多史料证明了唐代确实在施行这样的中元节，但是唐代以前有没有材料证明他们施行过中元节？我看《洞渊神咒经》提到了在三个时间（1、7、12月），一个村子在一起办一个斋会，但那个描述没有看出来它有荐亡的感觉。另外一则材料是《道学传》里面有一个南朝梁代的道士，他会在晚上拉着一群人组织他们点着灯绕山转，这是我所知道的一些关于三元斋实际运行的情况。但是看北朝的道教造像，里面没有与三元节有关的造像，感觉他们不会因为三元节而造像。您觉得古灵宝经提到的三元斋在当时有多大的使用范围？或者说它是一个字面上的东西还是实际发生过影响的东西？

【吕鹏志】我在研究道教仪式时很注意广泛占有不同类型的资料，比如注意到北朝道教造像碑里面的资料有一些月十五日举行斋仪的仪式活动。我也注意传记类资料，包括《道学传》，因为它讲了仪式活动。综合不同材料，包括道教经典灵宝经、道教传记《道学传》、造像碑、考古资料，我们可以发现，包括三元斋在内的灵宝斋仪式从古灵宝经的时代开始形成，在南朝时代已经开始有这样的做法。最典型的例子是《道学传》中陆修静的传记，明确地说他为南朝刘宋皇帝举行三元涂炭斋，这是道教灵宝斋仪进入朝廷的有力证据。《道学传》中还提到很多斋仪，至少从南北朝时期以来就开始流行。

【孙齐】我说的是荐亡的仪式。

【吕鹏志】度亡的观念和实践在古灵宝经时代也是有的，古灵宝经中有两部讲度亡的经典，一部是《度人经》，一部是《五炼生尸妙经》，已经有度亡的观念和实践。但是，模仿佛教盂兰盆会功德转让来超度亡灵饿鬼的道教中元节仪式出现较晚。三元斋和度亡的做法可以说出现得较早，但是中元节还是比较晚出现。我只能判断最早的是《艺文类聚》（624）里明确引用《大献经》，在这之前中元节荐亡仪式已经出现，但是具体早到什么时候还无法确定，因为资料不足，现在更早的文献资料是看不到的，希望有考古发掘出新资料。

【提问6/柏夷】想知道除了《佛说盂兰盆经》，有没有其他佛教资料提到"七月十五日""自恣日"？它们有什么说法？

【吕鹏志】有。有大量其他佛教材料提到"七月十五日"，即自恣日。关于自恣日的材料特别多，除了汉传佛教文献，巴利文、梵文文献也有。关于佛教忏悔（包括自恣日忏悔）仪式有两部名著，一是比利时佛学大师 Lamotte 弟子 Ri Ki‑Yong 写的博士论文（"Aux origins du 'tch'an houei'：aspects bouddhiques de la pratique penitentielle"，1960），二是法国远东学院郭丽英写的博士论文（"Confession et contrition dans le bouddhisme chinois du Ve au Xe siècle"，1994），两人的博士论文都深入研究了佛教的忏悔，包括自恣。

最后还说一下，周作明老师昨天提出的一个佛道关系问题：早期上清经里面，不仅是《真诰》反映出道教受了佛教的影响，开始想办法对应佛教，有没有其他的上清经，比如三十一卷早期上清经还有其他一些上清经受佛教影响。这个问题前人已经研究得很好了，法国道教学者贺碧来（Isabelle Robinet），她写了两卷本上清经研究著作《道教史上的上清降经》（La révélation du Shangqing dans l'histoire du taoïsme）。这部书第一卷是研究部分，第二卷是140多篇早期上清经的解题目录。第一卷有专章谈上清经与佛教的关系，贺碧来在书中早就注意到了佛教对上清经影响的问题。她对140多部上清经都做了透彻的分析，罗列了上清经中吸收的所有佛教词汇，比如"空"的概念，还分析了它在上清经语境中的具体含义。她的发现是，虽然上清经借用了一些佛教术语词汇，但是通常改变了它们的含义，只是表面上借用了佛教术语词汇，但是在思想上上清经还没有受佛教很多的影响，从内含来看并不是佛教的概念。还有我觉得她是最早注意到上清经里面，上清诸真的一些弟子是从佛教里面来的，他们原来属于佛教，后来皈依于道教。早期道教的传教对象不只是道士，也包括佛教徒，他们认为"佛是道之一法"。贺碧来总的结论是，上清经只是表面上、形式上借用了一些佛教的东西，还没有深刻地受到佛教影响。灵宝经真正深刻地受到佛教影响，这是荷兰学者许理和提出来的。我们看到，柏夷老师已经在超越前人和他自己的观点。研究的时候视野开阔一点比较好，有些问题前人已经研究得很深了。

【提问7/周作明】《上清大洞真经》中也有很多"拯拔七祖""七玄""拯拔七世父母"的说法，来源是佛还是道呢？

【吕鹏志】"七世父母"的来源，以前都觉得是从佛教里面来的，在汉译佛经有很多"七世父母"的概念。应该说，最早不是从灵宝经而是从上清经就开始借用佛教"七世父母"这个概念。

【柏夷】中国的祭祖有"七庙"，有昭穆，就是因为有那样一种系统。所以"七世父母"可能不是受印度佛教的影响，不过只是猜测，没有证据。

【吕鹏志】现在比较吊诡的问题是，就像《佛说盂兰盆经》没有印度来源一样，"七世父母"之说也未找到印度来源。所以我强调道教的"七世父母"说是受汉传佛教的影响，根据中国国情又加了一些东西。

【柏夷】可以说是"汉创佛教"。

【周作明】《佛说盂兰盆经》的产生也深受中华传统文化的影响。"七祖"在中华文化里面也是很流行的，就是指前七世、前七代，而佛教的"七世"是自身此生的前七代。这个"七世"是佛教观念和中国前七代观念的综合利用。虽然道教的中元节受佛教的影响，但中国文化又反过来影响佛教。

【王家葵】佛教里面的"七世父母"是我上一世、上上世的父母，与中国宗法观念中有血亲关系的祖先不相同。所以更多还是受佛教的影响。

【吕鹏志】说到这里又可以讨论一下香港大学谢孟谦提出的人类学本体论的问题，也就是道教对身体的看法。这个问题在古灵宝经《三元品戒经》中有很好的说明，这部经典假托天尊和道君的问答在讨论一个问题，一个让灵宝经作者感到矛盾的问题：到底是命由自主还是祖先会影响到自己的命运。因为中国传统的命运观是祖先的罪福会延及子孙，而印度佛教的因果轮回报应观是因果报应、自作自受，两者之间有矛盾，吸收佛教思想就与中国本土观念产生了矛盾。于是这部经假托天尊与道君的问答试图调和解决这个矛盾：我们的命运归宿可能不仅与自己的业报有关，还与祖先积累的罪福延续到我们身上有关。另一方面个人的业行也会上延到祖先，祖先与子孙之间有互动的关系。这就是本土道教与外来佛教的观念融合在一起了。现代学者觉得这两个观念有矛盾，即因果报应轮回观念和"积善之家必有余庆，积不善之家必有余殃"之说有矛盾，但是在灵宝经作者看来是没有矛盾的，他们在调和这个矛盾。

七　讲座"《灵宝经目序》导读"
演讲人：柏夷　主持人：孙齐

（一）内容提要

南朝刘宋高道陆修静（406～477）搜集整理灵宝经在道教史上是一个划时代的举动，他于元嘉十四年（437）撰写的《灵宝经目序》是了解其做法的宝贵资料。虽然如此，学者们的注意力往往只集中于其中几个关键句子。本次讲座拟与参会嘉宾会读全文，集思广益，增进对这篇重要序文的理解和认识。[①]

（二）问答讨论

【孙齐】谢谢柏夷老师非常精彩的演讲。在我看来柏夷老师这篇文章非常淋漓尽致地展现了他的研究技巧，给我的感觉就是寓大巧于方拙，看着是非常简单地重读这个我们研究古灵宝经时必须要读的经典，但是能看出特别多的启发性的论题。

第一，说陆修静不是研究古灵宝经的学者，他写这个《灵宝经目序》的目的不是要给古灵宝经断代，这是我们忽略的。

第二，"新"和"旧"是一种神学上的概念，或者说更多的是一种神学上的概念，至少在陆修静看来不是成书先后的概念，所以我们不能把新和旧作为古灵宝经成书先后的直接证据来做论断。

---

① 关于本讲座的相关论著，参见 Stephen R. Bokenkamp, "Scriptures New and Old: Lu Xiujing and Mastery",《第四届国际汉学会议论文集：信仰、实践与文化调适》，台北中研院，2013，第 449～474 页。

第三，陆修静的权威性是非常主观的，他对这些关于古灵宝经的研究是非常主观的论述，他的目的是想把自己塑造成一种很有权威的人物。但本质上讲他不是，所以他关于古灵宝经的论述也不能作为一种学术上的定论。

【提问1/吕鹏志】听了讲座心悦诚服地接受柏夷老师对"新"和"旧"的看法，因为这个新经和旧经只是灵宝经中传说的天界的时间观念，而不是我们这个时代先出版一本书还是后出版一本书的先后问题，这一点我真的是完全接受。另外我在读《灵宝经目序》时觉得有两个疑问，觉得《灵宝经目序》文字本身还存在问题，有两个地方讲不通。第一个是文章第460页："虽高辛招云舆之校，大禹获钟山之书。老君降真于天师，仙公授文于天台。斯皆由勋感太上，指成圣业。岂非扬芳于世，普宣一切也？"柏老师标点成了疑问句。我的理解是，根据上下文，上文"虽"字表明只是个别圣真仙人得到灵宝经，还未广泛传播于大众；下文"众道势讫，此经当行。推数考实，莫不信然。期运既至，大法方隆"，"十部旧目，出者三分。虽玄蕴未倾，然法轮已遍于八方。自非时交运会，孰能若斯之盛哉？顷者以来，经文纷互，似非相乱"。这个地方的"经"我觉得指所有的经（包括新经和旧经），这几句话的意思是到了陆修静写《灵宝经目序》的年代，灵宝经才广泛传播，大量地传行在世界上，才"遍于八方"，导致"经文纷互"。所以我怀疑"岂"字为衍文，而且这个句子应该是陈述句，不应当是疑问句。

【柏夷】我没有把它译成疑问句，而是表示肯定的反问句（按，吕鹏志所说的疑问句指反义疑问句，与柏夷所说的其实没有差别）。"岂非"的意思就是"岂不是"，即它就是扬芳于世。《灵宝五符序》不是很广泛地传播，但是不能说"天师"和"仙公"不是，他们传播的东西很广。也可能后来有人把"岂"字加了进去。

【王家葵】我觉得吕老师这个话不对，虽然前代文献有贬抑一些东西、抬高一些东西的情况，但这个贬抑就过分了。前面的降高辛、降大禹，那都不算什么，如果把"岂"字一删就不对了，因为连在一起是讲得通的。前面的灵宝五符虽然是降给个人，但难道不（岂非）也普宣一切了吗？然后下面是递进，而不是否定前面。

【周作明】这个问题需要特别谨慎。"经还大罗"不在人间，没有大法了，但也有个人修行感动太上，获得了经典。"仙公授文于仙台"，这个经典是灵宝五符，还是新经？也是有争论的。

【柏夷】没有争论，"仙公授文于仙台"是灵宝经里面的故事。我个人翻译时觉得是夸张，把仙公和高辛连在了一起。

【周作明】我个人的观点是，"岂"不能轻易删改。"普宣一切"是普宣大法还是他们精诚修道获得太上授道的美名普宣一切人？如果是普宣大法呢就应该删一个字，如果是普宣一切人的声名呢，就不应该删。

【吕鹏志】不删的话，"虽"字怎么讲？

【柏夷】我怀疑确实有错。

【王家葵】那删"虽"也通，"虽"和"岂非"有矛盾。

【吕鹏志】我怀疑有衍文是根据其他灵宝经的记载，灵宝经的传授有一个漫长的过程，不可能一开始就传给一切人。灵宝经是很深奥的天书，先在天上传授，元始天尊找天真皇人翻译后传给真人，真人传给葛仙公，葛仙公再传出来给其他道士。

【王家葵】文法上看，四个句子不是并列的，主语不一样。前两句并列，后两句并列。

【吕鹏志】但有个"斯"字很重要。

【周作明】我再提一个字，"回绝元法"不应该改为"回绝无法"，"元法"是指最根本的法。经还大罗了，世界上很少有大法了，虽然这样，还是有四个人经过自己的努力获得了经书，后面的"斯"应该是涵括前面四个事迹的，他们的事迹就普宣一切了。虽然普天信道的群体不多了，但是道脉没有断续，如果是"回绝元法"的话，这样"虽"字便不多余。

【柏夷】我觉得在这里没有衍字。我的理解是，"回绝元法"以后，元法就没有了。虽然我们的劫期里面有这四个人因感动太上而受太上大法，他们成就了自己的圣业，但是他们传播得不广泛。因为在传五符序的故事里面，高辛他们也没有传播经典，他藏在钟山里面，黄帝接着从钟山挖出来，之后他又藏起来了，按照这样的故事，他们都没有广泛传播。例外就是张道陵，因为他确实是传播比较广的。可能最后两个句子的意思是，岂不是他们把自己稍微知道的全部的经典传播了。

【吕鹏志】我还有一个疑问，第二个读不通之处是第461页："虑有未悉，今条旧目已出，并仙公所授事，注解。意疑者略云尔。"我怀疑这个地方本身有文字错误，讲不通。根据上下文，"条"字是及物动词，它的宾语只应该是"旧目已出并仙公所授"，这个地方就该断句了。"事"字应该放在下一句，它不是"条"的宾语，因为仙公接受经典的事情太复杂、太多了，列举不完。我怀疑此处有文字颠倒，应标点校读为："今条旧目已出，并仙公所授，略事注解意疑者云尔。"根据敦煌本陆修静《灵宝经目》，陆修静的注解确实是很简略的。我读这个经典应用了话语语言学的方法，读经典的时候要根据上下文来理解。

【柏夷】我想你说的没错，我忘了敦煌本有没有提到关于注解的内容。

【孙齐】这个在我看来应该不用改，因为校勘最重要的地方就是不能随便删字改字。在我看来，这两个句子都没问题。"事"就是"件"，"件"就是"事"，"事件"连称，"事"就是指经书。条列经以及仙公所受的事，我觉得就不用改。还有刚才提到的"虽"和"岂"在我看来也是不需要改的。第一我不觉得他这句话是专指《五符序》，因为他是"敬示诸道流"所有人。"老君降真于天师"这句话在陆修静的其他文章里面，包括《陆先生道门科略》里，在我看来是指天师道的经典。他写这些东西不是专指灵宝经，而是以前的人，仙公的，也可能是新经或者葛氏道的东西，他们因为诚信感动了太上，获得了一些指点，已经足够普宣一切了。但是这是偶尔的个人的事件，而现在已经是元始下教了，在陆修静看来，刘宋刘裕时，已是元始下教了，突然社会上多了很多元始天书。在我看来没有什么难以理解的。

【吕鹏志】我只是提出自己的疑问，根据上下文和其他灵宝经，这两处读起来都是有一点疑问的。但遗憾就是我们找不到其他版本，也没有任何引文可作参校。希望考古学者能够发掘出新的材料，解决这个问题。

【提问2/王家葵】有一点想请柏老核实一下，您刚才说陆修静的思考方式是神学家的思考方式，陶弘景的思考方式更接近于一个宗教学者的思考方式。我非常认同，我想把这句话加进我修订的《陶弘景丛考》里面，所以想请您再认可一下这句话。陆修静和陶弘景各自对灵宝和《真诰》的态度，我觉得这个抓到要害了，陆修静偏于神学家的神学思考，而陶弘景有一定的宗教学者的理性态度。我想把这句话引进我的书里可以吧？

【柏夷】Absolutely!

【提问3/谢孟谦】王老师的论点可以放在怎样看待《道藏》、陶弘景和陆修静中。他们连神学家或宗教专家都未必是，他们是道士，不是现代学者，陆修静和陶弘景是调适新旧之间的人，是新的人，但他们在旧的神灵之前是谦虚的。这也是回应柏夷老师讲的《想象的共同体》（Imagined Communities），一个国家一个民族的形成，不是区分血缘地理，而是记忆，那个集体是由记忆构成的，陆修静和陶弘景就是这些记忆的调适者，在新旧记忆之间调适，能够整合先有的文本然后说这些是全部源自旧的地方。我正在考察老挝瑶族道教，他们不说中文，说老挝语，但是他们世世代代举行度戒仪式,坚持用中文,他们就是用旧的东西来巩固自己的身份,他们诵念的灵宝经包含着新和旧的意念,从旧的历史找到自己的力量,然后做这些仪式。

八 讲座"当天师教团遭遇'三洞宝经'——重新叙述六朝道教史的一个尝试"
演讲人:孙齐 主持人:周作明

(一)内容提要

当前学界对中古道教史的把握,主要依凭的是道教经典发展的历史。由不同的经典传统引申出不同的道教派系,如天师道、灵宝派、上清派,这些派系的分合构成了中古道教史的脉络。这种以经典为中心的教派主义视角,将目光集中于"纯正"的经典,而忽略了大量存在的"混合型道经"。其实,经典传统的不同并不意味着信仰群体的不同。无论六朝还是唐代,道教的基色都是天师道。"上清派""灵宝派"并非是与天师道并立的"派系",而更应被视作从天师道中产生或者被天师道所吸纳的"新思潮"。《道藏》中保存的大量混杂型道经,就是"灵宝化"或"上清化"的天师道曾经存在的证明。①

(二)问答讨论

【周作明】这个问题非常宏大,是宗教史与中国史的结合,把道教史的发展放到了中古史的进程来考量。对道教的起源,不同学者有不同的意见,孙老师以天师道作为线索,来关注天师道自我的发展,认为其他各个宗派都是天师道教衍生的。到底是基于天师道源头的历史演进统一性,然后来看上清、三皇、灵宝的差异,还是着眼于上清、三皇、灵宝经典的差异?可能在一定程度上夸大了这种差异,导致今天的三洞学说片面地强调它们的区别特征。今天的讲座用天师道的演变史来观照有关三洞经典的讨论,是很有启发的。我就想到一个问题,明朝编订的《道藏》,我们总说很多上清经典误入正一部,我就在想,它是误入的吗?会不会在当时看来,它们就是具有正

---

① 关于本讲座的相关论著,参见孙齐《唐前道观研究》,山东大学博士学位论文,2014;《南齐〈隗先生铭〉与南朝道馆的兴起》,《魏晋南北朝隋唐史资料》2015年总第31辑,第126~137页;《中古道教法服制度的成立》,《文史》2016年第4期,第69~94页。

一经典的特征？这个问题值得重新思考一下了。还有今天的一些经典，比如上清经、灵宝经前面的"上清"和"太上灵宝""洞玄"几个字，很多是后人加上去的，原来是没有的。可能最开始是一元的，随后分了派系之后，很多人在注意到各部经典的差别特征后，又突出这种特征，所以加上这些字。在当时看来都是在天师道大的系统内完成的，我们现在做学术研究片面地关注"上清""洞玄"，导致一些错误认识，没有真正还原到古代宗教史的演变。

【提问1/柏夷】我觉得这个演讲是这次工作坊最具有挑战性的演讲。我从两个不同角度来分析，第一个是从天师道历史的角度，我认为可以续写天师道历史；第二个是从世界宗教的角度，天师道在世界宗教上意义重大。在西方有一些人批评西方宗教学是过分利用基督教的概念来攻击其他宗教，而且近十年内，有些学者甚至主张，我们不应该把"宗教"这个词放在没有宗教概念的文化上面。我同意你的看法，我想我们就是把基督教关于派别的看法用在了中国道教的历史中，我也犯了这样的错误。我想，你这样研究下去不仅是对天师道的历史做出贡献，而且对于我们怎么理解世界上其他的宗教也是很大的贡献。

【孙齐】我们确实应该加强这方面的思考。

【提问2/向仲敏】内地的道教学研究，卿希泰四卷本的《中国道教史》更多涉猎的是道外的文献，但是在利用教内文献方面是个较大的缺陷。西方学者对上清、灵宝等教内经典做了更细致更科学的文献学意义上的研究，他们给我们带来了最大的冲击，我们应该加以汲取和回应。你今天讲的这个，对道教史更多了一种经典本身或者教派本身的认识，到今天这个阶段你的研究就很有意义了。实际上是既要兼顾道教经典，又要兼顾它的社会历史背景，非常可贵。陈寅恪先生《天师道与滨海地域之关系》那篇文章就是这样做的，既注重文本本身，又始终立足当时的社会历史背景进行研究。我觉得今天这个讲座的路子很值得我们学习。但是对于道教的定义做这样的理解，我觉得还是过于重视了起源，对于后面的流变恐怕还是有一些问题。

【提问3/王家葵】孙齐的观点是很具有颠覆性的想法，在历史的、政治的、经济的、文化的背景下去看待道教，重新得出了一些结论，重构了六朝道教历史。有两个地方特别有意思，一个是添租的问题，导致了天师道治内人民和政府之间的矛盾，引起了波动，那个关联性揭示得非常好。第二个是孙齐的博士论文研究的是宫观，认为功德回向割开了道民和组织之间的联系，反政府性就减轻了，政府对他们就放心了。不仅仅是道教问题，而且是延伸到了历史本身，应该写一本你的"六朝道教史"。

【孙齐】我自己也感到有一些缺陷，就是我们现在对唐代的研究太少了。再一个是应该对六朝的道教经典重新做一下细读，看看存在哪些天师道的新元素。上清经、灵宝经本身就包含很多反映天师道的元素，应该想一个办法让所有经典得到一个解释，回到该有的历史地位上。

【提问4/西南交通大学人文学院讲师赵川】我想请教一下道观的问题，你引用石室观的碑记，表明当时应该有很大的规模，但是六朝时代的碑刻有许多夸大的成分，比如"飞廊四布，洞门双启"，显示当时石室观可能有木构建筑存在，但是今天在石室观这个地方是看不到任何榫孔的，当时是否真的存在"飞廊四布，洞门双启"？是不是有夸大的成分，不一定真的有这些东西？另一方面，巴蜀地区南北朝时期的道观目前唯一能确定的只有石室观一处，但是现在也有新的发现，可以关注一下。另外一个关于道观的问题，你的看法是从陆修静崇虚馆开始才有道观，但是前两年南京博物馆在南京做发掘，发现了一个孙吴时期的方山洞玄观，不知道你的博士论文是否注意到这个材料。

【孙齐】它不是孙吴时期的，我在统计魏晋到隋唐道观时，对那些没有六朝和唐代两处以上证文的、只存在于某种地方志的关于唐前道观的记述不作列入。南京挖出来的可能是宋代的。

【赵川】但是这个地方考古发现是有六代的地层的。虽然有六朝的地层不代表有六朝的道观，但是也不能断然否定当时有道观的存在。

【孙齐】我觉得孙吴时期不会有道观，就是我们现在理解的这种道观。它可能有一些自己的馆舍，但是不会有不同的人住在一起群体生活、像修道院一样的东西。孙吴时候不可能。

【赵川】我对你PPT上反映的两个道观的时代特别感兴趣，我注意到大约是从宋代开始，一个道观的道士也有祖坟一说（祖茔），但是这种现象的出现好像并不是全真道出现后才有，据考古发现，道观的来临时代应该要比全真道早一些。

【孙齐】隋初和唐代的文献（《三洞奉道科戒》）表明可能一开始规划道观时就有规划坟地，很有可能是模仿佛教的。如关注宋代的道教，因为宋代的道教有一个特别的现象，即各种地方道派的兴起，净明道、天心、正法等很多派别都是在宋代出现的，为什么会出现这么多小的地方性的教派？这些道派是不是道教？有很多有意思的地方。地方教派是怎么从宫观体制内部发展出来的？这些地方教派都没有宫观，他们一开始是不属于道观的道士。清华大学李萍老师写过一本研究宫观的书，解释了唐到北宋后期，道观里面的人已经不具神性了。如侯道华成仙的故事，为什么这么一个最不具备成仙资格的人成了仙，而道观里高一级的道士反而没成仙，因为当时人们印象中，唐代后期道观道士已经没有神性了，唐代后期已经出现了反道观的因素了。继续发展下去，当地的地方官员和氏族就开始运作仙人，给他立碑立祠。山西的东南部有一个三仙信仰，就是和侯道华一样不是道观的地方信仰。我认为南方也应该类似于这种情况，就是道观没有神性了，大家都不认为道观里面会出现神仙，只有那些反道观体制的人才会出现神仙，所以才会出现地方教派的兴起。

【柏夷】据我所知，我认为你对唐朝道教的研究还是不足，尤其是地方性的，做那样的比较的时候，最大的问题是宋朝的资料多，唐朝的资料少，做这样的比较资料会干扰我们。比如南充县，唐朝的时候有谢自然的信仰，从南充搬到长安，我们才会知道它。可能有很多同样的小地方，它们就没有碑文什么的，所以我们所知道的还是很少，我们还没有充分的研究。那样的判断可以做，但是我们要小心一点。

【提问5/罗宁】刚才有个观点我觉得过于绝对了。说到唐代中后期的反道观体制，似乎是反道观体制的能成仙，而处于道观体制的尤其是在道观中担任高级职务的反而不能成仙，这可能只是一个现象，但是逻辑上是不是反道观就可以成仙，可能简单化了。这种例子确实很多，收集材料可以看《续仙传》讲的事情，甚至往前追溯也同样如此。其实初盛唐也并不就是属于道观体制的就成仙，这也不一定是中晚唐或者宋代民间道派的变化。其中应该有一个问题是，那些不知名的人突然成仙，他们可能是被主流人群忽略的，他的平时情况不会被注意，就增加了成仙的可能性，而有名的道士天天被关注，突然说成仙，不太容易被认定，这个大概跟传播学、心理学有些关系。越是行迹不确定、不被留意的人越容易成仙，唐代的八仙大多具备这个特点。不是天天被关注的人成仙，陶弘景的弟子周子良也是这样子。

【孙齐】李平的《宫观之外的长生》这本书把这些人归为边缘修道群体，他认为唐代中后期出现了边缘修道群体的崛起，他的意思是宫观的神圣性下降。

【罗宁】笼统地说可以这样讲，但是确实跟中晚唐资料的增加有关系。这些人最后是要由官方上报和认定的。

【孙齐】这种地方信仰的官方认定模式应该会导致地方教派的出现，引起地方信仰。

【提问6/吕鹏志】有两个疑问，第一个在第131页最后一段："试图转换研究视角……从道教组织形态而非经典或仪式的角度来观察中古道教的变迁。"我觉得这个表述有不确切的地方，教团组织和经典、仪式不是截然对立的，每一个教团组织都有要诵习的经典，也一定有它的仪式，没有仪式的教团组织不是宗教组织。我听劳格文（John Lagerwey）说过，"仪式就是最具有社会意义的一个宗教要素"。道士进行的不是私人的修行，是要举行仪式给民众济生度死，是要满足信众的需求。所以我觉得你这句话把宗教教团的组织和经典、仪式绝对对立起来，可能还是不太稳妥。如果可以修正的话，可不可以表述为"从道教组织形态及相关的经典或仪式的角度"，经典和仪式还是要考虑的相关要素。第二个问题在第 143 页第二段，你总结汉唐间的道教转型，第一个转型是"道教的活动中心由设在教民家中的治、靖，转入专门的宗教设施道观"。这个治和靖都是早期天师道教团的宗教设施，但是限定语"设在教民家中的"就不太准确，把天师道的"治"——一个公共会所设在家中是不太现实的。

【孙齐】"民家曰靖，师家曰治"（《上清道类事相》卷一引《三洞科》，又见《玄都律文》）。

【吕鹏志】我知道这个说法出自《三洞科》（疑为《太真科》），这部经典大约是南朝刘宋、公元 420 年前后才问世的经典，这部经典较最早的天师道已经有了一些变化，因为它吸收了新出的灵宝派和上清派的一些东西。《太真科》中有许多关于灵宝科仪的内容。我不认为天师道的治是设在家中，这一点可以参考《陆先生道门科略》讲的治和靖。可以说靖是设在道民家中，供个人祈祷修行，但笼统地说所有的治都设在家中是不太现实的。

【孙齐】比如说徐宝光在永宁的天师治，就是一个公有的设施，我认为这一类的治是搬到山里的天师治。

【吕鹏志】还有道教转型的第二点，你说"道士的身份由与俗无别的民间祭酒，转变为出家住观的职业道士"。按这个意思，只要是住在道观的都是出家的道士，而就我所读的灵宝经、上清经以及《真诰》和《周氏冥通记》来看，这些道书中记载的道士都未出家，而是住在家中。南朝梁时就已经有道馆了，道馆中的道士是否都是出家人呢？陶弘景和周子良住道观，但不一定出家。出家和住观并没有绝对界限。他们很像今天香港道堂的道士，都不出家，只是到道堂活动时穿上道装。

【孙齐】我讨论的是典型事例，是把汉末的天师道和唐代的道教对比，有这样的变化。基层的形态是很难讲的，我对比的可能更多的是长安的高级道观。

【提问 7/四川大学历史文化学院博士生邓宏亚】问一个跟考古相关的问题，你的文章中提到官方道观和民间以家族乡里为单位的奉道活动，孙老师如何看待道观的宗教活动与以家族和乡里为单位的奉道活动的差异？道观里面就不会有以家族和乡里为单位的奉道活动吗？

【孙齐】中古时代可能比较清楚，因为有《周氏冥通记》等文本，关键在于看如何定义道观。徐宝光（家族）和陶弘景（非家族）的道观，这两种形态在唐朝都是存在的。中央长安的道观基本都是来自不同地方的人住在一起，但是在地方上可能就是由一个或几个家族把持，都是一个姓或两个姓，而且相互间有关联。唐代并不是一般人就有资格做道士的。研究芮城道教就发现，在唐以前，芮城信道教的家族就是低层民众，芮城县城里面等级高的、官位高的都是信佛教的；到了唐代以后，发现以前信佛教的现在信道教，甚至霸占了很多道观，而以前信道教的家族反而默默无闻了，都没有成为道观道士。这就体现了唐代当道士是一种很好的社会身份，是都愿意攫取的利益，地方大族更有可能霸占道观，就会出现地方家族道观化。

【邓宏亚】还有一个小问题，你如何看待石窟造像是否属于道观，或者说与道观造像有什么差异？你应该看到过早期西魏时期佛道合龛造像石窟（陕西宜君福地石窟）。李淞先生认为是一种调和信仰矛盾的造像。

【孙齐】那个石窟不是道观造像，是原来的天师道造像，因为那时北方还没有道观。

【邓宏亚】你觉得唐代的石窟造像算不算宫观或者寺庙？

【孙齐】在唐代建观造像是一种功德。而这个我还没想好。我研究芮城的时候，因为芮城造像经历了北朝时代和隋唐时代，北朝时代的造像是一种地域造像，一大群人一起，但是到了唐代更多的是个人的、一家人的造像，没有地域造像，很少有大的造像碑。

历史钩沉

山西太原唐代赫连山墓"树下老人"图试读*

赵 伟

内容摘要：山西太原一带出土过不少绘有"树下老人"①图像的唐墓壁画，该题材曾得到学界的广泛关注，但对其具体内涵一直未有定论。2019年《文物》刊发的《山西太原唐代赫连山、赫连简墓发掘简报》一文，介绍了两组"树下老人"图，其中赫连山墓的8幅"树下老人"图像非常清晰、完整，与以往出土的"树下老人"图相较，既有相似部分，又有诸多独特之处，为解读此类图像提供了非常重要的线索。本文试图通过对赫连山墓"树下老人"图具体含义的探讨，一窥传统葬俗与道教因素在此类图像中所起的作用。

关键词：唐墓壁画 树下老人 道教

作者简介：赵伟，中央美术学院人文学院教授。

2014年，太原市文物考古所在位于太原市晋源区悬瓮山前的缓坡地带发掘了三座墓葬，其中一座损毁严重，未见遗物，剩下两座即赫连山和赫连简墓，都出土了大量精美的壁画和完整的墓志。2019年《文物》第5期刊发了《山西太原唐代赫连山、赫连简墓发掘简报》（以下简称《简报》）一文，对以上两座墓葬做了十分详细的介绍。

赫连山、赫连简墓是两座夫妇合葬墓。兄长赫连山逝于开元四年（716），夫人李氏逝于开元十五年（727）；弟弟赫连简逝于开元九年（721），夫人郝氏逝于景龙元年（707）。开元十五年五月廿四日，赫连山夫人李氏葬于先茔，同一天，赫连简夫妻亦归葬于此。从二墓的保存情况看，弟弟赫连简墓壁画残损较甚，有的部分已经

---

* 本研究得到中央美术学院自主科研经费支持，项目编号：19KYYB012。
① "树下老人"之名沿用的是以往学者对此类图像的命名，尽管图中人物并非都是老者，但为行文方便，本文沿用此名。

很难辨识。与之相较，赫连山墓的壁画则清晰完整，既保存了其他唐墓"树下老人"图常常出现的"灵蛇献珠"图式，又呈现了多幅新的构制。而且，该墓不再延续一人一树的构图，而是采用了两人与树的组合，两人造型也与北齐"树下老人"图中主要人物和次要人物大小有别的构图不同，体现了两个同等体量大小的人物间的互动。这一新式人物组合的出现，为我们重新解读太原地区大量出现的"树下老人"图提供了新的思考角度。

"树下老人"图是太原地区唐墓壁画中十分流行的题材，曾一度引发学界的热议，出现过孝子、高士、道教人物以及墓主人画像等诸多说法，分歧较大。赫连山、赫连简兄弟墓的发掘，为解决以上问题提供了可能。

首先，赫连山、赫连简二墓都保存有完好的墓志，表明两座墓葬的主人为兄弟二人，拥有相同的生活环境及相似的经历和追求，可大致推断其丧葬信仰具有高度相似性。其次，按墓志记载，二墓埋葬时间相同，均为开元十五年（727）五月廿四日，且都留有一幅或数幅与太原地区其他"树下老人"图相关的图式，表明二墓与太原周边同题材唐墓具有十分密切的关系。所以，解读赫连山墓"树下老人"图的具体含义，对理解同时期同类型墓葬具有非常重要的指导意义。

赫连山墓"树下老人"图共计8幅，似屏风围绕于棺床的东、西、北三面，其中，东西两侧各2幅，北侧4幅。按《简报》编号，棺床东侧从南至北两幅图像分别为第1幅和第2幅，棺床北侧由东至西四幅图像分别为第3幅至第6幅，棺床西侧由北至南两幅图像分别为第7幅和第8幅。下面，本文沿用《简报》对"树下老人"图像的编号进行讨论。

一　证得仙桃

按《简报》介绍，赫连山墓第1幅"树下老人"图像："高1.13、宽0.55米，绘柳树两株，两名男子对立于树下。左侧人物头戴方形小冠，唇上'八'字胡，唇下长须，须发浓密，身穿浅黄色宽袖交领长袍，腰系带，足蹬红色高头履，双手抬起，右手掌心向下，左手掌心向上，托一桃状物。右侧人物头戴莲花冠，胡须稀疏，衣着与左侧人物相似，佩长剑，足蹬红色高头履，上身前倾，双手拱于胸前。"[1]（图1）

---

[1] 太原市文物考古研究所：《山西太原唐代赫连山、赫连简墓发掘简报》，《文物》2019年第5期，第11页。

从上述图中右侧人物上身前倾、双手拱于胸前的表现来看，他对左侧托桃①之人充满敬意。而托桃之人神情怡然，似乎更在意自己手中的桃子。由此推断，该图最需要关注的核心即桃子。桃子，历代史料多有记载，大都与长寿和成仙信仰相关。按文献所载道教早期神仙故事，借由桃子完成升仙梦想的可分为偷桃、赠桃、证得仙桃三类。其中，偷桃者可以东方朔为代表，赠桃者可以汉武帝为代表，而证得仙桃者可以张陵的弟子赵升和在天台山遇仙的刘晨、阮肇为代表，他们都是通过自身修炼或因某种机缘获取桃子，证得仙果。

后来，偷桃、赠桃、证得仙桃三种方式逐渐固化为世人凭借桃子完成长生及升仙梦想的三个重要途径。如《历代神仙通鉴》和《罗浮志》都记载了八仙之一的何仙姑少时入山采茶，因吃了道士赠予的桃子从此不再饥渴的事例，而神魔小说《西游记》也展示了王母娘娘通过召开蟠桃会赐福诸仙的场景以及孙大圣偷食仙桃的故事。与之相呼应的还有大量以祝寿和成仙为主题的绘画作品，都使桃子与长寿和成仙之间结成更为紧密的联盟。

图1　证得仙桃

赫连山墓出现的桃子画面，是对以上漫长的桃子膜拜史的又一补充，突出的仍是汉地源远流长的长生成仙梦想，只不过此次追求这一梦想的人物由地上进入地下，由生人变为了逝者。证得仙桃，成为部分唐人希冀逝后成仙的表达方式之一。

二　灵蛇献珠

赫连山墓第2幅"树下老人"图："高1.13、宽0.61米，绘柏树两株，另有两株其他树木，两名男子对立于树下。左侧一人无须，头戴幞头，上穿白色圆领短衣，下着白色长裤，足蹬白靴，双手执棍拄地。右侧一人衣着与第1扇左侧人物相似，面容略有区别，双手并摊，掌心向上。两人间有一蜿蜒红蛇，昂首衔珠，似向右侧一人进献。"②（图2）

---

① 该人手中所托桃状物除可视作仙桃外，还有可能代表炼度后的圣胎，抑或附着魂魄的载体。鉴于赫连山生前并无入道经历，本文暂不对其做过多道教层面的解释，而仅从仙桃角度加以探讨。
② 太原市文物考古研究所：《山西太原唐代赫连山、赫连简墓发掘简报》，《文物》2019年第5期，第11页。

此图为"灵蛇献珠"题材，类似图像在太原地区唐墓"树下老人"图中屡屡出现。以往的研究者对其做过多种解读，如伯奇行孝、孙叔敖杀两头蛇以及随侯珠故事等。按文献和图像表现，本人认为将此类图像视为伯奇行孝或孙叔敖与双头蛇的故事证据不足。

至于有关"随侯珠"的猜测，因该图多出一位"头戴幞头，上穿白色圆领短衣，下着白色长裤，足蹬白靴，双手执棍拄地"的男子，亦很难将之与随侯珠故事挂钩。

但作为宝物和报恩故事的代表，自东晋干宝《搜神记》问世以后，随侯珠的故事流布极广，在后世涌现出诸多诗歌作品。如梁萧衍在《孝思赋》中云："灵蛇衔珠以酬德，慈乌反哺以报亲"，用两种动物的报恩故事类比人类的孝道。唐代韩愈也有"不祈灵珠报，幸无嫌怨并"的诗句，通过放生蛇类以示恩德；独孤绶《投珠于泉》诗称："不是灵蛇吐，非缘合浦还"，旨在呼吁人们在宝珠之外，更需重视品行修养。除此之外，唐代诗人刘禹锡还将随侯珠典故付诸仙道信仰，在《送周鲁儒赴举诗》中称："自握蛇珠辞白屋，欲凭鸡卜谒金门。"将"蛇珠"作为"鸡卜"的对等物，暗示了该词所蕴含的宗教意涵。

图 2　灵蛇献珠

唐代含义丰富的随侯珠故事，为该故事进入唐墓壁画并完成其意义转化提供了可能。当然，在唐人的认识中，蛇之所吐，并非皆为随珠。据《灌畦暇语》载："蛇之所吐，其精荧荧，必有遗肖者矣，名之曰木奴，其贱如隶。虽数弥千多，亦奚益越俗诚陋，固知其不敢以望龙珠也。"① 所以，赫连山墓借助随侯珠的故事，特意将"灵蛇献珠"图像中的明珠绘制得又大又圆，其目的当是为了突出该宝珠的名贵性。

那么，唐人在墓葬中绘制如此宝贵的明珠有何用途？按唐代朱法满《要修科仪戒律钞》之"道士吉凶仪"载，道士初死小殓时："男孝居左，女孝居右，不须如俗人含珠唤魄也。"② 表明唐代俗人入殓时有"含珠"的习俗。

"含珠"，乃中土传统丧葬习俗，至迟在汉代就已存在。西汉刘安在《淮南鸿烈解》中提及厚葬时称："其家含珠、鳞施纶组，以贫其财。"③ 东汉高诱所注的《吕

---

① 文怀沙主编《四部文明：隋唐文明卷》（四十二），陕西人民出版社，2007，第297页。
② 《道藏》第6册，第996页。
③ （汉）刘安：《淮南鸿烈解》第848册，《景印文渊阁四库全书》，台湾商务印书馆，1983，第648页。

氏春秋》也称："家弥富，葬弥厚，含珠鳞施。"① 西晋郭象在《南华真经注疏》中对此解释得尤为清晰，称："凡贵人葬者，口多含珠。"并详细描述了含珠之尸被盗时的惨状："接其鬓，擪其顪，儒以金椎控其颐，徐别其颊，无伤口中珠。"②

从以上记载可以看出，以庄子为代表的道家向来反对含珠厚葬，但道家的倡导在具体执行时只限定教内人士而并非整个世俗社会。对此，唐朱法满的《要修科仪戒律钞》已明确道士和俗人葬仪间的区别，而白居易《白孔六帖》记载的唐开元年间宰相李林甫逝后被人剖棺剔取含珠的案例，也从侧面证实了唐代世俗社会重视含珠葬俗的事实。

"含珠"的目的，朱法满认为是为了"唤魄"。魂魄信仰作为汉地传统文化中极为古老且重要的组成部分，早在先秦时期就已存在，屈原的《招魂》曾清晰地展示了楚人的魂魄观。后来，道教在此基础上不断丰富完善，经两汉魏晋南北朝到隋唐时期，已形成一套完整的"还魂返魄"机制，该机制兼顾生死阴阳两界，制定者和执行者主要是不同教派的道士。如南朝道士陶弘景在《真诰》中就提到汉明帝时期的谏议大夫辛玄子命丧后受到西王母和酆都北帝的怜悯，通过司命和三官的帮助得以摄取形骸、还魂复真、位为灵神的故事。③ 南朝陆修静在《太上洞玄灵宝素灵真符》中则提到真符的功效，称将之着于床头时，能使连年欲死者度命"还魂返魄，永更长生"④。六朝或唐代成书的道经《赤松子章历》称稽首载拜三司君后，可以使"七祖升仙，三魂和练，七魄缠绵，众灵扶侍，得为上真"⑤。唐代道经《太上老君混元三部符》还载有多个可使魂魄安吉的道符，⑥ 并标有"还魂魄佩安""还魂魄吞之吉""三符吞亦可佩戴之""安床头衣中吉"等使用说明性文字，表明唐人日常生活中已有大量安魂护魄的需求。

而唐末五代时期的道教《太上除三尸九虫保生经》则从魂魄的特点出发阐释了拘魂制魄法术的重要性，并将这一过程称之为"炼形"："老君曰：阴魄，浊尸之气，在于形，魂神常保守。故学道者，顺魂灵制尸魄，为炼形之术也。若随阴尸之魄，耗动阳灵之精，损失正气，易致于死也。经云：魂欲上天，魄入黄泉，还魂返魄，其道

---

① （汉）高诱注《吕氏春秋》第十卷，上海涵芬楼藏明刊本《四部丛刊》，第115页。
② 《道藏》第16册，第611页。
③ 《道藏》第20册，第585页。
④ 《道藏》第6册，第344页。
⑤ 《道藏》第11册，第197页。
⑥ 《道藏》第11册，第667页。

自然。又云：炼阳魂而制阴魄，盖人生乃随魂，死乃随魄。魂好升，魄好沉……学道者，当须拘魂制魄，以阳消阴，令魂炼魄，阴秽渐灭，长生之道也。"①

由此可见，拘魂制魄的炼形术是唐人逝后度脱成仙的基本途径。宋初张君房在《云笈七签》中辑录了前人留下的"还魂返魄"内容，一方面点明"拘魂制魄"的方法，称："拘魂制魄，不得行人，善守自然，不用筋力。"同时又强调了"拘魂制魄"之后结珠的重要性，称："结珠，连珠也。入口中含咽其精，固灌灵根。"② 从而将"拘魂制魄"的法术与"结珠"的功能明白无误地展示出来。

按此，唐人在墓葬中绘制"灵蛇献珠"图像，并不是为了宣扬动物报恩思想，而是借用"随侯珠"故事表达一种全新的丧葬意图，即"含珠唤魄""结珠固灵根"。灵蛇口中所衔宝珠，是逝者掌握拘魂制魄法术、灵根得固的象征，而旁边的人双手执棍拄地，则是拘魂制魄和结珠过程中"不得行人"之意。

三 授莲花冠

赫连山墓北壁靠近中间核心位置的第 5 幅"树下老人"图："幅高 1.15、宽 0.58 米，绘柏树一株，另有四株长在岩石附近的其他树木。左侧一人头戴方形小冠，胡须稀疏，身穿浅黄色宽袖交领袍，作跪拜右侧人物状。右侧两人头戴莲花冠，唇上'八'字胡，唇下长须，衣着与左侧人物相似，足蹬红色高头履，双手擎莲花冠于胸前，似给左侧人物授冠。"③（图 3）

图 3 授莲花冠

从画面分析，简报所言的右侧两人并不属实。此图共绘制 2 人，一跪一立。右侧人物呈站立状，双手托莲花冠，腰部微曲，正欲为其左侧跪于地上的男子授冠。莲花冠，又可称作"芙蓉冠"。陶弘景在《周氏冥通记》中记述的与周子良相会的两位女子即为头戴芙蓉冠的仙人。约出于隋唐时期的《太上洞玄灵宝出家因缘经》在介绍道士法服时亦提及莲花冠，称："首冠莲花，足履太山，中披日月，四象分明，天地在体，日

---

① 《道藏》第 18 册，第 698 页。
② 《道藏》第 22 册，第 94 页。
③ 太原市文物考古研究所：《山西太原唐代赫连山、赫连简墓发掘简报》，《文物》2019 年第 5 期，第 12 页。

月存身，有道可法，有德可尊，万物服从，一切归依，故谓法服"。唐代李淳风注解的《金锁流珠引》卷四中也有神灵"着紫衣芙蓉花冠"或"着绛纨丹衣莲花冠"。①

道教确立法服仪轨，与南朝道士陆修静有关。按《陆先生道门科略》载，他曾将道家法服分为五等："道家法服，犹世朝服，公侯士庶，各有品秩，五等之制，已别贵贱"②，并指出："巾褐及帔，出自上道，礼拜着褐，诵经着帔，三洞之轨范"③。就现存文献看，当时最受其重视的仅是巾褐及帔类，并未着重强调莲花冠。但在北周武帝宇文邕时编纂的《无上秘要》"众圣冠服品"中，已收录此类冠式，称白素右元君和黄素中央元君均戴紫华芙蓉冠。④

初唐《洞玄灵宝三洞奉道科戒营始》是记载道教科戒的重要文献，该经"法服图仪"部分称："科曰：服以象德仪形。道士女冠，威仪之先，参佩经法，各须具备，一如本法，不得叨谬。违，夺算三千六百。"⑤ 然后依次罗列了正一法师、高玄法师、洞神法师、洞玄法师、洞真法师、大洞法师和三洞讲法师的七种冠服样式，其中洞玄法师冠芙蓉冠，其他法师皆冠玄冠或元始冠。

盛唐时期，著名的天师道道士张万福继续改革道士法服，在其编录的《三洞法服科戒文》"天师请问法服品"条中，特别强调法服制度，称："衣服者，身之章也，随其禀受，品次不同，各有科仪"，并依次列出九种法服名称，头冠部分为：一者大罗法王元始天尊，冠须臾万变九色宝冠；二者玉清法王无形天尊，冠须臾千变七色宝冠；三者上清法王无名天尊，冠须臾百变五色宝冠；四者太清法王太一天尊，冠须臾十变莲精宝冠；五者四梵天中化主无相天尊，冠流精耀日花冠；六者无色天中仙真圣服及诸天帝，冠飞云宝冠；七者色界天中仙真圣品及诸天帝，冠莲花晨冠；八者欲界天中仙真圣品，冠珠玉之冠；九者山上灵宫及五岳名山洞宫诸神仙灵官真官守土职司，冠七宝之冠。⑥

以上九阶法服又被分为两类：一类为无衣之衣，另一类是有衣之衣。有衣之衣为三界以下要籍威仪的阶修，此类又可分为七种：一者初入道门，为平冠黄帔；二者正一芙蓉玄冠，黄裙绛褐；三者道德黄褐，玄巾；四者洞神玄冠，青褐；五者洞玄黄褐，玄冠。以上诸阶所服皆为黄裙，冠象莲花，或四面两叶。六者洞真，褐帔，飞青

---

① 《道藏》第20册，第369页。
② 《道藏》第24册，第781页。
③ 《道藏》第24册，第781页。
④ 《道藏》第25册，第38~44页。
⑤ 《道藏》第24册，第760页。
⑥ 《道藏》第18册，第228~229页。

华裙，莲花宝冠，或四面三叶，谓之元始冠；七者三洞讲法师，如上清衣服，上加九色，元始宝冠。

从以上张万福所编《三洞法服科戒文》看，盛唐时期有多种道阶的道士均可佩戴莲花冠，故赫连山墓第 5 幅授冠图可视作道教法师授冠仪式的体现。①

四 手诀与咒术

按简报介绍，赫连山墓位处北壁的第 3 幅和第 4 幅以及位处西壁最北端的第 7 幅图像，都绘有一人面对另一个人做出某种手势。其中，第 4 幅"树下老人"图被描述为："幅高 1.15、宽 0.58 米，绘柳树两株，另有两株长在岩石上的其他树木。左侧一人面向右侧一人，头戴方形小冠，唇上'八'字胡，唇下长须，身穿浅黄色宽袖交领袍，足蹬红色高头履，双手各向上伸出食指、中指。右侧一人头戴莲花冠，唇上'八'字胡，唇下蓄长须，衣着与左侧人物相似，跪坐于动物（疑似狐狸）皮毛之上，头微低，似在聆听左侧人物说话。"（图 4）

图 4 手诀

与之毗邻的第 3 幅"树下老人"图："幅高 1.15、宽 0.6 米，绘柏树两株，另有两株其他树木，两名男子对立于树下。左侧一人头戴莲花冠，唇上'八'字胡，唇下长须，身穿浅黄色宽袖交领袍，足蹬红色高头履，上身微前倾，右手捻须，左手食指指向人物之前一块长有植物的岩石。右侧一人头戴方形小冠，唇上'八'字须，唇下长须，胡须浓密，衣着与左侧人物相似，配长剑，双手拱于胸前，似在聆听左侧人物说话。"（图 5）

图 5 指地

西壁第 7 幅"树下老人"图："幅高 1.14、宽 0.6 米，

---

① 有关道教与莲花冠的讨论，还可参照罗丰在《固原南郊隋唐墓地》（文物出版社，1996，第 132 页）中对梁元珍墓"树下老人"图的讨论以及侯毅对山西省博物馆所藏常阳天尊石造像底座上线刻弟子像的解读，他们均认为莲花冠表现的应该是道教弟子的形象。如罗丰就认为"道教人物头戴莲花冠，这在唐代已经成为一种较为固定的模式"。

绘柏树两株，另有两株其他树木，两名男子对立于树下。左侧一人头戴莲花冠，唇上'八'字须，唇下长须，身穿浅黄色宽袖交领袍，腰系带，足蹬红色高头履，双手持笏于胸前。右侧一人头戴方形小冠，面容、衣着与左侧人物相似，头微上仰，左手五指张开向上，右手拢于袖中。"①（图6）

按以上三图的人物关系可以看出，图中二人或双手食指、中指并举，或用手势指示上方或下方，似在演法。以第4幅图像为例：左侧男子伸出的左指尖处可见向上升腾的细线，当为演法产生的气体。由此推断，此图表现的是道教法师传授手诀的场景。

手诀，乃道教秘传法门之一，向来被视为施法者与鬼神沟通的手段。按任宗权所著的《道教手印研究》记载，"手诀"有多种称呼，如"掐诀、拗诀、抢诀、捏诀、捻诀、法诀、神诀、斗诀"等，主要表现为手指或手掌甚或身体某一部位的固定姿势，具有"内聚精会、外招神鬼"的作用。②

图6 指天

手诀作为天师的施法手段之一，不同的手诀表示不同的含义，应用极广。唐代道经《金锁流珠引》卷二十八载天师帅九千万兵巡察十方活动时，为达到"人鬼各居，不得有争，行祸者死，行福者生"的目的，会使用手诀和咒术以示奖惩："祸福吾知，随手分明。左指三灭，右指四倾。勿犯吾道，吾道甚平。有罪无赦，无罪自宁。天赐吾法，令吾按行。莫犯吾威，威猛七星。饮汝血、食汝精。一切但平等，吾道不令刑。一切心毒害，吾道令斩刑。急急如律令。"③该段文字最后特别注明"行思之如图"，可见当时图文相互配合高度统一的程度。

按《金锁流珠引》载，手诀有"禁"和"解"两类动作："禁"捻左手指；"解"捻右手指，皆由圣君授予天师，所谓"左禁右解，用之无穷也"④。《金锁流珠引》保留下来的"解"极少，大部分为"禁"，即左手手诀，与赫连山墓第4幅图像

---

① 太原市文物考古研究所：《山西太原唐代赫连山、赫连简墓发掘简报》，《文物》2019年第5期，第11~13页。
② 任宗权：《道教手印研究》，宗教文化出版社，2013，第80页。
③ 《道藏》第20册，第484页。
④ 《道藏》第20册，第422页。

人物双手所结手诀较为相似的是金刀诀。①

金刀诀，宋代道经《上清天心正法》卷六"诸诀目"条对其样式有详细描述："左大指掐四指根，直二三指。"宋元时期编纂的道经《太上助国救民总真秘要》也记载了"金刀诀"样式，称："以左手结金刀诀，以大指压四指五指，直二指三指。"② 如此看来，赫连山墓第4幅图中人物并伸左手食指和中指的样式可视作金刀诀。

至于该图人物的右手手诀，按宋代道经《上清天心正法》卷六记载，当为"剑诀"，其样式为："右手大指掐四指根，直二三指。"在传为唐代李淳风所创实际上比较晚出的《百诀全图》中，也绘有两幅名为"左剑诀"和"右剑诀"的手诀图像，与赫连山墓中人物手诀样式极为相似。所以，尽管《金锁流珠引》未载剑诀名号，但从宋代道经及后世流传的两幅剑诀图看，不排除当时有过此诀法的可能。

赫连山墓第3幅和第7幅"树下老人"图与第4幅相近，都有类似传法的表现。其中，第3幅图像中头戴莲花冠，右手捻须，左手伸出食指的人物所指方向应该不是简报所称的"长有植物的岩石"，而是地下。同样，第7幅图中人物左手伸出的五指，其指示方向为上方，应为天上。按《百诀全图》赫连山墓第3幅图中手诀样式比较接近"老君诀"，表现形式为左手的中指、大指、小指和四指相压，二指（即食指）伸。而与赫连山墓第7幅图像相似度较高的手诀是"六甲诀"，为左手五指向上，手心向内的表现方式。

唐《金锁流珠引》卷二十六载有"老君禁诫科"，重点记述了上等天仙道士合用九剑佐卫天尊驱御九野、剪截天魔的内容，但未涉及诀法；卷十六也曾专门述及"六甲阴功"，谈到六甲箓、六甲将军、六甲神符、老君六甲秘符等多个名词，以及"老君六甲符序""太上老君叙六甲秘符文"之事，但也没有标注具体诀法。由此看来，老君和六甲神虽然是唐代道经经常涉及的神祇，但在当时有可能并未确立清晰的诀法（也存在诀法失传的可能性），而只是配合符箓、咒术一起实施的某类动作。

---

① 传为李淳风注解的《金锁流珠引》未载金刀诀和剑诀样式，但有"金刀支"一词，意同"金刀诀"。唐代诗词中可屡见"金刀"之说，如李白就曾有"寻丝得双鲤，中有三元章。篆字若丹蛇，逸势如飞翔。归来问天姥，妙义不可量。金刀割青紫，灵文烂煌煌。咽服十二环，想见仙人房"的诗句，足见该词与道教的密切关系。唐代文献中另有将"金刀"与"剪"字并列使用的现象，比较形象地体现了道教"金刀"诀法并伸食指与中指的特点。
② 《道藏》第32册，第101页。《太上助国救民总真秘要》有多处记述诀法，其中卷八"禁治掌目诀图"所载"金刀诀"结法与卷七不同。鉴于现今苗族傩仪中仍沿用此诀，样式与卷七一致，故本文以卷七"金刀诀"样式为准。

在道教演法过程中，手诀往往需要配合存思、符箓和咒术等共同执行。赫连简墓绘有一幅树下老人"左手微屈执爵，右手扬掌向天，鼻中有祥云仙气飘然冒出"[①] 的图像，便是汇集存思、咒术和手诀等多种法术于一体的表现。

按以上分析，赫连山墓第3幅和第7幅图中的手势，可视作唐代道教天师向弟子传授咒术或符箓活动中的一些动作。这类动作在实施过程中不必像"剑诀"或"金刀诀"那样需要特别强调动作的准确度，更无需表现"亮相"式的造型。随着天师作法过程中身形的变动，这一动作会转瞬即逝。所以，此类"手诀"只需演示个大概，令人知晓其具有沟通天地的能力即可。

五 筹算

棺床北侧处于最西端的第6幅图像："幅高1.15、宽0.66米，绘柏树两株，另有四株其他树木，其中两株长在岩石上，两名男子在树下相对跪坐于皮毛之上。左侧一人头戴仁义方冠，唇上'八'字须，唇下长须，胡须浓密，身穿淡黄色宽袖交领袍，双手持6根黑色条状物。右侧一人头戴莲花冠，唇上'八'字须，唇下无须，衣着与左侧人物相似，双手拱于胸前。两人间绘8个方块状物。"[②]（图7）

简报未对图中人物所持的6根黑色条状物进行识读，同样，两人间所绘的8个方块状物品亦没有命名。从图中二人跪坐姿势以及左侧男子手中所捧的长条状物分析，该图像表现的应为筹算场景。筹算，按唐末道士杜光庭的《道德真经广圣义》载，能够"明天地之度，察品物之数，考阴阳之变，穷律历之元，皆以算而后能定其少多也……盖人间筹算之法，大则品量天地，孝校阴阳，造化不能藏其机，鬼神不能逃其数矣"[③]。唐代《正一法文经护国醮海品》亦载，设章醮投告名山大川时所需的物品中，筹算

图7 筹算

---

① 太原市文物考古研究所：《山西太原唐代赫连山、赫连简墓发掘简报》，《文物》2019年第5期，第22页。
② 太原市文物考古研究所：《山西太原唐代赫连山、赫连简墓发掘简报》，《文物》2019年第5期，第12~13页。
③ 《道藏》第14册，第421~422页。

即为其一。① 由此可见,筹算在唐人生活中极为重要。

筹算并非唐人的发明,早在先秦时期,人们已经能够通过筹策认知天地。对此,早期典籍有所记载。如成书于战国时期的《鬼谷子》称:"筹策,万类之终始,达人心之理,见变化之朕焉。万类终始,人心之理,变化朕迹,莫不朗然,玄悟而无幽不测,故能筹策达见焉。"② 后来,筹算被道教所继承,成为预测安危吉凶的重要手段。葛洪在《抱朴子内篇》就称:"或问:将来吉凶,安危去就,知之可全身,为有道乎? 抱朴子曰:仰观天文,俯察地理,占风气,布筹算,推三棋,步九宫,检八卦,考飞伏之所集,诊訞讹于物类,占休咎于龟策,皆下术常伎,疲劳而难恃。若乃不出帷幕而见天下,乃为入神矣。"③ 虽然在葛洪的认识中,布筹算、占龟策属于下术,不足以与更为高超的妙道相媲美,但筹算、龟筴被纳入道教已成为不争的事实。

初唐道经《太上洞玄灵宝业报因缘经》记载了信众通过算筹以示吉凶、受戒入道的过程,称:"若道士、女冠为诸男女度受戒时,皆当先行信筹。筹长一尺二寸,竹木之属随便制之。付此筹后,方当授戒。行此筹者,四种因缘:一者,令诸男女生回向心;二者,预审本心,必令坚固;三者,先示信缘,生饥渴想;四者,奉戒弟子,通诚愿相开度。所以谓为信筹。筹者,一则自计己身善恶多少,二则请诸真圣算命增加。示此法相,令戒专一。是故度戒,先授此信筹。"④

不止度戒需要行筹,消灾灭魔、推知逆顺生死乃至求道登仙皆需行筹。唐代道书《黄帝太乙八门入式秘诀》⑤ 记载称:"(左真人曰)此六戊法者,布局行事,等视天门地户,蓬星太阳太阴,步罡蹑斗,依十干之日时,入先祝心下所谋之事,行算之从长。认天门地户之方,明玉女守门之处。然后,左手提刀,于鬼门取土作城壁,次取六戊之符,四直六戊之方,以土副之,按六戊印其间代之,起潜于中央之地,至神明无见也,何况众人乎。"⑥ 在请四方神时,要行筹。在子戌、卯丑、寅巳、申亥、午辰、未酉时,需行六筹法,之后再按照"先成天门,后成地户,四仲地户不成,取下筹第一支安辰克上,自然成局。右喝行筹讫,次履北斗,摄伏众恶"⑦ 的步骤

---

① 《道藏》第 32 册,第 702 页。
② 《道藏》第 21 册,第 663 页。
③ 《道藏》第 28 册,第 229 页。
④ 《道藏》第 6 册,第 99 页。
⑤ 刘师培认为此经或出于唐宋之前。任继愈编辑的《道藏提要》据书中征引的《达摩胎息诀》始见于《新唐书·艺文志》,疑此经出于唐末五代。
⑥ 《道藏》第 10 册,第 779 页。
⑦ 《道藏》第 10 册,第 781 页。

进行。

至于算筹的尺度，杜光庭称："筹、计、策，皆算也。算长尺有握，握者算之本，手执处也。握外长尺矣。"① 按其描述，与赫连山墓壁画中出现的 6 根黑色条状物十分契合。

由此看来，赫连山墓第 6 幅"树下老人"图中人物所持的 6 根黑色条状物应为算筹，而二人之间的 8 个方块状物则为棋子。尽管图中未绘出棋盘，但从棋子的排布状态，我们仍能想见棋子与棋盘的大致样式。所以，此幅图像可以看作二人正在进行筹算的场景。

六　魂魄分离

赫连山墓"树下老人"图第 8 幅绘于西壁，按简报介绍："第 8 扇，幅高 1.14、宽 0.49 米，绘柏树两株，另有三株长在岩石附近的其他树木，两名男子对立于树下。左侧人唇上'八'字须，唇下长须，头戴幞头，身穿浅黄色宽袖交领袍，腰系带，足蹬红色高头履，脸转向左侧，左手下垂，手拢于袖中，右手屈于胸前，手指向胸前弯曲。右侧一人头戴方形小冠，唇上'八'字须，唇下长须，衣着与左侧人物相似，上身前倾，双手合掌于胸前，似在与左侧人物交谈。"②（图 8）

图 8　回首老人

从图像分析，左侧人物头上所戴冠巾样式与常见的幞头不同，其形状更似一块纱状物包裹在头上，透过薄纱，能依稀看到头上梳着的发髻。该纱状物覆盖面较大，从前额一直垂到脑后，相较于其他树下人物所戴头冠，形状颇为怪异。而且，该人物与其他树下之人相比，年龄明显偏大，举止也较为古怪，其并不与身边躬身致意的戴冠男子做目光上的交流，而是转身回首望向后方，表现出一种意欲告别的落寞神情。二人之间还绘出一只动物，从其体型大小和形状判定，极有可能是一只雄鸡，鸡的头部高昂，朝向拱手致意者，尾部朝向回首老人，身体下方有三条弯曲的线条，以示鸡

---

① 《道藏》第 14 册，第 421 页。
② 太原市文物考古研究所：《山西太原唐代赫连山、赫连简墓发掘简报》，《文物》2019 年第 5 期，第 13 页。

足，身体后部是浓密的尾羽。

对于此图场景，宋人张君房辑录的《云笈七签》"魂欲上天魄入渊"条有较为贴切的描述，称："暮卧魂上天，送日中三足乌。鸡鸣忽朦，来还其处。魄者，形也。年七十、八十，魄欲入泉。老人愁思，形容欲别。"① 按以上描述，图中神情落寞作回首欲别状的老人，当是化身七八十岁老人的魄形，其愁思的原因是即将与魂神相别进入黄泉。老人拱手致意的男子便是魂神，其身边所立雄鸡便是日中三足乌，是可以令上天之魂"忽朦"的原因所在。

有关雄鸡与墓葬的关系，汉唐时期墓葬中出土的鸡鸣枕值得关注。20 世纪中期，新疆民丰县尼雅 1 号遗址第 431 号墓出土过一个"延年益寿大宜子孙"的东汉锦鸡鸣枕。之后，陆陆续续又有不少发现。有研究者认为，新疆地区汉、晋、唐时期的居民盛行陪葬鸡鸣枕是受到中原汉民族丧葬习俗的影响。②

唐代道经《要修科仪戒律钞》记载了道士大殓时要有鸡鸣枕随葬的信息。③ 按此，可知鸡鸣枕在唐代道士和普通民众之间都影响至深。唐代《黄帝内经素问补注释文》曾将鸡鸣时刻与阴阳交替的关系做过阐释，称："至鸡鸣，天之阴，阴中之阴也；鸡鸣至平旦，天之阴，阴中之阳也。鸡鸣阳气未出，故也天之阴。平旦阳气已升，故曰阴中之阳。故人亦应之。夫言人之阴阳，则外为阳，内为阴。"④ 或许正是由于"鸡鸣"时刻介于阴阳转换的重要关头，人们才会如此重视墓葬中的鸡形。

结　语

通过以上探讨可知，赫连山墓"树下老人"图描绘的是逝者死后魂魄即将分离，然后通过向道教法师学习，习得拘魂制魄法术，结珠固灌灵根，最终证得仙桃度脱飞升的故事。该壁画的绘制意图与唐代一些达官显贵墓中常常出土的五方镇墓石类似，是本土传统葬俗中的魂魄信仰与唐代盛行的道教太阴炼形观念相结合的反映。

---

① 《道藏》第 22 册，第 94 页。有关中国古人的魂魄观念，上文已有简单介绍，在此无需赘述。但需要指出的一点是，宋代张君房所辑《云笈七签》的魂魄部分，是受魏晋之际成书的《太上黄庭外景玉经》以及后世注疏此经的一些道书的影响，如唐代道经《修真十书黄庭外景玉经注》卷五十九记载："魂欲上天魄入泉。魂阳魄阴也。谓世人无道德，魂魄离身，归散本也。还魂返魄道自然。拘魂制魄，令不动作，帝在身中，道以自然。"其内容与张君房所辑基本一致，只是少了对魄形的具体描述。
② 吕章申主编《秦汉文明》，北京时代华文书局，2017，第 351 页。
③ 《道藏》第 6 册，第 996 页。
④ 《道藏》第 21 册，第 20 页。

龙女图像与道教

内容摘要：龙女图像至迟在宋代开始流行，龙女大多作为观音的胁侍。观音身边的儿童胁侍本来只有善财，而后多了龙女，这大概出于道教内丹修炼、道教金童玉女两大因素的影响。指出龙女图像流行的原因，对于佛教中国化的研究具有重要的个案价值。

关键词：龙女　内丹　金童玉女　道教　佛教中国化

作者简介：赵雅辞，南京师范大学美术学院博士研究生。

中国化的佛教作为迥异于印度也不同于其他国家的佛教，其独特的性质自然要受到中国本土宗教和文化的制约和影响，而这种独特性最明显的表现在其相对于印度佛教经典和印度佛教信仰结构之变异上。

从一个突出的现象引出本文讨论的内容：龙女献珠图像虽然系出佛教经典《妙法莲华经》（以下简称《法华经》）或唐代翻译的一系列密教典籍，但观音、善财、龙女三者同时出现或同时相关的图像是没有佛典依据的，此种三者组合型的图像宋代开始在中国大量出现；又，在观音题材的文学作品中，观音被封为"天尊""慈航道人""慈航真人"，善财龙女被封为"金童玉女"，三者成为道教神祇，共同出现在图像或文学作品中。

观音、善财、龙女称号的改变和观音、善财、龙女组合型图像的出现，揭示了这样的事实——观音、善财、龙女三者的组合型图像受到了道教的影响。

一　龙女图像

根据龙女形象和组合形式的不同，龙女图像分为两大类别，一是《法华经》中的龙女，二是观音胁侍的龙女。其中，以作为观音胁侍的龙女图像数量最多，流传最广。

（一）《法华经》之"提婆达多品"中的龙女

龙女图像首次出现是在初唐时期的敦煌莫高窟《法华经变》中（图1），画面上部左边的祥云上坐着八岁龙女及其侍从，右侧祥云为文殊菩萨及胁侍，他们共同前往七宝塔。从初唐至宋代，敦煌莫高窟、榆林窟的《法华经变》描绘了大量龙女图像，共计27幅。① 基于《法华经》的龙女图像多用人形来表示，但腿部往往呈飘带状，以示其作为龙族的这一特征（图2）。

图1 莫高窟第331窟东壁《法华经·提婆达多品》，采自《敦煌石窟艺术全集》7图版40

图2 龙女，榆林窟第38窟，采自《中国敦煌壁画全集》②9图版179

---

① 敦煌研究院主编《敦煌石窟艺术全集·法华经画卷》，同济大学出版社，2016，第250页。
② 中国敦煌壁画全集编辑委员会《中国敦煌壁画全集》，辽宁美术出版社，2006。

（二）作为观音胁侍的龙女

虽然敦煌壁画中首次出现了以《法华经》之"提婆达多品"为依据创作的龙女图像，但除敦煌地区以外，此种图像实难寻觅。宋代以来，更多的是胁侍身份的龙女图像。图像中，龙女往往和观音、善财一同出现，此种图像表现形式固定，龙女站立在观音右侧，手捧宝珠或双手合十。就目前掌握的资料来看，作为胁侍的龙女图像最早出现在陕西子长县的钟山石窟，时间为北宋，此龛（图3、图4）观音呈游戏坐，善财与龙女身体扭向观音，善财双手合十，龙女手捧宝珠，此像体积较小，但仍然很精致。而后，南宋时期，重庆大足石刻开始出现一批此类图像，据于君方女士统计，有纪年的观音、善财、龙女图像共计3处，[1] 以图5大足北山石窟第136窟宝印观音菩萨像为例，主尊宝印观音居中结跏趺坐于方形须弥座上，两侧分列善财与龙女，其中，龙女手捧宝珠，正面面向观者，从体型上看，善财和龙女小于主尊观音菩萨，显然，龙女和善财是作为观音胁侍存在的。

图3 （宋）钟山石窟水月观音，采自《陕西钟山石窟》[2]

---

[1] 这三龛分别是石门山第6号窟（南宋高宗绍兴十一年，1141）、北塔第8号窟（南宋高宗绍兴十八年，1148）、北山第136号窟（南宋高宗绍兴十二年至十六年，1142~1146），详参〔美〕于君方《现身南海度化善财、龙女》，《香光庄严》2003年第3期，第111~112页。

[2] 《中国石窟雕塑精华·陕西钟山石窟》，重庆出版社，1996。

图4 （宋）水月观音，采自《陕北石窟与北宋佛教艺术世俗化的表现》[①]插图

图5 南宋绍兴十二年至十六年（1142~1146），大足北山石窟第136窟宝印观音菩萨像，采自《世界佛教美术图说大辞典·石窟》[②]，第63页

此类图像的大量出现是在明代，更多的是借由平面图像传播。随着各种经文、劝善书、小说的刊印，观音、善财、龙女组合的图像随处可见。如图6的《白衣大悲五印心陀罗尼经》扉画，为明宣德年间（1426~1435）刻本，该版画精致细密，观音、善财、龙女也不似之前那么"呆板"，而是通过肢体的扭动呈现了动态的视觉感受，

---

① 林钟妏《陕北石窟与北宋佛教艺术世俗化的表现》，台湾大学硕士学位论文，2006。
② 星云大师总监修《世界佛教美术图说大辞典》，佛光山宗委会印行，2012。

观音置身于补怛洛伽山中，龙女双手捧宝珠，站立在观音的右下方，左侧善财双手合十，善财、龙女和观音一同处在波涛之中，极富动感。明清时期，除了佛教题材的文献，此种图像还刊印在民间宝卷中，如《销释白衣观音菩萨送婴儿下生宝卷》《香山宝卷》《善财龙女宝卷》等。值得注意的是，这些宝卷多是三教融合的产物。也就是说，明清以来，佛教中的龙女已经蒙上了道教的色彩，后文将对此详细论述。

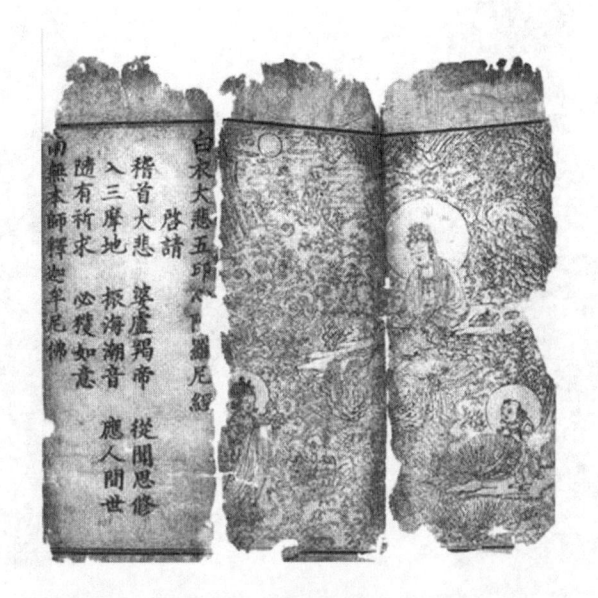

图6 《白衣大悲五印心陀罗尼经》扉画，明宣德年间（1426～1435）刻本，
采自《中国佛教版画全集》①第8卷，第262页

又，根据观音形象的不同，观音、善财、龙女组合类型的图像还有一个分支，即送子观音、善财、龙女组合。和前一种图像最大的不同就在于观音怀中多了婴儿（图7、图8），有研究表明此类图像是受到西方圣母像的影响。② 虽然观音形象有所变化，但龙女依旧是作为胁侍存在，手捧宝珠立于观音的左侧。

通过图像的梳理可以发现，佛教中龙女题材的图像类别并不复杂，且更多的是依附于其他神祇存在。以北宋为界限，唐代开始，北宋之前，龙女图像是依据《法华经》创作的；北宋开始，龙女更多出现于作为观音胁侍题材的图像中，此种图像的现存数量远远大于前一种。可以看出，北宋开始，龙女在图像中更多是作为配角。

---

① 翁连溪：《中国佛教版画全集》，中国书店，2014。
② 详参〔美〕于君方《白衣大士送子来》，《香光庄严》2003年第3期，第57～58页。

图7 （清）闵贞（1730~?）护法观音菩萨图，纸本白描，上海博物馆藏，采自《世界佛教美术图说大辞典·绘画》，第1087页

图8 （清）三彩送子观音，采自《佛像图谱》[①]，第78页

二 龙女图像成因

（一）印度龙女形象

在印度，龙女为蛇形，是作为六道中的畜类存在的，地位极其低下。早期佛经中记载了龙女作为畜类的形象。

> 我尔时，以天眼观见天子，而命终生舍卫城中大长者家。经八九月便生男儿，端正无双，如桃华色。是时，长者子渐渐长大，父母便求妇处。取妇未久便

---

① 灯下莲：《佛像图谱》，湖南美术出版社，2011。

复命终,生大海中,作龙蛇形。是时,彼长者居门大小,追慕号哭,痛毒伤心。是时,彼龙复为金翅鸟所食,身坏命终,生地狱中。……龙女亦愁忧,地狱受苦,痛四谛之妙法,如实而不知,有生亦有死,不脱长流海,是故当起想修诸清净法,必当离苦恼,更不受有患是故。①

可以看出,在印土,龙女为蛇形,且常被金翅鸟所伤,成为其盘中餐,生地狱中。为了脱离苦海,龙女应修行佛法。

又,《菩萨本生鬘论》:

是时有一金翅鸟王,飞腾翔集从空而下,欲取诸龙以为所食。当其来时,抟风鼓翼摧山碎石,江河川源悉皆干竭。时彼诸龙及龙女等,见是事已心大惊怖,所著璎珞严身之具,颤掉不安悉坠于地。②

同前文一样,龙女本来在进行娱乐活动,忽然一金翅鸟前来,欲以龙族为食物,龙女被吓得身上的璎珞坠地。

可见,在印土,龙女是卑微的畜类形象,且有致命的克星——金翅鸟。从一些金翅鸟的图像中,我们也可以看出其口衔的为蛇状的龙族。我们基本可以肯定的是,在印土,龙女地位低下,在形象上并非完全是人形,而是畜类或半人半畜。

(二)内丹学与龙女

不同于印度卑微的龙族,在中国,龙的地位是至高无上的。皇帝被称为"真龙天子",华夏子民也被称为"龙子龙孙"。上文的图像可以看出,大多数中国龙女的形象是以年方总角的美丽人形的形象胁侍在观音右侧,丝毫没有畜类的影子。中国文化对印度传来的形象之影响可见一斑。

我们已经知道,龙女图像的第一类是基于《法华经》创作的,而第二类图像——捧珠龙女胁侍观音,却没有经典可以依据。其形成原因之一,在于受到道教内丹学的影响。

---

① (东晋)僧伽提婆译《增一阿含经》卷二十四"增上品"第三十一,《大正新修大藏经》第 2 册,1984,新文丰出版社,第 673 页。
② (宋)绍德、慧询等译《菩萨本生鬘论》卷下,《大正新修大藏经》第 3 册,第 68 页。

在以道教解释龙女献珠图像之前，我们有必要回顾一下佛教中的龙女，以及她如何能与道教交融。

> 时舍利弗语龙女言："汝谓不久得无上道，是事难信。所以者何？女身垢秽，非是法器，云何能得无上菩提。佛道悬旷，经无量劫勤苦积行，具修诸度，然后乃成。又女人身犹有五障：一者，不得作梵天王，二者，帝释，三者，魔王，四者，转轮圣王，五者，佛身。云何女身速得成佛？"尔时龙女有一宝珠，价直三千大千世界，持以上佛。佛即受之。龙女谓智积菩萨、尊者舍利弗言："我献宝珠，世尊纳受，是事疾不？"答言："甚疾。"女言："以汝神力，观我成佛，复速于此。"当时众会，皆见龙女忽然之间变成男子，具菩萨行，即往南方无垢世界。①

《法华经》早在东吴时期就已译出，随着隋代天台宗的兴起，《法华经》更是广泛流传，龙女图像从初唐开始大量出现，正是和天台宗的兴起有关。龙女献珠对于诠释天台宗思想具有重要意义，所以得到广泛关注，法华学者以龙女为例阐释其"圆顿"的思想，例如智𫖮在《童蒙止观》中提道：

> 《大品经》云：须菩提，有菩萨摩诃萨从初发心即坐道场，转正法轮。当知则是菩萨为如佛也。《法华经》中，龙女所献珠为证。如是等经皆明初心具足一切佛法。即是《大品经》中阿字门，即是《法华经》中为令众生开佛知见，即是《涅槃经》中见佛性故住大涅槃。（证果第十）②

止观学说是天台宗重要的概念之一，止相当于定，观相当于慧，修习止观法门可以获得般若智慧，先修止观，随后证佛果之相，龙女即身成佛，无疑是已修得止观法门，证得佛果。天台宗是中国第一个佛教宗派，天台宗以《法华经》为圭臬，龙女作为经中的重要角色之一，从隋代开始受到关注，法华变相图的兴起，使得法华经中的龙女图像开始出现。可见，龙女图像的出现中，中国化的佛教宗派天台宗起到了促进作

---

① （姚秦）鸠摩罗什译《妙法莲华经》，《大正新修大藏经》第9册，第35页。
② （隋）智𫖮撰，李安校释《童蒙止观校释》，中华书局，1988，第59页。

用，从这个意义上说，龙女图像是佛教中国化进程中的一环。

智𫖮《妙法莲华经玄义》卷六下：

> 如龙女献珠，喜见说偈，孤然特起。此偈明于刹那顷便成正觉，称叹于佛成菩提事，喜见孤起，叹佛容颜甚奇妙，故知孤起伽陀妙也。……龙女、智积问答，论法华事，智积云："我见释迦经无量劫，方成菩提。不信此女须臾成佛。"此执别疑圆。龙女云："佛自证知。"以圆珠献佛，此以圆答别。此即提舍妙也。①

对于智积菩萨不相信女身能够成佛，智𫖮认为这是偏执的看法，而龙女以圆珠献佛，破除了偏执，圆满成佛，已经暗含了"圆融"的思想。

众生根据自身的根基深浅，对于佛法的证悟有不同方式，而龙女证悟的方式如此快速，正是"利根"众生成佛的体现，正如唯识学派的窥基《妙法莲华经玄赞》卷一中提到龙女献珠是现证利的表现之一。

> 现证利者，复有多种。如《提婆达多品》虽龙宫涌出龙女道成皆由法华，非灵山会益，略而不说，唯有龙女成道演说法时，娑婆世界菩萨、声闻、八龙、天部、人与非人，皆遥见彼龙女成佛，普为时会人天说法，心大欢喜，悉遥敬礼。无量众生闻法悟解，得不退转。
>
> ……亦显经威广大度龙宫众极多，法力速成化龙女以成道，故有《提婆达多品》。既现自他俱为宝重，咸弘用速。②

从天台宗、唯识宗学者的研究中可以看出，龙女俨然是得佛果的大德，其既是女身，又是畜类，但也可以瞬间成佛，甚至是佛教宗派重要概念的化身，相较于之前佛典中龙女低下的地位，无疑是质的飞跃。正如不空翻译的《妙法莲华三昧秘密三摩耶经》所言，文殊菩萨深入龙宫，就是为了龙族能够领悟佛法，脱离畜生界的愚痴。

> 萨埵重白佛言："八万大士之中，文殊独入龙宫，有何意耶？"遮那重告言：

---

① （隋）智𫖮说《妙法莲华经玄义》卷六下，《大正新修大藏经》第33册，第755页。
② （唐）窥基撰《妙法莲华经玄赞》卷一，《大正新修大藏经》第34册，第654页。

"文殊师利三世诸佛智母,龙宫畜生甚愚,以文殊智破龙畜愚,八岁龙女,于刹那顷发菩提心,于须史顷便成正觉。"①

至此我们可以明确:龙女献珠成佛暗含着佛教中顿悟、圆融、女身成佛的思想。而顿悟的思想恰恰契合着道教内丹修炼的真义。

由上述实例我们可以概括出一个共同的倾向——龙女献珠不只是表象的行为,佛教更多注意到其顷刻成佛的内涵。换言之,龙女所献之珠不是具象的珠。虽然隋唐以来的高僧大德多注意到龙女,但隋唐时期龙女图像几乎没有出现,其出现更多是要推后到五代至宋了。这就意味着龙女图像的出现除了隋唐佛教的促进,我们还需考虑其他的影响,尤其是宋代的影响。

宋代以来,道教更进一步阐发,将佛教龙女所献宝珠譬喻为自家金丹。龙女捧珠形象的出现,和道教内丹学有一定关联,在道教语境中,龙女所捧的宝珠相当于道教的金丹。道教丹法分为外丹和内丹,外丹以烧炼化学物质为主,历代君王贵族以生命的代价证实了其不可取。内丹以人体自身为丹鼎,性命双修。无论内丹还是外丹,其根本目的都是要实现长生不老。内丹因其安全性等因素,宋代以来,蔚为大观。其中,以张伯端为首的南宗融合儒释二家,尤其是释家的禅宗学说,自成一派。

张伯端在《悟真篇》中作词一首:

丹是色身至宝,炼成变化无穷。更能性上究真宗,决了无生妙用。
不待他身后世,现前获佛神通。自从龙女著斯功,尔后谁能继踵。②

此词名为《又西江月一首》(以象闰月)。丹是道教的名词,而根据语境可以推断出,此中龙女是佛教中的角色,指《法华经》中的龙女献珠一事。张伯端以龙女所献之珠譬喻金丹,是为了以南宗的顿悟学说阐释自家思想:"赫赤金丹一日成,古

---

① (唐)不空译《妙法莲华三昧秘密三摩耶经》,《卍续藏经》第 3 册,新文丰出版社,1993,第 818 页。
② (宋)张伯端:《紫阳真人悟真篇》卷五,张继禹主编《中华道藏》第 19 册,华夏出版社,2017,第 451 页。王沐校注的《悟真篇浅解》中,"自从龙女著斯功"一句校注为"自从钟吕著斯功",其依据底本为清董德宁《悟真篇正义》,王沐推测,因《正义》推崇道教,可能是董德宁将"龙女"改作道教的钟离权、吕洞宾——"钟吕"。详参(宋)张伯端撰,王沐浅解《悟真篇浅解》,中华书局,1990,第 158 页。

仙垂语实堪听。若言九载三年者，总是推延款日程。"① 又，张伯端的《悟真篇》中，随处可见佛教顿悟的思想，如"释氏教人修极乐，只缘极乐是金方。大都色相惟兹实，余二非真漫度量""要之，无人心始能见真心，真心一见，立证菩提，顿超彼岸矣"。② 可见，释氏的西方极乐和道教的金丹是同一道理，而且，在量变的基础上，金丹可一日炼成，达到质变，这和南宗的顿悟不谋而合，也和龙女献珠、即刻成佛相契合。值得注意的是，张伯端在《采珠歌》中提道："贫子衣中珠，本自圆明好。不会自寻求，却数他人宝。数他宝，终无益，只是教君空费力。争如认得自家珍，价值黄金千万亿。"③ 这首歌谣显而易见禅宗的影响，此"贫子"和龙女皆是自身有宝，无论是求佛还是求金丹，皆需向自身求，贫子的衣中珠和龙女所捧宝珠性质相同。《悟真篇》多见顿悟思想，佛教龙女引起张伯端的注意，是为情理之中。

历代对《悟真篇》的注释，也多对龙女献珠顿悟成佛有所阐发。例如《紫阳真人悟真篇注疏》：

> 注曰："金丹能化有形入于无形，故能变化无穷，隐显莫测。……昔龙女顿悟心珠，便超佛性，乃斯道也。"④

又，《紫阳真人悟真篇三注》：

> 此丹一成，玉帝嘉赞，天地万灵，莫不钦仰，故号无上至真灵宝神妙九还大丹。昔元始天尊说经度人，玄座空浮，悬一宝珠大如黍米者是也。释名大乘般若九品莲台，光明藏大如意妙法灵感牟尼宝珠。昔灵山会上，龙女所献者此也。其贵重无可称述，世人所能识哉。丹成则身圣，阳神出现，号曰真人。阴魔鬼贼化为护法神，身中青龙、白虎、朱雀、玄武、三魂、七魄、三元九宫、三部八景、五脏八识皆化为神，三万六千精光化为神兵矣。仙翁当时欲以口授秘诀与人，然一世鲜有信受奉行者，噫，拜师于缧锁之下，杏林之后来门人也。⑤

---

① （宋）张伯端撰，王沐浅解《悟真篇浅解》，第119页。
② （宋）张伯端撰，王沐浅解《悟真篇浅解》，第162、184页。
③ （宋）张伯端撰，王沐浅解《悟真篇浅解》，第189页。
④ （宋）翁葆光：《紫阳真人悟真篇注疏》，《悟真篇集释》，中央编译出版社，2015，第106页。
⑤ （宋）薛道光等注《紫阳真人悟真篇三注》，《悟真篇集释》，第172~173页。

不只是张伯端，道教其他主张内丹修炼的道士皆注意到龙女。例如金牧常晁撰《玄宗直指万法同归》：

> 或问："金丹佛性，理义同异？"答云："佛虽从性宗入，终不离于命宗。何以知之？佛之说法，必始于东依，周回十方也。《华严》一经，始末别举十数，此天数五，地数五；善财参者五十三人，兼自己与毗卢共成五十五，非合天地之数乎。又《法华》有二佛同塔之义。龙女转身南方作佛，盖龙乾也，南离也，此非乾之中阴为离乎；转女成男，此非坤之中阳为坎乎。乾离坤坎之妙，密寓是也。其曰：四句偈一，合相两尊，双林双树，二严二智，胸题万字，足露双轮。如此等类，非性命交融之义乎。由是知佛性不异金丹也。谓佛惟是性宗者，劣解浅学之士耳。"①

又，元陈致虚撰《上阳子金丹大要图》：

> 宝珠一颗，初产于蚌胎之中，养护于骊龙之颔。世尊得之，号曰牟尼。天尊得之，号为黍米。大修行人要知此珠端的，即是坎离既济之一点也。与天地合德，日月合明。曰牟尼珠者，龙女所献也。曰元始悬一珠者，海蚌取之也。曰如意珠者，蛇女所配也。曰火珠者，骊龙颔之物也。凡世之珠虽径寸，可玩而有价。此珠虽至微，不可玩，不可见，而无价之宝也。②

陈致虚认为，释迦牟尼的宝珠、天尊的宝珠、龙女的宝珠，皆是同一宝珠（图9），是无价之宝，佛道融合思想显而易见。另，南宋周无所住述《金丹直指》：

图 9 宝珠之图，采自《中华道藏》第 27 册，第 596 页

---

① （金）牧常晁撰《玄宗直指万法同归》,《中华道藏》第 27 册，第 498 页。
② （元）陈致虚：《上阳子金丹大要图》,《中华道藏》第 27 册，第 596 页。

或问:"《金丹直指》既明道要,但十六颂皆言性宗语,于命学恐或不然。"
　　答曰:"金丹谕本性长存,是名金刚不坏,即《悟真篇》金丹妙色之身,证真金慈相,昔龙女顿悟心珠,乃此法也。"①

《金丹直指》将龙女顿悟成佛的事迹等同于自家修炼金丹的成功,金刚本为佛教语,周无所住将其拿来譬喻金丹,龙女所顿悟的心珠即金丹的色相。是为道教用龙女献珠阐释自家教义的又一例证。

　　总而言之,道教的金丹即龙女所献之宝珠,龙女所献之宝珠和道教金丹是同一道理,龙女献珠顿悟成佛更是金丹即刻可成的实例。如果说中国化的佛教宗派引起了诸多高僧对龙女成佛的阐发,促进了佛教的中国化,那么中国本土的道教对佛教中龙女成佛的阐释则更进一步加深了佛教龙女的中土印记。正是由于宋代道教内丹学的兴盛,使得龙女图像在宋代开始大量出现。

(三)金童玉女与善财龙女

　　当然,我们不能仅凭宋代以来道教内丹修炼的兴起,就认为其是宋代龙女胁侍观音图像出现增多的唯一原因。事实上,内丹修炼只能解释龙女捧珠形象的出现,并不能解释为什么龙女会捧珠胁侍观音。需要说明的是,即使从佛教角度,也无法解释龙女胁侍观音图像的出现。学界也不约而同地指出其可能与佛教无关,而更多是受道教金童玉女的影响;② 也有学者指出其是受佛教禅宗渐悟与顿悟的影响。③

　　然而,我们必须注意到,龙女胁侍观音的图像只在中国本土出现,其他地区的佛教图像是没有这种形式的,这就说明我们必须结合中土的事物来解释此种图像的成因。

　　龙女通常和善财一同出现,胁侍观音菩萨,佛典中只有善财参拜观音的记载,并

---

① (南宋)周无所住述《金丹直指》,《中华道藏》第19册,第592页。
② 萧登福:《道教与佛教》,东大出版社,2013,第81~82页;〔美〕于君方:《观音:菩萨中国化的演变》,陈怀宇等译,商务印书馆,2012,第439页。
③ 李静杰等学者认为龙女转身成佛是禅宗顿悟说的体现,善财五十三参最终成佛是禅宗渐悟说的体现,此说虽不谬,但无法解释观音、龙女与善财的一同出现,观音是善财的老师,善财可以胁侍观音,但龙女已经成佛,断然不可胁侍观音菩萨。因此,从禅宗角度无法圆满解释观音、善财、龙女三者并列的图像。李静杰:《论宋代善财童子五十三参图像》,中山大学艺术史研究中心编《艺术史研究》第13辑,中山大学出版社,2011,第297页。

无童女形象的龙女与观音有直接渊源的记载,① 换言之，佛教无法解释图像中的龙女胁侍观音。然而，在道教中，却经常出现一童男一童女胁侍主尊的记载。

> 得者皆奉迎圣君于上清宫，给金童玉女各二十一人典卫灵文，营护有经身者。②
>
> 行上清之道，出则五宿侍卫，给玉童玉女各一千五百人……行太清之道，出则五帝侍卫，给玉童玉女各八百人……③
>
> 黄金屋，白玉椽，金童玉女日侍前。④

这样的记载在道教典籍中数不胜数，金童玉女、玉童玉女是道教尊神身边常见的角色。

此外，道教造像也明确要求主尊旁边应有童男童女胁侍。

> 凡天尊、道君、老君左右，皆有真人、玉童、玉女、侍香、侍经、香官使者、左右龙虎君、左右官使者、天丁力士、金刚神王、狮子辟邪、龙麟猛兽、腾蛇神虎、凤凰孔雀、金翅朱雀、四灵八威、护法善神，备卫左右，各随力所建。科曰：真人名号极多，不可称数，皆是昔劫种因道成果极所致，得在天尊、道君、老君左右，侍卫启请，变化自在，天尊所处，皆随侍卫。科曰：玉童、玉女，皆是道气化生，非因胎育，各有司存，或侍经侍香，或散华奉言，或给仙人，或侍得道，阶品亦有差降。⑤

基本可以肯定的是，佛教原没有童男童女胁侍主尊的做法，这种形式的图像始于道教，道教以童男童女胁侍尊神的习俗影响到了佛教，而八岁龙女恰好又符合童女的形象，自然就被放在观音的身旁。可以说，善财、龙女和道教的金童玉女一脉相承，在

---

① 于君方指出龙女献珠给观音是受到密教的影响，但密教典籍并未提及龙女的年龄，现存图像中的龙女显然更符合《法华经》的八岁龙女形象；密教典籍中的龙女地位低下，是畜类，显然和图像中的人形龙女不符合。
② 《太上神州七转七变舞天经》，（宋）张君房编《云笈七签》卷八，中央编译出版社，2017，第82页。
③ 《太上飞行九神玉经》，（宋）张君房编《云笈七签》卷二十，第215页。
④ （宋）张伯端撰，王沐浅解《悟真篇浅解》，第171页。
⑤ 金明七真：《洞玄灵宝三洞奉道科戒营始》卷二，张继禹主编《中华道藏》第42册，第9页。

民间，龙女与善财是人们心中的"金童玉女"，重庆大足石刻雷打岩清代造像题记中，观音身边的童男童女在民众心中就是金童玉女："莫氏（澨）观音金童玉女金容圣像（澨）……"① 可见观音与双童子胁侍的形象深入中国民间。

因此，关于龙女图像成因的讨论，我们就可以总结说：龙女虽是源自印度佛教的形象，但将其人形化并提高了其地位是在中国；宋代开始的龙女捧珠形象的流行和宋代以来道教内丹学有所关联；龙女和善财一道胁侍观音的图像学自道教金童玉女胁侍道教尊神的习俗。总之，中国的龙女图像大部分是人形，并且其形式和内涵受道教的影响。

三 结论

上述分析试图说明的是：龙女本是印度佛教中的形象，地位低下，在中国自宋代以后，龙女图像大量出现，原因在于道教内丹修炼和道教金童玉女的影响。这说明印度佛教传入中国后，即被本土事物所包围，不可避免地受到中土文化的影响，尤其是中土道教的影响，这反映的是佛教的中国化。龙女图像的流行是佛教中国化的个案之一。

事实上，龙女不止是在佛教和道教的语境下，在通俗文学中，也常见龙女的身影。

> 老子一气化三清，白鹤翔空、四仙童随侍、天将环列。太白金星捧玉旨，遇治世人王佛万寿之期，命众仙修合长生丹药，正须九叶灵芝。白鹿自西王母，瑶池衔芝来献，乃命二十八宿向灵宝仙界，同护八卦丹炉，五采腾霄，结成金牌，上现"悠久无疆"四字。灵丹既就，仙童捧丹，随侍老子献祝。而八罗汉随侍释迦文佛，捧钵西来。善财龙女捧甘露瓶，随侍观音大士。②

该曲目名曰《庆丰年》，开篇即老子一气化三清，显然，这是道教主导语境下的文学作品。该曲中，老子、仙童、仙将、太白金星、西王母、观音依次登场，观音位置显

---

① 重庆大足石刻艺术博物馆、重庆市社会科学院大足石刻艺术研究所编《大足石刻铭文录》，重庆出版社，1999，第429页。
② 董康编著，北婴补编《曲海总目提要》卷四十六《庆丰年》，人民文学出版社，1959，第2072页。

然在道教尊神后面，是道教神祇之一，由善财龙女持甘露瓶胁侍，佛道一片祥和。这里的龙女显然不再是佛教《法华经》中成佛的龙女，而是作为胁侍存在，已经成为道教小神。龙女不止出现在戏曲中，在其他小说等通俗文学中更是大量出现，多是作为观音菩萨的下属，其形象流传颇广。

唐长安感业寺遗址考察[*]

高叶青

内容摘要：武则天曾在唐太宗驾崩之后与众嫔御一并入感业寺为尼，然而史籍关于此事的记载甚为简略，以致引发古往今来诸多猜测。位于西安市北郊汉城墙遗址内六村堡后所寨的感业寺，保存有明万历十三年的碑碣各一通，记载了明朝秦王府职官、本寺禅僧和当地功德主等人重修感业寺的珍贵历史，为武则天出家的内道场感业寺的真实性及感业寺规模、方位等信息提供了重要的参考资料。近年来在遗址出土的莲花宝座、石狮子等一系列文物，也为感业寺的存在提供了有力的佐证。武则天对佛教的支持，除了因为幼年受到母亲杨氏的影响之外，与其在感业寺为尼的经历也不无关系，但维护政治统治则是最为主要的目的。

关键词：唐代　长安　感业寺　武则天

作者简介：高叶青，历史学博士，陕西省社会科学院古籍整理研究所副研究员。

在中国佛教史上，大唐感业寺因与一代女皇武则天曾经的密切关系而史册留名。千百年来，无论官方记载还是坊间流传，关于武则天的各种记载和野史趣闻不胜枚举，感业寺只是她辉煌人生中的一段小小插曲。这座意义非同寻常的大唐古刹，史载多语焉不详，扑朔迷离，甚至存在许多争议，倒如武则天是否真的出家为尼，是否在感业寺出家，感业寺位于何处，高宗李治与武则天是否在感业寺幽会，太子李弘的年龄与武则天居住于感业寺的时间，等等。这些问题自唐以来就众说纷纭，莫衷一是，而问题的中心都指向这座神秘的感业寺。

2018年2月19日，笔者与友人理坤在长安城遗址西北隅三台庵的田野考察中，发现一通清康熙十三年（1674）刻立的《重修三台庵碑》，碑文中提到"京兆奥区，

---

[*] 本文系2018年国家社科基金西部项目"西岳华山道教文献整理与研究"（项目编号：18XZJ009）的阶段性成果。

丛林相望，则是庵也，更不啻感业诸寺之共称古刹"①。好奇于这座"共称古刹"的感业寺是否是武则天曾经居住数年之久的神秘尼寺，乃发思古之幽情，询诸村中耆老，寻访至东距约六里的感业寺遗址，在感业寺小学后院的感业寺大殿外发现了二通明代重修感业寺的碑碣，证实了武则天出家感业寺的真实性，也揭开了感业寺在明代曾经兴复的一段辉煌历史。位于感业寺遗址东约一里的新修感业寺，则展现了当代佛教界延续感业寺香火的强烈愿望和不懈努力。据最新行政区划，感业寺遗址所在地处于六村堡街道办地界内，新修感业寺则属于汉城街道办管辖范围内。两座感业寺，一段帝后情，曾经见证了大唐历史的神秘古刹，历经千年的岁月，已经洗去了暧昧迷离的往事凡尘，在晨钟暮鼓中开启了她崭新的生命。

一　新修感业寺的考察

自汉长安城遗址西北隅六村堡三台庵东行约六里，至一处佛教寺院。寺院坐北朝南，山门朗阔，围墙环绕，山门左右围墙分别有隶书"南无阿弥陀佛""南无观世音菩萨"。门楣上书繁体"感业寺"三个楷书大字，门外东侧新立一通巨碑，高约3.5米，宽约1.5米，螭首方座，碑首额曰"中华"，碑阴阳两面为"感业寺简介"（图1），其文对感业寺之历史变迁颇有一番介绍，或有助于深入了解感业寺的历史，兹录全文如下。

图1　感业寺新址及寺前所立新碑

---

① 高叶青：《汉长安城遗址"重修三台庵碑考"》，《法音》2020年第6期。

唐长安感业寺遗址考察

大唐感业寺位于西安未央区汉城遗址的西北隅，北临渭河，南望龙首。寺院最早原本是隋太师申国公穆别宅，穆夫人元氏将其立为休养寺院。贞观二十三年（公元六四九年）初，唐太宗将前朝隋秦孝王杨俊家宅所立的济度寺从长安崇德坊迁来，二寺合一，扩建后成为当时一座盛大的寺院，是唐代禁苑西部的皇家寺院。据寺庙原址出土的佛祖莲花宝座的基石上的镌文中有"天和二年"铭文，由此可知在北周武帝宇文邕天和二年（公元五六七年）以前的南北朝时期，可能已有感业寺的前身了，只是盛于隋，极盛于唐也。当时的寺院共分东、西、中三院，占地约三百余亩，寺院的山门在距殿南一公里的窦家寨，村北田野中现还有当年寺院插旗杆的石墩两个，故有"骑马关山门"之说，由此可见当年寺院的规模之宏大，气势之壮观。《资治通鉴》中有唐贞观二十三年五月唐太宗李世民驾崩，遗诏命武才人出家于感业寺，唐高宗李治永徽五年三月奉诏回宫之记载。女皇武则天在感业寺度过五年晨钟暮鼓、青灯古佛、远离尘世、面壁修佛的比丘尼生活。武则天一生博览群经，完善法规，充实律义，增删课诵，为佛教事业做出了许多贡献。感业寺现存石栏和武则天汲水井一口。《咸宁长安两县续志·祠祀考》载感业寺同治兵燹，殿宇尽毁，仅存明万历年一碑。乡人掘土所得一碣，上书"唐武后焚香院"六小字，下书"大唐感业禅寺"六大字。明万历年间重修感业寺，按原面积缩小到十分之一，占地近四十亩，其他布局不变。重修后，刻石碑匾额各一方，碣石（现存一直前碑亭内照壁下）。明末清初，后因兵火，建筑大部分被毁。清末，群众捐资重修大殿，大殿修在高一米，长十点五米，宽九点五米的地基上，坐北向南。现存于感业寺小学后院感业寺。虽是隋唐皇家古寺，由于武则天在此为尼五年，为汉传佛教的发展做了很大的贡献，因此该寺在中国佛教史中有很高的学术研究价值，在海内外佛学界有一定的知名度。日本、东南亚及港台佛教人士多次在西安寻觅此寺。四十年代末解放前夕，寺院曾保护过许多爱国志士，以寺院为掩护，从草滩夜渡渭河，经三原奔赴延安。寺院在"文革"中遭受历史上最严重的破坏，致使这千年古刹在浩劫中断了香火。在宏道法师多年奔波下，在市区领导关怀下，寺院得于二〇〇四年五月二十五日（四月初八）中兴香火，使这著名的千年古刹得以恢复。

感业寺住持释演净及四众弟子立

此碑系感业寺住持释演净及四众弟子所立，这通新立的石碑综合了不少文献和近代口述的资料，介绍了感业寺的地理位置、历史渊源、规模、武则天与感业寺的关系、武则天一生对弘传佛教所做的贡献等相关问题，虽然其间或有未经考证的事实，但其文洋溢着当代感业寺僧众对于本寺悠久历史的自豪感，也展现了武则天对感业寺和中国佛教的增辉。从碑文获知，这座新修的感业寺并非历史上著名的"大唐感业寺"，但碑文表明此寺本在大唐感业寺范围之内，与一里之遥的感业寺实乃一脉相承，香火延续。

既入寺门，门内耸立着一座高约十余米、形制巍峨的牌坊（图2），即佛教寺院所谓的"三门"，亦称山门。四柱三楹，两侧二石蹲狮，三扇朱门紧闭，中门匾为繁体的"大唐感业禅寺"，两侧石柱书以楹联，上联为"佛法广大邪恶不善尽蠲除"，下联为"得法应乐人间富贵何堪比"。左右两侧小门分别有匾，东曰"解脱"，西曰"般若"，东外侧柱楹联为"龙蟠三门镇十方二六吉祥"，西外侧柱楹联为"虎踞伽蓝护寺僧四季平安"。自两侧绕过山门，背面中门额曰"法力无边"，左右楹联分别为"回脱根尘不容污秽染法界""灵光独耀照破红尘梦中人"。东西两侧小门分别额曰"慧定""庄严"，外侧如正面一样书两联，上联因涂料层剥落，文字难以识别，下联为"历代皇刹数感业"。山门后虽设有神像、香案、香炉、蒲团等，然似乎尘封已久，又疏于洒扫，加之堆放有沙发、方凳、假花等物，一眼望去，几同杂物间，不免令人生出许多的感叹。

图 2　新感业寺山门及全寺平面图

过山门后，沿着中轴的水泥阔道进入寺主院，道路两旁种植花草树木，两侧靠近围墙分别建有数间寮房。道路尽头即为大雄宝殿，大殿系五间六楹的单檐硬山式殿宇，朱红色外墙和廊子，屋顶覆以蓝色琉璃瓦。大门上所悬的牌匾"大雄宝殿"系前佛教协会会长赵朴初所书。考察时正值正月初四，大殿两边红漆柱子上的春联尚散发着新年的气息，上联为"晨钟暮鼓惊醒世间名利客"，下联为"经声佛号唤回苦海梦中人"。大殿内供奉着三世佛及四大天王、十八罗汉等神像。时已近黄昏，正值晚课时间，殿内佛乐悠扬，中有两位中年僧人在诵经，门内侧坐着一对母子模样的斋主。大殿后廊下供奉着伽蓝菩萨关羽的铜像，布满灰尘，手中的青龙偃月刀也已弯曲，护法神得此"礼遇"，令人顿生凄凉之感。

大雄宝殿左右两侧靠墙角处各建有一间黄墙青瓦的硬山卷棚式小殿，东为"经堂"，西为"祖师殿"。经堂前有钟亭一座，内悬一口2004年铸造的镀金大铁钟，上镌"大唐遗址感业寺"及捐资信众姓名。祖师殿两侧的墙壁有黄铜宽幅楹联一副，上联"出世修造莲花台住世普渡人众生"，下联"弘佛弘法宏道场知恩报恩圆通行"，门框上亦有新年大红纸质春联，上联"觉行圆满自度度他成正道"，下联"了脱根尘回光返照而见性"，横批"唯慧是业"。殿内供奉前任住持宏道大师的塑像。

祖师殿前方空地立一座五层六角砖塔，东与钟亭相对而立。塔为青砖结构，每层飞檐处均系有铃铛，微风吹过，叮当作响，甚为清越。塔前有一通新刻立的石碑，碑阳额饰二龙戏珠浮雕，正中楷书"佛"字，碑文楷书"赞师词：七去八来为弘法，呕心沥血渡有情。伟哉恩师！众弟子百拜"。碑阴额楷书"功德"，碑文楷书大字"人能宏道，非道宏人"，落款小字楷书"我等师徒共勉，释宏道"。此塔是为纪念2009年圆寂的宏道（圆净）法师而建造的舍利塔。据寺内的文字介绍，宏道法师是民国时期西北大学的高才生，俗姓魏，西安三桥魏家村人，基于特殊原因，在"文革"中遭到批斗，于是看破红尘，投入佛门，剃度于前中国佛教协会会长正果老和尚座下，又拜十世班禅大师为灌顶金刚上师，在北京广济寺律堂受具足戒，曾任北京中国佛学院教师等。宏道法师弘法末期，相继在一些小庙做过住持。1997年，70岁高龄的宏道法师来到此地，深感古刹之零落，以平生所积薄财，在各级领导及十方善信的支持下，于感业寺遗址东新建了这座寺庙。2009年，82岁的宏道法师圆寂于此。[①] 2004年5月25日（农历四月八日）正式开放，仍用"感业寺"之名，以延续千年古刹的历史脉络。2010年，演净法师在席王村众居士的拥戴下，担任感业寺住持，他利用各种佛教节日，积极弘法，在一定程度上扩大了感业寺的社会影响力。

---

① 王永强：《大遗址在未央之大唐感业寺》，政协西安市未央区委员会，2016，第105~106页。

新修的感业寺面积约有十余亩，虽然力图延续大唐感业寺的香火，然而可能限于财力及人力等因素，建筑总体上较为粗陋，布局零乱，院内杂草丛生，香火冷清。千年风雨，物人皆非，眼前的一切，实难与曾经辉煌的大唐皇家寺院联系起来。

二　感业寺遗址及明代碑碣考证

新感业寺呈现着一派萧瑟之景，令人感慨。离开新感业寺，沿来时大道西行约一里至后所寨村（当地人俗称"寺背后"），村口有一个简易牌楼，两侧的黑底金字楹联在阳光下熠熠生辉，上联为"感业故事中国灿烂文化"，下联为"后所腾飞社会主义新村"。牌楼旁边即为感业寺小学，也就是感业寺遗址所在之处。小学已经放寒假，大门紧闭。得一路人指引，自学校围墙绕行至北面，进入一座回收废品的小院，小院南侧有一扇铁门可进入感业寺遗址保护区。遗址保护区位于感业寺小学后部，一道围栏将二者分隔开来，而这所成立于1927年的小学便是在感业寺的旧址上修建的。[①] 据说感业寺小学内曾有一口水井，相传是武则天当年汲水之处，不过因改造操场，水井被回填，如今隐没于崭新的水泥塑胶操场之下；学校旁边一处围挡的后面，原有感业寺的地宫。[②]

初进院，一股苍凉的气息即扑面而来。荒草丛生的院内，一座殿堂孤零零地矗立着，该殿青砖青瓦，属于三间单檐硬山式仿古建筑，无牌匾楹联，新修的痕迹十分明显（图3）。殿门紧锁，自门窗可见殿内之景，正中供奉着三尊立式鎏金佛像，中为阿弥陀佛，左右胁侍菩萨分别为观世音和大势至。香案及拜垫上布满了灰尘，似乎许久无人来洒扫祭拜了。殿前方空地上树立有三通碑碣，自东而西依次为明万历十三年重修古刹感业寺碑记、汉长安城感业寺遗址保护碑、大唐感业禅寺碣。感业寺遗址保护碑上有"全国第一批重点文物保护单位，汉长安城感业寺遗址，中华人民共和国国务院一九六一年三月四日公布，西安市人民政府立"的字样，据此碑背面的文字

---

① 按，此处当年为长安县管辖范围，1926年担任长安县参议的吴大善人提议利用感业寺庙产资源，建立长安县第六完小，得以施行。感业寺小学在"文革"中曾以"丰产路红旗小学"为名，后又多次更名，直至未央区正式成立之后，又重用"感业寺小学"之名。王永强：《大遗址在未央之大唐感业寺》，第9页。

② 按，地宫于1992年被发现，深五尺，宽三尺，青砖铺地，两壁由一尺长的青砖拱起。地道内每过三尺，墙壁上就有一洞，用于间隔放置油灯和鎏金佛像。此事当时上报给汉城文管所，很快被回填，后来在学校改造过程中被改造为粪池。王永强：《大遗址在未央之大唐感业寺》，第10~11页。

图 3　感业寺旧址遗存及平面图

介绍可知，现存大殿为民国时期风格的建筑，2003 年西安市政府出资对遗址大殿进行了重修，并树立了遗址保护碑。①

西侧的大唐感业寺长方形碣石实为寺院旧时的门楣，青石质，自中部约三分之一处断裂，今置于一高台上，镶以青砖，长约 1 米，高约 0.5 米，厚约 0.1 米，两面均有楷书的铭文，朝南一面顶部横刻七小字"武则修焚香火院"，居中有楷书"大唐感业禅寺"六个大字，右侧竖刻小字"万历乙酉季秋吉日"，左侧竖刻小字"秦府职官傅臻重修"；朝北一面正中双钩有楷书"敕建感业禅寺"六个大字，右侧竖刻小字"万历乙酉季秋吉日"，左侧竖刻楷书小字"秦府职官傅臻重修"。（图 4）

图 4　明万历十三年"大唐感业禅寺"碑碣

据碑碣文字可知，这通碣石是秦王府职官傅臻于明万历十三年（1585）在重修感业寺后所立，见载于民国《咸宁长安两县续志》卷七《祠祀考·感业寺》："兵燹后殿宇尽毁，仅明万历年一碑并乡人掘土所得一碣，上书'唐武后焚香院'六小字，

---

① 西安市地方志办公室编《西安年鉴 2004》，西安出版社，2004，第 305 页。

下书'大唐感业禅院'六大字。今俱存。"① 民国《咸宁长安两县续志》对此碑碣文字的释读与感业寺遗址现存的碣文内容稍有差异,应系当时未详加辨识而致误。

图5 明万历十三年《重修古刹感业寺碑记》

东侧的《重修古刹感业寺碑记》镶嵌于一座简易的碑亭内,周围以铁栏围护,碑为青石质,圆首方座,保存基本完好,碑自中部断为两截,经拼接补修,尚称完整,裂痕犹在,亦为古碑沧桑的明证。碑额及边款饰祥云纹,因风雨剥蚀,岁久年深,碑上的文字及图案已经有些模糊(图5),理坤跳入围栏抄而录之。碑阳额篆"重修古刹感业寺记",正书14行,满行49字。碑阴分为三段,上段为线刻"华严三圣"像,中段线刻重修人傅臻等人的画像、院落式像龛及姓名,下段为松鹿鹤图、感业寺地亩等。嘉庆《长安县志》卷二十四《金石·感业寺碑》曾提过此碑:"万历十三年七月王继祖撰,正书,在县西北。"② 但未录碑文。鉴于此碑对于考察感业寺的历史有着重要的学术价值,且鲜有人著录及研究,故抄录全文如下。

(碑阳)

重修古刹感业寺碑记

赐进士及第中宪大夫四川按察司副使志庵王继祖撰文

---

① 翁柽修,宋联奎纂《咸宁长安两县续志》卷七,民国二十五年(1936)铅印本,第35页。
② (清)张聪贤修,董曾臣纂《(嘉庆)长安县志》卷二十四,清嘉庆二十年(1815)刊,民国二十五年(1936)铅字重印本,第13页。

西安府长安县儒学生员明庵师道立参校

且夫感业寺之从来，别无可考。昔于寺掘出毁埋，仅存碑记，有隋开皇九年之说。及观史，至唐高宗忌日诣寺行香得才人，由斯大观，知此寺疑即隋唐之□□□。□□①当时建在畿内者，值吉以角临潼，肩长安，跨咸阳，连泾渭。一时好尚，定规模，恢制度，焕烂足以崇沙门、壮观望，犄，兴盛哉无复追睹！迄今世远人亡，时更代变，其间相继补缉修理者，不可谓无人，然幸存者什一，废者什九，所赖以振饬者不尚有待乎？维时中贵傅臻，原籍咸阳人氏，寄宦秦府职官，于侍王之暇日，遂游此寺，漫观景装，念此寺为诸寺之首，称奇之，乃系护卫之提辖，一旦动起恸憝，每切维新之慈懑，发德惠，时悯修理之坚，且咨询乡众，期得一二勤良者专任责成。于是护衙有三信士崛起，若王迎、刘登仕、王遇，本寺主持有三特出，若寂杲、寂演、寂仓，相与协赞分理，整饬营缮，起金屠而重新，询遗址以再造，至此前后殿宇、两庑、圣图、钟楼、台榭、栅门、僧房，无不焕然一新。噫！斯举也，虽未足以比隆汉唐盛事，而其规画型范，亦可俟后相传不朽矣。是岁工完告成，余因众请叙，遂辑事勒石以记之，俾后知寺之所从来云。

万历拾叁年岁次乙酉季秋吉日，秦府职官傅臻立，西京张尚言镌。

（碑阴）

（上段图）华严三圣图

（图右侧文字）大明万历拾叁年（左侧文字）季秋吉日谨立

（中段图）重修人像及像龛图

（居中文字）秦府职官傅臻

（右侧文字）王迎、刘登仕、王遇，仕男：刘索性，遇男：王洛民，迎男：王洛众

（左侧文字）寂演、寂仓、寂杲，徒：静管、静山、静春、静宾，孙：车载

（下段图）对鹤、对鹿、对羊、松树、芭蕉

（右侧文字）感业寺共计地三十亩九分，东官路南袁世赏，西北袁得水。

组织重修的傅臻为陕西咸阳人，入秦王府为职官，闲暇之时游寺，念此寺为诸寺

---

① 以上五处"□"，原碑磨泐不清。

之首，发心重修，立碑纪念，所邀的撰文者和参校者均为陕西西安籍的进士，可见傅臻之交游多为儒林才子，亦可见秦王府职官的社会影响力。王继祖（1526～？），字克绍，号志庵，陕西西安府咸宁县人，宁夏卫军籍，明隆庆元年（1567）丁卯科陕西乡试解元，隆庆二年（1568）戊辰科会试进士，① 历任兵部主事、武库司郎中、河间知府、畿辅知府，以直道不容罢归，后补南阳知府，寻升副使；② 参校者师道立（1530～？），字惟心，号明庵，陕西西安府长安县人，祖籍山西平陆县，隆庆二年（1568）戊辰科会试进士，③ 即任淮安府盐城知县，④ 万历元年（1573）以保宁府通判担任四川乡试的弥封官，⑤ 后升贵阳府同知。⑥ 据碑文可知，此寺在明万历十三年（1585）重修之前，早已被誉为当时长安"诸寺之首"，并已经成为禅宗寺院，参与修建的禅僧寂仓等人及其徒弟们，每一辈法名都使用了统一的派字，这是明代禅宗宗派传承的重要特点。感业寺在唐代为内道场尼寺，改为禅寺大约是在禅寺兴盛的宋以后。然感业禅寺之历史"别无可考"，据当时挖掘出的一块碑记有隋开皇九年（589）创建之说，其间近千年之久并无文献透露过武则天所出家的感业寺的方位。明时的感业寺是否就是唐代的感业寺，撰文者王继祖亦持怀疑的态度。

在秦王府职官傅臻的组织下，重修工作得到僧人和信士的大力支持，工程一年即告竣。重修之后的感业寺占地三十亩九分，"前后殿宇、两庑、圣图、钟楼、台榭、栅门、僧房无不焕然一新"。当时感业寺的三位僧人寂仓、寂演、寂杲主要负责此事，其徒静管、静山、静春、静宾及孙车载等人也参与其中，相与协赞分理，此外三位重要的信士王迎、刘登仕、王遇和他们的儿子们在重修中也做出了重要的贡献。因此在重修碑记的碑阴特别镌刻了当时重修人的画像和姓名，并将画像安置在一座精致的院落式像龛之中。画像中作为主事者的傅臻，身着冠服端坐于一小殿幔帐之内，左右持扇侍女各一；小殿外两侧厢房左右各绘三块名牌，名牌下对应着画像，左侧依次为寂演、寂仓、寂杲，即碑文中提到的三位主持僧人，右侧依次为王迎、刘登仕、王遇，即碑文中的三位信士。正堂、左右厢房和正面围墙围成一座独立的小院，正中开

---

① （清）刘于义纂《（雍正）陕西通志》卷三十，《景印文渊阁四库全书》第552册，台湾商务印书馆，1986，第706页。
② （清）陆耀遹等纂修《（嘉庆）咸宁县志》卷十二，清嘉庆二十五年（1820）刊，民国二十五年（1936）重印本，第14页。
③ （明）高仪等编《明隆庆二年戊辰科进士登科录》，明隆庆刻本，第47页。
④ （明）郭大纶修，明陈文烛纂《（万历）淮安府志》卷二，明万历元年（1573）刻本，第36页。
⑤ （明）周廷琛编《万历元年四川乡试录》，明万历刻本，第10页。
⑥ （明）王来贤、陈尚象修纂《（万历）贵州通志》卷三，明万历二十五年（1597）刻本，第29页。

小门一扇，院中鹤、羊、鹿各一对，松树、芭蕉各一株，小院外墙左侧刻写僧人徒弟四人、孙一人，右侧刻写三信士的儿子三人的姓名。整个像堂的设计精美而庄重，形制如同祠堂一般，表明了傅臻等人在重修感业寺中的巨大功德。

重修感业寺的重要组织者傅臻当时是秦王府的职官，时秦王为朱谊漶（？~1586），薨时仅二十岁。由于明代藩王不得参与政治，因此藩王多寄托于宗教信仰，支持地方庙宇的建设，[1] 坐镇陕西的数代秦藩王大都对佛道教有着浓厚的兴趣，藩王府职官受此影响，也有比较浓厚的宗教信仰倾向，他们广泛参与佛教和道教的兴修事业，广累功德，如天顺元年（1457），秦王府中贵赵安重修长安城南丹阳观，[2] 弘治四年（1491）丹阳观再次重修，秦王府前长史游邦贞、强晟、吴文等人参与撰文篆额；[3] 正德十五年（1520），长安鸣犊东岳庙重修，秦府职官叶荣是大功德主之一；[4] 隆庆五年（1571）楼观宗圣宫铸铜章石兽，秦府官冯应、杨忠为施主之一；[5] 万历二年（1574）重修楼观宗圣宫三清殿，秦府引礼官李绮是最大的助缘功德主，而秦府典宝官周棨、门官田孜也参与捐资；[6] 万历年间，秦王府门正冉少川捐助增修太兴山庙宇。[7] 如此之类甚多，作为秦府职官的傅臻主持重修感业寺，实际上乃是延续秦王府一直以来支持地方寺庙建设的传统。

由于文献阙如，我们无法详细得知唐代感业寺的具体情况。明万历重修之前，关于感业寺的信息十分有限，嘉靖《陕西通志》曾有一句非常简略的描述："感业寺在汉长安城西北隅，即则天武氏为尼处。"[8] 除了上文所述的明万历碑碣之外，遗址附近还曾出土过唐代板瓦、筒瓦、瓦当等建筑材料和日用瓷器，其中蓝色琉璃板瓦当相当精美，说明原有建筑等级较高。其中在感业寺遗址出土的文物中有一个方形覆盆式莲花础石，系释迦牟尼佛座，长宽各 0.53 米，高 0.45 米，镌刻的文字有"天和二年"字样，[9] 推测在北周武帝宇文邕天和二年（567）以前，感业寺遗址所在之处可

---

[1] 王岗：《明代藩王与道教：王朝精英的制度化护教》，秦国帅译，上海古籍出版社，2019，第134页。
[2] （清）陆耀遹等纂修《（嘉庆）咸宁县志》卷十二，民国二十五年（1936）重印本，第23页。
[3] 翁柽修，宋联奎纂《咸宁长安两县续志》卷十二，民国二十五年（1936）铅印本，第32页。
[4] 陕西省古籍整理办公室编《长安碑刻》下册，陕西人民出版社，2014，第602页。
[5] 王忠信编《楼观台道教碑石》，三秦出版社，1995，第167页。
[6] 王忠信编《楼观台道教碑石》，第170页。
[7] 陕西省古籍整理办公室编《新出土墓志·陕西三》上册，文物出版社，2015，第281页。
[8] （明）赵廷瑞修，马理、吕楠纂《（嘉靖）陕西通志》卷三十六，明嘉靖二十一年（1542）刊本，第7页。
[9] 西安市未央区地方志编纂委员会编《未央区志》，陕西人民出版社，2004，第1084页。

能就建有佛寺，而唐代据此立为内道场感业尼寺，大约就是在原来寺院的基础上改建的，《感业寺简介碑》称感业寺本隋太师申国公穆别宅，似并无根据，其对感业寺规模之介绍也似有臆测之嫌。所谓"骑马关山门"并非专门描述感业寺之词，例如在唐代就有百塔寺（长安区王庄乡天子峪口）①、香积寺（长安区郭杜乡香积寺村）②等几座佛寺享有此等美誉。另有资料说感业寺在隋唐时占地约20万平方米，③不知所据为何？

入清之后，感业寺依然香火延续，清康熙时憨休如乾禅师曾游览感业寺并赋《感业寺》诗一首："闻道当年玉辇过，恩沾雨露此遍多。门题感业颜犹在，树老无枝话不磨。宫阙已非唐土地，庭碑仍记汉山河。填然钟鼓诸天集，尚拟纶音驻薜萝。"诗题后有小注"唐武则天为尼处也"④，可见将此处感业寺认同为武则天当年的出家之处已是明清时人的共识。感业寺不幸在"同治兵燹后，殿宇尽毁"⑤。此后当地信众再次捐资重修大殿，大殿建在高1米、长10.5米、宽9.5米的地基上，坐北向南，宽8米，深7米，砖木结构，雕梁画栋。后因年久失修，仅余破旧大殿一座。⑥1927年，感业寺在庙产兴学的浪潮中被改为学校，即今感业寺小学。

1945年初春，西北艺术考察团何正璜等人曾前往感业寺遗址进行考察并拍照留念（图6），何正璜在所撰写的考察日记中描述了当时感业寺破败之情形。

> 车再进，渐有三五人家，并有一寺，额书感业寺，现改为私塾。……现在寺中空芜污秽，……只有两块废匾，一书"武则天焚香院"，一书"大唐感业禅院"，丢在院角，还可说明一点。……另一角隅，有莲花座一只，四角皆雕有一个小狮，刻工之精致，为他处所少见，而形态之别致，更属罕有。前方二小狮以二前足并伏地上，下颔略偏地紧贴足上，痴憨之态于头部表情中充分露出，一望而知是饱乳未久的狮雏，神气活现，生动可爱，惜在暗角，不宜拍照。莲座已半

---

① 史建奎：《长歌山水行》，西安出版社，2017，第243页。
② 张骅、唐群编著《渭河文化丛·书渭河文明》，太白文艺出版社，2018，第182页。
③ 杜文玉主编《寺庙道观·感业寺》，西安出版社，2018，第34页。
④ （清）释如乾撰《憨休和尚敲空遗响》卷十一，《嘉兴大藏经》，台北：新文丰出版公司，2006，第37册，第311页a。
⑤ 翁柽修，宋联奎纂《咸宁长安两县续志》卷七，民国二十五年（1936）铅印本，第35页。
⑥ 西安市未央区地方志编纂委员会编《未央区志》，第1084页。

埋土中，中空处又被利用盛置残水，污秽不堪，后两角上昂坐之二小狮，则已被村童敲倒在地，首足残断。①

**图 6　何正璜在感业寺遗址前留影，座下石刻
　　　即明"大唐感业禅寺"碣**

何正璜考察之时的感业寺遗址已然破败不堪，她所提到的废匾，便是明代重修所立的石匾，而莲花座则是前述北周天和二年的遗物。不过，在她的游记中并未提及明万历十三年《重修古刹感业寺碑记》，不知何故。据《西安年鉴2004》记载，感业寺在20世纪50年代初尚有5座庙堂，五六块石碑，1958年大炼钢铁时石碑被毁，仅剩两块，即明万历重修的碑和碣。② 很显然，在同治兵燹之后，感业寺曾得到重修，另外两三块被毁的碑很可能是当时重修时所刻立。可惜碑石已经毁坏，无从得知重修

---

① 何正璜：《何正璜考古游记》，人民美术出版社，2010，第42~43页。按，任之恭所著《何正璜传》的记载可补何正璜游记之阙。当时的感业寺之内，已经"空无所有，仅余佛座数个埋没于残垣之中。一古钟竟也被当作砖头筑于墙中。……院中有一大碑，上书'武则天焚香院'六个大字及'大唐感业禅院'六个小字。可惜已被人打成两段而弃于一旁。另外，院子一个角落有莲花座一个，四角皆有小狮，雕刻精细。别处所见之狮多为昂头仰胸或俯首弄球，令人感其威猛。此四小狮当中的两个，则以前足并伏于地，下颌紧贴足上，是一种憨稚之态，口与眼的雕刻更为生动，就像刚吃饱奶的样子，其憨态之可爱，令何正璜抚摸再三，不忍离开。因其在暗处不能拍照，王子云说，待派拓工来一并拓印。另两只小狮已不知何时被人敲碎，实在令人惋惜！"任之恭：《何正璜传》，太白文艺出版社，2015，第29页。

② 西安市地方志办公室编《西安年鉴2004》，第305页。

的详情。改为小学后的感业寺于遗址保护区内仍有宗教活动,香火一直持续到"文革"时期而被迫中断。

三 武则天与感业寺之佛缘

我们无法确证现在的感业寺遗址是否就是武则天曾经出家的尼寺。武则天出家感业寺的经历,唐人马总所撰《通纪》云:"则天皇后武氏讳曌,并州文水人,工部尚书士彟女,母杨氏,年十四时,太宗闻其美容止,召入宫,立为才人,太宗崩,遂为尼,居感业寺。太帝高宗于寺见之,复召入宫,拜昭仪。"① 马总为中唐人,其说大抵可信,后晋刘昫所撰《旧唐书》亦从其说,并增加了武则天为了重新入宫所做的努力:"初,武皇后贞观末随太宗嫔御居于感业寺,后及左右数为之言,高宗由是复召入宫,立为昭仪。"② 武则天在唐太宗驾崩之后,与后宫无子嗣的嫔妃一并前往位于唐禁苑之内的感业寺修行,这一点已被多位学者所证实,③ 此不赘述。

不过,唐人对于这座有着重要意义的感业寺的记载似乎讳莫如深,可能是在武则天掌权后力图抹去这段并不光彩的经历所致,而唐五代的史学家们为帝王之讳,对感业寺的描述止于只言片语,更增加了后世的种种猜测和臆断。关于帝后相会之情形,北宋王溥在《唐会要》中云:"时上在东宫,因入侍,悦之。"④ 高宗自幼失母,深得太宗宠爱,在宫中随父一同起居,成年被选为太子后亦长伴太宗左右,对于年长的才人武则天自然熟识,或早有爱慕之情,感业寺的相会,自是故人相见、旧情复燃的良机,"太宗崩,随嫔御之例出家为尼感业寺,上因忌日行香见之,武氏泣,上亦潸然。时萧良娣有宠,王皇后恶之,乃召入宫,潜令长发,欲以间良娣之宠"⑤,则是对武则天入宫的另一种解释,非唯帝后之间的前缘未了,优柔寡断的高宗不过陪伴故人以眼泪,而王皇后为了遏制萧妃的争宠,才是促使武则天得以顺利入宫的重要因素。《资治通鉴》的记载与此相同,其必有所本。欧阳修在《新唐书》中仅言"高宗

---

① (唐)马总撰《通纪》卷十一,清嘉庆宛委别藏本,第16页。
② (后晋)刘昫撰《旧唐书》卷五十一,中华书局,1975,第2170页。
③ 张维慎:《武则天出家为尼之寺院名称及其方位考——兼论武则天长子李弘之生年》,赵文润主编《武则天研究论文集》,山西古籍出版社,1998,第238~245页。介永强:《论武则天与感业寺的几个问题——与气贺泽保先生商榷》,《厦门大学学报》(哲学社会科学版)2012年第3期,第87~92页。
④ (宋)王溥撰《唐会要》卷二,《景印文渊阁四库全书》第606册,第16页c。
⑤ (宋)王溥撰《唐会要》卷二,《景印文渊阁四库全书》第606册,第16页c。

幸感业寺，见而悦之，复召入宫，久之，立为昭仪，进号宸妃"①。

历史总在不断改写和层累中行进，武则天感业寺的经历同样被后世不断演绎，踵事增华，更加增添了感业寺的神秘感。

关于武则天为何在唐太宗驾崩之后，与后宫众嫔妃一起入寺为尼，有一种说法与太宗年间的一段传闻有关。据说是为了防止王权旁落，令嫔妃出家，以绝后患。《旧唐书》卷七十九《列传第二十九·李淳风》记载了唐太宗和李淳风的一段对话，大意是：太宗即位之初，有传闻说唐王朝三世之后，有女主武王谋朝篡位，于是太宗密召李淳风，以访其事。李淳风（602~670），隋末唐初岐州雍县人，精通天文、历算、阴阳之学，在太宗朝尤其得到重用。李淳风通过推算，肯定确有其事，太宗惊恐，当即提出："疑似者尽杀之，如何？"经由李淳风的分析，方才作罢，后宫嫔妃也因此暂时躲过一劫。② 不过，太宗心中的不安并未消除，直至左武卫将军李君羡（小名"五娘子"）被诛杀。③ 武则天天授二年（691），为李君羡追复官爵，以礼改葬。可见在这场权利争夺战中，李君羡显然是做了武则天的替死鬼。④ 宋人谢采伯《密斋笔记》卷二引述此事，指出太宗因为此事而将后宫嫔妃"髡为尼，聚之感业寺"，以此"隔情绝爱，思患预防"。⑤

另一种说法与上述略有差异。据介永强教授考证，至迟在北周末年，后宫妃嫔在皇帝崩后入寺为尼已经成为一种惯例。⑥ 据《长安志》卷十《唐京城四·休祥坊》："（万善尼寺）本在故城中，周宣帝大象二年置。开皇三年移于此，尽度周氏皇后嫔御以下千余人为尼以处之。"⑦ 北朝少数民族传统中，女人可以被继承，这种习俗虽在胡汉融合中式微，但仍未完全消除，隋文帝以北周皇帝嫔妃出家为尼，实际上正是对传统习俗改变的努力，但隋文帝本人仍然不能避免子娶父妻的尴尬。据《隋书》载："（隋文帝）寝疾于仁寿宫也，夫人与皇太子同侍疾。平旦出更衣，为太子所逼，

---

① （宋）欧阳修撰《新唐书》卷四，中华书局，1975，第81页。
② （后晋）刘昫撰《旧唐书》卷七十九，第2718~2719页。按，此事在唐代野史《谭宾录》中即有记载。（唐）胡璩撰《谭宾录》卷一，清抄本，第3页。
③ （后晋）刘昫撰《旧唐书》卷六十九，第2524~2525页。
④ 按，薛瑞泽认为，这个政治预言的出现并非在唐太宗当政时期，而是在武则天当政以后。参见薛瑞泽《武则天与神都洛阳·试论武则天时代的政治传言》，中国文史出版社，2008。
⑤ （宋）谢采伯撰《密斋笔记》，《景印文渊阁四库全书》第864册，第655页a。
⑥ 介永强：《论武则天与感业寺的几个问题——与气贺泽保先生商榷》，《厦门大学学报》（哲学社会科学版）2012年第3期，第88~89页。
⑦ 辛德勇、郎洁点校《长安志·长安志图》，三秦出版社，2013，第335页。

夫人拒之得免。……上崩，……其夜，太子烝焉。及炀帝嗣位之后，出居仙都宫。寻召入，岁余而终。"① 传统习俗的改变绝非短时间能够见效，隋唐皇室皆有北方胡人的血统，因此子娶父妻的行为仍有其传统习俗的文化和心理基础，如隋炀帝之于宣华夫人、唐高宗之于武才人，都是这种北方胡人传统的遗留。

《长安志》对长安城内的佛寺道观有着详细记载，却独独并未提到感业寺，这增加了世人对于感业寺的种种猜测。与一代女皇武则天发生关联，注定了感业寺基本史实的扑朔迷离，甚至该寺是否真的存在都遭到了质疑。② 感业寺位于何处，武则天是否入感业寺为尼，是削发还是戴发修行，何时与高宗在感业寺相遇，在感业寺的修行生活如何，是否在寺中就已经怀孕，何时还俗返回宫廷，为何当朝典籍对这段历史语焉不详或闪躲其词，等等，千百年来，有太多的谜团，引发了古今中外学者的争论。神话一般的存在，令武则天和这座在她生命中曾经扮演过重要角色的佛教寺院成为历史研究的热点。

针对以上问题，学界形成了以下的认识：武则天在唐太宗驾崩之后出家感业寺为尼，戴发或削发均有可能；武则天出家的感业寺位于汉长安故城西北，属于唐代禁苑之内的皇家内道场，遗址即今西安市北郊六村堡东北 3.5 公里处的感业寺小学及周边区域；武则天在感业寺时，已经怀上了长子李弘，且生产于返回宫廷以后的永徽三年冬季；至于史籍对于这样一座重要的寺庙记载过于简略的原因，大约是为维护唐太宗、唐高宗以及武则天的帝王形象，唐代实录、国史的编撰者为尊者讳，对感业寺轻描淡写，只字不提感业寺的具体方位。③

四 结语

"看朱成碧思纷纷，憔悴支离为忆君。不信比来常下泪，开箱验取石榴裙。"④ 这

---

① （唐）魏征等撰《隋书》卷三十六，第 1110 页。
② 〔日〕气贺泽保：《武则天的感业寺出家问题与德业寺》，西安碑林博物馆编《纪念西安碑林九百二十周年华诞国际学术研讨会论文集》，文物出版社，2008，第 127～143 页。
③ 按，以上观点是综合近年来几篇具有代表性的文章的核心观点，具体可参考宁志新《武则天削发为尼一事考辨——与台湾学者李树桐先生商榷》，《华中师范大学学报》（人文社会科学版）1990 年第 1 期，第 79～81 页；张维慎《武则天出家为尼之寺院名称及其方位考——兼论武则天长子李弘之生年》，赵文润主编《武则天研究论文集》，山西古籍出版社，1998，第 238～245 页；陈子怡《新辑南宋长安志佚文两种》，陈桂爽主编，西安市未央区地方志编纂委员会编《未央区志》，陕西人民出版社，2004，第 1084 页；介永强《论武则天与感业寺的几个问题——与气贺泽保规先生商榷》，《厦门大学学报》（哲学社会科学版）2012 年第 3 期，第 87～92 页。
④ （宋）郭茂倩辑《乐府诗集》卷八十，《四部丛刊》景印上海涵芬楼藏汲古阁刊本，第 1106 页。

首名为《如意娘》的诗是武则天所创作,大概是感业寺出家为尼时的作品,诗中极尽相思愁苦之感,是对那段莫可名状、前途未卜的特殊生活的真情流露。感业寺的清苦修行生活囚禁不了那颗年轻的涌动的心,高宗于太宗忌日赴感业寺行香时与武媚娘相视而泣就是明证。① 然而自古及今有不少学者认为,正是因为这次进香,改写了唐朝的历史,如清人朱枫有《感业寺武后为尼处》诗云:"独寻村径寺,晓露媚花枝。东风澹吾虑,深院雨丝丝。谁怜周室祸,浑是上香时。"②

  站在这块局促的所谓感业寺的遗址之上,放眼四望,于初春的寒凉中将思绪穿越回唐朝,依稀看见了那个十四岁进宫、被太宗封为才人的武媚娘,在太宗驾崩后入寺为尼,后又被作为后宫争宠的棋子召回宫廷,在残酷的后宫争斗之中,以美貌和才识赢得帝王之心,更以坚韧和睿智最终登上了帝王的宝座,正所谓"长发初来感业寺,白头直到上阳宫"③。我们不由得感叹一声:"感业寺里桃花面,终非青灯礼佛人!"平心而论,感业寺的这段因缘对武则天此后的宗教信仰有着深远的影响,加上自幼因母亲崇佛而对佛教有深厚的亲近感,④ 掌权之后,她对佛教的发展给予了很大的支持,如礼遇高僧、建寺造像、支持译经等,还曾亲自为翻译的佛经作序。当然,作为最高统治者,武则天对佛教的亲近和支持更多的是出于政治统治的需要。

---

① (宋)王溥撰《唐会要》卷三,《景印文渊阁四库全书》第606册,第16页c。
② (清)朱枫:《排山小集》卷三,清乾隆刻本,第6~7页。
③ (清)陆文圭撰《墙东类稿》卷九,清光绪武进盛氏刊常州先哲遗书本,第2页。
④ 按,武则天的母亲杨氏笃信佛教,所以武则天幼年时即信佛,自称"幼崇释教,夙慕归依"。(唐)义净译《入定不定印经·大周新翻三藏圣教序》,《大正藏》第15册,第706页上栏。

医者意也：道医学的思维特征

胡百涛

内容摘要：道医学是中医学的重要主体之一，"医者意也"则是对道医学乃至全部中医学思维特征及存在特征的形象表达，其在医术实践中表现为辨证施治的识病、遣药、用针等几个方面的圆活境界。它以阴阳五行为基本的制衡原理，融辨识症状、推理病情、分析病因、类分证候、确立治法、施以针药于一个体系之中。在这些方法和程序的背后，"意"所体现出的是以易变思想为基础的象思维。这种思维不是感性的直觉，而是类似理智直观的生命直观。这种生命直观使得医者在和患者之间的"意"的关联中自由发挥个性和智慧，根据当时当下的情形与经典、医案、遗训等所传达的信息进行视域融合，表现出其创造的生动景象。而医经也通过医者的医疗实践和医家的注释得到存活、延续与再生。

关键词：道医学　易变　象思维　生命直观

作者简介：胡百涛，宗教学博士，社会科学文献出版社编辑。

    道医学作为一个业已存在千年而于近年才引起讨论的概念，其内涵和外延尚待明确。恩师著名道教学者王卡先生生前最后明确的一个道教学术概念亦是此名词，他廓清了道医学的基本范畴。而道医学的内涵仍属有待探讨的领域，其中借助"医者意也"这个传统命题，或可管窥一二。"医者意也"，不仅是道医学的核心命题，也是传统中医学领域的重要命题，被历代名医反复申述，亦被现代学者多方关注。其间，褒之者不绝，贬之者亦有之，尤其在中医学科学化的今天，在科学进化观念的樊篱下有些学者指斥其为阻滞中医学发展的车轫。在这些议论背后，鲜见有在纯粹哲学层面把握这个命题的。那么，"意"在这个命题中究竟作何解，这个命题的论域究竟限制在什么范围，本文试图依据历代大医的阐释论述之。

一　道医学的大致范畴

道医学是不能完全限定在严格意义的实验科学范畴内的一种医学形态。从历史角度来看，如果承认闻一多先生的"古道教"概念，则道教的前史可以从中国原始宗教算起，殷商的宗教观念也是其一种。而明确的医学观念在甲骨卜辞中即有明确的记载，而且甲骨医学明显从属于当时的巫史知识。在这个意义上，道医学的起源即中医学的起源。只是在后来的发展过程中，道医学与世俗医学分分合合，相互影响，大体而言，中古以前（至唐代）中医学主要体现为道医学的形态，自宋代起，随着格致理念的兴起，中医学开始与道医学有所分离，但道医学的基本理念仍内蕴在中医学（世俗医学）的理论体系内，比如明代的《遵生八笺》就保存了不少源自道教上清派的存思道法。

按照王卡先生的理念，道医学首先应该包括道教祖师和历代道士所撰著的医书或领衔编纂的医书，如陶弘景《本草经集注》、孙思邈《千金方》、道士马志参与编纂的《开宝复位本草》、紫虚真人崔嘉彦《崔真人脉诀》、朱衣道人傅青主医学等，这是毋庸置疑的。其次，虽然不属于严格意义上的医药著作却对中医学产生了重大影响的丹道养生类道书也属道医学的范畴。这是中医学的历史实情，如明代胡文焕《养生导引秘籍》就收录了很多道教服气、内丹等养生内容，今人《中医养生大成》等也收录有这类丹经。这一类道书包括存思、服气等道经即《云笈七签》杂修摄部所涵盖的内容与宋元以来的内丹丹经，以及外丹方药类等道教服食养生的主要经书，后者记载有大量的药方和草木药，但更主要的是很多的金石药。有些金石药如雄黄、矾石、曾青等都是中药。这些外丹炼制方法直接产生出中医学的各种外用和内服丹方丹药。① 另外，符咒方术类作为道医学最具特色的一部分，大体可归入此大类。第三类，也是最难甄别而又具有巨大实际价值的是一些具有道家精神或受到道教影响的医学家的著述。比如：(1)《颅囟经》中有身神观念，《刘涓子鬼遗方》自认为是方术之一种，称得自黄父鬼。《诸病源候论》有导引、存思、尸病、蛊病诸论，《外台秘要》有服食方、禁咒方等。这类医书本身具有道教思想。(2) 王冰师从道士玄珠子，刘开是道士崔嘉彦的弟子，严用和则是刘开的弟子。有类似这种师从关系的医学家的

---

① 和中浚：《道教文化对中医外科学的影响》，《中医药文化》2012 年第 6 期。

著作应该属于道医学的范畴。(3)《苏沈良方》有著名道士林灵素作序，滑寿曾在委羽山炼制丹药。这些曾与道教界有过紧密交往的医学家显然受到道教思想的影响，其著述属于道医学研究的范围。(4) 汪启贤、汪启圣选注过内丹文献，徐大椿、黄元御注解过《道德经》。据此可以推断他们深受道家道教的影响，他们的医书当属于道医学。(5) 王硅《泰定养生主论》从书名即知作者信从庄子学说，属于道医学。(6) 周履靖系儒生涉道，马齐《陆地仙经》学兼三教。主张儒道互涉或三教合一观念的人在中国思想史上实际是偏重于道家道教的影响（明清以来，儒家和佛教多主张援道入儒或援道入佛，而不是三教合一），所以，这类医家的著作也应该属于道医学，《藏外道书》即收录周履靖著作。另外，《道藏》所收子部医家类经典如《黄帝内经》等虽不可限定在道家经典范围内，但既入《道藏》，已是道教的经书，自然属于道医学的基本经典。申言之，《正统道藏》太玄部、洞神部收录医家经典时，在收录葛洪、孙思邈、赵宜真等高道真人纂辑的医学著述之外，收录的都是以黄帝、神农等圣真名义传承的《内经》《本草经》及其注解，这也构成上述原则的内证。以上以举例的方式大致勾勒了道医学涉及的范围，① 具体名录尚需进一步清理。

二 "医者意也"是管窥道医学内涵的门径

道医学在外延上可得其梗概，但其内涵则不易定义。其中，"医者意也"这一著名命题为我们理解其运思方式提供了一个门径。

陶弘景在《本草经集注》中说，"医者意也，古之时所谓良医，盖善以意量得其节也"②，指出中国医学的重要特征乃是对"意"的运用。其所谓良医既包括一般意义的医生，即运用"世方"的医生，又包括运用"道经仙方"或"丹方"的道医。可见，"医者意也"是包括道医学在内的中医学整体所遵循的一条重要思维原则。

一般认为"医者意也"这句话最初见于《后汉书·郭玉传》："医之为言意也。

---

① 此处所论乃依据王卡先生的指导。相关论述可参见刘理想《"援道入医"过程中道士群体之作用浅探》，https://m.sohu.com/a/211097415_743853；赵凯维、张玉辉、金香兰、刘理想《试论道士群体在"援道入医"过程中的作用——兼论医籍中道教神秘主义现象》，《医学与哲学》2018年第8期。但，"援道入医"这一概念严重曲解了道医学与中医学的关系，遮蔽了道医学与中医学的同源关系或曰中古以前道医学与中医学的一体关系。
② 陶弘景编，尚志钧、尚元胜辑校《本草经集注（辑校本）》，人民卫生出版社，1994。本文所引《本草经集注》均系此版本。

腠理至微，随气用巧，针石之间，毫芒即乖。神存于心手之际，可得解而不可得言也。"文中所言之"意"有时被认为仅指针石之医的注意力。① 此解稍嫌过窄。《郭玉传》所言，初看上去相当于《黄帝内经》"语徐安静手巧而心审谛者，可使行针"这样一种审慎专注、反映迅捷的精神状态，但与下文"神存于心手之际，可得解而不可得言也"联系起来看，已然内蕴了一种易变的思辨方式。施术者统一神意气力以体察病人的血气运行情况，体察针下感觉，驾驭经气，然其如何运思则在于"意"。意，不仅是一种意识状态，也是对这种医疗实践特征的描述。

虽然郭玉是第一个完整表达出"医者意也"这一命题的人，但这不意味着这个命题所依托的思考从郭玉开始。命题的提出往往不是问题意识的开始，而是问题意识的成熟。所以，要了解"医者意也"命题背后的意含则需要对这个问题进行回溯。

陶弘景在《本草经集注》中具体论述到"意"在两个方面的具体运用，一是识病，二是遣药。关于识病，《本草经集注》说："张仲景一部，最为众方之祖宗，又悉依本草。但其善诊脉，明气候，以意消息之耳。"关于用药多少，其云："先视病之大小轻重所须，乃以意裁之。"综合言之，"医者意也"一语在医疗实践中体现在识病、遣药、用针等具体层面。

《旧唐书》许胤宗说："医者，意也，在人思虑。又脉候幽微，苦其难别，意之所解，口莫能宣。且古之名手，唯是别脉，脉既精别，然后识病。"脉诊是识病的基本方法，不唯如此，中医学四诊均是对"意"的运用。清代臧达德《履霜集》自序云："盖医者意也。借望闻问切四者，以一己之心理而揣度夫病理；援五行生克之标榜，而定其所伤何部。以形式而言，似属谈空，细绎之固有至理在焉。"

借望闻问切四诊，援阴阳五行制化，别脉识病，这正是辨证论治的主体内容之一。明代张介宾深受道医学的影响，曾言"精气神唯道家言之独详"，他在《景岳全书·传忠录》中提出"诊病施治"一语："凡诊病施治，必须先审阴阳，乃为医道之纲领。阴阳无谬，治焉有差？医道虽繁，而可以一言蔽之者，曰阴阳而已。""阴阳既明，则表与里对，虚与实对，寒与热对，明此六变，明此阴阳，则天下之病固不能出此八者。"又说："此两仪动静，为五行之先天，先天者，性道也；五行寒热，为两仪之后天，后天者，变体也。"在张介宾看来，阴阳与五行实际是一理的转化。明白了阴阳五行才可以谈所谓六经辨证、卫气营血辨证、三焦辨证、脏腑辨证、经络辨

---

① 廖育群：《医者意也》，http://www.360doc.com/content/16/0721/19/15585030_577368648.shtml。

证、八纲辨证、气血湿痰辨证、六淫辨证等辨证方法。《素问·金匮真言论》也说："谨察五脏六腑，一逆一从，阴阳表里，雌雄之纪，藏之心意，合于心精。"意思是说诊察疾病必须谨慎细致地判断脏腑的五行制化，觉察人体脏腑阴阳的偏胜、逆从，以意统合各种思虑，对人体做出恰切的认知。这一原则，清代周之干在《慎斋遗书》中称之为"辨证施治"，章虚谷在《医门棒喝》中则概称为"辨证论治"。

"辨证论治依循运动平衡的有机论人体观，融归纳症状、辨识病情、探索病因、类分证候到确定治法、施以方药于一个体系之中，融诊治于一体，不把论与治分开，此程式又是诊治体系的全部逻辑过程。"① 辨证论治是从诊病到立方的全部过程。

立方遣药同样构成"医者意也"的另一个重要方面。

> 张仲景曰：欲疗诸病，当先以汤荡涤五脏六腑……故用汤也；若四肢病久，风冷发动，次当用散；……次当用丸……。能参合而行之者，可谓上工。故曰医者意也。（《千金要方》）
>
> 故陶隐居云：医者意也。古之所谓良医，盖以其意量而得其节，是知疗病者皆意出当时，不可以旧方医疗。（《外台秘要》）
>
> 医者意也。盖谓医为人之司命，必致其意。……况医之道，有神圣工巧之殊；药之性，有君臣佐使之别；人之受病，则寒热燥湿，强弱盛衰，千变万态，不可言。既苟非精其意而通其妙，乌能已人之疾。（《历代名医蒙求》）

上面所引材料若放在辨证施治的全过程中，也就是和识病之"意"联系起来看，则反映了辨证施治的三重境界，亦即用"意"三境界。辨证方式最稳便的表述即"观其脉证，知犯何逆，随证治之"（《伤寒论》第十六条），用药"先视病之大小轻重所须，乃以意裁之"（《本草经集注（辑校本）》）。如根据《伤害论》第一百条"伤害阳脉涩，阴脉弦，法当腹中急痛，先与小建中汤，不差者小柴胡汤主之"论治，此为法式检押的层次。② 这个层次需要对药理、病情、人情都有完整的把握，在必须使用的场合使用适中合宜的治疗手段。也就是能够"参合而行之"，这种"参合而行之"就是一种分析，是对病因病机的分析，"对于天时之寒暖、人事之劳逸、体格之

---

① 孟庆云：《辨证论治的成因、特征与境界》，《中医杂志》2002年第12期。
② 孟庆云：《辨证论治的成因、特征与境界》，《中医杂志》2002年第12期。

强弱、年龄之老少、病前之饮食起居、平素之有无宿恙，一一皆当推究"，以及对方剂的体制结构、组方原则、配伍方法、剂型选择的灵活运用。"意出当时，不可以旧方医疗"则属第二个层次"圆通活法"，或称"知常达变、圆机活法"。此论在《本草经集注》中原话为："并视人之强赢，病之轻重，以为进退增减之，不必悉依方说。"它要求临证遣药，既不离于法，又不为法拘，在具体应用时，应善于化裁。例如模拟《伤害论》用五苓散治霍乱之法，把五苓散用于治小儿顽固泄泻，以收利小便实大便之功。例如，叶梦得说："古方施之富贵人多验，贫下人多不验；俗方施之贫下人多验，富贵人多不验。吾始疑之，乃卒然而悟曰，富贵人平日自护持甚谨，其疾致之，必有渐发于中而见于外，非以古方求之不能尽得；贫下人骤得于寒暑燥湿、饥饱劳逸之间者，未必皆真疾，不待深求其故，苟一物相对，皆可为也，而古方节度或与之不相契……况古方分剂汤液，与今多不同，四方药物所产及人之禀赋亦异。《素问》有为异法方法立论者，言一病治各不同而皆愈。"① "经无所载，特以意处之"属于第三个层次"不辨之辨"。在面对患者无明显自觉症状的某些疾病时尤其需要这种用意境界的发挥。在不能固定证型、列举症状、标明治法的情况下，根据手足腹舌等体察人体精、神、血、气等信息，而立法处方用药则能做到精、奇、巧、博。在此，在"医者意也"的指导下，医家在临证时对病人情势的分析把握或当病人的病证无规范可循或虽有规范其病情又不尽适合的情况下体察精奥，打破常规，"由意达物"，以创新理法、活用方药出奇制胜。第三层次尤其涉及对取象比类的应用，如南宋吴曾《能改斋漫录》所云"王原叔内翰云：医药治病，或以意类取。……意类相假，变化感通，不可不知其旨也"。

"医者意也"的内涵大抵如此，但对于道医学而言，其另有特殊涵义。在第二个层次上，《本草经集注》说："褚澄治寡妇、尼僧，异乎妻妾，此是达其性怀之所至也。"这里表明，对于宗教徒等特殊群体，在疗法上需要考虑其特殊的生活经验对其情志所产生的影响。对于第三个层次，道医学尚有世俗医学所不具备的内容。《本草经集注》多处列举了"世方"所无而"仙方"独有的药物，其中某些药物甚至没有明确的用法依据，如"玉泉"即没有一定的方法可遵循，其"烧炼之法，亦应依《仙经》服玉法，水屑随宜"，根据同类相应的法则加以类推，并根据实际情形加以调整。此取类之原则使得道医学在祝由术等杂禁术方面有很多具体运用。孙思邈

---

① 转引自费振钟《悬壶外谈》，上海书店出版社，2008，第56~57页。

《千金翼方·禁经》云："万病击同类对治……所须用禁之法，有请有告有祭，有害（善神即饮食祭之、住之，恶鬼即克之、却之）有杀有畏，有爱有喜有恶有死，有走有住有灭，是故对治用时各各条例。"道医学中很多祝由、禁祝术大抵依之而成立。其中，具有方法论意义的则是"意"的特殊含义：存思。《千金翼方·禁经》引《仙经》曰："用禁有六法，一牙齿禁，意存气至牙齿；二营目禁，开一目闭一目；三意想禁，存意以去想诸疾以除；四捻目禁，谓手上有一十五日；五气道禁，谓吹呼呵嘘嘻；六存神禁，存诸神在，以食醮祭之，感天灵气至，又鸣天鼓叩齿是也。"所论即特殊之用"意"——存思。

三 用"意"作为一种思维模式

《千金要方》卷一云："凡药有君臣佐使……又有阴阳配合，子母兄弟……有单行者，有相须者，有相使者，有相畏者，有相恶者，有相反者，有相杀者。凡此七情，合和之时，用意视之。当用相须、相使者良，勿用相恶、相反者。"《千金翼方·禁经》引《神仙经》曰："对治禁，万病击同类。逢水难，土王击之；逢土难，木王击之；逢刀难，阳精击之；逢鬼精，桃汤击之；逢虎难，五常气击之。"可知，道医学中，对"意"的运用仍以阴阳平衡、五行制化为基本原则。而且，五行原理也是道教存思法术的理论基础。扩展来看，在中医学的实践中，最基本的用"意"应当是在以阴阳五行为大的制衡模型中进行的辨析推导，更高层次的用"意"则是在这种理析基础上进行的变通。前后两者是用"意"的表现，或者说是"意"的外现，那么"意"则是贯通在这两者或三个境界之中的思维模式。其中，联想、模拟、比类是这种思维模式的一干方法。《三因极一病证方论》说："治法当以类象从，所谓医者意也。"如"以皮行皮"，故《中藏经》载有五皮散治疗皮肤水肿；"枝行四肢"，故用枝状药物行达四肢，如桂枝、桑枝治疗肢节酸痛、麻木。[①] 不独这些具有"互渗律"意味的方法属于联想、模拟、比类等形式，五行本身即可以作为最基本的类。《黄帝内经》以及《淮南子》《管子》等书都曾反复以五色、五声等名目来统分各种物事。而在传统文化中，数字二（阴阳）五（五行）实际都属于"象"。所以，"意"所依托的思维模式实际是象思维。象思维的理论基础是视世界万物为有机的整

---

① 曹美莹、王东浙：《略论"医者，意也"》，《光明中医》2001 年第 4 期。

体,将动态属性、功能关系、行为方式相同相近或相互感应的"象"归为同类,再按照象之间的制衡转化模式把握万事万物的相互关联与动态演变。

在现存典籍中,意或象思维的代表是《周易》。《系辞》言:"子曰:书不尽言,言不尽意。然则圣人之意,其不可见乎?子曰:圣人立象以尽意。"《庄子·天道》说:"语之所贵者,意也;意有所随,意之所随者,不可以言传也。""意"无法用语言表述,却可以用象来设喻。《系辞》和《庄子》的议论在两汉经学中形成了重视"意"或"悟"的思维习惯,在魏晋则演变为玄学的"言意之辩"。郭玉说"神存于心手之际,可得解而不可得言也"显然受到了这种影响。但是郭玉提出"医者意也"这一命题不能只看到玄学的影响,更重要的在于象思维是先秦普遍的思维方式,《黄帝内经》也内在地具备这一思维倾向。

> 五藏之象可以类推,五藏相音可以意识。(《素问·六节藏象论》)
> 夫圣人之治病,循法守度,援物比类,化之冥冥。(《素问·示从容论》)

而且《黄帝内经》的某些章节还透露出,作为先秦大路向的思维方式,象思维不仅体现在《内经》主要论述的针灸疗法中,而且贯通在汤液、砭石等其他医疗体系中。如《素问·宝命全形论》说:"故针有悬布天下者五,黔首共余食,莫知之也,一曰治神,二曰知养身,三曰知毒药为真,四曰制砭石小大,五曰知府藏血气之诊,五法俱立,各有所先。今末世之刺也,虚者实之,满者泄之,此皆众工所共知也。若夫法天则地,随应而动,和之者若响,随之者若影,道无鬼神,独来独往。"汤液、砭石、针灸乃至诊法都在这种思维之下相互作用着。"法天则地,随应而动"是对象思维的生动表述。取象于天地亦即《系辞》"仰则观象于天,俯则察法于地";《系辞》曰"神无方,而易无体",韩康伯注曰"神则阴阳不测,易则唯变所适",这和"随应而动"是同义的。《素问·宝命全形论》下文指出:"静意视义,观适之变,是为冥冥,莫知其形。"

如果对比上面引述的《六节藏象论》和《示从容论》文句,可以看到,以"意"识物是不可以直接用语言传达的。"冥冥",张隐庵注"视无形也",高士宗注"静之至也",也就是无形、无声,自然是不可以言传的。《荀子·正名》:"心有征知。征知则缘耳而知声可也,缘目而知形可也,然而征知必将待天官之当簿其类然后可也。"发挥心的智用才可以得到"类"的意识,所以道医学、中医学十分强调"心悟""心法"。《素问·八正神明论》言:"请言神,神乎神,耳不闻,目明心开而志失,慧然独悟,口弗能言,俱视独见适若昏,昭然独明,若风吹云,故曰神。"《内经》中,"意"与"神""悟"等认识能力紧密联系在一起。再把《六节藏象论》、《示从容论》和《素问·宝命全形论》的引文联系在一起,又可以看到,以"意"识物所以驾驭"循法守度,援物比类"之方法的是"静意视义,观适之变"。义者宜也,在类似静观玄览的境界中察觉所当行之事,以变为适。《千金翼方》论禁祝:"斯之一法,体是神秘,详其辞采,不近人情,故不可推而晓也。"就是在强调禁祝之法"辞"不达"意",不可仅凭其语言表达去理解,然可意会,可以"体"察。

体察、静观的形式是怎么样的呢?《系辞》云:"易之为常道也不可远,为道也屡迁,变动不居,周流六虚,上下无常,刚柔相易,不可为典要,唯变所适。"《内经》的恒动观念是《周易》易变思想在医学中的体现。为什么要唯变所适呢?关键在于象思维的基本向度。《系辞》又言:"拟诸其形容,象其物宜,是故谓之象。圣人有以见天下之动,而观其会通。"圣人是由于取象,由象所具备的特征而体察事物变动、静观事物作用的。"象也者,像此者也。"象所具备的是隐喻功能,而不是指示功能,像此而不是此。"拟诸其形容,象其物宜",孔疏:"而拟诸其形容者,以此深赜之理,拟度诸物形容也。见此刚理,则拟诸乾之形容;见此柔理,则拟诸坤之形容也。象其物宜者,圣人又法象其物之所宜。若象阳物,宜于刚也;若象阴物,宜于柔也,是各象其物之所宜。"圣人是要通过象的物象特征把幽深之理形象地展示出来,又通过其法象特征把事物所应该具备的动静升降等功能、关联传达出来。而且象要能够推论它所象的每一个事物,所以象思维的基本向度是取象,又不局限于象,取象在于随适,其道在变,随时与所关涉的物事发生新的关联和整合。"由黄帝和岐伯使用的'象',则是直接的构意和设喻,它有着鲜明的意象特点,也就是说,它只不过是一些能够通过直观加以体认和把握的形象,这些现象既有可以意会的一面,同时也便于人们从共同的生活经验上理解它们的指义。"[①]

不过,这种直观不是康德意义上的感性直观或直观形式,而是类似于谢林同一哲学所说的理智直观或艺术直观。"'理智的直观'并不是说,把'理智'和'直观''结合'起来,因为这样的'结合',康德也是强调了的,否则就不会有他的知识论;'理智的直观'是要说,'直观'本就是'理智'的,而不是'感觉(材料)'的。

---

① 费振钟:《悬壶外谈》,第 111 页。

'理智的直观'就是'非感觉的直观'。"① 谢林的理智直观所实现的是主体和客体的绝对无判别的同一，中医学的"意"可以使得主体（医家）和客体（就诊者）之间形成一种特定的生命相托的状态，但还不是这种绝对无差别的同一，"意"实现的只是一种统一，要把医家的生命体验和就诊者的证候、人情统合为一个体系来统摄诊断治疗。"意"以象取类，但最终要使象与医家所面临的每一个就诊者的特定时刻的情态耦合为一体。"在《黄帝内经》遥远的知识背景上所凸显出来的，其实是对于人的认识和解析，而生命的存在及其意义的寻找与确证，乃是重要的核心。"② 在医疗实践中体现为生命与生命的对接。所以，意超越形象和语言，其不可言明之处正是以象思维为基础的生命直观。

四 "意"与医学理论演变的模式

"强调'直观'的'非感觉性'、'理智性'，其意义在于强调此种'直观'的'非被动性'和'能动性'。这就是说，'理智直观'不是'感觉'提供、给予的，而是'理性'、'理智''创造'的。""'理性'的'创造'，就是自身'一分为二'，自己为自己'设置''对立面'——'非理性—感性—直观'。这就是费希特的'自我'设立'非我'，黑格尔（以及谢林）的'绝对''外化'为'自然'（以及'社会'）。"③ 理智直观是一种创造性思维，与此类似，用"意"也助推着道医学、中医学自身理论的发展。不过，不同于德国古典哲学提出的"自身一分为二，自己为自己设置对立面"的创造方法，中国医学理论在用"意"这种生命直观下获得了另外一种演变的模式。

虽然，用"意"得到的知识是不可言明的，但"意"并不是一种玄思。取象总要落实在所把捉对象的当下状态上。《系辞》："吉凶见乎外，失得验于事也。"孔疏："其爻象吉凶见于卦外，在事物之上也。"立象尽意，但一定要以所象的外在事物为检验。《庄子·天下》："以参为验，以稽为决。"刘文典《庄子补正》解释说："以参，本又作'操'，同。七曹反。宜也。以稽音鸡，考也。"就是说，最终要以日常能够做到的物事作为检验规范。重参验同样构成了《内经》认识论的重要方面。《素

---

① 叶秀山：《哲学作为创造性的智慧》，江苏人民出版社，2008，第110页。
② 费振钟：《悬壶外谈》，第106页。
③ 叶秀山：《哲学作为创造性的智慧》，第110页。

问·气交变大论》说:"善言天者,必应于人;善言古者,必验于今;善言气者,必彰于物;善言应者,同天地之化;善言化言变者,通神明之理,非夫子孰能言至道欤!"对于医学来说,其理论以诊治的实践效果来检验,这是最适宜的。

由于医疗对象的个体性和医患双方所处时空场域的复杂性,中医(道医及世俗医学)的实践总能够在一种自由状态下充分发挥医者的个性和智慧,从而表现出创造与演变的生动景象。不过,"意"的运用要以钻研前圣经典、投身医疗实践为前提,也就是要建立在对医学理论的完整领会的基础之上,这样,在历史性地领悟和习练、同化和顺应前代中医学理论的过程中,与西方创造思维中创造物与被创造物要发生分离不同,中国传统医家采取了"六经注我"的方式。"六经注我"这一今文经学术语喻指以阐述古人微言大义之名,行宣扬自家主张之实。于其中,被阐释者与阐释者之间悄然发生着革新与变异。由于患者所处的寒热燥湿等外部环境、所赖以生计的人事经历、天象运气的变换等总处在历时性的转化之中,中医在实际的医学实践中总要根据当时当下的情形与经典、医案、遗训等所传达的信息进行视域融合。在这个过程中,医经通过医术实践者的医疗实践和医学家的注释得到存活、延续与再生,而医术实践者和医学家则不断地选择、化约延绵下来的医学理论与规范,从而一次又一次地对医学理论进行理论体系的重构。具体情形可以从以下医学经典的形成过程体现出来。

> 隐居先生在乎茅山岩岭之上,以吐纳余暇,颇游意方技,览本草药性……精粗皆取,无复遗落,分别例条,区畛物类,兼注名世用,土地所出,及仙经道术所须,并此序录,合为七卷。(《本草经集注·序录》)

> 盖自神农氏深明药性,著《本草经》三卷而未有方也,轩辕氏日与岐伯、雷公剖析病机,著《素问》《灵枢经》各九卷而未有方也;商周之间如伊芳尹、如和、如缓、如跗,皆以医名而未有方也;越人受长桑君之禁方,所传于世者,《八十一难经》及治虢太子尸厥耳,而其为带下医、小儿医、耳目痹医,俱未悉其所以为方也。仓公受公乘阳庆之禁方,所可晓者莨菪子汤、苦参汤耳,其他火齐汤、下气汤、阳剂刚石、阴剂柔石,亦未悉其所以为方也。若夫刳肠、湔胃无论,其方不传,即令华元化方传至今而亦难乎效其为方也。惟是仲景氏出,有《卒病论》以治伤寒,著方一百一十三;有《金匮要略》以治杂病,著方一百一十二医方,实开先焉,盖鼻祖也。又得叔和王氏为之诠次,俾仲景之微旨益以彰

明，叔和氏不更立方，即述仲景之方为方者也。皇甫士安之《甲乙经》特重针刺而无方，巢元方之《病源》每病必有源，源必立论而无方。览者咸以无方致憾。迨唐有孙真人者，初著方三十卷，晚复增三十卷，自珍其方曰《千金》，医方较明备焉，盖大宗也。乃前后乎孙真人者，人则有深师、崔尚书、孙处士、张文仲、孟同州、许仁则、吴升若而人，方则有《广济》《录验》《删繁》《肘后》《延年》《短剧》《必效》若而方，门分派别，编帙从未有综而辑之者，独刺史王焘先生，前居馆阁二十年，采摭群书，汇成方略，上溯炎昊，下及诸家。（《外台秘要序》）

脉有更代，是名代脉，自仲景以中止为代，而后世述之，是代脉之不明也，至今日而明矣。伤寒本传十二经，自刘草窗有传足不传手之说，而诸家宗之，是传经之不明也，至今日而明矣。凡皆景岳之主持内经，运用诸子，轩岐之后，文不在兹乎！（张介宾《类经》叶秉敬序）

盖以义有深邃而言不能该者，不拾以图，其精莫聚；图像虽显而意有未达者，不翼以说，其奥难窥。自是而条理分，纲目举，晦者明，隐者见，巨细通融，歧贰毕彻，一展卷而重门洞开。（张介宾《类经》叶秉敬序二）

《本草经集注·序录》和《外台秘要序》详细阐述了中医学（道医学）本草、经方的来源、定型及演变：由《神农本草经》《黄帝内经》发轫，经秦汉而未有方，至张仲景始著经方，晋王叔和祖述之，陶弘景区分品类作集注，《诸病源候论》有论而无方，孙思邈使医方大备，此后则分流衍派。《类经》叶秉敬序则点明脉诊或自汉代传承失绪而至张介宾再得发明。而这种经典演变的特征即综合前代流传下来的各种图籍，辑补新出信息，区分品类，切合当时社会所用，使诸家融汇、古今融合，从而形成新的典籍。《类经》序二则明确了新医典的编撰乃在于借言语、图像以达其"意"。

在这个过程中，彼此关联的医术实践者或医学家和医学理论之间处于一种共生的状态，彼此互为存在的条件。正是如此，"意"才取得了不同于医术实践者或医学家身体感观的"另外一种存在秩序，而是人类可以借此渗入宇宙的一种手段——'意'进入空间，其理解力渗入一切，但其影响和效果却难以察觉"[①]。"意"是个人的创造性能够融入传统的必要手段。比如，《伤寒论·辨脉法》第二十条说："寸口脉浮而

---

① 〔美〕安乐哲：《古典中国哲学中身体的意义》，《世界哲学》2006年第5期。

紧，浮则为风，紧则为寒，风则伤卫，寒则伤营，营卫俱病，骨节烦痛，当发其汗。"《脉经》则指出："风伤阳，寒伤阴，卫为阳，营为阴，各从其类而伤也。"孙思邈披阅仲景秘本后，将伤寒太阳病分桂枝、麻黄、青龙"正对法相统"，在《千金翼方》卷九中云："今以方证同条，比类相附，须有检讨，仓卒易知，夫寻方之大意，不过三种，一则桂枝，二则麻黄，三则青龙，此之三方，凡疗伤寒不出之也。"受此影响，成无己为此条作注为"风并于卫为荣弱卫强，寒并于营为营强卫弱，风寒两伤荣卫为营卫俱实"，似有桂枝汤治中风、麻黄汤治伤寒、大青龙汤治中风见寒脉或伤寒见风脉的理解。朱肱《类证活人书》提出："大抵感外风者为伤风，感寒冷者，为伤寒，故风则伤卫，寒则伤营，桂枝主伤卫，麻黄主伤营，大青龙主营卫俱伤故也。"方有执据此编订《伤寒论》，明确地标立"三纲鼎立"之说。喻嘉言、程郊倩等人力申"三纲鼎立"的见解，而张志聪、柯韵伯等名家则对《伤寒论·辨脉法》第二十条提出不同的理解，从病因病机、证候治法等多方面反驳三纲学说。或许，《伤寒论》的阐释和演绎之作在某种意义上是对张仲景伤寒理论的张扬或遮蔽，但伤寒理论确在不断地被复制和改写而获得旺盛的生命力。

"意"为道医、中医实践提供了广阔的空间，但这种创造性显然不是依靠制度来维持的。这是中国传统医学与西方科技传统最大的区别。没有制度支持的创造性很容易模糊化，没有制度规范的创造活动不会走向近代科学的实证道路。于是，"意"总可以被随意地引入玄思和不稽，"医者意也"不断地被曲解。早在孙思邈时，此弊已被揭示出来。《千金要方》："医自以意加减，不根据方分，使诸草石强弱相欺，入人腹中不能治病，更加斗争，草石相反，使人迷乱，力甚刀剑。"此批评不可谓不力，但是，此处所批评的"意"乃是随意、任意，入宋以后，随着理学格致理论的兴起，各家渐渐注意到"医者意也"这个命题具有的模糊性以及由此而来的种种啼笑皆非的牵强附会，对其进行了理性批判。《东坡志林》卷三："有患疾者，医问其得疾之由，曰乘船遇风，惊而得之。医取多年柁牙，为柁工手汗所渍处，刮末杂丹砂、茯神之流，饮之而愈。今《本草注·别药性论》云：'止汗，用麻黄根节及故竹扇为末服之。'文忠因言：'医以意用药，多此比。初似儿戏，然或有验，殆未易致诘也。'予因谓公：'以笔墨烧灰饮学者当治昏惰耶？推此而广之，则饮伯夷之盥水，可以疗贪；食比干之馂余，可以已佞；舐樊哙之盾，可以治怯；嗅西子之珥，可以疗恶疾矣。'公遂大笑。"苏轼对欧阳修的诘难恰恰反映了他对"医者意也"的玄幻理解，而且苏轼在与欧阳修的对话中并没有刻意去反驳什么，只是在用一种游戏的心态去看待文忠公的"医者意也",这才有欧阳修的开怀一笑。无独有偶,《东坡志林》卷五十五记载了他对眼疾所发的一番议论:"如眼翳尽,眼自有明,医师只有除翳药,何曾有求明药?明若可求,即还是翳。固不可于翳中求明,即不可言翳外无明。而世之昧者,便将颓然无知认作佛地。"中医学多认为翳之所生因风热不制及七情五贼劳役饥饱,治法多用内治,明代《审视瑶函》首先提出外治法治疗翳。不论苏轼所患眼疾是不是白内障之类,凡眼明是指眼睛能视物而言,目有翳自然目不明。苏轼在"明"与"翳"之间的区分很容易让人联想到他的《题沈君琴》:"若言琴上有琴声,放在匣中何不鸣?若言声在指头上,何不于君指上听?"该诗契合《楞言经》"谐无声之乐,以自得为和"的思想,寓"得意忘声"之意。"医者意也"、"目"与"翳"都是苏轼超然事外的禅语机锋。

文人或哲学的思辨并不关涉医学本体,只是借以探求世界的意义。但是一些中医无能之辈错误理解"医者意也"的涵义,作为自己胡乱行医的掩饰,则因此招致他人对"医者意也"合理性的质疑。《旧唐书》许胤宗说:"医者,意也,在人思虑。又脉候幽微,苦其难别,意之所解,口莫能宣。且古之名手,唯是别脉,脉既精别,然后识病。夫病之于药,有正相当者,唯须单用一味,直攻彼病,药力既纯,病即立愈。今人不能别脉,莫识病源,以情臆度,多安药味,譬之于猎,未知兔所,多发人马,空地遮围,或冀一人偶然逢也。如此疗疾,不亦疏乎!"《是斋百一选方》称:"古人方书,一药对一病,非苟云尔也。后世医家者流,不深明夫百药和剂之所宜,狠曰医特意尔,往往出己见,尝试为之,以故用辄不效。甚者适以益其病,而杀其躯者有之。""意"的运用必须建立在已经有对医学理论的完整把捉之上,必须与娴熟的医疗实践能力结合在一起。不能拥有广博的物理知识、没有行之有效的识病技艺、不能和医学理论契合在一起、对于所面临的情景不能做出正确的判断,甚至不具备立方遣药的本领,而一味凭猜测胡乱行医,是与"医者意也"完全相左的。这种随意、臆测的行为,《黄帝内经》中其实对此就有所提醒和批判了。《灵枢·顺逆肥瘦》:"匠人不能释尺寸而意短长,废绳墨而起平水也。"最基本的阴阳五行制衡原理、用药规制必须要起到潜在的规范作用,而又不能用于机械的推导。

五 结语

以上行文论证了"医者意也"这一命题在道医学乃至在广义的中医学医疗实践

中的操作含义以及它在这种操作过程中的运思方法、在构建传统医学理论体系中的作用。作为中国传统文化的一部分，"医者意也"完全可以折射出中国传统思维的特征。"意"不仅被用于建构中医理论，同样体现在中国其他传统由"道"而入之"术"中。在这个意义上，"医者意也"与"天人合一"有许多相合之处。王卡先生指出，天道信仰是中国传统文化的核心。先生所论天道并非仅指作为苍苍者之天的运行及规律，此"天"乃取冯友兰所论五重意涵之天。天道信仰持续流传在中国传统思想的历史长河中，三教之"道"、诸子之"道"，均是其一端或曰外显。唯一堪为此"天道"概念同义语的是道教在三教合一意涵上所阐论的"道"或曰大道的内涵。据此，大致可以认为，道医学是以天道—大道为根本理念，以阴阳五行为原理和模式，以取象比类的象思维为基本思维模式，融针灸、汤液、导引、存思、炼养、禁祝等各种技术手段为一体的一种社会医学形态。"医者意也"是对其手段、思维方式及存在特征的通俗表达，而宗教性则不是其必然特征。明辨真伪之后，在处于科技座架之上的当今时代，西医化的中医日益销蚀着传统医学的特色，如何通过对生命的关照还原人在本真世界中的在场感，如何在规范制度的同时回归传统医学的神韵需要对以"医者意也"为运思原则的道医学进行回归。

田野调查

"住"与"游"之间

——标准化与在地化之作用下的当代晋陕边（北）地道教

刘雄峰

摘要： 按照所谓的"标准"（道教传统规制），道教的正一（天师）和全真二宗，无论是在修行的方式方法还是修行的内容等方面都有着一定的不同，尤以修行的方式方法表现为正一（天师）在家火居而全真出家住观为明显差异。自明清以来，这种差异更是因着地域的不同，体现出了鲜明的"地方性"（即所谓的"在地化"）。直至今天，在这种"标准化"与"在地化"之作用下，同处于晋（山西）陕（陕西）之边（北）地的道教又因着相似而又不同的地域特征，在修行的形式上呈现了"住"与"游"之间的不同特征。本文通过对山西和陕西相关地区道观之道士的口述内容和田野调查所得之碑刻和相关史志资料的分析和解读，指出晋陕边（北）地道教之于"标准化"与"在地化"之作用下所体现出的"住"与"游"之间的修行特色，从而厘清当代中国道教的地域特征和发展的历史轨迹。

关键词： 晋陕边（北）地道教　白云观（陕北）　岱岳殿（晋西北）　玄云观（晋北）

作者： 刘雄峰，中国四川省社会科学院宗教翻译与研究中心主任、教授。

提及道教，人们自然而然会想到其正一（天师）、全真二宗。它们（二宗）虽然诞生时间不同，在历史上的发展亦相异，但最终却成为各据道教"半壁江山"的宗派。按照所谓的"标准"（道教传统规制），道教的正一（天师）和全真二宗无论是在修行的方式方法还是修行的内容等方面都有着一定的不同，尤以修行的方式方法为正一（天师）在家火居而全真出家住观为明显差异。而自明清以来，这种差异更是因着地域的不同而体现出了鲜明的"地方性"（即所谓的"在地化"）。直至今天，在这种"标准化"与"在地化"的作用下，同处于晋（山西）陕（陕西）之边

（北）地的道教又因地域特征，在修行的形式上呈现了"住"与"游"之间的不同特征。于此，本文通过对位于中国北方晋（山西）陕（陕西）两地之相邻而又大致相似地区（同处于两省北部边地）三处道观之道士的口述内容和田野调查所得之碑刻和相关史志资料的分析和解读，试图揭示出晋陕边（北）地道教之于"标准化"与"在地化"之作用下所体现出来的"住"与"游"之间的修行特色，从而厘清当代中国道教的地域特征及其发展的历史轨迹。

一 "背离"与融合——"全真火居"的白云观（陕北）

白云观（陕北）坐落于陕西省北部佳县城南4公里处的白云山上，其地势险峻，前有黄河环绕，后延横岭千峰，左有青龙相伴，右有白虎相拥。而且黄河东岸之悬崖峭壁宛如一道屏障，使其更加藏风聚气，因而崇尚自然无为、修身养性的道教很早就驻足了。而从山上所保留的三清殿之建筑特征来看，至迟于宋代就已有道教流布。不过，当时的规模似乎较小，而其兴旺的时间则是始于明代万历年间。从那时起，历经四百多年的修葺营造，佳县白云山已经成中国著名的道教名山，而白云观亦成了西北地区最大的明清道教古建筑群。

当今的陕北白云观驻锡道士为全真道龙门派。全真道教是如何来到陕北白云观，其传承又是怎样的情形呢？据传，白云山的创建者是一位名叫李玉风的道士。按《佳县县志》以及《白云山碑碣》记载，李玉风真人于明万历三十二年（1604）由终南山碧云洞（亦说"碧天洞"）云游至山西石盘山，"每晚露坐山顶，寒暑不侵，所坐之处神光灿灿，大显灵异"[①]，乡民商议修建坛宇，获得真人点头赞许。于是，"橡檩梁栋各类木材均未经募化，山民即捐运山下，数以千计，不神运鬼输"[②]。官府闻其事疑为妖人，恐其惑众，因而将其驱逐。李玉风遂于万历三十三年西渡黄河，开始居住于葭州（今陕西佳县）南边的吴堡县，后被一牛姓葭州人迎请至葭州，在各方的支持下于白云山上建立起了白云观。虽然，李玉风究竟是属于哪一门派的道士并没有详细的资料记载，但鉴于白云山现存之民国27年《重修白云山三清殿碑记》中有"是山于万历十四年，有玉风真人姓李名守鹄者，自终南山之碧云洞，初居汾西石盘

[①] 白云山道教民主管理委员会编《白云山白云观道教志》，陕内资图批字（2007）EY58号，第3页。
[②] 白云山道教民主管理委员会编《白云山白云观道教志》，陕内资图批字（2007）EY58号，第4页。

山……"① 之说，而且，在《白云山起建藏经阁会首功德疏》中，亦有"全真玉峰，山开白云，无何羽化，率土崩心"② 的字样，因而有学者断定其"作为一名全真道人是没有疑义的"③。因此，即使李玉凤的全真道士身份不能准确断定，在万历三十六年，即李玉凤来到白云山后的第四年，朝廷也曾向白云观派来几名道士，其中有五人做过住持，他们分别是张真义、景真云、王真寿、赵常清、李守凤，且五人均来自北京白云观。④ 由此可见，至迟是从明代万历年间，全真道就开始了在陕北白云观的传播。而且，来到陕北白云观的第一批道士正是属于全真道的龙门派。万历四十六年（1618），明神宗皇帝朱翊钧还给白云观亲颁圣旨，并赐《道藏》4726 卷。至此，陕北白云观受到皇家恩赐而成为名扬天下的道教宫观，特别是在晋陕北地以及内蒙古一带，更是名震一方。

然而，自近代以来，尤其是进入 20 世纪后，陕北白云观亦和全中国的道教一样风雨飘摇。在这种情况下，迫于现实环境（包括自然环境和社会环境）之压力，作为一种社会组织，宗教组织做出适当的调整和应变亦是理所当然和十分必要的。陕北白云观在修行方式和内容上所体现出来的"全真火居"之与传统的"背离"和融合，亦正是这种调整和应变之结果。

由于《道藏》的存在，陕北白云观道众得以有"法"可依，从而对正确地按照全真教规的修行和传教起到了重要的作用。但随着日后战乱等种种原因，《道藏》受到严重的损毁，而在一定程度上导致了后来陕西白云观"住观道士的修持方式即已发生重大变化"⑤。据说，《道藏》被毁的时间是 1947 年，乃由于观内的藏经阁发生火灾而被烧毁。⑥ 不过，按照白云观的住持张明贵（1931～2016）道长（11 岁拜张

---

① 白云山道教民主管理委员会编《白云山白云观道教志》，陕内资图批字（2007）EY58 号，第 4 页。
② 云子、李振海编撰《白云山碑文》，陕内资图批字（2007）EY24 号，第 2 页。
③ 樊光春：《全真道龙门派在西北的传承》，载刘凤鸣主编《丘处机与全真道国际学术研讨会论文集》，中国文史出版社，2008，第 470 页。
④ 参见白云山道教民主管理委员会编《白云山白云观道教志》第二章"历史沿革"，陕内资图批字（2007）EY58 号，第 7 页。
⑤ 樊光春：《西北道教史》，商务印书馆，2010，第 618 页。
⑥ 据樊光春《西北道教史》所记，关于白云观所藏《道藏》被毁一事有两种说法：一种是由于战争，敌人逼近，道士将其烧毁（参见张俊贤《这里唱起东方红》，宁夏人民出版社，2006，第 154 页）；而另一种说法则是由新兵训练时烧毁（参见陕西省人民委员会宗教事务处档案第 130 号，第 27 页）。但笔者更倾向于相信后一种说法。只因新兵乃是解放军，所以第一种说法出于某种避讳才说是道士所为。而作为道士，我想是决计不会肆意去焚毁他们心目中神圣的《道藏》的。以上可参见樊光春《西北道教史》，第 618 页注①。

图 1　陕北白云观真武大殿

元桐道长为师专心修道）的说法，白云观之住观道士的修持方式早在民国初便已开始发生变化。而最大的变化便是道士们不再出家住观修行，而是开始娶妻生子，子弟可以继承世袭的宗教生活，即所谓的"全真火居"，并且形成一种定制，一直延续至今。之所以说成为一种"定制"，乃是这种"全真火居"的方式得到了民国时期地方政府的认可和支持。当时省政府为了发展经济而向各县下拨了组织栽桑养蚕技术培训的经费，但佳县地方政府拿了钱后却并不作为，为了应对检查，便想借用白云观的窑洞，临时招来附近的学生进行敷衍搪塞。而此时的白云观亦因种种原因同外界的交流日趋减少，违反戒律的行为常有发生。不仅吃喝嫖赌司空见惯，甚至还吸食鸦片，使其生活雪上加霜，变得更加穷困潦倒。因此，白云观的道众便要挟政府同意他们结婚成家的条件。可见，政府的应允一则是因为自身的利益而出于无奈，再则亦是为了道士和道观的生存和持续。而这一切又从客观上进一步加剧了陕北白云观与"全真"道教的背离和同民间信仰的融合。

虽然得到了地方政府的认可，但火居道士亦不是全部，还有很小一部分道士仍坚守"全真"戒律，在观里坚持着清修。可由于大部分道士在家火居，加之他们为了生存又要经常在外为民众举行一些驱禳和超度的法事活动，因而白云观里一度几乎没有道士居守，信众更是寥寥无几，门可罗雀，香火几近湮灭。据张道长回忆，20世纪50年代，"邪教"教派混元教在陕北偏远地区活动频繁，曾乘虚而入来到白云观，叫嚷说白云观道士娶妻成家违反了道教戒律，要由他们来掌管白云观，企图将道士逐出山门，霸占白云观。于是，张道长便挺身而出，联合其他数名道士制止了混元教的行为，避免了白云观被强占，延续了陕北白云观之"全真"道教宫观的性质和地位。张明贵道长亦因这次驱赶和制止混元教霸占白云观事件而崭露头角，加之他热爱道教文化，又勤奋好学且还上过大学，是这里学历最高的道士，因而渐渐地成了白云观的领头人，并当上了住持。当然，这中间也因众所周知的原因（如"文化大革命"等），发生过道士被勒令还俗回家以及因与世隔绝（不与外界道教交流）而其服饰仪范等不被外界全真同行认可的情况。自1979年之后，随着同外界交流的加深，这种情况渐渐地得到了改善。时至今日，在出家住观还是在家火居的问题上，白云观仍然沿袭旧制，实行着带有家室、子弟世袭的所谓"全真火居"的宗教修行生活，包括住持张明贵道长在内都有妻室。张明贵的大儿子张至鹏亦在白云观做道士（在张道长羽化后，其已做了白云观的住持）。同时，这里的道士虽然俱以"全真"自诩，且其传承以按照全真道教的"辈字歌"相传，但他们大都没有受戒（相对于正一道的受箓）。而更令张道长一直难以释怀的，便是他在20世纪50年代曾带领白云观的部分道士远赴北京白云观参加授戒法坛，可他最后却是空手而归，未能如愿。个中原因，张道长未能详述，只是说当时由于一些原因而耽误了时间。

陕北白云观道教"全真火居"修行方式的最大特征，就是白天住在观里，晚上则回到自己的家中。随着对外交往的不断扩大，道士队伍组成人员的籍贯亦发生了变化，由原来一度清一色的当地人变为逐渐有了外地人员的加入。不仅如此，不同于传统全真道的清修，白云观的道士还要外出为民众做一些驱邪攘灾的法事。与此同时，每年都要定期举行盛大而又隆重的法会（亦即"庙会"）[①]，在某种意义上体现了其与正一道（天师道）和民间信仰的合流与融合。这一切遂成为白云观作为北方全真道教既区别于其他北方的全真道教和传统的全真道教，又区别于正一道（天师道）

[①] 清代以来白云观的传统庙会每年有三次，即三月初三真武祖师圣诞会、四月初八白云观建观开光纪念会、九月初九真武祖师羽化飞升会。1959年之后，又增加了正月初一至十五的春节庙会。

的显著标志。由于要经常外出活动,亦出现了道士离观四处云游的现象。这样的"游"在客观上促进了白云观道教对外传播的同时,亦直接对距其不是很远的晋(山西)西北的一座道观——岱岳殿在修行方式等诸多方面产生了重大的影响。

二 "回归"和演变——"游住一体"的岱岳殿(晋西北)

岱岳殿(亦称岱岳庙)位于山西省西北部的河曲县,为一处道教宫观。据碑志记载,该观始建于金天会十二年(1134),历经明清诸代之修葺,现存有殿堂共15座。整个建筑坐北朝南,布局整齐。南北长65米,东西宽50米,总占地面积3250平方米。中轴线上有山门、乐亭、岱岳殿、居士殿;东侧有岳王庙、关帝庙、包公祠、日月宫,玉皇阁;西侧有龙王庙、灵官殿、地藏殿、圣母殿。由于岱岳殿的历史悠久(距今近千年),且规模宏大(在晋西北可谓首屈一指),影响较广,因而被任继愈总主编的《道教小辞典》所收,并被列入了"仙境·名山·宫观"项目之中。据《道教小辞典》记载,岱岳殿现存"塑像十五尊,壁画约一百零四平方米,碑碣十一通。主要建筑岱岳殿保存完整,为三间硬山顶,脊垫板下有'大清同治三年新建此庙'题记"[①]。不过,笔者从对该道观进行的考察来看,发现其碑碣只剩下了五六通,且年代最早的一通明代石碑文字已漫漶不清,其他几通亦有不同程度的损坏。

关于岱岳殿的创建者,并没有见到任何直接资料,相关资料只是说其创建于金天会十二年,可见在其创建之后的一段时间内,这里所盛行的大概是道教的钟吕派,抑或是传统的神仙信仰等。因为当时这里属于中原之边地,处于金人的统治之下,而且当时全真道亦未创立,即使是王重阳日后从终南山"活死人"墓中出来,东赴山东胶东一代传道,也没有进入过山西,而是从河南绕道山东。之所以如此,大概因王重阳在金人的统治下屡受挫折,认为在金人之统治地区传道是不会成功的,因而才到了道教基础相对厚实且没有受金人直接统治之山东地区。但他却万万没想到就在金人统治下的后方——山西的西北边地,却于公元1134年塑起了一座道教宫观。而这一年正是他考中"武举甲科"之年。

尽管在现存之相关碑碣资料和文献资料中都没有记录全真道教传来岱岳殿的确切

[①] 钟肇鹏主编《道教小辞典》,上海辞书出版社,2001,第245页。

图 2　晋西北岱岳殿山门

时间，但从驻锡观中的道士的口耳相传中，① 得知此处从明代起就陆续有从陕西佳县白云观游方来的道士居住。虽然这些道士并未在此长期定居（一般最多不过住上三五年就走了），但由此可知，这里所流传的无疑就是全真教，且最早大约从白云观成为全真道教的道观之后开始，全真道教也随着这些来自陕西白云观的云游道士而传到了晋西北的岱岳殿。而从白云观传承了数十代的全真教龙门派可知，岱岳殿的全真道教亦应属于龙门派，尽管这里并没有像陕北白云观那样形成连续完整的传承。另据临时看管岱岳殿的吕先生说，在岱岳殿山门前面广场的南边，曾经在20世纪70年代风靡全中国的"农业学大寨"的平田整地运动中，于此处挖出过两通较大的石碑，但由于碑体又大又重，且出于政治上的原因，就又把两通石碑重新埋了。并且，吕先生肯定地说，这两通石碑就是原来道观（岱岳殿）里的石碑。或许，当有一天两通石碑重见天日时，一定会给我们揭开岱岳殿更多鲜为人知的秘密。

因此，从上述之岱岳殿全真道教的传播途径，可以认为晋西北边地的道教特别是全真道教的传入并非由山西内地传来，而是从外部的与其毗邻的陕西即陕北白云观传

---

① 笔者到访岱岳殿时，观内并没有驻锡的道士，只有一位负责看管道观的当地吕姓村民。这些情况都是从吕先生口中得知的。

入。造成这种传播路线主要是距离上的因素。虽然岱岳殿位于山西的行政区属，但实际上是山西的边地，其与陕西白云观的距离反而更近一些，仅有一河（黄河）之隔，距离的减少可以节约传播的成本。这也可以从一些碑刻资料所记录的历史事实中获得解答。在有关全真道教在山西的传播史中，只记录了披云子宋德芳在山西太原一代的传教，如《昊天观重刊全真庵记》，① 在该碑石以及其他诸多资料中，都没有他到达晋西北传教的记录。而在元好问为五台县明阳观所写的观记中，亦只记述了全真道士姬志玄在该地（五台一带）的传教情形，其记曰：

> 台州西南八里，紫罗山之麓，有保聚曰明阳台。骆祠浮图寺在其旁。旧有道院，废久矣。乡人欲修复之而未暇也。全真师姬志玄先住辽沁，亦尝留宿于此。②

由此可见，在山西内地传教的全真道士都不曾到达过位于晋西北边地的河曲岱岳殿，大概是由于路途较为遥远，或许是他们根本就没有听说过岱岳殿这个地方。但是，这里的全真道却是在陕西白云山的传播和影响下，获得了新的延续和发展。

如前第二节所述，陕北白云观自近代以来，其全真道教的修持方式和内容发生了较大的变化，逐渐形成了与传统全真道教"背离"且又与正一道教和民间信仰相融合之"全真火居"的、具有北方全真道教特征的修持方式和内容。不过，就晋西北的岱岳殿而言，由于这里的住观道士来自陕北白云观，他们虽然都有家室，但云游生活并不可能拖家带口，且这里离家又比较遥远（相对于白云观），因而只能是住于观（岱岳殿）中进行清修，从而在修行方式和内容上又表现出了向传统全真道教"回归"的倾向。不仅如此，受陕北白云观的影响，晋西北的岱岳殿亦有大型的庙会。亦如前述，与陕北白云观所供奉的主神为真武大帝不同，岱岳殿中所尊奉的主神为东岳天齐仁圣大帝，所谓东岳天齐仁圣大帝即黄飞虎。黄飞虎信仰来自中国民间传说，传说姜子牙帮助武王伐纣之后，要敕封诸神，黄飞虎被封为东岳天齐仁圣大帝，主管天地人间祸福，其领地位于五岳之首的东岳泰山，故而称为东岳天齐仁圣大帝。又因泰山别称"岱""岱岳"，人们便称该观为"岱岳殿"，由是观以一殿而命名。同时，

---

① 参见王宗昱编《金元全真教石刻新编》，北京大学出版社，2005，第119页。
② 参见元好问《阳明观记》，载成化《山西通志》、乾隆《五台山志》，见王宗昱编《金元全真教石刻新编》，第120页。

又因东岳天齐仁圣大帝亦掌管幽冥地府十八重地狱,岱岳殿亦常常被唤作"岱狱殿"。岱岳殿每年只举行一次大型的庙会,即每年农历的三月二十八,因这一天是天齐大帝之祭日,故又称为"天齐会"。每年的"天齐会"日,这里都人山人海,老少咸至,络绎不绝。

从前节所述,无论是从陕北白云观的"三大庙会"还是晋西北岱岳殿之"天齐会"来看,它们都表现出了当地(北方边地)道教(全真道)不同于传统道教的一般特征,即具有同民间信仰合流和融合之趋势。不仅如此,这种现象还可以从道观中所排列的各种神殿的名称及其所供奉的神祇窥得一斑。如岱岳殿东侧的岳王庙、关帝庙、包公祠、日月宫、玉皇阁和西侧的龙王庙、灵官殿、地藏殿、圣母殿,其中的岳王庙、包公祠体现了对于民间信仰的吸收和融合,甚而,所谓"地藏殿",更是吸收了佛教的信仰思想。而对于佛教信仰思想的融合,亦体现在道士们外出为民众所做法事里所谓的"水陆道场"中。

而提及为什么"游"来岱岳殿的道士不能够"长期"居住下去时,吕先生道出了其中最重要的原因,那就是经济收入问题。如前所述,在陕北白云观出"游"的道士当中,他们大多首先是迫于生存压力,为了生计频繁和长期地背井离乡,为民众做些法事活动来获取收入;其次才是宗教方面的情感,由此来传播和宣扬其宗教信仰和精神。岱岳殿没有白云观那么大的规模和名气,且所处之地又比较偏僻(相对于陕北白云观),影响较小,单凭一年一度的"天齐会",根本无法维持道士的生活需求。所以,才出现了岱岳殿作为一个比较古老和相对有名的道观,却没有常住道士的现象。不过,尽管不是"常住",这种少则一两年、多则三五年的住观修行,却又体现了某种意义上的向传统的"回归"。因此,如果说陕北白云观道士的修持方式和内容因其娶妻生子之"全真火居"的模式而从一定程度上"背离"了全真道教之传统教制的话,那么,晋西北岱岳殿之"云游"道士的"不定期"的住观修行,则可谓是向全真道教之传统教制某种程度的"回归"。而从"背离"到"回归",正是当代中国北方道教之"地方性"(亦即"在地化")的深刻写照。

三 "继承"和创新——"游住参半"的玄云观(晋北)

玄云观坐落于山西省大同市阳高县的云门山上,是一座古老的道观。隶属于山西省大同市的阳高县,地处山西省东北部,北隔长城,与内蒙古自治区相邻,南与浑源县、广灵县为界，西与大同县毗邻，东与天镇县、河北阳原县接壤。西汉置高柳县，金改名白登县，1725 年改称现名。1948 年，阳高县解放；1949 年，归察哈尔省雁北专署；1952 年，复归晋，仍属雁北。1993 年，雁北并入大同市，阳高随之为大同市属县至今。云门山古称雁门山，位于阳高县城东北约 4 公里处，面积 31.6 平方公里。郦道元《水经注》中曾经描述此山"其山重峦叠，霞举云高，连山隐隐，东出边塞"，可见其为重要的战略屏障。云门山的主峰在罗文皂镇北白柳沟后山，海拔 2116 米，东为猴儿山，西为虎儿山，黑水河（古雁门水）穿峪入阳高境内，两山对峙，山势险要，为山西省的北境雄关。

在今天的玄云观内存有数通石碑，其中有两通石碑大致地记述了玄云观创建的历史脉络。① 这两通石碑分别名为《重修玄云观碑记》和《重修云门山玄云观碑记》，其创立时间均为清代。前者为道光二十六年（1846），后者则为同治十二年（1873）。两碑均为青石质，圆首方形座。前者通高 201 厘米（其中碑身高 164 厘米，宽 61 厘米，厚 15 厘米；座高 37 厘米，宽 110 厘米）；后者通高 172 厘米（其中碑身高 140 厘米，宽 56 厘米，厚 11 厘米；座高 32 厘米，宽 74 厘米，厚 38 厘米）。《重修玄云观碑记》这样记道：

> 夫玄云观者，古刹也。北岫攒云，古志也。历古以来，阳邑之威镇朔方，灵应久显者也。□□□也。且以地据险峻，且远隔村庄。虽前者屡次修葺，而庙貌之废而未举者尚多。凡仁人君子□□□，□睹□□，不忍坐视兹。于是公议重修。自山顶、玉皇庙，以至正殿、东殿、西殿、钟楼、鼓楼、山门、庙房，暨内□□□，废者葺之，圮者补之。□□焕然一新。诚恐工程浩大，一木难支，爰为之募化四方，各舍资财，共成胜事。不唯所□□古志，亦□□□□德惠也。遂将众村施舍布施芳名开列于后，以志不朽云。
>   ……②

这里讲述了玄云观乃是一座古老的道观，而且在古志中被记述为"北岫攒云"。再从其记述的所要修葺的建筑——玉皇庙、正殿、山门……来看，玄云观原来

---

① 这些碑刻资料均为作者田野调查所得，尚未公开发表。
② 后面是立碑者及功德主的名字及立碑的日期等，由于较长，于此省略。

应是一座正规的道教宫观。不过,随着时间的推移,它已经发生了变化,体现了同民间信仰的合流倾向。如清同治十二年的《重修云门山玄云观碑记》这样写道:

> 无生圣母福地,善士之人务必要虔诚传冀。屡乘上山,虔心检点,阅工募化捐资,不许推辞。此庙在城之北,有龙蟠虎踞,距城数里余。登临其上,俯视城郭,厘居豁然在目耳。喜群峰壁立,居然玉笏朝天。□水环流,却是龙光射斗故□。感景之中,命其名曰北岫攒云。斯则为阳和之巨□也明矣。第以山巅,同治九年,山门外复修帮台。东西长九丈,南北阔二丈六尺。此台高一丈七尺,用黄土百万斤有余。
> ……①

文中开头便提到了"无生圣母福地",这里所谓的"无生圣母",亦称"无生老母""无生父母",乃是明清时期众多民间信仰崇奉的最高神灵。而玄云观以"无生圣母"之"福地"自居,则喻示着这里业已融入了民间信仰的元素。由此可见,玄云观至迟从清代开始便已经开始了同民间宗教的合流。不仅如此,当今的玄云观亦同前述之陕北的白云观和晋西北的岱岳殿一样,有着固定节日的庙会。玄云观的庙会是在每年的农历六月二十三,每当这一天,包括晋(山西)、蒙(内蒙古)、冀(河北)的民众都要从四面八方赶来,进行朝拜上香,人群熙熙攘攘,场面十分壮观。曾带笔者到访玄云观的当地司机(20岁左右)说,其实他并不知道这里有座玄云观,但只要是提及"623",大家便都知道是指玄云观的大庙会。难怪,当我询问玄云观时,当地并没有几个人知晓。或许我要是提"623",便会很轻易地找到玄云观了。

玄云观建于云门山上几座山峰间的一块较为平整的狭长地带,海拔近两千米。我们沿着崎岖的石阶小路蹒跚而上,花了近两个小时才到达玄云观的山门前。山路十分狭窄和陡立,最窄处只能容两个人侧身而过。由于其时已经接近农历七月底,玄云观的庙会刚刚过去,在这深山的路上几乎见不到行人,尤其是像笔者一样上山进观的人。偶尔有一两个牵骡和马匹的下山者,而当与其在"小路"上错身而过时,那真

---

① 省略部分同样为立碑者及功德主的名字及立碑的日期等。

图3 晋北云门山玄云观

是心惊肉跳，浑身冒汗（既有爬山累出之汗，又有惊吓出之冷汗）。因为，脚边之下就是万丈深渊，稍不留神与骡马相碰，便极有可能被刮到而滑下深渊。进入山门，里面好像并没有人，整个道观显得十分静谧。不过，地面似乎有点杂乱，那里堆放了许多的建筑材料（砖瓦木料等）。显然，道观还在修葺建设中。进入里面，看到在一段庭廊处立放着数通石碑。从玄云观住持李道长口中得知，他从山下刚刚回来，玄云观实际上只有他一个道士，其他的都是雇佣的勤杂工。而当说到这山路难走、上山的不易时，李道长显得非常平静。他告诉笔者，他们每天都要上下山数趟（一般四五趟），观里的日常用品都是从山下用骡马驮上来的，包括建观的建筑材料。每年庙会的时候，他都会要求香客（参会者）上山时携带一块砖、一袋沙子或一根木材，作为一种功德。

而当问及玄云观道教及他本人的情况时，李道长说自己是内蒙古人，但是在河北怀安入道"出家"（这里的出家并非像传统的全真道那样严格意义上的出家）。后来，他听说山西、内蒙古、河北三地区的交界处有座古老的道观——玄云观，便来到这里。看到古老道观一片凄凉景象，便发下宏大誓愿要修复和振兴玄云观，以弘扬和光大道教事业。他来玄云观已经五六年了，每年都是在这里住约半年左右的时间，到了冬天便会回到内蒙古的老家，同家人住在一起。李道长带领我们参观了整个玄云观和他新修建的殿宇。我们发现新修的殿宇都是建于新的地址，而并非在原旧址上重建，原有遗址的建筑都被保留了下来。并且，李道长一再强调，为节约开支，所有新建的殿宇都是他参照有关经典自己设计的。

由上可见，李道长于玄云观之"游住参半"的修行方式既不同于"全真火居"的陕北白云观，又与"游住一体"之晋西北岱岳殿相区别。同时，我们亦发现，玄云观实际上已经不再是"纯粹"意义上的道教宫观。从这里所遗留下来的痕迹看，除了古老的玄云观遗迹外，一度还曾有佛教在此落脚，这从一处佛教洞龛的造像及其题记似可窥得一斑。而在李道长所新建的殿宇当中，亦体现了多种信仰并存和相融合的情况。

四 结语

通过以上对白云观（陕北）、岱岳殿（晋西北）、玄云观（晋北）三座道观的历史发展及其现状的考察，可以看出，由于它们所处的独特地理位置（处于"三晋文化""燕赵文化""三秦文化"等诸文化圈交汇之"腹地"），道教于此呈现着独有的发展演变特征，并对社会结构和经济文化产生了广泛而深远的影响，从而使道教在当代的发展体现了鲜明的"地方性"（亦即"在地化"）特征。

作为近代中国最具活力的道教教派之一的全真道教，其有着多样的传播方式和独特的地方色彩，全真道教在全国的风行亦非单凭着全真龙门一系的传播。从白云观到岱岳殿，其修行方式之由"全真火居"到"游住一体"的不同和演变，正是全真道教于晋陕北（边）地之传播和影响的道教之"地方性"的深刻体现。

而作为道教（正一）早期代表之一的天师道，曾因嵩山道士寇谦之于北魏平城（大同）的革新而在中国北方（陕北、晋北等）盛极一时，从此亦开启了正一道教在中国北方的传播发展之先河。伴随着新天师道的散亡并走向民间社会，历经数个朝代一千多年之不断的融合、演变，时至今日，正一道教在中国北方的发展亦呈现新的特征——更加远离政治权利中心，进一步地向民间扩散，同日常生活相结合，与实际的社会生活相贯通，在融合佛儒思想的同时，亦融合着全真道教的理论观点。① 地处晋北的玄云观便是其典型的代表之一。

---

① 牟钟鉴、张践：《中国宗教通史（修订本）》下，社会科学文献出版社，2003，第802页。

现收赣州道教科仪文献初步考察
——版本、结构与内容*

陈雅岚

摘要：借编纂《中华续道藏》之机，本文尝试整理江西赣州地区的道教科仪经书、考察赣南道教历史价值，以弥补现有政府、学者对赣南地区道教历史和传统之了解及认识的不足，同时呼吁有关部门正视历史，重新认识道教科仪所蕴含的宗教关怀精神。本文首先考察了赣州的兴国县、宁都县、会昌县和赣县区现存道教科仪经书的基本面貌，接着根据道教传统中对科仪经书划分的标准，将上述四县的科仪经书分为经忏、清醮、黄箓三类科仪本，从版本、结构、内容三个方面进行考证。在整理道教科仪经书的同时，进而重构赣州道教在民间的历史地位和作用。最后，对赣州地区的道教科仪经书提出抢救性保护意见和道教传承人才培养的建议。

关键词：道教科仪文献　赣州　经忏　清醮　黄箓

作者简介：陈雅岚，中国宗教学会理事，江西省道教协会秘书长，江西师范大学宗教研究所特聘研究员。

引　言

江西赣州有 900 多万人口、18 个县市区，位于江西南部，与广东、福建为邻，是江西人口最多、面积最大、文化最深厚的地区之一。其辖区绝大部分为客家人，客家文化底蕴深厚，源远流长。赣州城区的宋城墙、龙南的围屋、上犹的九狮拜象、会昌的赖公庙会、兴国县梅窖镇"堪舆文化的发祥地"及风水大师杨筠松的故乡以及

---

* 本文为国家"十三五"规划文化重大工程《中华续道藏》（项目批准号：中央统战部"统办函"〔2018〕576 号）的专项研究成果。在科仪经书的搜集整理过程中，赣州郭家明、刘繁荣、温柏林、李监升、刘长才等诸位道长提供了科本并给予指教，在此一并向他们表示感谢！

众多的家谱、族谱等都蕴含了千年的道教文化，至今仍然有祖传在十代以上的父子散居道士、兄弟散居道士、夫妻散居道士在民间提供道教服务。

在田野调查中，我在赣县区看见了曾启祥父子五个同做一场法事的场面；在兴国县一位有十五代祖传的道教之家，老人家在病床上非常遗憾地告诉我，家中的子女和孙辈没有一个愿做道士。无论是历史还是当代，江西赣州道教文化一直在不断传承，并为百姓所需要，如今或因没有传承人，或因珍贵经书被毁，道教文化的传承面临严峻的挑战和困难。因此，抢救散落在民间的珍贵道教文献势在必行，培养道教文化的传承人更迫在眉睫。现就调研地会昌县、兴国县、宁都县、赣县区的基本情况做逐一分述。

会昌县因为当地非常重视道教赖公庙会的文化底蕴，省道教协会在地方政府的邀请下在县里主办了赖公文化研讨会。调研期间我们不仅完整地看到了会昌县"清平福醮"的仪式，也到散居道士家收集了一些道教科仪文本。会昌县位于江西省赣州市东南部、武夷山余脉西麓，为赣、闽、粤"三省通衢"之地。会昌道教科仪也呈现福建闾山派特色，在会昌民间亦称"阳醮"，如《头坛香火科》《先天拜文科》《藏禁科》《开五营科》《九州科》《闾山栲案科》《颁赦科》等。特别值得一提的是，我们在会昌县遇见一位老道长曾长祥（道名：曾崇祯）（1925～2017），老道长告诉我，他在"文革"期间曾冒着极大危险把一部分道教经书转移至亲戚家的楼阁上，一部分用坛罐装起来埋在土里。老道长留下的大量科仪经书现一部分在会昌县翠竹祠收藏，一部分由他的徒弟收藏。20世纪80年代，曾长祥道长辞去垦殖场工作，在翠竹祠主事并开坛收徒，其间让弟子抄录科仪文本，如其弟子潘顺元（道名：潘信化）抄录了《南泉蒙山科》《混元等因科》《道教等因科》《金山禁坛科》《金山发文科》《金山呈祠科》《瑜伽施食科》等。除了翠竹祠及曾长祥道长，还有包法祥道长、刘修发道长、康崇文道长、黄飞德道长、刘长才道长等，在传承和发展会昌县道教及其科仪经本的保存方面也做出了贡献，如康崇文道长抄录了《道教要诀》等，刘长才道长提供了《关圣帝君起生度人灭罪经忏宝卷》《九皇延生赐福宝忏》《差将科》《上锁科》《招魂科》《头坛香火科》等。

兴国县除了有国家级非物质文化"兴国山歌"，还有22座万寿宫依然香火旺盛，没有被列为洞天福地的冰心洞天然美妙，堪舆文化发祥地——三僚村（三僚村曾经是杨筠松、曾文辿、廖金精师徒三人结茅为庐、开基立业传经布道之地）闻名世界。冰心洞的刘繁荣道长不仅带我考察了很多道观，收集了很多碑刻文献，还让我与许多老道长进行了交流，我亲见了上百册道教经书，感受到了兴国县历史上道教的辉煌，如《灵宝文检大成罡图》《星辰宝忏》《许仙真君消灾灭罪妙忏》《太上灵宝消灾度厄赐福延寿灶君宝忏》《太上花园童子经忏》《神仙秘诀》《太上灵宝慈悲救苦灭罪妙忏》《八阳经》《四十九关牒式》等。

宁都县道教起源于西汉初，金精山因唐五代风水大师廖金精而闻名，是道教第三十五福地；宋徽宗亲笔敕封汉代祖师张丽英为"灵泉普应真人"；受到明代三位皇帝敕封的刘渊然"大真人"曾修炼于金精洞。据《宁都道教志》记载，明代以来，宁都县出过道教复兴祖师23位、著名道士先生52人，所有祖师名字都记录在具有地方特色的经忏科仪文献中。《利任醮科》一部遗留传承道派字号20个，并准允宁都开坛传度；家传已五代的道士袁洪煜（道名高雯），家藏经、忏、科、符、史、图等道教典籍共十余种，100多卷，还有温柏林、傅新生、李军等都是祖代相传、法术高超、为道教复兴做出了贡献的道长，他们还打破了历代"传内不传外，传男不传女"的保守传统，如散居道士温氏传承了十五代，温柏林道长不仅做夫妻道场，还收藏了其祖辈留下的近百册科仪经书。已知宁都县的科仪经本等有：《玉皇忏》、《雷祖忏》、《真武忏》、《三官忏》、《斗经斗忏》、《朝天忏》、《青玄忏》、《九幽忏》、《太阳经》、《童子经》、《张仙经》、《华山经》、《三官经》、《血湖经》、《忠孝经》、《道德经》、《阴符经》、《黄庭经》、《东岳经》、《三官转经》、《光明经》、《安胎经》、《观音经》、《慈悲保童经》、《灵宝上品妙经》、《雷祖经》、《常说清净经》、《玉宝莲花经》（三卷）、《延生集福经》、《消灾护命经》、《利任醮科》、《火府奏告科》、《正一谒帝章科》、《顺星科》、《先天做九莲灯科》、《借地科》、《先天启师科》、《遣白虎科》、《先天起符科》、《超亡科》、《度孤科》、《天堂灯科》、《告简颁敕科》、《灵宝炼科》、《安龙补土科》、《迎王安王》、《曹官灯科》、《阴醮灯品科》、《玉皇光明灯》、《老君万寿灯》等。通过走访调查，我们还发现宁都道教传统曲牌丰富多彩，如《开经锣鼓》《香赞》《过江龙》《七字诀》《怀胎赞》《快偈子》《慢偈子》《送功曹》《大三宝》《小三宝》《礼五老》《十朝王》《清华王》《王灵曲子》等30多种道教曲牌，这些道教曲牌也须尽快抢救。

赣县区因《山海经》所记"南方有赣巨人"而得名，境内有白鹭赣派建筑群、始建于晋朝的储君庙、兴建于清朝的文昌阁等。已知相关文献有《贡章》《三献朝科》《九老章科》《许祖灯科》《上表科》《诰集》《奏文》《玉阳普度科》《消魔斗灯科》等。

本文根据道教传统中对科仪经本的划分标准并参照黎志添的意见，将赣南会昌县、兴国县、宁都县、赣县区的科本分为经忏本、清醮类科仪本和黄箓类科仪本三组类别。① 忏本是行科道士替善行或亡魂为自己的罪过向神明表示忏悔之意的经文，目的是祈求消灾延福，或者拔度幽魂。这些忏本在法会中由行仪道士和经生诵念，一方面代善信忏悔罪过，另一方面并朝礼十方诸神。清醮类科仪本则是为了做吉祥法事所用，用于清醮礼斗、祝寿贺诞、祈福谢恩、解厄禳灾等场合；黄箓类科仪本则是用于拔度超幽的法事，为离世的先人又或是在法会中为普度孤魂所用。

本文选取的科仪经本主要是赣南普遍使用的重要科本，或是能反映赣南客家道教科仪历史和地方特色的科本。本文整理并考证了这些科本的重要版本、主要内容及其使用目的，借此研究使世人对江西赣南道教科仪经本的历史、传承、结构、内容有一个初步的了解。

一 经忏类科仪本

（一）《许仙真君消灾解厄宝忏》上下卷

此忏本的全名为《神功妙济许仙真君消灾解厄宝忏》，《正统道藏》未收录，现板存兴国县冰心洞，2013 年县道教协会据原板重印，以便道众及善信深入了解其道教信仰和思想。忏本中敬礼的主神是许真君，主要阐述许真君作为江西福主，有追斩孽龙、化身压病、炼丹化符的事迹，并在登仙后受命演经化度，告诫信众诸恶莫作。由于兴国县万寿宫多，老百姓多崇奉许真君，而此忏本包含了许真君信仰的要义。

《许仙真君消灾解厄宝忏》的内容与结构大致划分如下：1. 焚香赞（上卷）；2. 开忏咒；3. 申述忏悔；4. 志心朝礼；5. 礼念真君；6. 志心朝礼；7. 真君宝诰；8. 真君演经；9. 礼念真君；10. 焚香赞（下卷）；11. 申述忏悔；12. 志心朝礼；13. 礼念真君；14. 诵经忏悔；15. 志心朝礼；16. 真君演经；17. 稽首志心忏悔；18. 愿念；19. 偈；20. 行志心皈命礼；21. 回向赞。

---

① 黎志添、游子安、吴真等：《香港道堂科仪历史与传承》，中华书局（香港）有限公司，2007，第 148 页。

（二）《文昌玉局心忏》二卷

《文昌玉局心忏》也称《桂苑玉局心忏全品》，此本为刻印本，封面刻有"清同治三年甲子仲冬月中浣，临郡喻邑揭复元"等字，"揭复元"应为使用此忏本的道长，"临郡喻邑"为江西临江府新喻县（现为新余市），此忏本不知何时由何人带至兴国县。《正统道藏》未收录。

《文昌玉局心忏》的主要结构和内容是：1. 持忏要诀；2. 诵忏总赞；3. 持忏十二真律；4. 净口神咒；5. 净心咒；6. 净身咒；7. 安土地咒；8. 净坛咒；9. 金光神咒；10. 赞香咒；11. 开忏偈；12. 圣真诰章；13. 赞；14. 文昌玉局启忏真言；15. 至心敬礼；16. 起忏偈；17. 志心皈命礼；18. 志心皈命礼；19. 开心神咒；20. 赞；21. 玉局心忏跋。

（三）《太上花园童子经忏》

此忏本全名为《太乙救苦大天尊救护童子宝忏》，原刻板现存兴国县冰心洞，2013年县道教协会据原板重印。《正统道藏》未收录。

《太上说花园童子经忏》的主要目的是阳居父母为胎中失落、出生后夭折的童子设斋荐度，请师礼忏，以谢过赎愆。其主要内容和结构是：1. 向三清道祖请罪，志心顶礼二十八星宿长生保命星君；2. 诵念净心咒、净口咒、净身咒；3. 香赞；4. 开经偈；5. 礼拜童子忏；6. 行功德。

（四）《关圣帝君起生度人灭罪经（忏）宝卷》

《关圣帝君起生度人灭罪经（忏）宝卷》又称《协天大帝经忏全集》。此本末页写有"公历二零零零年庚辰岁腊月沐恩信士张声昂敬抄"。《正统道藏》未收录。

《关圣帝君起生度人灭罪经（忏）宝卷》的主要内容和结构为：1. 咒诰；2. 武帝正心宝诰；3. 武帝正心经；4. 武帝觉世经；5. 武帝信善经；6. 武帝忠孝经；7. 启赞；8. 结赞；9. 志心朝礼；10. 回向。

（五）《九皇延生赐福宝忏》九卷

《九皇延生赐福宝忏》全称为《中天大圣北斗九皇九真延生赐福宝忏》，此科本由兴国县冰心洞存，冰心洞道长依据老本抄录，文本主要体裁是骈文。《正统道藏》未收录。

《九皇延生赐福宝忏》分三部分：第一部分为宝忏法偈；第二部分为行科道士代信士分别礼拜、诵念、唱赞北斗九位星君；第三部分为祈愿。

（六）《太上灵宝消灾度厄赐福延寿灶君宝忏》

《太上灵宝消灾度厄赐福延寿灶君宝忏》在赣南地区简称为《灶经》。由兴国县冰心洞信士张声昂依据老本抄录。据刘繁荣道长介绍，现在很多信士到冰心洞三官殿诵经祈福，并支持道观的建设。

这部忏本中敬礼的主神是天帝司命灶君。在道教信仰中，灶神主人间吉凶祸福之由，司合家性命生死之柄，为富贵贫贱孤辰寡宿之总门，致寿夭兴衰繁昌之要路。其主要内容和结构为：1. 诵念司命灶君经、开经偈、太上灵宝补谢灶王经；2. 虔心敬奉可请昆仑仙像种火老母、九天炊母元君、北斗七元使者、东南西北中五方五帝灶君等诸灶神君；3. 诵念太上灵宝灶君大王平安经；4. 念司命宝诰，行志心皈命礼；5. 志心朝礼诸灶神君。

二　清醮类科仪本

（一）《九老章科》

此科本是赣县区世代散居道士曾建华家收藏的手抄本，封面被损，幸好经书内容保存完整。经书用小楷抄写，书法极美，我向曾建华道士写借条带回南昌扫描并恭敬抄写。值得一提的是，曾氏家族仍然在传承道教，三清神像是他们做法事必须供奉的，他们基本上是父子五人同做一场法事。从科本末页"当今皇帝万岁、万岁、万万岁　圣寿无疆"的字样以及"皇图巩固，帝道遐昌，道日增辉，法轮常转"的赞词来看，此抄本应该是清代末年的。访问赣州多位道长得知，此科仪已经基本不做了，但我在不断地建议恢复。《正统道藏》未收录。

此科仪本主要是给帝尊的章奏类文书，经书分为三部分：第一部分为持诵奉请九老天尊、城隍神；第二部分为奉请经师、籍师、度师为小吏授章箓；第三部分是礼请东方九夷五老君、南方八蛮越老君、西方六戎氐老君、北方五狄老君、中央三秦苍老君及二十八宿，为众生"请福延生，济幽利显"，然后坛场肃静，天尊出场，行科道士拜奏宝章，祈愿孝善信士无灾无病，祈愿国泰民安。

（二）《贡章科》

《贡章科》科本是典型的赣南地方科仪文本，赣州市有贡江和章江，"赣"是两江名字的合称。此科本由赣县区吴建明道长根据老本抄录，但吴建明道长我没有碰见，此科本是由赣县区李监升道长提供的。《正统道藏》未收录。

《贡章科》属于章奏类文书，主要是阐扬道教所佩法箓职中官灵将吏在章部玉局替天行道，依法按章。在科仪中，首先是行科道长整肃威仪登坛阐事，然后恭维各大圣天尊。贡章共分为三部分：第一部分是道长行科，踏罡布斗，道乐齐奏；第二部分是都讲阐经、读章文、送达大圣通章达御天尊；第三部分举大圣通章达御天尊、启关通奏天尊、开关通奏天尊、大圣飞神谒帝天尊，高功依法口授章。最后祈愿、回向以及贡章事毕、官众退班。

（三）《许祖灯科》

《许祖灯科》是赣州市赣县区曾道扬祖辈留下的赞颂许真君降灯坛表申类文书。《许祖灯科》科本于清咸丰二年（1852）由罗典珠抄录。《正统道藏》未收录。

《许祖灯科》文本的内容与结构是，首先，净坛涤秽，恭请大圣阐扬妙化天尊、大圣丹华涤秽天尊、大圣香云浮盖天尊、大圣帝真降格天尊，唱赞各天尊不可思议功德。谨炷真香处恭启请德经师、十一大曜星君、东南西北五斗星君、三台华盖星君、二十八宿星君、六十花甲子星君、当年本命元辰星君、普天星斗河汉群真。其次，恭望星慈降临坛所，恭望三官四圣真君、东岳泰山大帝、火府天符大帝等；恭望帝慈降临坛所，恭望九州都仙太史高明大使神功妙济掌九天司籍太乙定命注生真君，礼赞许真君在西山玉隆万寿宫、南昌铁柱万寿宫得道等事迹；恭望灵宝祖师、正一女师嗣师系师、清微宗主魏主等真人；恭望城隍主者广列大王。再次，信士恭敬志心朝礼大圣灯光焕彩天尊、大圣灯光普照天尊、妙济真君净明普化天尊，十二段赞咏许真君无量大道、不可思议功德。最后，再申赞咏："稽首皈依大教主，敕封妙济真君前。仙童对对侍旁立，道吏双双列凡筵。是日见闻诸圣众，斯时在会总圣贤。幸垂怜悯鉴凡悃，恭对道前仍罪愆。骂雨喝风何日免，怨天怨地恐依然。……愿国太平常有道……愿祈善信家清泰。"

（四）《星辰灯科》

《星辰灯科》是赣县区曾道扬家传道教科仪的手抄文本，现存于应真雷坛。科本没有记录年代,但曾道扬道长的孙子告诉我,此科本是民国初的抄本。抄本已被虫咬,亟待重抄。

《星辰灯科》表述了在道教信仰中,天上星斗可以主宰祸福、保命延生。在星辰灯科科仪中,首先,高功唱白:赞颂天上星斗不可思议功德,恭对灯坛,熏香启告,谨炷真香处恭请大圣延生保命天尊、大圣星光洞照天尊、帝师道经师宝、金木水火土五德星君、北斗九皇星君、东西中斗三福星君、三台华盖二十八宿星君、六十花甲星君等圣君;法师念星斗诰、北斗诰,恭对灯坛赞灯如法;之后道众十二次恭敬志心朝礼,并恭敬志心皈命礼,道众再恭敬志心朝礼;法师再申赞咏,恭对灯坛熏香重告,并祈愿大圣北斗七元君能解三灾四煞、五刑六害、七伤八难、九星夫妻之厄;最后,赞咏无量道不可思议功德。

(五)《三献朝科》

现存《三献朝科》又称《正一经醮诸真圣位编集》,是赣县区家传道士吴建明依据老本抄录,不署年份。现存《三献朝科》结构比较简单,主要是通过三次献茶、献酒表达对神明的恭敬朝拜。朝拜的神明有:三清朝、三官朝、祖师宗师朝、道经师宝朝、玉皇朝、天皇朝、太皇朝、土皇朝。朝科中分别有早朝和晚朝,在赣南朝科与忏科结合在一起使用,如科文中述及:"恳稽首皈依志心忏悔。"在朝礼科仪中主要包括开经赞、修香行道奏请天尊、表白、三献茶酒、进表、宣忏悔、念元始安镇咒、土地咒、三次朝礼圣位、安奉款驾、奉告回向。

三 黄箓类科仪本

(一)《南泉蒙山科》

《南泉蒙山科》是会昌县岚山翠竹祠曾长祥(道名崇真)道长使用的科本,由其徒弟潘顺化于1996年依据老本抄录。曾长祥是1995年正一派恢复授箓制度后第一批受箓的道长。此科本没有成书年代,但据翠竹祠康崇文道长介绍是清代的。科本现存翠竹祠,《正统道藏》未收录。

《南泉蒙山科》所奉神明除道教神明外,亦包括佛祖和孔子,反映了赣南地区民间信仰三教合一的特色,但以道教为主。比如开坛赞词曰:"信手奉尊三枝香,身穿道服登法坛。轻轻移步法坛下,霭霭祥云放豪光。"此科仪的主要结构和内容有:

1. 开坛赞；2. 迎请天尊；3. 甘露赞；4. 十二因缘咒；5. 上师三宝真言；6. 开点神灯；7. 奉食偈；8. 甘露斛食；9. 赞咏·所谓道；10. 往生咒；11. 最上三宝；12. 回向偈；13. 送孤赞。

（二）《玉阳普度科》

《玉阳普度科》是民国三十四年（1945）手抄本，不知何因抄写的道士或信士未署名。此科本由赣县区郭家明道长提供，是其使用的科本。郭家明道长的师父方业儒道长也是入道于民国时期，是1995年在龙虎山受箓的赣南道长之一、赣州市道教协会第一任会长、第一届江西省道教协会副会长。此科本由方业儒道长传授其徒弟郭家明道长。《正统道藏》未收录。

《玉阳普度科》是普度亡魂的科仪，科本的主要节次和内容为：1. 香花茶衣等十供，二十八星宿摆方位；2. 唱白，朝礼大圣济生度死天尊、太乙救苦天尊；3. 高功挂号；4. 玉阳普度科，恭迎三清四御，颁请师雷列圣，奉请太乙寻声救苦天尊、大圣肃清法界天尊等；5. 心礼三宝作证盟；6. 演灵宝法科仪；7. 向幽坛宣读表文；8. 高功默救苦经；9. 念酆都神咒；10. 歌斗灵章三咏；11. 召亡过桥；12. 叹骷髅；13. 谨请天医使者：治疗救苦大天尊、大圣完形负相天尊、甘露法王大天尊等；14. 众念《太上洞玄灵宝救苦往生妙经》；15. 皈命太上天尊；16. 皈依三宝；17. 宣凭；18. 宣榜；19. 打锣鼓、化钱；20. 逍遥快乐大天尊；21. 生天得道大天尊；修建普度，扳请恩光。利度亡孤，托化生方。

（三）《消魔斗灯科》

《消魔斗灯科》是赣县区曾道扬家传道教科仪文本，由李瑞儒信士抄写。科本未记录年代，但从抄本的纸质推断可能是清末民国初抄写的。关于灯科，我请教了赣州多位道长，他们都说灯科既用于清醮也用于黄箓醮。从此科本的内容来看，更倾向于黄箓醮，主要是在黄泉路上为亡灵开灯照明、消障驱魔，同时穿插忏悔文，具有为亡灵忏悔解冤结的目的。消魔斗灯图分别有：三官灯图、真君灯图、心章灯图、观音灯图，另外还有三星桥、虚皇台等在坛场。

《消魔斗灯科》的主要科仪内容有：1. 洒净坛场，上启天尊仙圣；2. 云开黄道，再请玄天上帝至功曹台前；3. 持诵金光神咒；4. 唱念三次皈命礼玉虚师相尊；5. 游灯图；6. 奉诰十念皈命礼玉虚师相尊；7. 上启法轮普振天尊，赞颂灯功德。

（四）《先天启师科》

《先天启师科》是由宁都县温卜境道长 1985 年依据老本抄录，据其孙温柏林道长说，他爷爷留下的科仪经书都是清代的。温氏为世代道教之家，现居宁都县大田乡，目前夫妻俩为当地百姓提供道教服务，由于为人诚恳，信仰虔诚，深得百姓好评。

先天启师科是赣南地区民间举行九莲灯科前举行的科仪。在科仪中，行科道长首先行十方的仪式礼敬十方天尊真君；接着上香，献酒、茶、肉、谷；然后敕天行符，中有云："神符一到，神兵先到。神符一行，神兵先行。一道化十道，十道化百道，百道化千道，百道化千道，千道化万道，万道化千万道。道道带兵，道道带将，道道收邪，道道押煞。人见似莲花，鬼见似火车。人见低头，人见护法。"

（五）《先天做九莲灯科》

《先天做九莲灯科》又称《先天做灯一宗》，此科本由宁都县温卜境道长 1986 年依据老本抄录，来源与《先天启师科》一样。此科用于黄箓度亡，以救济所有幽鬼孤魂为最终目的，这是目前宁都县阴事常用的科本。

此科本的结构和内容是：1. 高功唱念："父母恩难报，于同天地高。十月怀胎满，养儿报双老"；2. 步虚，笛子伴唱，皈依青华王，礼敬太乙救苦寻声天尊；3. 恭维各路神仙；4. 唱白，香赞；5. 志心皈命礼；6. 送灵牌；7. 烧包。

（六）《借地科》

《借地科》也称《先天开坛科》，全称《先天开坛借地科》。由宁都县温卜境道长 1985 年依据民国时期的老本抄录。

先天开坛借地科是为亡魂进入地狱借地的科仪，也是赣州地区当今常用的科仪。在借地科科仪中，首先用瓦片或竹片搭起"门"的象征，名为"天门"，象征九幽地狱。高功法师迎请降魔护道天尊后，依次绕"天门"步罡踏斗；接着，向天门诵念，谨请太阴星君、天罡大圣解秽，三拜九叩天尊、真君、真人等；然后，焚香向雷声普华天尊宣合；最后，宣告开坛借地牒文。

（七）《炼度科》

《炼度科》是温安邦老道长 1983 年依据清代光绪年间的科本抄录。现常见于赣南地区的民间，另外，也常见于江西省抚州、吉安、宜春等地区道观的中元法会及民间拔度亡灵的法事。黎志添解释"炼度"之意为："炼"是指行科的高功法师以内丹丹法交炼亡者的灵魂；"度"就是通过交炼，拔度亡魂。①

炼度科的主要节次有：启请寻声救苦大天尊，焚香飞符，香云奉请高真仙圣，摄召男女孤魂、四生六道，志心称念开通冥路大天尊，建水建火设太极、南昌炼度坛，焚香飞符宣召，请炼师开科炼度，雷神普化天尊、降魔护道天尊临坛，祭洒甘露水，普供养天尊临坛向男女孤魂、四生六道施食，诵念七宝诰，志心皈命礼，送亡灵等。

结　语

本文是笔者自2014年以来，多次到江西赣南地区对散落在民间及宫观科仪经书进行收集和整理的结果。通过对曾崇真、刘繁荣、刘三峰、康崇文、刘罗才、温柏林、李监升、郭家明等10多位道长的调查访问，认真反复查阅经忏科本、清醮类科本、黄箓类科本，从版本、结构和内容三个方面对科本进行考证。由于赣州地区道教历史悠久、区域面积大、内容丰富，仅科仪经书就非常之多，笔者因受时间限制，还没有整理其他县市的科仪经书，也没有对所有科本进行一一整理，而且本人还是第一次整理道教科仪经书，因此难免有许多错误的地方，有待今后继续深入，补充完善，特别要加强对科仪经书的思想研究。

在收集和整理赣州地区道教科仪经书的过程中，发现许多科仪经书面临腐烂、科仪法事失传、行科道士奇缺的现状，同时也发现灵宝科仪在赣州地区生生不息的文化现象，这种现象也说明道教人文关怀的重要意义和历史价值。借此机会大声呼吁政府、学界、道教界要形成共识，重视中华道教传统文化的传承，支持和鼓励拥有家传道教经书的后代贡献经书，同时采取措施实施道教传统文化传承人的培养计划。

---

① 黎志添、游子安、吴真等：《香港道堂科仪历史与传承》，第172页。

从大理金甲财神庙看民间信仰的活态

宋野草　赵玥佳

摘要： 财神信仰自南诏大理国时期随中原文化传入大理后，被包容性极强的本主文化纳入本主信仰体系。在历史发展过程中，大理财神信仰形成了鲜明的地方特色。金甲财神庙作为财神信仰的重要场域，亦是大理民间信仰多元化形态的呈现空间。本文将从大理金甲财神庙的田野入手，介绍这一特色庙宇所承载的多元信仰形态现状，从而探讨民间信仰的多元性特征及其文化内核。

关键词： 财神信仰　民间信仰　多元文化

作者简介： 宋野草，云南民族大学副教授；赵玥佳，云南民族大学硕士研究生。

大理白族自治州是云南省典型的多民族、多宗教州市之一。以白族和彝族为主的少数民族在这片土地上创造了灿烂辉煌且独特的地域文化。基于特殊的地理位置，历史上，大理一直以来都是多种文化交融的区域，最终形成了多元、开放、包容的特色民族文化。在宗教信仰方面，大理基本上呈现儒、释、道三教与少数民族原始宗教共存的格局。自南诏大理时期，随着中原文化的涌入，儒、释、道三教与少数民族原始宗教开始融合，直至今日，多元形态的宗教文化多姿多彩。其中，以金甲财神庙为代表的财神信仰即多元信仰形态融合的一个例证。

一　大理财神信仰概况

大理的原始本主信仰体系中并没有财神，本主本身就具有护国佑民的职能，能保佑民众平安，风调雨顺，兴旺丰收。南诏大理国时期，财神信仰随着中原文化的传入

---

* 本文为国家社科基金青年项目"云南民间道书传播与民族文化关系研究"（项目编号：17CZJ019）的阶段性成果。

而传入大理，并迅速得以传播发展，而这种迅速传播的背后，有着复杂的原因。首先，归因于大理特殊的地理位置。大理从文化地理图示上看，是沟通藏区与中原文化的重要过渡带。历史上，大理一度是云南的文化中心，长期以来都是多种文化交融的区域，大理本身的地域文化就兼具开放性与多元性，对于外来文化有着极强的吸收性与包容性。当财神文化作为中原文化的一个元素出现在大理民众的视野中时，从文化心理角度看，并没有遭到抵触。

其次，从功能主义视角看，固有的本主信仰已不能全面满足白族民众的信仰需求。随着社会的发展，地域文化之间的圈际逐步被打破，在多元文化的大背景下，大理固有的本主文化面临极大的挑战。《和谐的社会——中国白族本主文化》一书中提道："在外来强势文化的冲击下，本主信仰的局限性是显而易见的……有些本主文化植根于水稻农耕文化，农耕文化的狭隘、保守，所推崇的知足常乐，在今天沙尘暴一样强势文化和商品经济的冲击下，使本主文化与其他民族文化一样，处于日渐濒危的艰难境地。"[①] 可见本主文化如果不与时俱进，则面临淘汰的危险。《白族文化大观》中认为："人们的社会意识往往落后于社会的发展……这就使人们为了趋利避害，摆脱苦难，追求生产发展，生活幸福，国泰民安，而崇拜本主的这种宗教活动，在一定程度上适应了社会的需要。"[②] 因此，浸淫于多元地域文化的本主信仰以其特有的包容性，在社会发展中，接纳并吸收了财神信仰，财神信仰也自然而然地在这个过程中完成了本土化的过程。

财神信仰是一个信仰体系，并非单一的某位神灵的信仰。一般来讲，常见的财神指五路财神，且对于具体的五位说法不尽相同。吕微在《隐喻世界的来访者——中国民间财神信仰》一书中提道："财神是一个由不同来源的'人'集合而成的群体。民间对财神群体有一个大致的分类，所谓正财神、偏财神是也。在正财神当中又分为文财神和武财神。"[③]文财神为比干和范蠡，武财神为赵公明和关羽。在财神信仰体系中，声名显赫、香火较旺的当属金甲财神赵公明。目前大理现存的财神庙中，供奉最多的乃是武财神赵公明。在本主庙与其他寺庙中，有财神供奉的，也多为这位金甲财神赵公明。究其原因，大理民众认为文财神比干主管科考文运，相比求财，比干更多是被求才。而范蠡作为商圣，以其高明的经商之道名闻天下，商业并非以农耕为主

---

① 杨亮才、赵寅松:《和谐的社会——中国白族本主文化》，人民出版社，2006，第142页。
② 云南省民族事务委员会编《白族文化大观》，云南民族出版社，1999，第112页。
③ 吕微:《隐喻世界的来访者——中国民间财神信仰》，学苑出版社，2001，第11页。

的大理地区的主要生计模式，故而范蠡的传扬度未及金甲财神。至于武财神关公，更多是以义气闻名，大理民间素有"文拜孔子、武拜关公"的说法，因此关公被大理民众归于武神和保护神，普遍塑于武庙中祭拜。

财神信仰在大理白族地区民众的生活中十分普遍。大理古城西门外有一座金甲财神庙，供奉着金甲财神赵公明，文财神比干和关公陪祀两侧。而古城南约2公里处，南门村以南另有一座南天财神庙，供奉着文财神比干，金甲财神和魁星大帝陪祀。每年农历八月初三是两座财神庙共同的庙会会期，而农历三月十五为金甲财神庙的会期，农历七月二十八是南天财神庙的会期。除了这两座专门供奉财神的庙宇之外，在观音塘、城隍庙和本主庙中都有财神的塑像，且香火不断，祭祀不绝。

二　金甲财神庙的信仰活态勾勒

上文提到，大理地区现在的宗教形态是儒释道与少数民族原始宗教共存，儒释道三教与少数民族原始宗教的融合表现在其宗教活动场所互相交杂且和平共处，所供奉的神祇常见于一室，信众也是同一群体。大理金甲财神庙就是一个典型的三教融合的庙宇，在大理地区的民间信仰中占有重要地位。金甲财神庙位于大理古城西门外三月街广场上方的中和村北头，为一进两院的格局，外院为金甲财神殿，殿中供奉着金甲财神赵公明，文财神比干和关公陪祀两侧，大殿前庭角是增福财神李诡祖；内院为观音殿，供奉着观世音菩萨，两边陪祀为药王菩萨和求子菩萨，大殿前庭角是观世音护法神韦陀菩萨。据庙中碑刻记载，金甲财神殿原位于现三月街广场处，曾被改建为国民第六小学，后来学校停办，大殿在"文化大革命"时期被毁，直至1995年6月，该庙重建于现在的地址。而内院的观音殿则是新建于2008年4月。除了两个大殿之外，金甲财神庙还有专供信众煮饭以做熟祭的露天灶台和休闲吃饭的大厅，可以说该庙的规模扩容是为了适应不断发展延续的信仰祭祀需要。但是庙会时还是会因为来烧香的信众太多而导致庙内拥挤不堪，据庙祝李奶奶讲，财神会的时候大部分烧香的人都只能在财神庙门外烧香烧表。可见财神的信众十分广泛。

对于这位金甲财神庙的主神赵公明，学界对其成神之路有不同的提法。学界普遍认为赵公明的名字最早出现在东晋的《搜神记》中，当时是作为一位索命的鬼帅

（冥神）。张富春提出东汉人即认为春秋晋景公所梦大厉为赵公明之鬼。① 东晋时期《真诰》也提到赵公明的名字，此时其神格变为瘟鬼（瘟神）。到了元代，就《三教源流搜神大全》和道藏本《搜神记》所载，赵公明为"五瘟使者"之一。到了《列仙全传》中，他又从五方瘟鬼之一变为八部鬼帅之一。赵公明在元本《新编连相搜神广记》后集《赵元帅》中又成为一个身兼数职的善神，既能"除瘟减祟，保病禳灾"，又兼"买卖求财，公能使之宜利和合"的财神之职。可见此时民间已经意图将赵公明塑造为财神。到了明代，《封神演义》问世，第九十九回赵公明被封为金龙如意正一龙虎玄坛真君，司迎祥纳福、追捕逃亡之职，率招宝、纳珍、招财、利市四位正神，至此，赵公明真正成为财神。借着《封神演义》，赵公明的财神形象以小说和戏曲的方式被大理人民熟知。据田野调查，金甲财神庙的庙祝和为信众写表的老人对赵公明来历的认知都是来自"封神榜"。② 除此之外，这位金甲财神被大理人民接受还与大黑天神崇拜有关，南诏、大理国时期大黑天神就已经成为大理地区的大灵土而主被塑像崇拜，因为"瘟神也可以是善神"③，同有瘟神神格的赵公明更易被大理地区民众接受。

财神信仰已经融入大理地区民众的生活点滴，每逢农历初一、十五都是祭祀财神的日子，人们一般在家中祭拜或者去财神庙烧香。大年初一会祭祀得比较隆重，祭祀仪式是白族传统的祭祀方式，分为生祭和熟祭。主要祭品包括大红公鸡、猪肉、鲜鱼、鸡蛋鸭蛋、干阑（炸米粉片，有红、黄、绿三色）、时令蔬菜、米和瓜果酒水。还要准备焚烧的蜡烛，红香和纸钱，纸钱包括金银纸或折好的元宝和烧给神明的白钱④以及写好的表文。金甲财神庙中提供的表文主要有财神表、观音表、求财大表、平安大表和开车平安表。观音表和开车平安表要供奉于观音殿，焚烧于观音殿前的香火库中，财神表、求财大表供奉于财神殿，后焚烧于殿前的香火库，平安大表则是两个殿都能供奉。在财神殿生祭的过程基本如下：将所有未煮熟的祭品、红香、蜡烛和纸钱，以及写好的表文供奉于金甲财神像前的神台上；然后点香三炷，在神像前的蒲垫上叩拜，边叩拜边在心中默念所求心愿，叩拜结束后将香插到香炉中，再取神台旁

---

① 张富春：《厉鬼·瘟鬼·财神——论赵公明神格演变的轨迹》，《黄河科技大学学报》2008年第10卷第4期，第45~47页。
② 《封神演义》中的宝物用以号令天庭八部三百六十五正神。此处代表《封神演义》的故事。
③ 吕微：《隐喻世界的来访者——中国民间财神信仰》，第33页。
④ 一种四方形浅黄色偏白的纸钱，相较于烧给亡人的黄钱。

备好的小柴火棍置于香炉中；接着把准备好的功德钱投入神像前的功德箱中；接着带所有生祭的供品去叩拜陪祀的另外两位财神；最后回到金甲财神神像前，在地上放一个盛着生米的碗，抱着大红公鸡跪在神像前的蒲垫上，让公鸡吃一点碗里的米，寓意供奉给财神的公鸡吃得多且强壮，也有让公鸡吃饱再牺牲的意思。

　　熟祭紧随生祭之后，除了写好的诰表和香烛要一直供奉在神台上，其他祭品都需要进行加工。一般祭祀都是以家庭为单位，熟祭时，男人负责搭灶生火，杀鸡宰鱼，宰杀公鸡时要保持鸡身完整，女人负责制作熟祭供品，炖好整鸡和猪肉，煮一锅大理风味酸辣鱼，炸三色干阑，做寓意吉祥的蔬菜，煮鸡蛋鸭蛋，所有的菜肴煮到八分熟左右；接着把准备好的祭品放在一个大盆里，炖好的鸡要用筷子将鸡头固定成昂起的姿态，并在鸡嘴中放一张百元人民币，然后去财神神像前重复之前生祭的流程，摆祭品、叩拜祈福、上香，在信众叩拜之时，庙中管香火的老斋奶①会亲自为财神献供品，一边用菜刀割下一块鸡肉、一块猪肉，将鸡蛋和鸭蛋一剖两半，一边口中念一些吉祥话（鸡蛋和鸭蛋剖开后还能看出是否能得财神保佑，如果蛋黄中间有白点就预示不好，只要蛋黄煮熟就没问题），在老斋奶念吉祥话的时候信众要回答"谢金口"；供奉完祭品后到殿前的香火库焚烧纸钱、红香和诰表；接着就可以把祭品带回去加工，制作成一桌丰盛的饭食供一家人享用，并需要留1~2份饭食给先前在神像前帮助祭祀的老斋奶，以示感谢。

　　至于观音殿，由于观音菩萨属于佛教，是食素的神明，因此祭品需要准备一份荤食一份素斋，在财神殿以荤食祭祀，在观音殿以素斋祭祀。观音殿一般是直接熟祭，将蔬菜做成八样斋菜，基本祭祀仪程就是摆放供品和诰表、叩拜祈福、上香，接着焚烧诰表和纸钱红香，最后一家人享用供过的食物。

　　每年清明节，大理地区的民众在扫墓后也会专门去一趟财神庙或者本主庙，磕头丢功德，一为祛除身上的晦气，二为求神保佑合家平安、财运亨通。逢年过节也会大清早去一趟本主庙或财神庙，烧香磕头求神护佑。此外还有要做生意、准备开业的信众，也会专门到财神庙祭祀财神，准备的祭品更为隆重，比如猪头，甚至整头猪，以求生意兴隆、财源广进。特别虔诚的信众会请村寨里专门给人看香火的祭师来庙中进行祭祀仪式，这种祭祀仪式会比一般的祭祀更加烦琐复杂，祭师会按照自己的经书来进行科仪法事，或者用从上代祭师处继承的祭仪进行祭祀。

---

① 金甲财神庙周边村落的莲池会会员，民间称老斋奶，轮流看管庙中香火。

每年的两次财神庙会是大理地区的民俗盛事，除了遍布大理的广大信众来到财神庙中杀鸡煮鱼、供奉烧香之外，还有莲池会和洞经会的成员参与祭祀，莲池会的成员主要负责财神庙的管理事宜，帮助信众进行祭祀仪式，安排祭祀仪程。洞经会成员则在庙外的棚子里挂好经幡，布置供桌和坛场，接着弹演洞经古乐，用一整天的时间弹演一部《大洞经》。庙会时由于来烧香的信众太多，庙中的灶台供不应求，便能看到财神庙两旁的路边"三个石头一眼灶"，仿佛是一场民众的大型野炊。许多商贩看到了财神会中的商机，在这天到财神庙周边摆摊，除了贩卖祭祀相关的纸钱香烛，还包括餐饮、百货、玩具、副食、蔬果和农副产品等，每隔五六个小摊基本就有一个写表文的摊子，一般都是年纪在五十岁以上的老爷爷负责写表，他们应对信众不同的需求提供各式各样的表文，除了基本的财神大表和平安大表，还有求开车平安、求婚姻、求子、求找工作的诰表，可谓与时俱进。

《白族文化大观》中提道："庙会的经贸范围扩大……崇拜活动中的宗教色彩有所减弱，更趋向于文化娱乐节日活动……有的人纯粹是来做生意……许多人家虽然带着供品来祭献……仅仅是例行传统，求个清吉平安，聚餐一下而已。"[1] 这从一定程度上反映出庙会的民俗化，许多年轻人甚至不知道庙中祭祀的神明是哪一位，只知是财神和观音，来进行祭献也只因为是家中传统，为求平安和财运。布朗以"社会功能"的概念将宗教的功能放在更大的空间探讨，认为"宗教的支柱是仪式而不是信仰，因此不管是文明社会还是原始社会，仪式可以作为宗教体系加以研究"[2]。财神信仰的仪式，其实是这种文化内核的最终载体。

三 金甲财神庙中的多元信仰分析

在大理地区，儒释道三教已经混融于民间信仰，界限十分模糊。财神信仰随着中原文化传入大理后，植根于本主文化，最终形成了一种具有地方特色的民间信仰。金甲财神庙作为财神信仰的一个重要场域，就体现了这种三教融合的文化形态。

金甲财神庙在经历兴建—毁损—重建的过程中，逐渐由小庙扩为大庙，所祀神灵也增加，最终成为容纳三教观念和神祇的庙宇。根据调查，金甲财神庙的庙祝能对庙

---

[1] 云南省民族事务委员会编《白族文化大观》，云南民族出版社，1999，第111页。
[2] 转引自安静《布朗族民间信仰的功能研究》，中央民族大学博士学位论文，2012。

中的两个大殿进行宗教划分，他认为金甲财神殿属于道教，观音殿属于佛教。而两个殿宇的建筑风格确实也能体现这种宗教划分。上文提到本主文化在外来文化的冲击下面临危机，为了适应社会发展需要进行扩充和改变，而金甲财神庙的发展历程正是这种扩充改变的体现。从一开始村社中只有本主庙，到财神庙建立，再到观音殿落成，展现了民众在三教融合观念影响下的信仰需求的转变。财神本来只是主管世间财源的神明，但随着社会的发展，其功能也为了迎合现代社会人民的愿望和需求而发生了改变，财神被格外赋予了保平安、保学业进步、保工作顺利的职能。财神一方面司财富本职，一方面兼顾佛教神祇保平安健康和儒教圣贤孔子主文运的职能，可见三教融合观念在民间的渗透和深入。财神殿门口有一副对联："神格唯善天经地义福祸自招本无门，财源在勤人给家足富裕从来须正道。"这副对联也体现了儒释道三教的思想观念，比如福祸自招和君子爱财取之有道，也体现了白族人民生性淳朴、勤劳务实的品格。

至于普通信众，大多数分不清所信奉神祇究竟属于何种宗教，他们知道祭观音菩萨和部分本主须用素斋，祭其他神明则用荤食，但不会深究原因，只要是能保佑自己的神明都可以祭祀崇拜，没有分别心。费子智曾评价白族的信仰说："民家根本不管不同宗教教义，而完全将所谓的'三种宗教'结合在一起。"① 大理民间有两种独特的宗教组织，分别为莲池会和洞经会。莲池会一般由五十岁以上的白族女性组成，一般以一个或几个村社为单位，在民间被划分为佛教组织，其实是带有佛教信仰元素的民间宗教组织。洞经会成员大部分为男性，少数女性，均为中老年人，也以村社为单位，并且要会一种乐器，比如二胡、唢呐等（因为需要弹演洞经），会长或核心会员是民间的火居道士②，因此洞经会被划为道教组织。民间信仰的庙会和佛教的重要会期等活动都有这两种组织的参与，这种合作也反映了大理地区三教融合的文化形态。

根据以上内容，可以看出以财神信仰为例的民间信仰体系具有鲜明的大理地方特点。首先，本主崇拜是民间信仰的核心。本主信仰以其兼容性体现了极强的生命力，尽管在发展过程中吸收了很多外来因素，但并没有改变其根本，即使在佛教和基督教信仰遍地开花的今天也丝毫没有被取代。其次，民间信仰是多种宗教元素的共存和混融。表现为儒释道神祇的共存，互不冲突，相安无事；组织和仪式共存，比如莲池会

---

① 〔澳〕C. P. 费茨杰拉德：《五华楼：关于云南大理民家的研究》，刘晓峰、汪晖译，民族出版社，2006，第102页。
② 大理地区居家修行的道士，平时务农，有法事会期则参与弹经做会。

和洞经会在各类祭祀活动中合作无间,以及各类祭祀活动的祭祀过程都混合了三教祀神内容。最后,民间信仰中的宗教内容淡化。从各类庙会的实际举办内容来看,其中的宗教内容有所减少,而更趋向于民俗化的发展方向,人们对于信仰的功利化趋向于"娱神"的活动,体现了本主信仰中"人神同乐"的思想。

结　语

格尔茨在《文化的解释》中对宗教的定义是"一个象征符号体系,它所做的是在人们中间建立强有力的、普遍的和持续长久的情绪及动机,依靠形成有关存在的普遍秩序的概念并给这些概念披上实在性的外衣,使这些情绪和动机看上去具有独特的真实性"[①]。金甲财神庙恰恰就是一件"实在性的外衣",财神庙其实是一个活态的民间信仰的象征符号。大理地区的财神信仰融合了本主信仰后的多元民间信仰模式,而这种特殊的具有地域特色的信仰模式是一种宗教生活形态的基本反映。财神信仰中的多元文化融合其实有助于大理地区在文化上趋向于一种整体上的文化传播与认同。从空间意义上看,大理的金甲财神庙提供了一个践行宗教生活的场域,是一种空间上的保障;从时间意义上看,金甲财神庙在时间线性上保证了中原文化内核的传播。故而,研究金甲财神庙的活态信仰是有文化传播意义的。

杨庆堃将民间信仰视为相对于制度性宗教的扩散性宗教,并且指出它遍布于社会生活的各个主要方面,对维护社会制度的稳定有重要作用。[②] 民间信仰不是孤立的个体,它在特定的社会环境中积极地与其他社会因素互动,从而发挥自身的功能。费孝通先生在《乡土中国》中说道:"功能是从客观地位去看一项行为对于个人生存和社会完整上所发生的作用。功能并不一定是行为者所自觉的,而是分析的结果,是营养而不是味觉。"[③] 民间信仰作为重要的社会文化现象,与社会文化的其他方面紧密相连、相互作用,在特定的社会环境里发挥着维护人与人、人与自然、人与社会等的功能。可以说,它是少数民族社会生存、发展的重要因素。通过研究民间信仰的功能,可以审视其在当代少数民族的社会生活和精神文化多方面的影响。我们对待民间信仰,既不能忽视它的世俗性,也不必排斥它的宗教性,更不能忽略它在当代社会的各种功能。

---

① 转引自余园《信仰的变异与仪式的彰显》,武汉大学博士学位论文,2014。
② 转引自安静《布朗族民间信仰的功能研究》,中央民族大学博士学位论文,2012。
③ 费孝通:《乡土中国》,北京出版社,2011,第126页。

传统汉人社会的宗教疗愈仪式
——以台湾北部的狮场大补运仪式为例

孙美子

内容简介：本文以台湾北部三奶派红头法师①主持的狮场大补运仪式为范本，用仪式元和仪式群落的层级理论分析仪式编排的内在逻辑，意在前人理论研究的基础上，分析狮场大补运仪式，进而发掘台湾北部法场补运仪式的医疗意义，及其背后的文化、社会动因。以身体和心理两个纬度作为狮场大补运仪式和其背后宗教观念的连接点，进一步分析星命与神煞、家宅与命宅、人身与人神的宗教观念在汉人日常生活中所扮演的角色。从文化、社会两方面重新审视汉人的"致—治"病观点，试图说明一个完整的宗教医疗理论可以将疾病与治疗平行地放在社会文化脉络中进行考察。

关键词：三奶派　狮场仪式　大补运　宗教疗愈

作者简介：孙美子，台湾政治大学硕士研究生，社会科学文献出版社编辑。

流行于台湾北部的狮场补运作为一则以医疗救急为目的的法场仪式，还保留着些许难登"大雅之堂"的巫俗之习。这些表面上朦胧的宗教医疗知识，对汉人传统的焦虑与困境抱持着更为敏锐的清醒。本文引用余安邦老师在《本土心理与文化疗愈：伦理化的可能探问》序言中提出的定义，将疗愈机制定位为精神性之知识或结构性的生产，而非以医疗功能论的观点来归结。② 伴随着现代医疗的扩张，疾病和治疗的定义被冠以"文明"与"科学"的诠释，而原本存在于汉人传统社会中的一般性认识则被认为是"愚昧""落后"的旧时代产物，被迅速边缘化和秘密化。难以言表的患

---

① 笔者采取"北部三奶派红头法师"这一名称基于两点原因。首先，既往学界常用红头法师或者闾山法师的称呼笼统，闾山法师涵盖了三奶、法主公、徐甲等几重概念，这些概念之间的关系错综复杂且尚无定论；其次，笔者在田野访谈中数次耳闻行仪法师自称三奶派。为了避免概念笼统造成歧义并出于对田野对象的尊重，本文以所属派别结合外部造型特点为定义依据，采用"北部三奶派红头法师"这一称呼。
② 详见余安邦主编《本土心理与文化疗愈：伦理化的可能探问》，台湾中研院，2008。

病感通过讳莫如深的仪式象征得到解除，这是汉人传统文化的表达方式，也是整个社会的潜在运行逻辑，这种权力关系经过历史的反复渲染，在共识之下酿成某种地方传统。

一 狮场大补运仪式的静态与展演

大补运仪式系狮场仪式的一种，在医疗不发达的早期台湾社会，曾作为大型宗教医疗仪式盛行于台湾北部。大补运仪式相当繁复，价格不菲①，仪式对象是与患者相关的生活环境和社会人际网络。仪式编排具有相当大的弹性，行仪长度依据主家的实际需求和经济实力可以分为1～3天不等。在早期台湾社会，只有在家庭出现重病患者或有人遭遇重大的生命危机和生存困境时才会请法师来做狮，以达驱邪治病、延生长寿的治疗目的。而今随着医疗科技的进步、健保系统的不断完善，医疗救急的仪式职能被弱化得相当严重，尤其在以台北为代表的现代都市，大补运可谓是濒临绝迹的法场仪式。②

（一）法场空间布局

大补运仪式通常在事主家中举行，如果主家有神明桌就在此基础上打坛。在笔者观察的这次行仪中，主家神明桌供奉的主神是妈祖，妈祖背后则是一幅观音像，为了遵守主客原则，原本应该供奉在中央的李三娘、陈靖姑、林九娘神图就不做陈设。就此可以看出神图只是一个塑造神圣空间的表象，并不影响仪式的实际操作，法师告诉笔者，神图的有无完全不会影响仪式的进行，如果遇到非常紧急的救场（产难）事宜，根本不会有时间来筹备神图。

大补运仪式所召请的神明具有浓烈的法术色彩，左右两侧分别陈设3幅神图，共计6幅。法场布局以神明位置为基准，依循"左青龙、右白虎"的逻辑进行陈设，神明左侧为属阳的男性神明，右侧则为属阴的女性神明。神明供桌的陈设上，宗师斗列在与女性神明相近的左侧，而代表事主家的元辰斗则放在男性神明的右侧，也可窥见三奶派法师崇奉女性祖师、强调自己法术由女性祖师传授的宗派特点，从神明性别和功能意义两方面都具有阴阳对称的性质。

---

① 根据笔者于2013～2018年的田野观察来看，台北市区的大补运价格在10万～15万新台币不等，而在北海岸、礁溪一带则比较亲民。在基隆，延续十年前的价码，若是个人私家行一场大补运约需4万新台币。
② 台北的道长曾告诉笔者，以前大补运还算常见，现在民众都以"小补"代之，一年也做不了十场大补运。

表 1　法场布局及神明的功能意义

右/阴性	功能、意义	左/阳性
王母娘	法派祖师	法派祖师 闾山爷
注生娘娘	司命	长生爷
卢二娘	带兵领将	罗太保

（二）仪式进行

关于狮场大补运的仪式过程，许丽玲已经对每个环节做过细致说明，① 与笔者看到的仪式结构非常相似，为了避免赘述，本文重点在于分析仪式的编排以及仪式背后的医疗观念。下文以笔者在台北记录的一场狮场大补运仪式为例，对仪程内容做简要说明。

表 2　狮场大补运仪式仪程内容

时间	仪式体	衣着	仪程内容	坛场
上午 9点~ 12点	请神	道袍	法师身着道袍，先在内坛请高位神，再向外坛请地方神，最后于内坛召请法场神。	内
	奏状	法服	奏状时法师要扮演仙鹤送文状给太上老君，禀明本场仪式的事由。这个环节的展演性质很强，法师会准备一个托盘，上面放一条白底花布模拟祥云，花布上放一条黑色的布条象征水，奏状放在布条上，两者交叠形成一个十字，文状的上面是一块插着7支香的红面龟，龟前则放着老君印。奏状时，法师头顶托盘，手持两把折扇做仙鹤状去老君衙内通传文状，"吹角，跪下坛前头戴桶盘，双手执扇行山念"，过十二宫。最后蹲在板凳上向神明奏状。	
	抛法 （又称三元）	法服	法师会使用绘有张赵师爷、五伤猛将和五雷元帅的三张卷轴画，抛三次为三卦来为占卜病症治疗的难易程度。画轴除了用来占卜还有压邪镇煞的作用。法师将三个卷轴放在一块白底的花布上，点过事主的头、胸、膝、脚等身体部位，最后用这块布把亲属提供的衣服包裹起来，使外邪不得入侵。	
	拜天公	道袍	这坛仪式在屋外的阳台上由道士主持，向天公禀告主家的情况，祈请天公押退导致事主不适的流年煞神。	外
	过限	法服	召请唐、葛、周三元将军，由法师带领事主家人手捧衣服、绕行天公桌，度过十二命宫的关限，并烧补运钱。	

---

① 详见许丽玲《台湾北部红头法师法场补运仪式》，《民俗曲艺》1997年第105期，第1~146页。许丽玲在文中提及的仪式，就笔者在台北、礁溪、北投、贡寮所记录的几场而言，未见"打天罗地网"与"请水安灶"两科，其他的科仪环节大致相同，故不再赘述详细仪式过程。

续表

时间	仪式体	衣着	仪程内容	坛场
下午 2点~ 5点	点兵敕符	法服	召请五方兵马来帮助法师除晦,召请五营时向五方撒白米以表军粮,之后法师用鸡血与五营兵马立盟。以鸡冠血符笔,以鸡头在空中虚书压煞,用鸡血涂于门楣,最后将鸡扔出门外代表送煞;鸭也遵循上述步骤,取其谐音"押"的寓意,押退神煞。敕过的符令贴于门楣或给主家佩戴。	内
	入宅起土	法服	清净内宅,去除宅中的煞气。法师手持法索,在房间中向五方打煞,之后将法索缠绕在事主身上,用老君印点事主头身,之后在离开房间前,贴符于门楣。	家中各房间
	收魂	道袍	法师将代表事主的元辰斗和事主的衣物并排放在一起,插着香的米斗中有镜子、剪刀、尺子。法师在仪式中召唤事主的魂魄回到魂衣之中。	内
	翻土	法服	法师踩五行罡进入阴界,将草席卷成棍状向五方位摔打草席,卷起草席点事主的头身,之后以草席覆盖住身体扮演狮子以驱邪,最后将草席扔出门外,代表将土煞送走。	
	祭外方	法服	煞于外方,令其勿扰事主。	外
	犒军	法服	召请五营兵马,以酒、菜饭向其献祭,禀告本场法事事宜。	
	拜门口	道袍	祭拜孤魂野鬼的小型普度仪式。	
晚上 7点~ 9点	追阴送火	法服系一黑裙变身厄姑	法师通过劝师的仪式召请祖师,然后自己先变身厄姑,手持浸油的火笔模拟事主体内的阴火,然后通过吞火笔和手握火焰的两个动作表达"送"的象征意义,请五伤收五方的火神,最后将火笔送出事主宅邸,在最近的水渠丢掉,而后法师回坛场用七星剑在坛场外围写下一"井"字,表封鬼门,令邪煞不得侵入。	内
	卜筷卦	法服	法师跪在草席上,背对事主,将两碗夹和,将圣杯放在碗中,向后抛,之后手持两只空碗翻手诀,之后持碗在草席上虚空书,并向后抛,最后五碗成为一卦,以此来占卜事主的病情。	
	卜碗卦	法服		
	谢坛	道袍	在法事完成后,拜谢众神并谢斗,祝福事主元辰光彩。	

二 时空交叠:仪式单元与仪式群的模型

狮场大补运是由一个个独立的仪式经过节次的编排串联而成的。中国学者中最早根据仪式的具体指向把道教仪式解剖成若干层次进行分析的是陈耀庭先生,他把道教仪式中常共有的成分例如署职、发炉、洒净等称为道教"仪式元",不同的道教仪式元的排列组合构成了具有不同仪式对象和目的的道教仪式体。[①]

道教仪式群(大型斋醮法会)
↑
道教仪式体(单个道教科仪)
↑
道教仪式元
↑
道教仪式的动和静、个人和集体的行为要素

笔者认为这个层级分析的理论同样适用于法场仪式的研究，构成法场仪式最小仪式行为的要素——符、咒、诀、步，与道教中的仪式呈现很大的重叠性、兼容性。独立仪式体所处的位置、仪式体与仪式体之间发生的关系，对仪式的理解起到至关重要的作用。尽管这些独立的宗教行为也具有象征性，但只有复合成仪式体并放置在整个仪式脉络里进行考察的时候，才能对其做出"道"或"法"的性质判断。

在笔者收集的台湾北部三奶派红头法师的狮场大补运仪式手抄本中，依抄本题名依次有请神、安灶、安井、奏状、抛法、敕符、翻土、打地网、收魂转竹、送火、请天公、过限、谢坛、打伞、奏北斗、落河摇孩儿共计16坛仪式，供法师编排组合。除了事主个人情况、出资状况、时间进度三个客观因素之外，仪式依循的内在逻辑更值得深究。

表3 狮场大补运仪式的结构

时间	仪程
9:00~12:00	请神—奏状—抛法—拜天公—过限
14:00~17:00	点兵敕符—入户启土—收魂—翻土—祭解五鬼—犒军—拜门口
19:00~21:00	追阴送火—卜筷卦—卜碗卦—谢坛

阳时奏请高位神，过午追煞打煞，最后在晚上追阴送火，整场仪式大体上遵从一套阴阳对立的二元观念。[②] 在《台湾民间信仰中的补春运仪式》中，许丽玲提出了阴本命的概念。

[①] 详见陈耀庭《论道教仪式的结构——要素及组合》，《道家文化研究》第1辑，上海古籍出版社，1992。
[②] 就笔者观察的其他几场大补运仪式而言，仪式的实际操作并不绝对遵从阴阳二元对立的逻辑，拜天公、延寿的节次就经常在午后进行。

同样的，本命指的是个人生命在大时序循环中的坐标与所在，但是当这个时间坐标开始运作时，遇上了大时序中属阴的时序——太岁及其所统领的其他神煞，那么就会出现反面（或负面）的本命，也就是阴本命。①

虽名曰"补运"，但从仪式元的性质来看，驱邪除煞的比重明显大过进补求寿的内容，对比笔者记录的五场仪式，仪式体的组合节次存在很大差别，具有很大的弹性空间。在法师的自述中，同样是以医疗为目的的狮场，要根据事主的八字和仪式进行中的诸多占卜结果（抛法、筊卦、碗卦、水卦、米卦等）进行综合考量，如果是犯太岁、遇流年则要结草人做替身，有的情况还要超拔祖先。更多的时候则是因为时间、空间的考虑无法操演，故取方便法门，以笔者在台北观察的狮场大补运为例，就因事主家空间过小、都市取竹不便，故将"转竹收魂"一科代之以简易版的收魂。

在台北，或许是得益于充沛的时间，每一个独立的仪式体都被处理得非常细腻，而在礁溪，更为繁复的仪节却要在晚餐前结束，仪式体展演的行进节奏明显加快，仪式间隙在最大范围内被压缩，法场内仪式共时性的关系得到最大展现。那么哪些仪式体可以称作构成一场"狮场大补运"仪式群的必要构件？

许丽玲在分析法场仪式时，根据功能将其分为"准备—驱邪—解救—修补—结束"五个部分。笔者认为驱邪与解救是一体两面的关系，很难做出切割，如果将送火单纯看作解救的部分，便很难解释前行追阴驱煞的部分。笔者认为可以将构成法场的若干仪式体分为"兼容性"和"针对性"两大类别。一方面，兼容性的仪式体诸如请神、奏状、点兵敕符、谢坛作为整个仪式群的"骨架"而存在，是之后针对性仪式体实施的合理性前提。这类仪式体在次序的排列上是固定的，也是必需的，是建构整个仪式群的秩序基础，具有浓厚的仪礼意味，可以称之为"礼"的部分。另一方面，针对性的仪式体诸如占卜、转竹收魂、收煞、翻土、追阴送火、求寿等则作为仪式群的"血肉"，对"煞"采取先敬后逐、先礼后兵的处理，也体现出某种"教化"色彩，可以归为"教"的部分。针对性的仪式体可以进行拣选性的编排，以不影响法术目的实现的最低要求为限。

---

① 许丽玲：《台湾民间信仰中的补春运仪式——以北部正一派道士所行法事仪式为例》，《民族学研究所资料汇编》第13卷，台湾中研院民族学研究所，1999，第95~129页。

三 仪式疗愈中的宗教内涵

（一）大补运仪式中的身体与秩序

中国文化脉络中的身体观和西方近代笛卡尔式的身心二元论有本质的差异。汤潜泰雄在其著作《灵肉探微：神秘的东方身心观》一书中曾指出东方思维中的身心关系是一种生存实践经验的体察，重视的并不是身体和心理的关系，而是身心关系如何作用的问题。① 黄俊杰则将中国思想史中所呈现的身体观归纳为三个面向：（1）作为思维方法的身体；（2）作为精神修养之呈现的身体；（3）作为政治权力展现场所的身体。② 狮场大补运仪式涉及大量驱邪除煞的内容，其中主要解除的就是土煞和火煞两种致病性因素。对这两种煞的谨慎处理反映了汉人的身体观念，这种身体观以阴阳五行和神煞观念为主导，可以分为内、外两个纬度，内部身体组建的小宇宙以形气为主体，在仪式的展演上具体表现为"阴火"这一概念；外部身体则是社会文化规范下的文化主体，体现在土煞的处理中。另外，在时间的排序上，先处理土煞再处理火煞，符合五行中"土赖火生，火多土焦；火能生土，土多火晦"的运行逻辑，也反映出汉人由外到内觉察身体的体悟方式。法场的展演可以说是仪式文本的身体行动，下文就以狮场大补运仪式的操演特点来分析其中的身体观。

1. 以虚做实：家宅与命宅的顺遂

在狮场大补运仪式的奏状仪节中有一段很值得玩味的念白：

> 神恩浩浩，圣德巍巍，有求必应，无赖不从。未说人名未知厝，就说乡里有好人，说者中天斗下为民攘灾改厄，信士××祈保本命年×月×日时×生，岁因于日间以致身中欠安。未见瘥安无方，可投前日恭请，神金像抵家作主。涓今月日大吉仗法到家添补运途，助旺元辰。

"知厝""乡里""抵家""到家"一系列宗教语言都在强调地理空间上一家一宅

---

① 〔日〕汤潜泰雄：《灵肉探微：神秘的东方身心观》，马超译，中国友谊出版公司，1990。
② 详见黄俊杰《中国思想史中身体观研究的新视野》，《中国文哲研究集刊》2002 年第 20 期，第 541～564 页。

与一己一身的关系。念白陈述了"到家"是神明添补运途、助旺元辰的必要条件，而后开始一系列"请神尊入房—去邪—驱邪—押煞—出外方"的净化动作。在整个狮场大补运仪式中，对家宅境域的强调十分明显，之后"入宅起土"和"翻土"两个仪节都是对宅邸做净化驱煞的动作。在此，家宅成为五行之"土"的具体形象寄托，而"土煞"则是指人对境中之神的触犯导致的不平安。从象征人类学的观点来看，是某一种"污染"造成了境内正常秩序的紊乱进而产生了危险隐患。入宅起土时，法师手持法索在宅中向五方位打煞（念白：一打东方甲乙木，木神木煞出外方。二打南方丙丁火，火神火煞出外方。三打西方庚辛金，金神七煞出外方。四打北方壬癸水，水深水煞出外方。五打中方戊己土，土神土煞出外方）。① 清净内宅之后将法索缠绕在事主脖颈上。法索也称法鞭，是法场中押煞打煞的必备法器，分为蛇头及蛇身两部分。蛇头以桃木雕刻成蛇形手柄，上顶八卦，蛇身部分以苎麻编制而成鞭状。因为兼具致命和疗愈的双重性格，蛇的宗教意向表达显得十分复杂，在打煞的动作中，法索展现出蛇绞噬或毒杀邪煞的能力，之后法师将法索缠绕在事主脖颈上，一方面象征法索可以起到外邪不能入侵的保护作用，另一方面也寓意蛇蜕皮（死去）重生的奇异本领传导在事主身上，产生疗愈的作用。

在收魂环节之后则进行翻土，伴以海陆仔激烈的唱腔，渲染送煞的危险性和神圣感。法师手持草席先向五方位打煞，之后以草席覆盖全身作狮子状剧烈翻动，让邪祟无所遁形，喻在土（草席）下做境内秩序的重整，最后将草席扔出门外，代表送走土煞。"扮狮逐煞"也是法场仪式经常被称为"做狮"的原因。通过翻土一节，将"虚"的土煞概念用草席一物实在化，体现出狮场"以虚做实"的仪式特点。

环境作用于心境可以产生"合境平安"的圆满，也是"家门不幸"的诱因，台湾传统汉人社会相信土煞是导致事主身心困顿的一个巨大障碍，其背后深层次的心理动因则是一套家宅和命宅按照阴阳五行概念调和的宇宙观。在戴如丰和许丽玲两篇关于大补运仪式的文章中，都提到安灶这一仪式环节，安灶的目的是向灶神忏悔家中妇女的不敬与冲犯之过。清静内宅的主要对象是事主的起居卧房，法师打煞之后将敕符贴于门楣以驱散外邪，利用灶台、床位、房门的布局配合宅主的命运，就可以达到驱

---

① 报道人告诉笔者，由于狮场大补运仪式花费巨大，并非人人可行，穷困人家出现患病危机时往往取一个相对简单、快捷的医疗性法事，称为"铲土"（chian tou）。行仪时法师在家宅内四角做铲土的动作，并于掌内掐手诀代表收此方位的煞，依此收五方煞。相较内容繁复的大补运，这个"小法事"显然是"土煞致病"这一观念的高度提炼。

图1 翻土（笔者 摄）

灾避难、健康延寿的效果。这一套命卦与家宅方位的关系理论在《八宅明镜》中展现得颇为细致。命卦与家宅方位的失调会产生空间上的"煞"，"煞"的存在导致了事主的身心不适，身体在空间堪舆的脉络中呈现很强烈的秩序意义，而疾病就出现在秩序错位的落差中。

2. 以形代形：人身之神的安顿

林富士通过对《太平经》的分析，提出凡是不和之气所引发的天灾人祸都称为病，导致疾病观的原因有很多，其中体内之神游于外是致病情形的一种。[1] 另一方面，台湾民间奉行的三魂七魄观念认为魂魄的位移同样会招致疾病的发生。张珣认为所谓三魂七魄，其三七之数应是阴阳五行系统推算出来的虚数。[2] 魂为阳，魄为阴；魂者木，魄者金，三七乃金木之数。收魂之后，净化有两个层面，一个是针对魂魄本

---

[1] 详见林富士《试论〈太平经〉的疾病观念》，《中央研究院历史语言研究所集刊》第62本第2分，1993，第225~263页。
[2] 详见张珣《台湾汉人收惊仪式与魂魄观》，黄应贵主编《人观、意义与社会》，台湾中研院民族学研究所，1993，第207~231页。

身，再者是针对魂魄复归的位置进行处理，此时就要以送火煞的方式来对人身进行洁净。

古人以天干配五行，丙火属纯阳之火，名为太阳大火，有普照万物之功，性情刚烈，故为阳火。丁火属纯阴之火，名为灯烛之火，有照亮万户之功，性柔质弱，故为阴火。阴阳五行的概念被中医吸收，在中医理论中"阴火"是一种与"元气不两立"的热，它不单指心火、相火、包络之火中的任何一种，而是指由于脾胃气虚所致的内伤发热，① 金元时期的名医李东垣将之归结为"火胜则乘其土位，此所以病也"。在法场的观念中，阴火是"火神火煞入命冲身"（念白：南方丙丁火行生南方，冲犯年火、月火、日火、时火、阴火、阳火、内火、外火、飞火、走火、鬼火、神火、火鸦神煞入命冲身），是导致人身不适的主要原因，是一种起因不明的火煞，具有极大的危险性。送火时，法师依次将其送出外方、别庄、别洲、别家、山头岭尾。对于阴火的破坏性有一段极其惊悚的描述：

此火送在山头领尾去，山头领尾数目鸟只，接吾油火受灾殃；
此火送在江河大海水中去，水中虾×××，接吾油火受灾殃；
此火送在田中园中去，田中园中五谷种子虫蚁，接吾油火受灾殃；
此火送在三义大路去，三义大路来往之人身衰字运低，接吾油火受灾殃；
男人接火三日过，女人接火七日亡；男人接火男担退，女人接火女担当。

追阴送火作为整个仪式群的尾声，营造出极大的危机感。在这一仪式环节中，法师变身厄姑，请雪山圣者来协助自己不被火笔灼伤，而后将自己的魂魄藏于宗师斗中。两项保护措施之后，法师将自己作为一个将阴火从事主身中转出的中介，用火笔之形模拟事主身中的阴火，通过自我牺牲的"吞"火动作，表达患者身中之阴火的破灭，进而实现患者身中之痛的转移。通过对人身体空间的净化重新安顿人身之神，令三魂七魄归其位以恢复身体的内部秩序。

在狮场大补运仪式中，遵循"先出煞再送火"的法术原则，从人身之外的土煞到人身之内的火煞，仪式呈现出来的汉人传统身体观是以阴阳五行和神煞信仰为基础的宇宙图景，并且具有强烈的社会化色彩。

---

① 详见王霞《历代医家对"阴火"的认识》，《山西中医学院学报》2008 年第 5 期。

图 2　追阴送火（笔者 摄）

（二）补运仪式中的创伤与转移

作为转化的中介，法师在补运仪式中调兵遣将，和兵马立约结盟，游走于阴阳两界，展示出浓重的自我牺牲色彩。法教强调法师个人法术能力的施展，与道教在医疗仪式中重视悔过、企图通过自省来完成肉体和精神层面上的净化有所差别。法术医疗进一步摒弃了汉人传统医疗观念中的道德伦理限制，弱化了因缘果报和承负思想，也不再基于儒家父权体系把病因单纯归结为不孝或者不洁。除了传统观念中神、鬼、祖先的侵害，它被一种更为模糊、暧昧的患病感觉所困扰，这种感觉来自生活实践与理想形态的秩序错位，人们将其统称为"煞"。相比道教的医疗仪式，法场更为强调仪式专家与病患的身心交付关系，法师在仪式中也担负着更为重大的责任。

道教 — 犯戒 — 罪 — 病 — 首过 — 忏悔
法教 — 冲犯 — 煞 — 病 — 驱煞 — 补运

图 3　道教和法教的"致—治"病观

上文提及大补运仪式反映出阴阳两界鲜明的对立，但也有阴阳不明的暧昧时刻，这种时刻往往伴随激烈的音乐与恐怖不安的气氛。送阴火时，法师通过劝师变身厉姑，健康的男性法师扮演早夭的女性宗师，通过性别的异常，法师获得穿梭圣俗、阴阳两界的权利。换言之，法师通过性别的模糊处理使得自己拥有和"煞"一样的属性，将事主不确定的患病感（illness）具象为疾病（disease）展现在自己身上，成为另一个"病者"。

张珣教授以道教祭解仪式为研究对象，从文化心理学的角度讨论忏悔与替身的关系，认为忏悔文句与纸糊替身的引入对病患心理产生了审视自我与反观自身的作用，给疾病增加了道德与伦理的面向。这一"替身"的心理学解释在狮场大补运仪式中可做进一步阐释。在狮场大补运中，最生动的替身即法师本人，法师通过极高难度的法术将事主的病痛象征（阴火）转移到自己身上，为了避免阴火对法师的戕害，法师（念白：奉请藏魂魄三师三童子，将自己的头中一魂、身中一魂、脚下三魂七魄十二元辰藏在金炉里，圣筶引准分明奉请南辰助吾身，北斗助吾形）则会使用一系列宗教方式对自己进行保护，再借神明之力将其送走，体现出一种"赎病"的情节。送阴火的危险性和恐怖性比纸糊的替身更为直观，这时可以将法师称为创伤性的医者（Wounded Healer）。[1] 法师的身体只是一个疾病转移的媒介和事主身心忧虑的宣泄对象，通过"以虚做实""以形代形"的仪式象征将病痛真切地转移到自己身上，以消除事主对于未知不适感的恐惧，达到被他者救赎的心理安抚作用。

阴阳和神煞信仰构成了法场仪式的宇宙观念。在台湾传统汉人社会的日常生活中时常感觉到的"不平安"有三大来源：第一是世俗层面上真实的疾病；第二是神煞系统中属阴的邪祟、煞；第三是星命与本命关系失序的焦虑，而法师则要通过法场仪式处理这三大问题，笔者将这种"不平安"称为患病感（illness）。

四 结语

我们对疾病以及疾病分类的看法影响了我们对疾病的反应、诊断与治疗，治疗方式的抉择最终反映文化认同的结果。以上文记录的狮场大补运仪式为例，主家在心理上归顺这套文化系统，笔者认为驱使主家选择宗教疗愈的原因更多在于患病感，而非疾病本身。

患病感说明（illness accounts）不仅把身体，也将人身处的社会环境一起视为疾病的源头和发生地。患病感是"生活和社会功能中体验不到认为好的变化；人类感到生病的经验"[2]。而患病者体察到自身不适的时间往往先于就医，他们将自己当下

---

[1] 详见 Joan Halifax, "The Wounded Healer," in *Shaman: The Wounded Healer*; Stanley W. Jackson, *Bulletin of the History of Medicine 75* (2001): 1–36。

[2] 〔美〕罗伯特·汉（Robert Hahn）：《疾病与治疗：人类学怎么看》，禾木译，东方出版中心，2010，第28页。

的经验和公认的疾病联系起来，从而对症状本身进行说明，但由于医疗常识的欠缺，对自身感受的觉察很可能与医者的标准相去甚远，很多人都无法正确描述自己的身心感受，只能模糊地将其归结为："我不舒服。"

患者常被期望要如实地陈述自己的患病经验才能得到准确的治疗，否则就是辜负了患者自身的角色。19世纪80年代，阿瑟·克莱曼（Arthur Kleinman）以中国湖南为考察点，对中国人的精神状态做了深入的调查，他的研究显示病人确知出现了某种自己不想要的状况，却往往错误地判断了它的来源。[①] 在传统医疗的过程中，患病说明叙述了生病的主体、时间、原因，而且跟病有关的每一次叙述都是具体而独特的。在中国的文化脉络中，承认自己有病这件事本身就和巨大的羞耻感和罪恶感相关联，如果一个人说自己精神有问题往往会遭到鄙视和污蔑，而身体上的症状则可以接受，故疾病躯体化（Somatization）的现象在中国很常见。病在人们的潜意识里带着与文化、经济、政治紧密相关的标签，人们耻于谈论的隐疾在传统医学中无法得到彻底的包容和谅解，而宗教则为"难言之隐"提供了一剂万能的灵药。在仪式的展演中，这种朦胧的患病感用"以虚做实"和"以形代形"两种方式获得了作为"病"的实在性确认，使游移的患病感（illness）得以具象为真实的疾病（disease）。

表4　解释体系的区别

	传统医疗	宗教医疗
情形	不受文化限定的综合征疾病	受文化限定的综合征不适感（患病感）
角色	患者—医者	信仰者—法师—神明
效用	医术—药物	法术—仪式
传统学科分工	医学、精神病学	心理学、人类学、宗教学

在宗教疗愈中，宗教仪式可以视作安慰剂效应的一种外部展现，通过仪式传达的象征意义使人达到"确信"的期望。信众在这套文化象征系统下，通过仪式解除身心的不适，正如利奇（Edmund Ronald Leach）所说的那样："仪式并不反映个人在参与仪式过程中的心理状态，而是表现出社会的结构要求人形成一种特殊的、规范的象

[①] 详见〔美〕阿瑟·克莱曼（Arthur Kleinman）《道德的重量：在无常和危机之间》，方筱丽译，上海译文出版社，2008。

征表述。"①

在宗教疗愈的患病说明中,个体的患病经验是社会范围内人们的集体认识,并且和传统儒家对于人生的典范标准息息相关。生命阶段的关隘替代了具体的病症,比如体弱多病之于童年、学业焦虑之于青年、婚姻危机之于中年、死亡隐忧之于老年……以狮场大补运仪式为例,无论过关、除煞、消灾、改运,法事的主要内容都是对阶段性生命困境的解除。在角色上,诉诸仪式的人往往并不认为自己是实际病痛的负载者,而大多是因为不顺遂的心理来需求帮助,通过仪式完成普通患者到信仰者的角色转化,向神明祈求实现宗教上的文化预期——回归平安。

---

① 〔英〕埃德蒙·R. 利奇(Edmund Ronald Leach):《巫术之发》,收入史宗主编《20世纪西方宗教人类学文选》,上海三联书店,1995,第220~224页。

从神医到巫医之神
——木雕神像中所见梅山文化圈的药王信仰

李慧君

内容摘要:"梅山文化"是湖南中部梅山地区特有的文化现象,以原始泛神信仰和巫觋宗教习俗最具特色。清代以降,与全国整体情况类似,药王殿遍布湖南各地,祭奉神祇涵盖医药始祖和历代名医,供患病者求祷病愈康复。与此同时,梅山文化圈的巫医弟子们在各自家中独为唐代医者孙思邈塑像祭拜,求其佑保驱邪治病时通灵显应,生意兴隆。在楚地"信鬼好祀"的思想土壤中,以医术立身的神医孙思邈经历了神职的巫觋化嬗变,成为法术高强的巫医之神。

关键词: 梅山文化 木雕神像 药王信仰 巫医 孙思邈

作者简介: 李慧君,湖南省博物馆副研究员。

"梅山文化"是20世纪80年代初提出的文化概念,指古代湖南中部梅山地区的文化现象。① 据《宋史·梅山峒》,梅山地区指东接长沙,南接邵阳,西抵沅陵,北达常德、澧县其间千余公里的区域,② 以新化、安化为中心。由于该区域自北宋才归顺皇权,③ 闭塞艰苦的自然和人文环境使当地居民形成并长期保持了原始拙朴的泛灵信仰和"信巫鬼、重淫祀"④ 的宗教习俗,流传至今的各类神像即当地民众神祇信仰的实证和表达。

---

① 刘铁锋:《梅山文化概论》,《娄底师专学报》1997年第3期,第25页。
② "其地东接潭,南接邵,其西则辰,其北则鼎、澧,而梅山居其中。"(元)脱脱等撰,刘浦江等标点《宋史》卷四百三十二~卷四百九十六,吉林人民出版社,1995,第9748页。
③ 据(宋)晁补之《开梅山》诗:"开梅山,梅山开自熙宁之五年",梅山自北宋熙宁五年(1072)才结束对外封闭的状态。黄仁生、罗建伦校点《湖湘文库·唐宋人寓湘诗文集》二,岳麓书社,2013,第1169~1170页。
④ "楚有江汉川泽山林之饶……信巫鬼、重淫祀。"(东汉)班固著、赵一生点校《汉书》卷二十八下《地理志》,浙江古籍出版社,2000,第576页。

梅山文化圈的木雕神像通常由造像本身和封存在造像背部龛洞内的发愿文、药草等部分构成。神像题材大致可分为道教神祇、佛教神祇和梅山地方神祇等类型。发愿文又称"意旨""造像记",是对造像人居住地、姓名、立像对象、目的、时间等信息的录述。木雕神像及其发愿文对研究特定时期区域民间信仰的意义重大,本文即以法国远东学院"湖南神像数据库"①收录的数据为基础,试通过梳理药王神像的时空分布、风格形象、立像人、立像愿目等信息,勾勒梅山民众药王信仰的面貌与特点,并对其成因做初步探讨。

一 湖南地区公共庙坛中药王供奉的概况

中国民间信仰中,药王信仰甚为普遍,其信仰的对象亦涵盖甚广,包括华夏医药鼻祖伏羲、神农、黄帝之"三皇",历代名医扁鹊、华佗、孙思邈、韦慈藏等。首先,笔者试对清代至民国时期湖南地区药王殿等公共庙坛中药王的供奉情况做大致描述,以为厘清梅山文化圈个体或家庭供奉小型药王神像的特点提供参考和比照。

经检索古籍数据库中湖南省通志、府州志、县厅志等145种地方志材料,可知湖南清代药王庙(或药王宫、药王殿、药王祠、三皇庙、先医庙)共32处,分布于全省29个市、县、厅。其中,提及药王庙供奉人物的共8处,单独供奉孙思邈的3处(桃源县1处②、湘阴县2处③),一处所供韦慈藏或孙思邈难辨(浏阳县④),供"三皇并历代名医"所有神位的2处(怀化驿⑤、道州⑥),供伏羲、神农、黄帝"三皇"神位的1处(武冈县⑦),另有1处药王则与关帝、马王并奉,合称"三圣"(祁

---

① 数据来源包括湖南省博物馆及国内外私人藏家收藏的神像3500余件,发愿文1500余份,https://www.efeo.fr/statuettes_hunan/。在此特向法国远东学院华澜(Alain Arrault)教授对数据库的建设和慷慨开放致谢忱。
② (清)应先烈修,陈楷礼纂《常德府志》卷十二,清嘉庆十八年刻本;(清)余良栋修,刘凤苞纂《桃源县志》卷二,清光绪十八年刻本。
③ (清)郭嵩焘等纂修《湘阴县图志》卷二十三,清光绪六年县志局刻本。
④ (清)王汝惺等修,邹焌杰纂《浏阳县志》卷十二,清同治十二年刻本。
⑤ (清)盛庆绂、吴秉慈修,盛一林纂《芷江县志》卷十三,清同治九年刻本;(清)瑭珠修,朱景英、郭瑗龄纂《沅州府志》卷十八,清乾隆二十二年稿成刻年未详本。
⑥ (清)刘道着修,钱邦芑纂《永州府志》卷二十四,日本内阁文库藏清康熙九年刻本。
⑦ (清)张镇南修,邓显鹤纂《宝庆府志》卷八十八,清道光二十九年刻本;(清)潘清、张宪和修,邓绎纂《武冈州志》卷三十一,清同治十二年刻本。

阳县①）。

药王庙的建造者多为太守/州守/知府/同知/镇标（零陵县②、衡阳县③、道州、岳州府④、零陵县、凤凰厅⑤、祁阳县、乾州厅⑥）等地方官员，或当地医官/医学（祁阳县、邵阳县⑦、衡阳县），另亦有米行、药肆捐资（桃源县、怀化驿），住持僧（善化县⑧）建庙等。湖南地区历代药王庙主要由官方筹建，功能多为教化民众，如《（道光）宝庆府志》所引："元成宗时立三皇庙，命府州县春秋通祀，而以医学主之明，仍其制建三皇庙于大医院，以勾芒祝融风后力牧左右配享，而以历代名医从祀两庑。"⑨ 民众入庙叩拜的目的多为祈祷自己或家人病体痊愈，"远近患病者咸祷"⑩。综上可知，地方志中所见湖南药王庙的设立、供奉等情况与全国大体无异。

二 梅山文化圈中药王木雕神像与发愿文

1. 药王神像的时空分布

湖南地区对木雕神像的制作与供奉流行已久，如唐韩愈途经耒阳（今湖南衡阳市）时曾作"偶然题作木居士，便有无穷求富人"，此处"木居士"就是对木雕神像的戏称。但由于木雕造像一般采用香樟、檀香、黄杨木等制成，木质易腐，传流至今的以明清之后，特别是19~20世纪的最为多见。

法国远东学院"湖南神像数据库"中收录有药王神像50件（27件含发愿文）。据记录，有明确立像时间和产地信息的发愿文，药王神造像时间集中于19世纪（7例）和20世纪（9例），产地分布在新化（6例）、宁乡（5例）、安化（3例）、湘乡（3例）、常宁（2例）、湘潭（1例）、武冈（1例）等地。

---

① （清）刘道着修，钱邦芑纂《永州府志》卷二十四，日本内阁文库藏清康熙九年刻本；（清）李蒔纂修《祁阳县志》卷三、卷六，清乾隆三十年刻本。
② （清）刘道着修，钱邦芑纂《永州府志》卷二十四，日本内阁文库藏清康熙九年刻本。
③ （清）陶易修，李德纂《衡阳县志》卷五，清乾隆二十六年刻本。
④ （清）黄凝道修，谢仲坈纂《岳州府志》卷九，清乾隆十一年刻本。
⑤ （清）黄应培修，孙均铨、黄元复纂《凤凰厅志》卷四，清道光四年刻本。
⑥ （清）蒋琦溥纂修，林书勋续修，张先达续纂《乾州厅志》卷三，清同治十一年修、清光绪三年续修本。
⑦ （清）张起鹍修，刘应祁纂《邵阳县志》卷六，清康熙二十三年刻本。
⑧ （清）吴兆熙等修，张先抡纂《善化县志》卷三十，清光绪三年刻本。
⑨ （清）张镇南修，邓显鹤纂《宝庆府志》卷八十八，清道光二十九年刻本。
⑩ （清）盛庆绂、吴秉慈修，（清）盛一林纂《芷江县志》卷十三，清同治九年刻本。

湘中地区乡村庙宇系统并不发达，① 民间供奉主要以家庭、宗族为单位，除个别庙祠所用体型较大的神像外，湘中地区木雕神像绝大多数在 15~30 厘米范围内。法国远东学院"湖南神像数据库"中收录的药王神像尺寸同样在 20 厘米左右，为家庭供奉用的小型造像。

对比法国远东学院"湖南神像数据库"统计得出的神像地理分布数据可看出，尽管受到收藏者主观喜好、交通便利与否、价格高低等原因影响，神像很大比例同样出自安化、新化——梅山文化的摇篮和基石，宁乡等其他产地也皆处于梅山文化覆盖的湖南中部地区。因此，家庭用小型药王神像的雕造和供奉应是梅山文化圈及其辐射范围特有的现象。

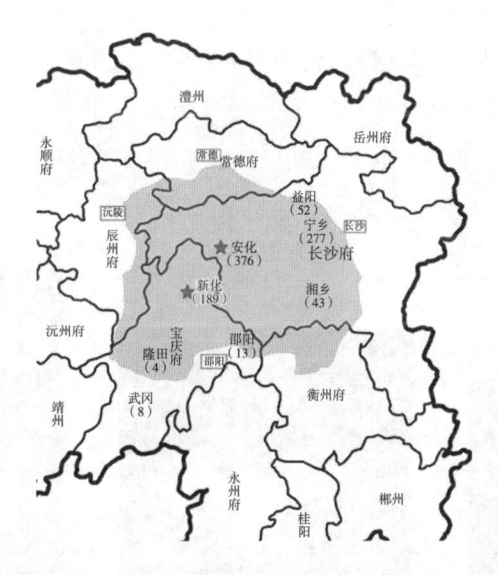

图 1　神像地理分布示意图②

2. 药王神身份与形象

从"三皇""三圣"，到历代名医，清代以来湖南地区的药王庙几乎可构成中国医药界的众神殿堂。然而，该时期家庭供奉的小型木雕药王神则 90% 以上为唐代医药学家孙思邈，名为"药王孙公真人"、"孙公真神"、"药王菩萨"、"药皇"或"药王圣帝"；仅有 3 例为东汉末年的神医华佗，名为"华佗仙师"或"药王

---

① 吕永升、李新吾：《家主与地主——湘中乡村的道教仪式与科仪》，香港科技大学华南研究中心，2015，第 10 页。
② 底图采用谭其骧主编《中国历史地图集　第 8 册　清时期》，中国地图出版社，1987，第 37~38 页。

师祖"。

相传，中国道教和民间俗信神灵孙思邈是具"调和四时，降龙伏虎，拯衰救危"神力的"百代之师"①，故龙虎图像常伴真人共同出现。湘中木雕中，药王孙思邈的辨识性标志同样为骑虎托龙。如"药王孙真人一十三代名医先师"（见图2）塑像木表涂金，"孙真人"着幞帽长袍，腰束玉带，双手托举飞龙身躯，一腿抬起，坐于虎身上。飞龙似穿梭于云间，与云雾构成环状柱体。两侧胁侍有童男童女，下方设云纹底座。新化县嘉庆六年（1801）开光的"药王菩萨"（见图3）同样为孙思邈的经典外形，腹部还可见"寿"字纹补子。值得一提的是，"菩萨"原是公元前后出现的佛教专用名词，在大乘佛教中本意为"具备觉悟能力者"②，然而，在梅山文化圈木雕神像中却出现了诸如"药王菩萨""财神菩萨""蛇恶菩萨"等佛道、佛巫混杂的称谓，其所指并无佛教实质，只是民间信仰中典型的张冠李戴现象。

神医华佗则多与当地梅山教"师公"形象类似。如宁乡县光绪十八年（1892）立像的"华佗仙师"（见图4）正襟危坐，着搭扣半开式法袍，左手持符水碗，右手呈剑诀，颇具施法时神秘的气氛。

图2 药王孙真人，高33.6厘米（T0185） 　　图3 药王菩萨，高21.2厘米，新化县，1801年（T1016） 　　图4 华佗仙师，高22厘米，宁乡县，1892年（T0700）

---

① （唐）李世民原典，（清）纪晓岚编注《唐太宗韬略全书》，内蒙古人民出版社，2005，第101页。
② 孙英刚、何平：《犍陀罗文明史》，生活·读书·新知三联书店，2018，第506~507页。

3. 供奉者

较之主要由地方官员或医官群体筹建的药王庙和药王像，据发愿文记载，小型木雕药王像的供奉者则主要是信奉药王的"信士""信人"，且多尊神像发愿文俱明言其供奉者为习学"药王正教"或"医理正教"的"沐恩弟子"。那么，"药王正教""医理正教"是医药科学还是教派？习学该教的弟子是医药专家还是信徒？

"药王孙真人"（见图2）发愿文介绍："……先师神农皇帝［法］□，［先］［师］雷公□制王叔和、张仲景、雪山太子、和尚长老、道士眷弟，［载］［九］牛祖翻坛倒洞张五郎，龙启教杨法龙生于戊戌年，正月初三日子时生，刘法明、李法通、谭法和、罗法昌、罗法富……一概有灵。"可知，该"一十三代名医孙真人"的"先师们"既包括传统神医谱系中的神农、雷公、王叔和、张仲景等著名医学家，亦包含佛教长老、道教道士，以及梅山信仰体系中的猎神张五郎（倒立神，故称"反坛倒洞"）、可用符咒炼制"雪山神水"的雪山太子①等梅山教神祇。由此推断，药王孙思邈不仅是精通医理的医药之神，同时也是巫力高强的巫医之神！

南宋范致明《岳阳风土记》载荆湖民俗曰："疾病不事医药，惟灼龟打瓦，或以鸡子占卜，求祟所在，使俚巫治之，皆古楚俗也。"②清向兆麟亦有《神巫行》云："汝有病，何须药，神君能令百病却……走迎神，巫吹角，呜呜巫来降神。"③原始的鬼魂观念和贫乏的医疗条件使得古楚梅山民众长期以来依靠巫医解决疾病或妇女生产问题——他们普遍认为人的疾病痛苦多由鬼祟捉弄而生，因此治愈的有效办法是延请巫师驱鬼招魂。所谓"巫医"，亦巫亦医，具备一定药草知识的同时，更重要的是掌握符箓咒语的法术。在此理念观照下，药王孙思邈成为医药神人和梅山教神巫合授的"一十三代传人"，而梅山文化圈中孙思邈的供奉者则是巫教中行驱邪治病之职的巫医弟子。

4. 供奉原因

由前文可知，湘地官方基于"以医学主之明"的目的建公共庙坛供奉历代药王，而"远近患病者"怀着病愈的希冀"咸祷"之。而对于梅山文化圈的神像而言，雕造与供奉者皆为巫医弟子，较之"患病者"单纯的康复愿望，巫医传人们奉祀孙思邈神像的原因（大多数神像雕造的目的不止一个）则显示出明显的职业特征。

---

① 马少侨：《邵阳历史钩沉》，内部资料，1999，第139页。
② 转引自安徽省考古学会楚文化研究小组编《楚史参考资料》，安徽省考古学会，1980，第256页。
③ （清）卞宝第、李瀚章等修，曾国荃、郭嵩焘等《湖南通志》卷末之十二，清光绪十一年刻本。

（1）法术灵验

现有50件药王神像中，27件神像体内的发愿文得以留存。据此发愿文，巫医弟子立像的最主要原因（15例）是乞望药王佑其施法时能通灵显应，法术灵验。如光绪元年（1875）安化县"信士陶沅昌"等合家人立"孙公真神"："叨神圣以扶持，伏愿威灵显应，□机活现，求叩即灵，祈保弟子十方门下，香火通行，千家有请，万户来迎……"（T0712）；光绪三十四年（1908）湘乡县信士立像愿目为"伏乞通灵显应，神光庇佑，出入十方，贪香□火……救男成对，渡女成双，车马不停，川流不息……"（T1029）；民国7年（1918）安化县"萧渭江及合眷等"立像愿目为"求保十方门下，驱邪治病，求之有准，叩之即灵……"（T0597）；另如"仗乞坐正（镇）家堂，灵□□药□施□□不老仙丹"（Y16021）、"伏乞尊神通灵显应，大显威灵，无求不应，有感而□"（Y17007）、"法药俱全"（FT0077）、"灵光不昧，道气长存，开通香火，万载威□，莫误弟子，莫误信人"（T0700）等。

（2）行医治病

在27例药王神像发愿文中，11例提到了"行医治病"的相关愿目，如求保"弟子代药行医，用药有准，服药有功"（FT-0006）、"手到病愈"（T1029）、"妙手回春"（T1030）等。巫医既能交通鬼神，又兼及医药，比一般巫师（梅山教中称"师公"）专长于用药，在医疗条件落后的梅山地区承担了民间医生的角色。因此，法术之外，是否拥有药到病除的医术亦成为巫医灵验与否的评判标准之一，从而也成为巫医弟子们立像祭奉孙思邈的重要原因。

（3）生意兴隆

巫医以驱邪治病谋生。作为梅山巫医弟子供奉的行业神，神医孙思邈的另一神职是佑其弟子生意兴隆，财源广进。共有8例发愿文中提及求财相关的祈愿，如民国6年（1917）安化县"信士谭邵海"的立像愿目为："叨生□（意）纯红，蒙财源广进，圣德无疆，信者永沐洪恩也"（T0453）；光绪元年（1875）安化县"信士陶沅昌"等愿："千家有请，万户来迎，方方大利，处处生财……人兴财旺，百事亨通"；另如"财通四海，人旺财兴"（FT0054）、"生意纯鸿"（0162C1537）、"六畜兴，生意隆，财源广进"（0351C922822）等。

除以上外，孙思邈神像发愿文中还可见请神"坐镇家堂/香火"（3例），祈佑"人口清吉"（8例）、"万般如意"（5例）、"六畜平安"（5例）等一般性祈愿。

三 梅山药王信仰的特点与成因

清代以降，与全国其他地区情况类似，湖南各州县普遍设药王殿，祭神话中的医药始祖和历代名医，供患病者奉求病愈康健。与此同时，湘中梅山文化圈巫医弟子们在各自家中也为神医孙思邈塑像祭拜，求其佑保驱邪治病时法术灵验（见表1）。透过此批神像及其发愿文，梅山地区药王信仰和实践大致呈现如下地域性特征。

表1 湖南地区与梅山文化圈药王信仰比照

名称	供奉地	分布	神祇身份	造像人	奉祀人	神职/祈愿
药王殿	药王殿等公共庙坛	湖南全省	伏羲、神农、黄帝、扁鹊、华佗、孙思邈、韦慈藏等历代名医	地方官员、医官等	患病者	病愈
药王木雕神像	家庭神龛	中部地区	孙思邈、华佗（少量）	巫医弟子	巫医弟子	法术灵验、手到病除、生意兴隆等

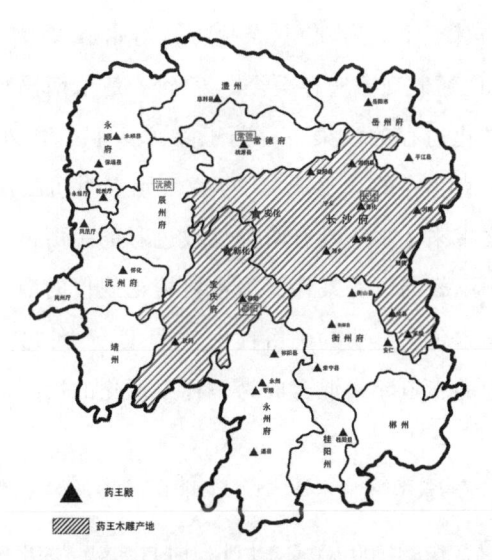

图5 药王殿及药王木雕神像产地分布示意图

1. 从神医到巫医之神——药王信仰巫觋化

原始时代，人们在对一些自然、生命、社会等现象无法做出解释时，便引发了现实世界由"灵魂""鬼怪"等支配的概念,并试图与其进行沟通。所谓"巫",即沟通人与超自然力量的人;"巫术",即沟通人与超自然力量的法术。巫术从本质上而言是一套由巫师执行的"向一个精灵或灵魂致意"①的象征性行为。梅山地区民众信仰及宗教活动最显著的特征即浓重的巫觋崇信色彩。

《(康熙)永州府志》载:"右太守刘道着莅任,见楚俗重巫而轻医,民病惟事祷赛遂捐……由是渐知重医是亦神道设教之意也。"② 官府设药王殿,以期"神道设教",扭转楚地民众"重巫轻医"的恶俗,但具讽刺意味的是,梅山巫医传人们却因势利导,为名医编撰梅山教"先师",将其纳入自身的神灵谱系,医术立身的医者反而有凭有据,堂而皇之地成为拥有神秘法力的巫医之神!

从神医到巫医之神,药王在梅山这片土地上明显经历了神职的巫觋化嬗变。究其原因,首先,梅山文化本身就是一种古老的巫文化。③ 据汉王逸《楚辞章句》:"昔楚南郢之邑,沅湘之间,其俗信鬼而好祀。其祠,必作乐鼓舞,以乐诸神"④,其所指即梅山历史悠久的巫傩文化。梅山宗教理念原始落后,传统巫教中的多灵信仰与用来召神除秽的斋醮符咒在梅山地区长期被普遍崇信和广泛应用,直至今日,"庆娘娘""起水解秽""渡关除煞""收魂打符"等巫术活动仍很常见。⑤ 其次,巫、医本同源,从汉字结构来看,医的繁体字作"毉",足见古代巫术在医学领域的地位。湖南本地马王堆汉墓出土的《五十二病方》《杂疗方》等古医书上就记载有大量巫医驱鬼治病的"祝由方"。巫医通兼现象实存至今,甚至"楚地南国巫毉从来未曾分离"⑥。在梅山文化即古老楚文化遗存的浸染下,药王除"医职"之外,水到渠成地重新兼顾起,或只是强化了一直存在的"巫职"。再者,元末明初江西填湖广,大量江西籍移民涌入梅山,也随之带来了本就具有浓郁巫教色彩的茅山道教。由于巫、道之间文化的近缘关系,古梅山巫教与以符箓讳咒为主要祷祀规仪的南方道教快速融合,发展为一种多元兼蕴的、巫术色彩鲜明的民俗性宗教文化。⑦ 在此宗教环境下,进入梅山的药王自然而然与当地的巫道元素混合成为一种巫觋化的民间信仰。最典型的表现可

---

① 〔德〕马克斯·韦伯:《宗教社会学·宗教与世界》,康乐、简惠美译,广西师范大学出版社,2016,第10页。
② (清)刘道着修,钱邦芑纂《永州府志》卷二十四,日本内阁文库藏清康熙九年刻本。
③ 铁鹰:《梅山神初探》,《邵阳师专学报》1995年第1期,第38~41页。
④ (战国)屈原、宋玉:《楚辞评注》,北京联合出版公司,2015,第50页。
⑤ 刘铁锋:《论梅山道教文化中的巫觋崇信现象》,《湖南人文科技学院学报》2004年第4期,第36~39页。
⑥ 沈晋贤:《巫医同源考》,《湖南中医药导报》2003年第11期,第1~5页。
⑦ 刘铁锋:《梅山道教文化生成与演化因缘论略》,《湖南人文科技学院学报》2005年第1期,第27~30页。

见药王神像发愿文结尾处惯常出现的神秘符箓（见图6）。《道教大辞典》曰："符者屈曲作篆籀及星雷之文，箓者素书，记诸天曹官属吏佐之名。符箓谓可通天神，遣地祇，镇妖驱邪……"① 可知，尽管供奉神灵为医药大师，但发愿文中的符箓实际却是本土神灵崇拜影响下生成的一种方术，其最根本的实质是帮助巫医策役天地神将，是达到"手到病除"目的的象征符号。

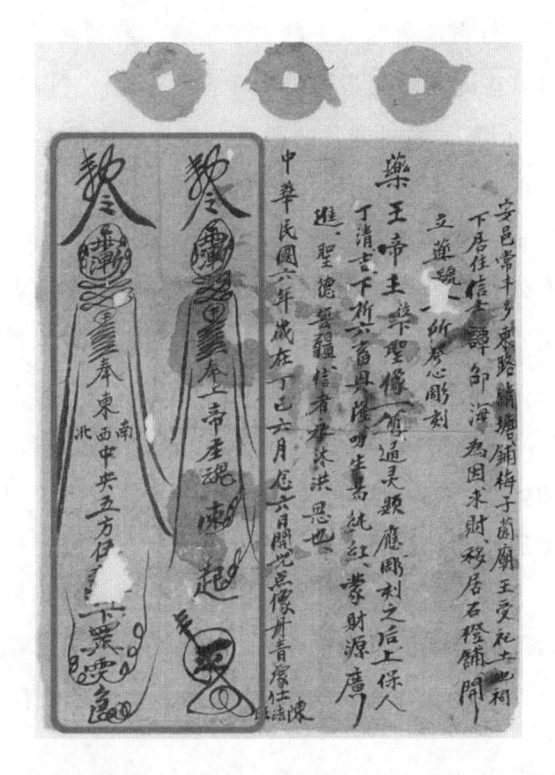

图6 药王帝王圣像发愿文中的符箓，安化，1917年（T0453）

2. 孙思邈成为梅山文化圈中药王的代表

梅山巫医弟子绝大多数供奉的为骑虎托龙的"孙公真人"。纵观其时湖南地区药王殿神祇的身份，孙思邈在众神医殿堂中的地位并不算突出。那么，孙思邈何以脱颖而出，成为湘中梅山文化圈中巫医唯独尊崇的药王？药王信仰古来有之，历朝历代均有医术高明、医德高尚的名医被神话后奉为神明，孙思邈自然也有其被奉为"一代

---

① 李叔还编纂《道教大辞典》，巨流图书公司，1979，第503页。

宗师"① 的伟大医学成就。但不同时代、不同地域，药王信仰的原型也存在一定差异。据统计，明代嘉靖年间，祭祀药王多为韦慈藏，而清代乾隆年间之后则多供奉孙思邈；② 北方崇祭扁鹊的较多，而南方则较推重孙思邈。③ 由此，清代以来，药王孙思邈的传说在南方已广泛流传，湘中巫医们势必对孙思邈的事迹亦多有耳闻。

除了传播的大环境外，梅山巫医选择孙思邈为行业神的首要原因可能是孙思邈种种加以渲染的"神力"与当地信鬼敬巫的思想暗合，换句话说，梅山文化圈的鬼神观念为孙思邈信仰得以在此落地生根提供了适宜的土壤。《旧唐书》将孙思邈归为"方伎"（即方术士）门下，除具非凡的医药本领外，孙思邈"预知其事"等"异迹"颇多，且卒后"经月余，容颜不改，举尸就木，犹若空衣"④；陕西耀县清嘉庆十八年（1813）《修庙记碑》载："孙真人，余耀人也，隐于隋，显于唐……降龙标异，伏虎通神，名传奕记，迹著太元……"⑤ 孙思邈神通天地、降龙伏虎（民间亦有传"坐虎针龙"）、死后成仙的"神迹"无一不与梅山民众对巫者的期待相契合。

另外，《新唐书》将孙思邈列入《隐逸传》，载其出身于"京兆华原"（今陕西省耀县）不名之地，多次拒绝统治者入官的邀请，行医四方，疗治邻居与世人。⑥ 而梅山自古不与外界通，北宋"开梅山"后依然长期闭塞自守，对皇权统治和儒家传统自然不像中原汉地般归顺和敏感，甚至本能地排斥与己思想认同有悖的皇权或儒家崇拜。因此，较之于伏羲、神农、黄帝等中国古代国家典祀体系中的圣医，以及扁鹊、华佗、韦慈藏等成名于王宫侯府的名医，孙思邈出身草根、不慕仕途、隐逸乡野的生平事迹，无疑与梅山文化圈与世隔绝下邻里相互依存的朴素价值观更为投合。

3. 存在根基与传承

师公（即巫师）是梅山宗教信仰的核心。万物有灵，却不可能信仰万物，转而

---

① 近代名医黄竹斋评价孙思邈的医学贡献："……网罗古今，撰成《千金要方》及《千金翼方》各三十卷。自医经、经方，以及采药之候，针灸之术，旁至养性之道，辟谷之方，靡不详见；伤寒、杂病而外，妇婴、疮疡始有专科，博大精微，道全德备，蔚然为一代宗师，盖仲景后一人也。"黄竹斋撰述《孙思邈传》，中华全国医学会陕西分会，1981，第16页。
② 韩素杰、胡晓峰：《基于中国方志库的药王庙研究》，《中医文献杂志》2015年第2期，第59~63页。
③ 林移刚：《清代四川民间信仰地理研究》，西南大学博士学位论文，2013，第103页。
④ 郭超主编《四库全书精华·史部·旧唐书》，中国文史出版社，1998，第2406~2407页。
⑤ 中国人民政治协商会议陕西省铜川市委员会、文史资料研究委员会编《铜川文史资料选辑》第3辑，1984，第68页。
⑥ （宋）欧阳修、宋祁撰《新唐书》，中华书局，1975，第5596~5598页。

信奉能够通灵的"有神秘力的人类"[①]——师公,是梅山人在信仰对象上做出的选择。药王孙思邈实质上就是师公信仰主脉中发散出的专司施法治病的一类神祇,梅山另一种数量较少的"华佗先师"则直接借用了师公形象(见图4)。作为梅山相对闭塞地域环境中土生土长、一脉相承的信仰体系,无论是师公信仰,抑或其分支孙思邈信仰,在当地社会意识形态领域中的地位无疑俱已根深蒂固。

近代梅山地区与外界不断融合,民众的鬼神观念逐渐淡化,先进的医疗技术和观念也逐步被当地接受,师公和巫医信仰是否已随之消失?直至当下,答案仍是否定的。时至21世纪,梅山腹地的安化村落中设置神龛的比例仍高达77.6%,[②]梅山文化圈的村村寨寨中,患病时找巫医治疗依然被认为是理所当然的。[③]事实上,对巫者驱鬼除邪的崇信经世代相传,已渗透到该区域日常生活的各个角落,成为一种具有广泛群众性和深刻社会性的风俗习惯,而风俗习惯的重要特征就是稳定性和传承性,[④]其变迁往往落后于社会变革和经济生活的变化。换句话说,尽管支撑巫医产生和发展的鬼神观念在消融,但千百年来形成的巫术治病的习俗却依靠风俗的惯性得以延续,且在一定时间内依然会相对固定地存在于当地人的思维和实践中。

从治疗效果而言,巫医在很多情况下确实能够达到疗愈之效。一方面,"巫术的功能在于使人的乐观仪式化,提高希望胜过恐惧的信仰"[⑤],巫医治疗包括画符、咒诰、步法、表演、施药等一系列象征性行为,在治疗方式上迎合了患者对于鬼魂致病的认识,其在仪式过程中所产生的心理影响,远大于用药产生的实际意义。现代人将病患或病痛(illness)认定为:"一个人的自我感觉和自我判断……在一些情况下,经检查可确定有疾病,但在大多数情况下则可能仅是一种心理学上或社会学上的失调。"[⑥]从此层面看来,巫医的实质角色更接近于医生行业中的心理医生:借助神灵的力量帮助患者缓解心理恐惧,解决心理困扰,增加战胜病魔的信心,通过情绪引导激活身体各种机制正常运转,从而达到痊愈的效果。巫术的精神疗法对于部分疾病必

[①] 据马林诺夫斯基:"'巫'或'魔',似乎在任何人心里都激起过某种潜在的意念,激起希望看到奇迹的憧憬之怀,以及相信人类本有神秘力的可能等等下意识的信仰。"〔英〕马林诺夫斯基:《巫术、科学、宗教与神话》,李安宅编译,上海文艺出版社,1987,第110页。
[②] 王小悟:《安化犟飞村神龛文化的调查与研究》,陈子艾、华澜:《湘中宗教与乡土社会》下册,宗教文化出版社,2006,第235~252页。
[③] 李伊忠:《张家界的传统巫医》,《张家界日报》2013年8月18日,第7版。
[④] 乌丙安:《民俗学原理》,辽宁教育出版社,2001,第281页。
[⑤] 〔英〕马林诺夫斯基:《巫术、科学、宗教与神话》,第77页。
[⑥] 马伯英:《中国医学文化史》上册,上海人民出版社,2010,第95页。

然是行而有效的。另一方面，尽管巫医采用的方式多以驱鬼招魂为主、服药为辅，但为了提高治愈的概率，维持其在行业中的口碑和声望，巫医往往在不断掌握和积累各种民间中草药知识，以及推拿、扎针、点穴、刮痧、开刀等治疗方法。例如，梅山巫医在治疗跌打损伤时，将施咒后的符点燃于盛水的碗上，再念咒将碗水喷于伤处，即可立刻止痛，但见效的原因并非符水灵验，而在于所谓的"符水"实际上是巫医用苦胆、蛇蘑菇等麻药和烈酒秘密调制的麻醉药水。① 因此，巫术外衣包裹下的巫医治疗有一定的科学成分，也会达到除病的效果。梅山村民耳闻目睹，甚至亲历过巫医施法的神奇疗效，面对疾病时，本能的首选可能还会是求助于生活在身边的巫医（酬金极为有限，报答两只鸡亦可），而不是冰冷陌生、价格高昂的现代医生和医院。

另外，与师公行业一样，巫医也以家族世袭或传徒授教的方式传承，弟子们普遍供奉巫医师父或祖师药王雕像，以确保其在行香走火的职业道路上受到师祖的庇佑。也就是说，只要有巫医在，巫医之神孙思邈就会继续受到雕造和祭拜，但受到今天现代科学技术和观念的颠覆性冲击，梅山地区的孙思邈神像很可能会在不远的未来，与巫医和巫师行业一起永久消失于历史长河中。

---

① 鞠海虹、鞠增艾：《中华民俗览胜》，语文出版社，2000，第69页。

浙西南"灵宝仙坛"调查

黄育盛

内容摘要："灵宝仙坛"是浙西南瓯江流域最古老的道教门派,其法脉传承历史悠久。灵宝仙坛属于闽系闾山法派与松阳卯山法派的混合体。道坛以"洞""靖"名之。从灵宝仙坛所用的通用版本经卷中,发现许多版本均与灵宝派使用的经卷相同,因此,灵宝仙坛与灵宝派必定有自然传承的关系。在民间法事之中,使用最为频繁的不是经卷,而是科仪,且科仪种类繁多,不同的洞、靖均有不同的科仪,根据各道场的不同而设置不同序列。以云和县"威灵洞广灵靖"为例,此道坛乃明万历年间某位道家祖师设立的家传主法之神洞,后传倪法泰先生,同治年间传至王日恩先生,一直沿用、供奉至今。灵宝仙坛的调查研究对道教历史、仪式的演化有重要价值,是研究道教与民间社会互动的重要环节。

关键词：云和　道教门派　灵宝仙坛

作者简介：黄育盛,民盟丽水市文化专委副主任、云和县政协二级主任科员。

一　灵宝仙坛威灵洞广灵靖的传承

云和县"威灵洞广灵靖"现任法师为"细佳先生"。民国年间,"细佳先生"的爷爷"文隆先生"道行高深,法力无边,做功刚柔有度,细腻恢宏,当年名盛瓯江,上至龙泉,下至温州,无论穷家、富家,都争相来请"文隆法师"做功德道场,经他做过的道场,吉利非凡,世代昌盛。他当年的法力,隔代直传其嫡孙"细佳先生"。

"细佳先生"居住于渡蛟村。当年的隔溪山村早已被紧水滩水库淹没,而"细佳先生"并未像其他人一般迁往外乡,而选择了后靠,或许是出于对乡土的眷恋,抑或是难于割舍先祖的"神洞"。"细佳先生"的土屋建于库边的山塆之中,灰暗的小

---

* 本文为国家"十三五"规划文化重大工程"中华续道藏"(项目号：中央统战部"统办函"[2018] 576号)的专项研究成果。

院独立于荒山之间。中堂之间,最精致显眼的就是他家的祖宗香火神龛了,虽然被烟火熏黑了,但红纸书写的墨迹依然隐约可辨。神龛上题有红纸黑字的"威灵洞"三个大字。

"细佳先生"生于1941年,已近80岁高龄,虽然腿脚不便,但仍然非常热情地接待了我们,从楼上搬来他的家底(经书),让我们拍照,并娓娓道出他家的传承历史。

"细佳先生"为乡间的号名,真名为王定真,法名为法真,系太原郡。据《王氏族谱》载:"我王氏均自福建上杭,于前清雍正季年(1725)迁来龙邑廿二都,散居于田铺、外车(即隔溪山)、渡蛟、半屋后、横山头、二滩坝(松阳大东坝镇属)等处。开基始祖虽各不同,而溯其本源,皆一世祖九郎公之后裔也。"(民国9年《龙泉渡蛟源王氏宗谱》)谱中有古椤林颍川氏题诗云:"村住车外,庄名外车,傍溪筑室,数十人家。屋叠山腰,门临水涘,黄冈竹楼,仿佛相似。夕照清虚,朝暾掩映,最爱蟾圆,夜明如镜。景涵万象,村写一图,舟帆上下,不亚西湖。"(民国9年《龙泉渡蛟源王氏宗谱》)又箬溪町东海氏国兴题诗云:"列居数十屋参差,后傍山坡前傍溪。门闼双堤分子午,毗邻两涧镇东西。日观舴艋随风逐,夜听鸥枭带雨悲。欲问屯中人姓孰,三槐后胤闽迁斯。"从清朝的载录之中,证明了当年王氏及隔溪山村在瓯江流域的显赫地位。

清代晚期,法真先生的太爷爷名叫王日恩,为乡间出色的秀才,由于进贡选举落第,而选择了学习道法符箓,成为一代宗师,法名法应。后传法其子王文隆,法名法昌。王文隆先生则隔代直传其嫡孙王定真,法名法真。王定真先生从少年开始,一直跟随祖父出入功德道场,经祖父言传身教,颇得真传。25岁之后,由于受"文革"的影响,其道士生涯中断十余年,然而他始终未放弃学习道术,于家中默默念唱修炼。如今,王定真先生又授法其嫡外甥张安林先生。张安林先生法名法显,1965年生人,自1988年开始跟随法真先生学习斋醮、丧亡超度等道场科仪,至2017年举行奏章请职法会(开天门),开始独立行法。

在法真先生的经卷中,存有抄本《太上诸品真经》,落款注"同治甲子年(1864)广灵靖羽人王日恩敬抄传",说明王日恩先生的学道时间应当在清同治年间。在其他经卷的落款中,有"道光三年(1823)岁次癸未威灵洞羽人倪法泰录"字样,据法显先生介绍,倪法泰为大源乡黄巷村人,当年王日恩先生可能即从师于法泰先生。黄巷村建村于明代,王氏、倪氏共居,村中现存明代王尚书殿及尚书墓。两姓详

图 1　法真先生家神洞

细的迁徙年代、始祖之名均已无考，最早有记录的为王佰廷，生于明万历壬辰年（1592）六月八日戌时，卒于清顺治十年（1652）十月十三日，安厝未详，配倪氏，生于明万历壬寅年（1602）八月十三日卯时，卒于康熙二十一年（1682）二月八日戌时，厝黄巷村王姓祠堂后山。推测王氏的建村时间当于明朝万历年后期。在法真先生的经卷中，亦存倪法泰先生抄录的经卷序文："……诸厥生将遍刻经律论，以补前人所不及，因举此属于予，予依集要而重加参定，以成善本。庶登坛者，知三业相应之谓，玄门手之所结，必端必严，毋拈弄舞扬而类灭。口之所诵，必真必正，毋散乱想而亏正观。然后心与口协，口与意符，意与心会。而以此度众生，亦可以自度，功德不可思议。玄门道众愿相与谛审，而力行之。以为序。时万历三十四年（1606）岁次丙午仲夏望三日三洞羽人孙道元订（板存杭城玛瑙寺，仰三房印造流传）。"① 这说明，明万历年间的经卷版本已正版传承至倪法泰先生处，同时，倪法泰先生亦遵从孙道元先生治学严谨、口意相符的道学风格。

---

① 《蒙山台全科》抄本，现存王法真家。

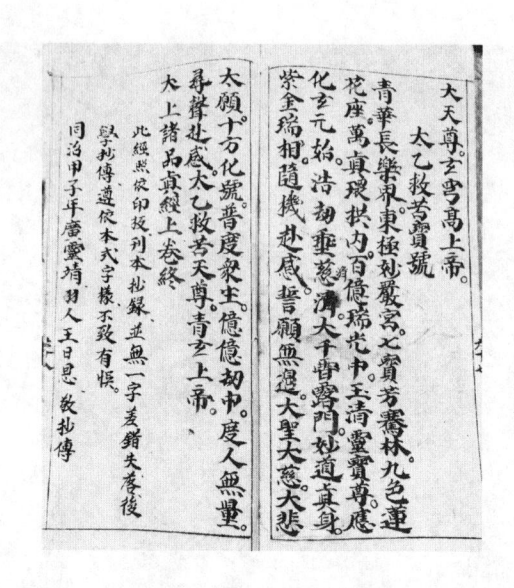

图 2　王日恩先生手迹

二　灵宝仙坛探源

祖传四代的"灵宝仙坛"渊源何在？总想探究一番。隐约之中，我们读出了法真先生家神榜（神洞）上书写的文字。

（中书）天地君亲师三清法主三教圣贤莲台座位

（右书）三元三品三官大帝之神位

闾卯二洞传度宗师之神位

寨主都监张五元帅之神位

威灵洞天仙兵神位

（左书）北极玄天镇武上帝之神位

马陈林李感应三位夫人之神位

本境福主随行香火之神位

广灵靖历代宗师位

三清乃道教的三位至高神，指玉清、上清、太清三清胜境，即玉清圣境无上开化首登盘古元始天尊、上清真境玉晨道君灵宝天尊、万教混元教主太上老君道德天尊。灵宝仙坛以三清作为法主，可见它是中国道教的主脉传承。"闾卯二洞传度宗师"则直接道出了灵宝仙坛的法脉传承。据民间传说，闾山在闽江之底，凡人看不见，唯独精通闾山正法、道行高深的道士和有道缘的心善之人才能看到。如闾山派天威法坛《开坛科》曰："闾山原在江中心，要开之前三年春；三千年满开一度，有人得见闽江清；自古有缘相会遇，闾山开时救万民；天威法坛传角韵，祗迎圣驾降来临。"闾山法派供奉闾山九郎、临水三夫人（陈靖姑、林九娘、李三娘）等诸神，并且吸收了灵宝派、卯山派等诸派的符咒科仪，是中国道教的重要流派，分为红头师公和乌头法师。红头师公主要以驱邪收妖、消灾解厄为主，而乌头法师则以超度亡灵等法事为主。闾山派是华南道教一个重要的流派，以闽浙为中心，流行于福建、台湾、广东、浙江、江西等地。卯山位于松阳，昔为唐朝著名道士叶法善的修炼之所，唐初，卯山一度拥有着层层叠叠、金碧辉煌的观宇。叶法善（616～720），字道元，松阳人，深究道教精义和方丹金石之术，于高宗、则天、中宗历五十年往来名山，常应召入内廷，被尊为上宾。开元八年（720）老死在长安景龙观。二十七年，唐玄宗李隆基作《叶尊师碑记》悼法善。以上说明，灵宝仙坛属于闽系闾山法派与松阳卯山法派的混合体。"威灵洞广灵靖"应当是明万历年间某位道家祖师设立的家传主法之神洞，后传倪法泰先生，同治年间传至王日恩先生，一直沿用、供奉至今。

法真先生的道印为王日恩先生当年的旧物，木雕而成，约两寸见方，正面为篆字"灵宝仙坛"，反面为篆字"雷霆都司"，侧面为篆字"道经师宝"。法印是中国道教最重要的法器之一，是历代的道师们遵照道教信仰中三清诸神的名号、鬼神司府的称谓及重要道经的内容而刻造的各种印章，象征着天界、地界、冥界神仙真灵的权力和威严。《上清玉府五雷大法玉枢灵文》中记载："雷霆都司，乃北帝专司之所列官分职，佐玉机之政。凡世间水潦旱魃，悉请玉枢院禀听施行。"[1]"道经师宝"即道家三宝，又称作三归戒，《道教义枢》云："一者道宝，二者太上经宝，三者大法师宝。"[2]"道经师宝"所代表的即道教崇拜的最高道境。在松阳县的道师之中，则广泛使用"灵宝大法司"印，可能"灵宝仙坛"印是当年云和道师的谦虚之作，抑或是因其他理由而改变，不得而知。在《上清灵宝大法》中记载："故依本法，止用灵宝

---

[1] 《道法会元》卷五十六《上清玉府五雷大法玉枢灵文》，《中华道藏》第36册，华夏出版社，2004，第337页。

[2] 《道教义枢》卷一，《中华道藏》第5册，第546页。

大法司印，今既进品洞玄，佩中盟录，行灵宝法，则职位已重。除拜章外，上而奏牍，下而关申牒帖，行移告文符录，三界十方之曹局，九州四海之冥司，九地重阴洞天仙治，幽显所隶并用灵宝大法司印，实本职执法之信也。其可推以他印耶，应申奏文状方函，并上下一体施用。惟章牍并章函，用通章印而已。若遣章关牒，亦用本职印耳。"①

图3 祖传灵宝仙坛印

在法真先生的历代传抄经卷中，有《太上诸品真经目录》及各咒。上卷：《清静妙经》《消灾妙经》《禳灾真经》《玉枢宝经（附诰号）》《北斗真经（附诰号）》《三官妙经（附诰号）》《真武妙经（附诰号）》《弥罗宝号》《太乙宝号》。中卷：《高上玉皇本行经》《玉皇心印妙经》。下卷：《度人妙经》《救苦妙经》《生天妙经》《生神玉章》《禳火真经》《天仙玉女经》《平安灶经》《禄库五斗受生》。从中可见，灵宝仙坛所用的均为中国传统道教的经典真经卷，并无其他特别的经书。灵宝仙坛属于何门何派？似乎难以分清。

中国道教流派众多，不同的时期、不同的角度均有不同的分类。根据现行的学术论调，现存的主要有全真派和正一派。全真道派，也称全真教和全真道，是道教最重要的宗派，被天下奉为"太上玄门正宗"。该宗嗣太上老君遗教，秉东华帝君演教，承正阳帝君钟离权和纯阳帝君吕洞宾二祖传教，开宗于重阳全真开化辅极帝君王重阳，以全老庄之真为宗旨，从更高的地方向老庄回归，包容合并了太一道、真大道和

---

① 《上清灵宝大法》卷二十七，《中华道藏》第33册，第403页。

金丹南宗。正一派有茅山、灵宝、清微、净明等诸派之分，均以天师道为代表，一般而言，天师道也称为正一道，宗坛为江西龙虎山。符箓三山为龙虎山、茅山、阁皂山。灵宝仙坛是否与正一道派之灵宝派有关呢？

灵宝派尊葛玄为初祖，创始人为东晋人葛洪的从孙葛巢甫，以传《灵宝经》及灵宝济法而得名。《真诰》卷十九曰："葛巢甫造构《灵宝经》，风教大行。"葛巢甫自称得葛玄—郑思远—葛奚—葛梯—葛洪—葛望等一脉真传，又将灵宝大法下传任延庆、徐灵期等，从此"世世录传，支流分散，孳乳非一"。在丽水南明山现存摩崖石刻，其中"灵崇"二字书法遒劲，相传为东晋葛洪所书。葛洪是中国最著名的道教理论家，著有《抱朴子》，传说他曾在处州辟谷炼丹。灵宝派道术以符咒、科仪为主，就此而言，它接近天师道，亦受上清派影响，讲习存神、炼气、诵经之术。该派在教义上颇受佛教大乘经义的影响，强调"普度一切人"，视《灵宝经》为"大乘之法"。在其经文中随处可见三世轮转、善恶因缘、罪福报应、检束三业、度劫更生、涅槃灭度、修功德、奉戒律、造福田等说教，从而使道教理论发生了重大变化。劝善度人、斋戒科教是灵宝派最显著的两大特点。在法真先生所传的《开经偈》中有："寂寂至无宗，虚峙劫仞阿。豁落洞玄文，谁测此幽遐。一入大乘路，孰计年劫多。不生亦不灭，欲生因莲花。超凌三界途，慈心解世罗。真人无上德，世世为仙家。"可见灵宝仙坛确是大乘之教。

灵宝派擅长斋醮，由陆修静传下的灵宝古法经唐代张万福、杜光庭等发展，成为道门施法的基本准则。入宋后，林灵真、宁全真、金允中所编《灵宝领教济度金书》《上清灵宝大法》合计多达四百二十五卷，明代的《灵宝无量度人上经大法》亦有七十二卷，均详述了道教斋醮的各种科仪轨范，因此，它在民间非常活跃。灵宝派的经书中，前期以《灵宝五符序》《灵宝赤书玉篇真文》为代表，后期以《灵宝无量度人上品妙经》最要。《灵宝度人经》宣扬"仙道贵生、无量度人"之旨，不仅为该派所重，亦被各派道门及信徒奉为万法之宗、群经之首。

目前为止，我们无法查证灵宝仙坛与灵宝派的直接传承脉络。然而，从灵宝仙坛所用的通用版本经卷中，发现许多的版本均与灵宝派使用的经卷相同，最有代表性的是《灵宝度人经》，在本县的多个法师家中，均发现该经卷。可见，灵宝仙坛与灵宝派必定有自然传承的关系。其实，在民间法事之中，使用最为频繁的不是经卷，而是科仪，且科仪种类繁多，不同的洞、靖均有不同的科仪，根据各道场的不同而设置不同序列。丧事功德场有发表、拜忏、破狱、招魂、十殿、判台、送神等科，而各大科之下，又分有小科的念唱词。以灵宝仙坛威灵洞广灵靖斋醮道场为例，其大致的科仪程序如下。

1. 发表科，主要有香赞、宣诚意、宣追魂关、玄门度亡接圣建坛等。
2. 消灾科，主念太上消灾星辰宝忏。
3. 玉皇宥罪赐福宝忏科。
4. 度星解厄科，主要有上坛与赞、开经偈、救苦经、酆都咒、功德度亡咒、五星咒、八卦咒、金刚咒、烧纸咒、请主坛法司等。
5. 蒙山台科，主要有举香偈、台下偈、教有真言、净地偈、诵唵字斗母咒、诵西天竺国号、次入赴感神咒、请三宝、香花请、施食、外出施食、诵玉清惠命启请神咒、回向偈、叹孤等。
6. 判台科。
7. 还库、送亡灵、结束收坛。

各家法师之间，通过数百年的创建互融、潜移默化，形成了诸子百家的道书科仪。从唱词、语音、语调、韵脚等层面，不断地向本区域方言贴近，且不断创新和变化，如安仁、龙泉方向的道士使用龙泉腔语调和唱词，云和的道士则用云和腔的语调和唱词。以判台科为例，可看出灵宝仙坛近代的变化。

法真先生判台科

此致饱满天尊、外面汝等孤魂众、六道四生群：吾今施尔食，各各受得食，吾今施尔供，各各受得供，吾今施尔年粮月粮，各各共享。吾今施尔生天经、得道经、无量度人经、通串经、救苦经、亡衣亡桥、金银钱钞，各各平等均分、平等均用，不许强者全有、弱者全无。听我叮咛，听我嘱咐，款款端坐寒林之中，男归左步，女居右傍，男女不可混杂，殊属不便。口含法食，耳听凡情，不是上年叩许，不是今日（夜）拜还，今据浙江省（道）……（诚意白云），吾今普施河沙法食，各各充饥饱满。坛下孤魂等众，从容受食，原吃者吃，原支者支，原担者担，原挣者挣。款款端坐寒林之中，你今当降福邻里，切莫兴妖，一莫提抱其种子，二莫作以闲游，不可惊鸡，不可弄犬，不可挨墙靠壁，不可抛砖打瓦，不可东荡西游，不可送梦作祸。吾今赐尔，一饱一醉，牛羊累累，谷米有陈；二饱二醉，宅堂兴旺，风水回还；三饱三醉，出富出贵。坛下孤魂等众：你今受食之后，饥来饱去，欢来喜去，渴来饮去，好来者好去，善来者善去。天道来天道去，地道来地道去，神道来神道去，人道来人道去，鬼道来鬼道去，畜道来畜道去。有山岩归山岩，有六洞归六洞，有龙楼归龙楼，有凤阁归凤阁，有钱庄归钱庄，有纸库归纸库。有坟者归坟，有墓者入墓。无坟无墓，东岳泰山门下逍遥之路，拜谢天恩。低头去！去！去！

库北法兴先生判台科

吾今施你食，个个受得食，吾今赐你供，个个受得供。口含法食，耳听凡情，你则听明。男归左转，女归右边，不许男女相杂，搂歪不便，要款款端坐，低头受食。则你听明，今据大汉共和国浙江省处州府云和县□□地方居住奉道，今夜功德圆满，法事周全。虑恐祆神挂像，鼓钹声喧，未能受食，未能受财，你再去三清御前，河沙法食，金银钱钞。嘱咐外面坛下六道四生孤魂等众，你今原担者担，原抨者抨，嫌多无减，嫌少无添，平等平均，平等平分。听我叮咛，听我嘱咐，坛下六道四生孤魂等众：一饱一醉，牛羊累累，谷米有陈；二饱二醉，祈保家庭清吉；三饱三醉，祈保出富出贵，风水回还，祈保千年清吉，万年太平。你不可婆啼种子，不可声妖送梦，不可黏墙爬壁，不可抛砖打瓦，不可惊鸡弄犬，不可啼啼哭哭，不可停留三叉路头、四叉路尾、巷头巷尾。你只可眼观，不可手扮。孤魂等众：行则行，去则去，这回不必再迟疑，阆苑蓬壶别有天，此间不是留魂地。天道来天道去，地道来地道去，神道来神道去，人道来人道去，鬼道来鬼道去，畜道来畜道去，低头去，低头去。乌鸦远送千里外，喜鹊光临保太平。有山岩归山岩，有六洞归六洞，有龙楼归龙楼，有祭车归祭车，有棺椁归棺椁，有田庄归田庄，有坟墓归坟墓。无坟无墓，归我泰山逍遥之路。如有发放之者，操起左监坛、右律史，摇征兵，铜马铁索，铁索乱缚。左班三泱，右班七泱，九龙九虎仙兵，十恶无面目大将军，上搜梁权瓦片，下搜地泥七尺，左搜腰盆地狱，右搜门窗户扇，前搜牛栏马厂，后搜鸡笼鸭栖。梁上梁下，明楼暗阁，酒缸醋坛，间间格格。前厅后厅搜捉妖精，前堂后堂收捉殇亡。前间后间收捉伤风咳嗽，乌痧泻肚，远配外方。低头去！去！去！（三师退台，三清坛前，做立鼓钹三通，安奉三清案。）

有些道士嫌它太长，则改为简易版本，大意如下。

台下六道四生孤魂等：天道来天道去，地道来地道去，神道来神道去，人道来人道去，鬼道来鬼道去，水道来水道去，火道来火道去。仰头来低头去，低头去，低头去。有山岩归山岩，有六洞归六洞，有龙楼归龙楼，有凤阁归凤阁，有田庄归田庄，有祖窟归祖窟，有山龙归山龙，有油车归油车，有水碓归水碓，有铁炉归铁炉，有山寮归山寮，有瓦铺归瓦铺，有板厂归板厂，有麻车归麻车，有棺椁归棺椁，有坟墓归坟墓。有坟归坟，有厝归厝，无坟无厝，归我泰山逍遥之路。前堂后堂搜出殇亡，前厅后厅捉出妖精。如不听我示，左监坛，马元帅，麻绳乱缚。低头去，低头去！

而安仁、龙泉方向的有些道士，则将其改为演戏时包公扫台的唱词。

    日同同月同同，黑面龙图包相公，王朝和马汉在身边，张龙赵虎立朝堂……

不同的地域，不同的时间，各先生所编制的科仪则大相径庭。如康熙四十一年（1702）十月严达坊抄录的《灵宝天皇醮科》（后附），则已经完全从民间祛病消灾的需求出发，或说已偏离了道家本质，失去了灵宝仙坛固有的存神内容。

三　小结

综上所述，灵宝仙坛是中国灵宝派道教的重要分支，它以正一道派的基本经卷为基础，吸收了正一道之灵宝派的仪式、存思、秘咒、符箓、念诀等基本道法；它主张先度人后度己、兼济天下、普度众生的大乘思想；它并非某一个人的直系传承，而是吸收了数百年来民间道家自编自创科仪、经忏、符箓经典的综合传承体；它来自民间，同时服务于民众，区域针对性较强，同时在不断的变化发展之中，数百年来与民众的生活水乳交融，在民间具有广泛的影响力和深厚的生存土壤。

附一：灵宝仙坛常用念唱大致旋律（各家法师各有轻微的差异）①：

法真先生长板

$1=F\sharp\ \frac{2}{4}\ \ \ \quarternote =92$

(1) | 5̲ 6̲ 1̲ 6̲ | 1̲ 2̲ 3̲ 5̲ | 2̲ 1̲ 7̲ 6̲ | 5̲ 3̲ 5̲ 6̲ |

(5) | 1̲ 5̲ 3̲ 5̲ 3̲ 2̲ | 1̲ 1̲ 6̲ 1̲ | 3̲ 5̲ 5̲ 3̲ | 2   3̲ 2̲ |

(9) | 1   2 | 3   3̲ 5̲ | 2̲ 3̲ 2̲ 1̲ | 6̲ 5̲ 6̲ 1̲ 1 |

(13) | 5̲ 6̲ 1̲ 6̲ | 1̲ 2̲ 3̲ 5̲ | 1̲ 7̲ 7̲ 6̲ | 5   - :||

和尚调一

$1=G\ \frac{2}{4}\ \ \ \quarternote =88$

(1) ||: 1   6̲ 1̲ | 2   - | 3̲ 6̲ 5̲ 3̲ | 2   - | 1   6̲ 5̲ |

(6) | 6̲ 1̲ 2̲ 3̲ | 2̲ 3̲ 5̲ 6̲ | 1   6̣ | 5̣̲ 3̲ 5̲ 6̲ | 1   2̲ 3̲ |

(11) | 6̲ 5̲ 6̲ 1̲   2 | 2̲ 3̲ 2̲ 7̣̲ 6̣̲ | 5̣   6̣̲ 1̲ | 6̲ 5̲ 2̲ 3̲ |

(16) | 5̣   - :||

---

① 以下乐谱系本文作者据灵宝仙坛科仪活动录音整理。

和尚调二

1=G 2/4 ♩=88

```
(1)
‖: 6 561 6 | 1 2 3 5 | 2 1 7 6 | 5 - | 1 5 3 2 |
(6)
| 1 - | 6 561 6 | 1 2 3 5 | 2 1 7 6 | 5 - |
(11)
| 1 5 3 2 | 1 - | 3 5 3 2 | 1 - :‖ 1 5 6 1 |
(16)
| 2  2 3 | 2 1 6 1 | 2  2 3 | 2 3 5 6 | 1  1 6 |
(21)
| 5 3 6 1 | 6 1 2 3 | 1  1 6 | 1 3 2 1 | 6  5 |
(26)
| 6 561 6 | 5 - ‖
```

和尚调三

1=G 2/4 ♩=92

```
(1)
‖: 3 2  3 5 | 2 - | 3  6 1 | 2 - | 2 3 5 4 |
(6)
| 3  3 5 | 2 3 2 1 | 6 561 | 1  6 1 | 2  2 3 |
(11)
| 2 1 7 6 | 5 - | 1 2 3 5 | 2 3 1 6 | 5 - |
(16)
| 1 6 3 2 | 1 - | 6 561 6 | 1 2 3 5 | 2 3 7 6 |
(21)
| 5 - | 1 6 3 2 | 1 - | 3 6 5 3 | 2 - :‖
```

和尚采花

$1=G \frac{2}{4}$ ♩=88

(1) ‖: 6 5 6 1 | 3 2 3 5 | 6 - | 1 2 1 6 | 5 - |

(6) 5 3 5 6 | 1 - | 6 1 6 5 | 3 - | 5 6 5 3 |

(11) 2 - | 5 3 5 | 6 1 6 5 | 3 5 3 2 | 1 - :‖

(16) 6 1 3 2 | 1 2 3 5 | 2 1 6 5 | 1 - ‖

游十殿

$1=G \frac{2}{4}$ ♩=108

(1) | 1 2 3 5 | 2 3 | 1 6 2 1 | 6 - ‖: 6 3 |

(6) 2 3 5 6 | 1 6 | 5 - | 1 6 5 6 | 1 - |

(11) 5 1 6 1 | 5 - | 6 6 | 5 6 5 3 | 2 2 1 |

(16) 2 1 2 3 | 5 5 | 5 5 3 5 | 6 2 | 1 2 1 6 |

(21) 5 - | 5 6 1 6 | 5 5 | 1 2 3 5 | 2 3 |

(26) 1 6 2 1 | 6 5 :‖

两句半

$1=G\ \frac{2}{4}\ ♩=108$

(乐谱)

附二：《太上诸品真经》①摘录

太上诸品真经目录

上卷：清静妙经、消灾妙经、禳灾真经、玉枢宝经（附诰号）、北斗真经（附诰号）、三官妙经（附诰号）、真武妙经（附诰号）、弥罗宝号、太乙宝号。

中卷：高上玉皇本行经、玉皇心印妙经。

下卷：度人妙经、救苦妙经、生天妙经、生神玉章、禳火真经、天仙玉女经、平安灶经、禄库五斗受生。

起经赞

祥云初起，法界氤氲，罗天海岳异香腾，到处覆慈云，达信通诚万圣皆遥临。大圣香云浮盖大天尊（三称）。

净心神咒

太上台星，应变无停。驱邪缚魅，保命护身。智慧明净，心神安宁。三魂永久，魄无丧倾。

净口神咒

丹朱口神，吐秽除氛。舌神正伦，通命养神。罗千齿神，却邪卫真。喉神虎贲，

---

① 题羽人王日恩抄，现存于法真先生家。

气神引津。心神丹元，令我通真。思神炼液，道炁长存。

净身神咒

灵宝天尊，安慰身形。弟子魂魄，五脏玄冥。青龙白虎，队仗纷纭。朱雀玄武，侍卫我真。

安土地神咒

元始安镇，普告万灵。岳渎真官，土地祇灵。左社右稷，不得妄惊。回向正道，内外肃清。各安方位，备守坛庭。太上有命，搜捕邪精。护法神王，保卫诵经。皈依大道，元亨利贞。

净天地神咒

天地自然，秽气分散。洞中玄虚，晃明太元。八方威神，使我自然。灵宝符命，普告九天。乾罗怛那，洞罡太玄。斩妖缚邪，杀鬼万千。中山神咒，元始王文。持诵一遍，却鬼延年。按行五岳，八海知闻。魔王束首，侍卫我轩。凶秽消散，道炁常存。

祝香咒

道由心学，心假香传。香热玉炉，心存帝前。真灵下盼，仙佩临轩。令臣关奏，径达九天。

金刚神咒

天地玄宗，万炁本根。广修万劫，证我神通。三界内外，惟道独尊。体有金光，覆映吾身。视之不见，听之不闻。包罗天地，养育众生。受持万遍，身有光明。三界侍卫，五帝司迎。万神朝礼，役使雷霆。鬼妖丧胆，精怪忘形。内有霹雳，雷神隐名。洞慧交彻，五气腾飞。金光速现，覆护我身。

五星神咒

五星烈照，焕明五方。水星却灾，木德注昌。荧惑消祸，太白辟兵。镇星四据，家国利贞。名刊玉简，录字帝房。乘飙仙境，飞腾太空。出入冥符，游晏十方。五云浮盖，招神摄风。役使万灵，上卫仙翁。……

（此经依印板刊本抄录，并无一字差错失落，后学抄传，遵依本式字样，不致有误。同治甲子年广灵靖羽人王日恩敬抄传）

附三：五更叹

一更钟鼓响高楼，凄惨伤人多少愁，月照纱窗形不见，眼中流泪落悠悠；二更寂寞起寒风，万事思量总是空，好似长江千里浪，人生一别永无踪；三更明月照高厅，只见空房不见人，一盏孤灯空点照，越思越想越伤心；四更想起百千般，斗转星移夜景寒，座上安排空供养，不见灵魂口来吞；五更明月坠落西，忽听金鸡报晓啼，孝眷起来空参切，黄泉路上不相知。莫恨阳来莫恨阴，总是五行运不通，大数到来挡不住，冥司条路去葱葱。阳间是人歇客店，阴司还是外婆家，万万千千从此去，尊魂何必恋旧家。三清道岸在云霄，度起升天大法桥，尊魂得此桥上过，来生不怕路途遥。

（笔者注：该唱段一般用孟姜女曲调）

附四：灵宝天皇醮科[①]

入坛，步虚，洒净，降圣。

谨谨重诚上启：玉清圣境元始天尊，上清真境灵宝天尊，太清仙境道德天尊，太上昊天金阙玉皇上帝，中天北极星主紫微大帝，太微上宫天皇上帝，承天效法后土皇地祇圣母元君，南斗六阙星君，北斗七元星君，高上大罗天长生保命天尊，消灾散祸天尊，消灾解厄天尊，消灾除病天尊，解冤释结天尊，福生无量天尊，宝华完满天尊，八卦护身天尊，寿星永曜天尊，主瘟洞渊三昧天尊，降瘟上仙元皇帝君，和瘟教主匡阜先生，五方行瘟使者，行病鬼王，行瘟都总管，都领大使，春季掌瘟张使者，夏季掌瘟刘使者，秋季掌瘟史使者，冬季掌瘟钟使者，五季掌瘟赵天君，二十四气七十候判官，赤眼麻痘癍疾泻痢使者，行六畜牛马瘟毒使者，郎文车脚健儿收药童子，奏请泰玄枢机三省列位上相天君，天地水府三元三品三官大帝，北极四圣元帅真君祖师，三天扶元辅教大法天师，天蓬都元帅真君，天猷副元帅真君，翊圣宝德真君，右圣真武灵应真君。谨焚宝香。

申请：太极左仙翁，上清冲应真君，灵宝六师真君，本司法靖天将元帅仙兵，东岳天齐大生仁圣大帝，北阴酆都府主玄天上帝，水府扶桑丹林大帝，冥府十殿真君。入大略。

请宗师，当州当县夫人，本都香火，马仙庙主，太岁地头，里社，功德司官，监斋，近远土地，司命随意。

城隍社令，掌瘟圣众，瘟部预醮一切威聪。臣闻圣德昭昭，威容赫赫，奉元始之符命，玉帝之灵，检察人间，巡游世界，显明正道，魔灭恶心，施疠气而杀气燏燏，

[①] 笔者按，此书现存于云和图书馆，可能为景宁县流传的科仪本。

扇瘟风而威风凛凛。升沉沉倾刻喜怒，片时变化无穷，神通广大，作百千之气，现傍万之刑仪，过必严刑，罪无重拷，轻微者麻疫匡况，重者火风暴证，呻吟昼夜，苦楚形骸，气急闷而奔走猖狂，身不宁而怆惶跌踢，心神恍惚而之言颠倒，眼花瞑眩而平视虚蒙，七魄去身三魂离体。此皆宿积怨悲招延祸延。

切念某生逢盛世，长运昌时，荷乾坤覆载之恩，感大道生成之德，今则虔备荐修之礼，仰祈禳谢之功。伏望香舆暂降，飙驭来福，鉴此微忱，允从祈祷，醮官虔诚，稽首再拜，谨当奏请。

请圣，宝座临金殿。

散花。

谨重诚上启（职位）。臣闻都头大使，大力鬼王，七十二候之贤人，行二十四气之瘟疫，掌善恶而分毫不失，司祸福而轻重无差，切念某人，自从累却及之今生，岳积过尤，尘轻福善，六静所启，三业所为，无量无边，难可记识。九府三官之录，四司五帝之曹，罪简易增，恶根已着，七玄幽类，有拷主之文，宿对前冤，有流殃之日，或天文缠次为灾，或本命行年并厄，九宫刑克，八卦临方，阴阳之品目难穷，神道之幽玄靡测，结成罪咎。志切念某忏祈，伏愿瘟部真尊，垂光抿悇，灵丹密授，妙药资扶，天时之疫疠无侵，人世之非灾不染，龙神守卫，居止谧宁，仰赖圣聪，曲垂卫护。

再行清酌香诚申，香醮官虔诚再拜，谨伸亚献，散花。

臣谨重上启：三清天皇，匡阜瘟三界预会，一切威聪圣众。伏闻神灵之道，精意以潜通，祈祷之仪，仗至诚而必应，切念某缘从宿世，迨及今生，或于日月之前，常行秽慢，或向星辰之下，裸露身形，误非天地神祇，轻渎高真上圣，或欺心暗昧损害人命，污犯河源，怨喈风雨，或动土兴工，假修就茸，不知避忌，□动成尤，积尘过咎于天宫，无毫善功于地府，罪无巨细，忏之必消，殃有浅深，禳之必解。而况人间私语，天闻若雷，暗室亏心，神目如电，以致积善之家三过其门而不入，造恶之人多方易地财皆然，是力辄陈供养虔备香馐，丕酌流霞，炉焚瑞霭，敢望小赐天恩沛洪泽然，冀天宫籍上标显禄算之名，地府簿中削落遇愆之字。道气每资于四体，邪风不入于百关。仰希大宥之恩，愿结生成之赐，更乞合门长幼，内外亲姻，各保利亨，常蒙吉庆，七祖咸登于道岸，九玄托质于仙阶，住宅龙神随拥护。昔时干犯，今日并除，大盗掩形绝迹，疫疠之非灾不染，里家之善瑞常增，委曲保全，始终覆护。醮官虔诚酌酒，谨终亚献。

消灾经，宣疏，保命。出外。祭瘟司用三牲，外面祭劝三遍。

主瘟洞渊三昧天尊，降瘟上仙元皇帝君，和瘟教主匡阜先生，东方行瘟张使者，南方行瘟刘使者，西方行瘟史使者，北方行瘟钟使者，中央行瘟赵使者，都天大鬼王，五瘟钟姚璩鲁大将，五瘟茄马黄大使，五瘟刘杜房大使，五瘟都头大使，三界行瘟使者，四季行瘟使者，十二年十二月行瘟使者，行伤寒雪疾泻痢使者，赤眼麻痘疫毒使者，行七十候使者，二十四气灵官，行三十部判官，行山溪沙墓血瘟使者，六畜牛马使者，行僧尼寺观囹圄孤舒疫毒五瘟使者，定善罚恶和买使者，五瘟善恶判官文郎丁郎，车脚健儿尚药灵官，收药放药童子，天地水瘟疫毒圣众，行桥舡溪涧疫毒使者，天瘟地瘟鬼瘟圣众，飞灾横祸童子，岳府掌瘟判官，城隍掌瘟判官，社令掌瘟使者，所事香火大法部诸司官君将吏瘟吏瘟神，预醮一切威灵。伏望圣聪同垂圣鉴。

伏闻圣恩郁勃，朔扶每切于黎元，神聪照鉴，祭奠必先于兆庶，既上彻于筵，乞降四司灵职，以完成愿，不违于蒴菲，庸克殚于祭礼。伏望云骖莅止，风马遥临，剑履徘徊，东序揖享祭之席，旌旄赫奕，西厢罗瘟吏之班。再言既醉既饱，恭陈亚献。

散花，劝三遍毕。送神。

臣谨重诚上启：三清，昊天，主瘟真宰部下威灵，伏以昭昭在上，示以气而不言，赫赫后中，逆之凶而顺之吉，今则礼周三献，词不再陈，伏冀众圣垂慈，瘟司鉴抵，一乃首已往之愆，二万祈将来之福，百苛消散，万病不生，无疫疠之忧，日有龙鸿之庆，公私两泰，火盗双沉，百福咸臻千祥，宅舍安宁，龙神安镇，方隅之妖气沉埋，出入行藏吉庆，无是无非。天利已过，须知风尘难住于云车，圣驾各还于所部，灾殃殄灭，风火驿传，醮官虔诚，还当奉送。

伏炉十二亘，回骈毕。

康熙四十一年十月吉旦，后学道人严达坊自抄，贤者休笑。

区域聚焦: 丝路道教研究

清至民国时期新疆定湘王信仰研究*

衡宗亮

内容提要：定湘王信仰随左宗棠大军收复新疆而遍布天山南北，天山北路一带称"定湘王"，南路地区称"方神"。清政府因势利导对于定湘王信仰采取了灵活与实用的措施，以维护社会秩序的稳定和保持政权的巩固。民国时期，新疆局势动荡，定湘王信仰由盛转衰。本文分析方神与定湘王之间的关系，并尝试探析这一信仰本土化的动力及其背后的文化动机，以期更好地认知清至民国时期的新疆社会。

关键词：新疆　方神　定湘王

作者简介：衡宗亮，陕西师范大学中国西部边疆研究院博士研究生，中共新疆生产建设兵团委员会党校讲师。

城隍是我国古代城市的守护神，与城市的最高行政长官"分治幽明"，共同治理着境内的各种事物。定湘王为清代湖南省长沙府善化县城隍的别称，因在太平天国攻打长沙府时护城有功而被清廷敕封"永镇"二字。①定湘王信仰随左宗棠大军收复新疆而遍布天山南北，是清代中后期内地坛庙文化进入新疆的代表者，并发展成为地方文化的重要组成部分。

目前，新疆定湘王信仰研究有一些学术成果，但仍有进一步挖掘的空间，特别是清代新疆史料文献中有关"方神"与定湘王关系的研究不甚明晰。②本文以此为切入

---

* 本文系国家社科基金项目"清至民国时期新疆移民宗教信仰研究"（项目编号：15XZS024）的阶段性成果。

① 关于定湘王保卫长沙城，参见庞毅《善城隍如何守城：善城隍与晚清湖南地方政治》，《史林》2017年第2期。

② 有关定湘王信仰研究的论著主要如下。刘烨：《从"定湘王"信仰看宗教的社会功能》，《科技信息》2008年第7期；唐娟：《定湘王信仰的起源及在新疆的传播》，新疆大学人文学院硕士学位论文，2013；〔美〕许临君：《从城隍到戍卒——定湘王在新疆》，《历史人类学学刊》2017年第2期。此外，学者王鹏辉《清代民初新疆镇迪道的佛寺道观研究》（新疆人民出版社，2016）及其相关论文中对此做了有益探讨。

点,对二者之间的关系进行分析。同时将定湘王信仰视为一种文化现象,分析其如何适应新疆,即考察本土化的问题,并尝试探析"表相"背后所蕴含的力量,以更好地认知这一时期的新疆社会。

一 新疆"方神"与定湘王关系辨析

定湘王作为外来城隍的一种进入新疆,主要分布于天山北路地区。据相关文献及调查资料,定湘王庙在新疆的分布见表1。

表1 新疆乡土志中有关"定湘王"的统计

序号	地 区	内 容	来 源
1	迪化县	城内	《迪化县乡土志》①
2	奇台县	光绪二十九年捐修	《奇台县乡土志》
3	绥来县	定湘王庙一座,在南城内北向,系光绪二十六年创修	《绥来县乡土志》
4	吐鲁番直隶厅	城内,定湘王庙一座	《吐鲁番直隶厅乡土志》
5	哈密直隶厅	定湘王庙 老城西门	《哈密直隶厅乡土志》
		老城西门内	《哈密直隶厅乡土志》
6	若羌县	定湘王庙一座,附祀各神牌位县署里	《婼羌县乡土志图》
		光绪三十年修	《婼羌县乡土志》
7	绥定	定湘王庙 城内	《绥定县乡土志》
8	乌苏	定湘王庙在城内南隅	《续修乌苏县志》②

此外,在一些资料中仍散见有"定湘王"信息,如伯希和在哈密天生墩(距烟墩60里,距苦水80里)的一个祭坛中发现了"定湘王的灵位";③《哈密文物志》记载了在汉城西街有定湘王庙一座;④吉木萨尔千佛洞西侧"陆续修建了三清观、玉皇

---

① 本文新疆各乡土志无特殊说明者均引自马大正、黄国政、苏凤兰整理《新疆乡土志稿》,新疆人民出版社,2010。
② 邓缵先:《续修乌苏县志》,载苗普生主编《中国西北文献丛书二编》第1辑《西北稀见方志文献》第7卷,线装书局,2006,第421页。
③ 〔法〕伯希和:《伯希和西域探险日记(1906~1908)》,耿昇译,中国藏学出版社,2014,第425页。
④ 《哈密文物志》编纂组编《哈密文物志》,新疆人民出版社,1993,第217页。此外,许学诚《神化镇西:掀起新疆汉文化神秘盖头》(光明日报出版社,2006)对本地定湘王庙进行了描述;《镇西厅乡土志·庙宇》(中央民族学院图书馆,1978)对庙宇分布有记载。

阁、定湘王庙等建筑"①等。

另外,"方神"一词亦常见于清代新疆乡土志等文献。有关新疆"方神"的记载主要如下。

表2　新疆乡土志中有关"方神庙(祠)"的统计

序号	地　区	内　容	来　源
1	库尔喀喇乌苏直隶厅	城内东西隅北向,光绪十七年建	《库尔喀喇乌苏直隶厅乡土志》
	乌苏县	城内南隅,光绪十七年建	《续修乌苏县志》②
2	宁远县	城内	《宁远县乡土志》
3	塔城直隶厅	汉城	《塔城直隶厅乡土志》
4	温宿府	城内南方	《温宿府乡土志》
5	温宿县	县治城外东南(内容略,笔者注)	《温宿县乡土志》
6	拜城县	(内容略,作者注)	《拜城县乡土志》
7	焉耆府	府署左侧	《焉耆府乡土志》
8	库车直隶州	州治北(内容略,作者注)	《库车直隶州乡土志》
9	疏勒府	西北隅	《疏勒府乡土志》
10	莎车县	城内	《莎车县乡土志》
11	叶城县	城内	《叶城县乡土志》
12	和阗直隶州	城内	《和阗直隶州乡土志》(谢维兴,光绪三十四年)
		方神庙貌偏南疆,推当日御患之功,似在应升祭典之列	《和阗直隶州乡土志》(易荣鼎,宣统元年)
13	洛浦县	方神庙碑记	《洛浦县乡土志》
14	英吉沙尔厅	城内	《英吉沙尔厅乡土志》

"方神"系何神,与定湘王有何关系?

据《拜城县乡土志》记载,"方神祠"为城池粗具规模后"添修"而成,供奉的神灵"姓黄,字定湘,道光六年戍喀什时,张格尔乱,堵堤淹城,勇于泅救护群生,因此成神"③。《库车直隶州乡土志》也载:"方神祠在州治北,考方神原湖南善化人,姓黄,名桂芳,道光间官喀什,偏神黑水之围,张逆等灌城急独,慨然忠义愤激,投城赴水誓以身殉,须臾下流缺口,开城保无虞民,德而祠祀之,辄祈祷

---

① 王鹏辉:《清代民初新疆镇迪道的佛寺道观研究》,新疆人民出版社,2016,第178页。
② 邓缵先:《续修乌苏县志》,第420页。
③ (清)佚名:《拜城县乡土志》,马大正、黄国政、苏凤兰整理《新疆乡土志稿》,第267页。

无不灵验。"①《温宿县乡土志》关于"方神"的记载更为详细。

> 方神庙在县治城外东南,考方神事略,前和阗直隶州刘牧式南,曾得道光戍卒遗墨内载:神黄姓字定湘,籍隶湖南长沙县,世居笠音寺侧粟堤屋场,嘉庆六年五月初六酉时生。道光初元与比邻屈姓争水,其兄愤激误毙一命,公替兄直认不讳,坐罪,大吏廉得其情,遣戍甘肃。六年换防喀什,时张格尔乱,堵堤淹城,公慨然泅入水中,堤决水退,阖城军民盛庆再生,其慷慨赴义有如是者。②

对于"方神"一词的释义有两种。一为"名曰方神者,盖本诗之来方礼祀也"③;另一则为"考方神之名,即一方之神,保卫地方之谓"④。国内外学者对于志稿中"方神"的两种释义,提出了不同的理解。

我国学者陈国光《新疆"方神"本是戍边爱国之士——清末新疆方神志文辨析》一文对新疆"方神"的人物形象进行了详细的考证,指出"方神是在反对和卓叛乱、维护国家统一的斗争中,为救民于水火而英勇牺牲的戍边爱国之士"。对于"方神"一词的释义,陈氏认为,后者"只是顾名思义,妄加推断,实在不能算考";前者因系"道光戍卒遗墨"而袭用。作者追述"来方礼祀"源于《诗经·大田》:"曾孙来止,以其妇子。来方禋祀,以其骍黑。与其黍稷,以享以祀,以介景福"⑤,认为"黄定湘牺牲后,人们用我国最古老的诗歌总集《诗经》中的颂词来崇奉他,给他冠以'方神'——即'四方之神'的尊号,是多么崇高的赞誉"⑥。

美国学者许临君《从城隍到戍卒——定湘王在新疆》一文认为"'方神'这个名称的意思相当模糊",倾向于"'方神'大概可以理解为'四方之神'"。同时,作者对"方神"名称提出了"两个都还不能证明"的假说:"其一,湘军集团某学士把《诗经》的'方神'视为一个古老的神灵,相信湘军不只是恢复了中国领土,而且恢复了一种原始的崇拜;其二,湘人在新疆感觉该地本无神灵,所以定湘王看起来像新

---

① (清)佚名:《库车直隶州乡土志》,马大正、黄国政、苏凤兰整理《新疆乡土志稿》,第318页。
② (清)潘宗岳:《温宿县乡土志》,马大正、黄国政、苏凤兰整理《新疆乡土志稿》,第259页。
③ (清)潘宗岳:《温宿县乡土志》,马大正、黄国政、苏凤兰整理《新疆乡土志稿》,第259页。
④ (清)张铣:《焉耆府乡土志》,马大正、黄国政、苏凤兰整理《新疆乡土志稿》,第280页。
⑤ (汉)毛公传,郑玄笺,孔颖达等正义《毛诗正义》,上海古籍出版社,1990,第473页。
⑥ 陈国光:《新疆"方神"本是戍边爱国之士——清末新疆方神志文辨析》,《西域研究》2004年第4期,第82~88页。

疆'地方'唯一的'神'，简称'方神'。"①

陈、许两位学者对"方神"提出了不同的理解，相同之处在于都认可"四方之神"说；不同之处则在于陈氏对"一方之神"说敢于直书见解，许氏则只字未提。笔者仔细考量志稿中的"方神"之意，认为上述两位学者的观点亦可进一步商榷。

根据笔者对《新疆乡土志稿》的梳理，我们概括出"方神"在天山南路地区的"神迹"主要表现为"捍患御灾"与"有益民生"两大方面。"捍患御灾"事迹在南疆地区流传较广，主要讲的是湖南人黄定湘投水决堤，慷慨赴义保民安全，南疆百姓奉以为神，建庙设祠以示纪念；"有益民生"详见于《洛浦县乡土志》中的"方神庙碑记"："方神之灵，应于南疆，照然在人耳目，洛浦设县，华人蚁聚，寒暑疾病，医药莫办，凡有祷求，必赴和阗，于是修庙祀之，询谋曰便。"② 从该文中可推断和阗直隶州的方神庙亦有此功能。《焉耆府乡土志》也载方神庙"民间祈寿药方，则著灵应，香火繁盛"。③ 此外，"方神"还"兼施棺木及中元属祭等事"。④ 可见"方神"与人们的日常生产生活息息相关。

丁山《方帝与方望》一文在详细考证的基础上，认为"四方之神"虽在不同时期的历史书写过程中有着时代印记，但"四方之神，在商、周王朝的祭典礼，本属地界，不隶天空"，体现出古人"天圆地方"的宇宙观。"四方之神"是上古诸神集合体的泛称，而天山南路的"方神"不仅尚未纳入官方祭祀之列，且其神力有限，与"四方之神"相去甚远。⑤

安德明《天人之际的非常对话：甘肃天水地区的农事禳灾研究》一书对"方神"进行了分析。作者认为农事禳灾的信仰对象是以"方神"为中心的神灵系统，而"方神"即为"本方方神"，即某一地之地方神。"这种（地方神）神祇，以其同一方人所具有的密切的地缘或血缘关系，而为当地人民所无比信赖。"⑥

潘岩《宁夏地区方神信仰研究》⑦、王中加《宁夏同心地区方神信仰与地方社会

---

① 〔美〕许临君：《从城隍到成卒——定湘王在新疆》，《历史人类学学刊》2017 年第 2 期，第 179 页。
② （清）杨丕灼：《洛浦县乡土志》，马大正、黄国政、苏凤兰整理《新疆乡土志稿》，第 409 页。
③ （清）张铣：《焉耆府乡土志》，马大正、黄国政、苏凤兰整理《新疆乡土志稿》，第 280 页。
④ （清）易荣鼎：《和阗直隶州乡土志》，马大正、黄国政、苏凤兰整理《新疆乡土志稿》，第 397 页。
⑤ 丁山：《方帝与方望》，载《中国古代宗教与神话考》，龙门联合书局，1961，第 146～163 页。
⑥ 安德明：《天人之际的非常对话：甘肃天水地区的农事禳灾研究》，中国社会科学出版社，2003，第 132～145 页。
⑦ 潘岩：《宁夏地区方神信仰研究》，宁夏大学硕士学位论文，2010。

关系研究》① 对于"方神"的界定更加详细。潘岩认为当地汉民借鉴了"回坊"这一说法，衍生出"方"这一称谓。"方神"称谓"以'方'来指代一定的地理范围，是地域性的概念，仅存于有伊斯兰教信仰的地区，从全国范围来说主要是中国西北部地区"。王中加认为"方"与"社"有关，是一个特殊的地理概念，也是汉族民间信仰符号的代表。"方"的形成依托于"方神"而构建起来，根据辐射的地域范围分为"大方"和"小方"两种类型。其中，"小方"是以村落为中心形成的一个村落信仰共同体，"大方"是一个集合性的区域信仰共同体。这两篇论文虽对"方"的理解有所不同，但均认为"方神"信仰是一个地缘空间范畴下的信仰。

综上，陈氏之推断虽有穷尽其源之愿，值得敬佩，但亦不免有"攀附"之嫌。许氏之猜想更不为信。一方水土一方神，一方神护一方人。因此，"方神之名，即一方之神，保卫地方之谓"，应更加符合当时文本书写的"语境"。定湘王作为湖南长沙城善化县城隍，随着左宗棠大军进入新疆的过程，势必会与当地群体之间发生持续的、直接的文化接触，出现本土化的倾向。人们将现实中有功的人神化为湘军定湘王，借用"方神"之名，落实到定湘王信仰当中。定湘王，湖南人，姓黄名桂芳，字定湘，出生于嘉庆六年五月初六，道光元年替兄顶罪，遣戍甘肃，五年后移戍喀什。在"投江退洪"神话故事的底本上，演变成为张格尔水攻喀什城，危难之际"慨泅入水中"，结果"奥下流缺口"，使得"开城保无虞民""阖城军民盛庆再生"。黄定湘因"生而正直"，护城有功，赢得了老百姓的敬畏，被视为神明，于是百姓立庙（祠）以示纪念。从上述文献记载中可以看出，"方神"在天山南路地区即指城隍，确切地说是特指定湘王，只是在地理空间分布上"今祠宇遍南疆"②，二者为同一神灵。天山北路地区的"定湘王"与天山南路的"方神"共同建构了清代定湘王信仰在新疆的分布。

二 定湘王信仰与神道设教

从上文的分析中可以看出，定湘王庙在西北分布很广，其数量也相当可观，"定

---

① 王中加：《宁夏同心地区方神信仰与地方社会关系研究》，河南大学硕士学位论文，2018。
② （清）王树枏等纂修，朱玉麒等整理《新疆图志·忠节一》卷一百一十一，上海古籍出版社，2017，第2055页。

湘王本长沙城隍,而陕、甘、新疆,处处庙祀"①。在新疆"凡汉人较多的各城市中都有'定湘王'庙"②,乌鲁木齐的定湘王庙"牌匾甚多,香火极盛"③,其规模之大,堪称边城第一。④ 定湘王庙成为继关帝庙之后又一个遍布天山南北的坛庙。有关定湘王庙的规模我们可以从一些文史资料的描述中有一个大致的轮廓,如记录较为详细的玛纳斯县的定湘王庙。

> 王爷庙原保护得很好。有山门三进,进中山门即是一个木结构精美的戏台,雕梁画栋,飞檐翘角,台上有"出将"、"入相"两个边门,后为化妆室。戏台两厢自壁上绘有《刘海撒金钱》和《哪吒斗海龙》的水墨故事画,绘画精美,是两幅艺术之作。台前院中两侧立有两个带斗旗杆。大殿三进,中殿放着四个锦幡,上面挂满五彩绸缎布条,写着捐款修庙人的名讳;还有两个兵器架,插着十八般武器,是建庙时仿造的,都是真刀真枪,只是年久不用有些锈斑,定湘王是一尊泥像,金面彩身五缕长髯,似有文官模样,怎能是一员武将呢?寻问之下回答有二:一曰封爵之后为文官;二曰塑像人搞错了。王爷庙是全县庙宇之精华,建筑考究,庙事活动频繁,是其它各庙不能相比的。⑤

清政府在新疆实行大规模移民必然促使迁出地的地域文化随着移民进入迁入地,并逐渐与当地文化相融合,实现本土化的过程。这从定湘王庙分布全疆的原因和过程中可窥之一二。光绪二十一年《创修定湘王行宫记碣》揭示了新疆定湘王信仰兴盛的缘由。

> 定湘王为湖南善化城隍神灵,□素著允。湘人之效命疆场者,莫不为位,以时祈祷。
> 洎回变后,大清由秦而陇而新疆,以钦戡定。王之香火,遂遍天山南北。玛

---

① 谢晓钟著,薛长年、宋廷华点校《新疆游记》,甘肃人民出版社,2003,第125页。
② 茅盾:《新疆风土杂记》,引自《旅行杂志丛刊之一:西北行》,中国旅行社,1943,第181页。
③ 吴蔼宸:《新疆纪游》,商务印书馆,1935,第22页。
④ 中国戏曲志编辑委员会:《中国戏曲志·新疆卷》,中国ISBN中心出版社,2000,第494页。
⑤ 郭建新:《四大庙宇及其庙会》,引自中国人民政治协商会议玛纳斯县委员会、文史资料委员会编《玛纳斯文史资料》第3辑,1988,第96页。

纳斯之古靖远关，人烟辐辏，其被兹云荫，得以转祸为福也，盖亦即有年所。清和奉天子命，丙绾兵符，每以庙祀不修，神灵未定，歉然于心者久之。今春初，尚诸知绥来县事高介生直刺属有同志，遂□□于城内东南隅择地建祠，倡率军民人等经之营之。不数月造成。额之曰"定湘王行宫"并记之石，以垂久远。时光绪二十有一年长至日。①

从上述文字中，可以看出在新疆创建定湘王庙的主要原因是受到"神道设教"思想的影响。"以神道设教的基本观念通过民间信仰，成为传统政治制度中的一个固定的组成部分。"② 事实上，从清朝在新疆广设定湘王庙可以清楚地看到清政府"神道设教"的实践和新疆湘军的意图。

其一，基于军事的需要。湘军作为收复新疆的主力，由两湖之地转战天山南北，远离故土和家人，效力疆场。为了寄托对家乡的思念和祈求神灵庇佑取得军事上的胜利，家乡的地方神成为寻求精神慰藉的对象。至于湘军为何选择定湘王，笔者推断主要来源于咸丰二年太平军攻打长沙一役中，"定湘王捍患御灾，厥绩尤伟"③，并得到了清政府的敕封，声名大作。加之"湘军信巫好鬼，夙崇长沙城隍神，禳祷者日塞路"④，定湘王作为城隍，守一方水土，保一方平安，顺理成章地成为远赴西域的湘军的守护神，将士"莫不为位，以时祈祷"，并将军事大捷归功于"定湘王之灵异"⑤，以鼓动军心。然而，在清军统一和收复新疆的军事行动中，多出现"关公显圣"之辞藻，鲜有"定湘显灵"。有关城隍的一则记录却是左文襄公在甘肃时斥责城隍失责，⑥ 根据录文可推断该城隍应为当地城隍而并非"定湘王"。

其二，用答神庥。绥来（今新疆玛纳斯）交通便利，商业繁荣，一直就有"金奇台，银绥来"的美称。然而，近代西北边疆危机以来，特别是阿古柏入侵新疆，新疆战乱不断，处处残垣断壁。左宗棠收复新疆以后，经过十余年的建设，玛纳斯"人烟辐辏"，得到了较好的恢复与发展。玛纳斯之所以能够"转祸为福"，得益于

---

① 戴良佐：《西域碑铭录》，新疆大学出版社，2012，第496页。
② 〔美〕杨庆堃：《中国社会中的宗教：宗教的现代社会功能及其历史因素之研究》，范丽珠译，四川人民出版社，2007，第144页。
③ （清）吴兆溪、张先抡等修纂（光绪）《善化县志》卷三十三《兵难》，第704页，引自庞毅《善城隍如何守城：善城隍与晚清湖南地方政治》，《史林》2017年第2期，第92页。
④ 王定安著，朱纯点校《湘军记》，岳麓书社，1983，第7页。
⑤ 谢晓钟著，薛长年、宋廷华点校《新疆游记》，第12页。
⑥ 杨公道：《左宗棠轶事》，秦翰才辑录《左宗棠逸事汇编》，岳麓书社，1986，第182页。

"王之香火"的神佑，于是修建了一座定湘王行宫以示答神。

清朝礼制明确规定："除著书立说，羽翼经传，真能实践躬行者，准奏请从祀文庙，其余忠义激烈者入祀昭忠祠，立行端方者入祀乡贤祠，以道事君泽及庶民者入祀名宦祠，概不得滥请从祀。"① 光绪八年六月十五日，乌鲁木齐都统恭镗奏请为牺牲的库尔喀喇乌苏领队大臣文永赏赐谥号，以表忠烈。清廷答复："同治十二年闰六月曾经奉旨，嗣后文武各员予谥，臣下不得率请。所奏者毋庸议。"② 清朝政府对于设祠纪念一事态度坚定，但在实际过程中，出于不同的考虑，各地奏请立祠纪念不断发生，屡禁不止，并呈现全国泛滥之势。此时，清廷态度可从光绪二十一年闰五月《镇迪道奉谕饬各地建专祠勿得滥行奏请一案札吐鲁番厅文》中得知。

> 礼部咨祠祭司案呈内阁抄出光绪二十一年二月二十八日奉上谕瑞洵奏各省请建专祠迹涉宽滥请旨饬禁一折。各省建立专祠，本系褒扬忠义，盖非有殊勋伟绩，岂容滥兴馨香。近来各都摆奏建专祠，朝廷俯顺舆情，量加允准，其有稍涉冒滥者，分别饬驳于褒奖功绩之中，仍寓综覆名实之意。若如该司业所称请建专祠之疏往往以职分应为之事，率据绅士呈请徇情入奏，殊非国家崇德报功之本意。嗣后各省督饬遇有呈建专祠之案，务当确加查覆。果系功绩招著，方准据情入告。毋得稍涉瞻徇滥行具奏，以彰实行而祀典。钦此。③

从上文可以看出，清朝对于设立专祠之原则一以贯之，但也考虑到了舆情民意。新疆亦是如此，定湘王在新疆特别是在南疆地区百姓中的呼声高涨，"地方官员朔望行香，亦为民请命之意也"④。光绪戊戌年间新疆官吏仍不顾朝廷旨意，坚持将定湘王庙"奏列祀典"，其结果最终"卒格于例"。⑤ 定湘王虽未能纳入国家祭祀之列，但这并未影响到定湘王信仰在民间的传播，甚至"回缠复祈祷甚虔，故祀事至今弗衰"⑥，足可见定湘王信仰在新疆的影响。

---

① 戴逸、李文海主编《清通鉴》卷二百一十七，山西人民出版社，2000，第6634页。
② 新疆社会科学院历史研究所：《〈清实录〉新疆历史资料辑录·光绪朝宣统朝卷》，新疆大学出版社，2003，第219页。
③ 中国边疆史地研究中心、新疆维吾尔自治区档案局合编《清代新疆档案选辑·礼科（三〇）》，广西师范大学出版社，2012，第410~411页。
④ （清）佚名：《库车直隶州乡土志》，马大正、黄国政、苏凤兰整理《新疆乡土志稿》，第318页。
⑤ （清）潘宗岳：《温宿县乡土志》，马大正、黄国政、苏凤兰整理《新疆乡土志稿》，第259页。
⑥ 谢晓钟著，薛长年、宋廷华点校《新疆游记》，第125页。

三 定湘王信仰与治下之民

新疆建省后，从新疆首任巡抚刘锦棠到各府、厅、州、县军政系统中，湘籍人士占据较高比例，而屯垦戍边以及在新疆从事工农商等活动的两湖人更是不计其数，以至于有了"小湖南"之说。在军界，"新省军界，在清改练新军（光绪三十三年）以前，统属两湖势力"①。片冈一忠在《清朝新疆统治研究》中对新疆建省前后的汉人文官（知县、典吏以上）进行了详细的数据统计。建省时，新疆文官275人，其中湘籍151人，比例高达54.9%，湘籍文官比例在新疆文官队伍中占据绝对优势。

表3 出生地别官员数②

出生地	满八旗	汉军	直隶	山西	山东	河南	陕西	甘肃	新疆	四川
总人数	13	2	3	4	4	4	11	22	5	4
实际人数	12	2	3	3	4	3	11	19	5	4
出生地	湖北	湖南	安徽	江苏	浙江	福建	云南	贵州	不明	
总人数	25	189	19	9	9	2	4	1	4	
实际人数	19	151	14	8	8	2	2	1	4	

在当时的社会背景下，湘楚集团特别是湘籍人士在新疆有较高的社会地位，其文化观念能够影响乃至成为社会主流，对社会有较强的控制力。定湘王庙所面对的不仅仅是广大信众，更是在战争中起家的湘楚新兴阶层。因此，这就不难解释清代新疆后期的城市建设中往往会出现两座以上城隍庙的特殊现象，一座为位列官方祭祀的国家神灵城隍，一座则是地方性的城隍定湘王（方神）庙。民国7年，时任乌苏县知事的邓缵先重修了地方县志。新修的《续修乌苏县志》中绘制有该县城图，分别标出了"城隍庙""方神庙""定湘王庙"等庙宇位置。其中，城隍庙位于"城东北"，"光绪十四年重建"，并于光绪三十年、民国7年两度重修。方神庙与火神庙同庙而栖，位于"城内东南"，"光绪十七年建"。定湘王庙在"城内南隅"，"光绪三十三

---

① 谢晓钟著，薛长年、宋廷华点校《新疆游记》，第98页。
② 〔日〕片冈一忠：《清朝新疆统治研究》，东京：雄山阁，1991，第258页。

年公建，宣统二年重修"。① 乌苏县城中有三座城隍庙，定湘王庙占据两座，足可见湘楚集团在当地有着深厚的社会基础。

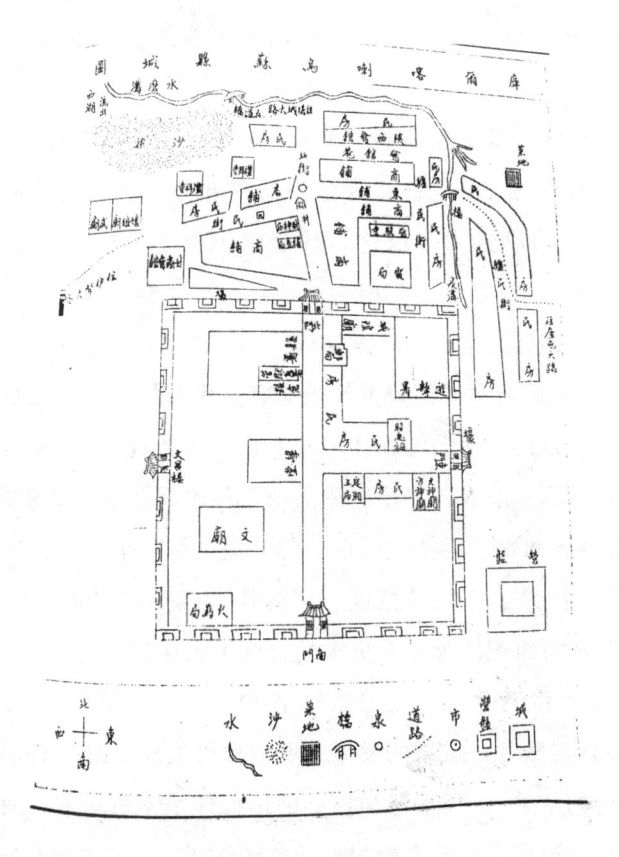

图1　库尔喀喇乌苏县城图②

"各种神灵和各种民间信仰的存在对于新疆这样的新移民社会的稳定和秩序重建、规范移民的各种社会行为以及发展当地的社会经济等均有重要影响，有时甚至会超越国家的行政命令或法律的力量。"③ 换言之，获得他们的支持，"利用"其隐形的社会力量，对完成地方社会的治理至关重要。

清代纪昀在《乌鲁木齐杂诗》中写道："万里携家出塞行，男婚女嫁总边城。多年无复还乡梦，官府犹题旧里名。"并作注："户民入籍已久，然自某州来者，官府

---

① 邓缵先：《续修乌苏县志》，第420~421页。
② 邓缵先：《续修乌苏县志》，第398页。
③ 贾建飞：《清乾嘉道时期新疆的内地移民社会》，社会科学文献出版社，2012，第221页。

仍谓之某州户，相称亦然。"① 这样的移民居住格局，不仅有助于迁入者的组织与管理，更有助于迁出地的集体记忆在陌生环境下的传承，起到了情感的维系作用。以原籍为中心的聚居逐渐形成了我国移民分布的基本模式，这也为会馆的产生奠定了基础。

会馆是以乡土地缘为基础在客地形成的一种民间结社性质的社会组织。乡土神是会馆最基本的祭祀对象。"乡土神作为会馆的一部分，其意义并不仅仅在乡土神本身，而关键在于神灵的设置为会馆这一社会组织树立了集体象征。"② 因此，迪化（乌鲁木齐）的定湘王庙又被称为湖南会馆，还扮演着会馆的功能，体现出庙与会馆不分的特征。学者们多认为本省的地方神成为移民新疆的各地人士的精神家园，是祖籍认同的象征。③ 相比政府主导的官方祭祀而言，民间庙会活动则展示出民间交往强大的活力和娱乐性，是民俗活动的外在表现形式。庙会期间，围绕本省神灵会举办各类祭祀仪式以及各类酬神演戏、娱乐庆典活动。各地百姓和行商坐贾云集于此，使得"宗教信仰、经济事务和娱乐活动交织在一起，提供了一个把个人带出以家庭为中心的日常活动范围"，扩大了交往的范围。同时让人感受到"自己生活的乡村虽然狭小，但是在社会与经济组织之外还有更大的社区组织存在"。④

清代新疆如何对移民进行行之有效的管理、使之能够安居乐业，会馆即这种"社区组织"的具体实践者。会馆的发展是明清中央集权加强与基层社会自我管理机制不断建立和完善的结果。⑤ 以坛庙为核心的信仰体系移植新疆，使得缺乏血缘认同的新疆移民社会逐渐形成了与迁出地相近的地缘认同。新疆地缘认同的巩固促使各省会馆在西部边疆地区大兴土木、举办大型活动。如新疆的会馆以乌鲁木齐最为典型，主要有两湖会馆、甘肃会馆、中州会馆、川云贵会馆、江浙会馆、晋陕会馆、陕西会馆。⑥ 各省会馆都围绕本省神灵举办大规模的庙会祭祀庆典活动，用以联络感情，寄寓乡愁，如晋陕会馆的楹联："设馆以叙乡情，芳草天涯，不越归心之念；集会如回

---

① 周轩、修仲一：《纪晓岚新疆诗文集》，新疆大学出版社，2006，第52页。
② 王日根：《中国会馆史》，东方出版中心，2007，第392页。
③ 此类观点参见黄达远《清代新疆北部汉人移民社区的民间信仰考察》，《宗教学研究》2009年第2期。刘洋《清末民国乌鲁木齐汉族民间信仰研究》，新疆大学人文学院硕士学位论文，2012。龙开义《清末民初新疆汉族移民宗教信仰研究》，《北方民族大学学报》2011年第6期。
④ 〔美〕杨庆堃：《中国社会中的宗教——宗教的现代社会功能及其历史因素之研究》，第91页。
⑤ 王日根：《中国会馆史》，第442~443页。
⑥ 昝玉林：《会馆漫记》，引自中国人民政治协商会议乌鲁木齐市委员会、文史资料研究委员会编《乌鲁木齐文史资料》第8辑，1984，第81页。

故里,桃园塞上,同联聚首之欢"①,体现了会馆的宗旨。此外,这更是新疆社会上的官绅阶层"利用"会馆的控制力来完成对基层社会的整合以及秩序的稳定,弥补了封建管理体制管理社会的不足之处,②实现了对广大百姓的有效管理。

1917年4月17日,谢彬在两湖会馆理事杨庆南的邀请下参观了迪化两湖会馆及左文襄祠。两湖会馆"供奉禹王,其基址昔为苇湖,用石炭填筑而成,春间多潮湿。建筑宏阔,惜多颓朽,右院有堂戏厅,可容数百人"③。两湖会馆楹联:"东风舒杨柳千条,春色入边城,望气遥连函谷紫;南干是昆仑一脉,乡情联新宴,开门如见楚山青",横匾上书"惟楚有才"四字。④ 定湘王庙位于两湖会馆右侧,"为湖南一省会馆,规模亦大,房舍整齐完好,胜于两湖会馆"⑤。谢彬观察迪化的庙会活动认为,影响最大者为城隍庙会,"每七月中旬,出城隍像三日,盛陈卤簿,设鼓吹杂剧,来往通衢,观者如堵,否则多夭札也"⑥。茅盾在迪化期间,对迪化的会馆、庙会有着更为细致的观察,并且明显地感受到了会馆背后所隐藏的力量:"迪化汉族,内地各省人皆有,会馆如林,亦各省都有;视会馆规模之大小,可以略推知从前各该省籍人士在新省势力之如何。"此外,他还注意到"然而城隍庙仅一个,即'定湘王庙'是也",足可见其在新疆的社会影响力。每年中元节,定湘王庙中"罗天大醮,连台对开,可亘一周间",并开设一项特殊业务。

> 尤为奇特者,此时之"定湘王"府又开办"邮局",收受寄给各省籍鬼魂之包裹与信札;有特制之"邮票"乃"定湘王府"发售,庙中道士即充"邮务员",包裹信札邮递取费等差,亦模拟阳间之邮局;迷信者以为必如此然后其所焚化之包裹与信札可以稳度万里关山,毫无留难。或又焚化冥镪,则又须"定湘王府"汇兑。故在每年中元节,"定湘王府"中仅此一笔"邮汇"收入,亦颇可观。⑦

---

① 王子钝:《西陲楹联选辑》,引自中国人民政治协商会议乌鲁木齐市委员会、文史资料研究委员会编《乌鲁木齐文史资料》第11辑,1986,第177页。
② 王日根:《中国会馆史》,第443页。
③ 谢晓钟著,薛长年、宋廷华点校《新疆游记》,第125页。
④ 王子钝:《西陲楹联选辑》,第172页。
⑤ 谢晓钟著,薛长年、宋廷华点校《新疆游记》,第125页。
⑥ 谢晓钟著,薛长年、宋廷华点校《新疆游记》,第97页。
⑦ 茅盾:《新疆风土杂忆》,引自《旅行杂志丛刊之一:西北行》,第181~182页。

此时，新疆作为一个移民文化的汇聚之地，定湘王已经走出本省的界限，成为为"各省"人士服务的大众神灵，出于对逝者的敬畏和对故乡的思念，定湘王在这里发挥着宗教积极的社会功能，疏导着数量庞大的人们的精神世界。这也说明湘楚文化的社会价值在当时社会生活中的影响。如莎车方神庙楹联写道："家山回首两波臣，怅汨罗江上清风，三叠阳关度杨柳；流水知音一骚客，间彩石矶头明月，几行醉墨寄梅花。"①

湘王庙的经济来源除了斋醮科仪收入外，还有政府财政拨付、日常香火银线以及庙产经营所得收入等。《清代新疆档案选辑》保存了一份光绪十九年十月二十四日"定湘王庙住持章善庆领到小麦事印领"，记载其"领得大老爷案下赏给十月分麦陆拾觔"。② 以两湖会馆、定湘王庙、左公祠等为代表的两湖文化拥有数量可观的房产。这些公产主要来源于三大方面：一是衣锦还乡的湘鄂籍人所捐赠之房产；二是接管的无人继承之绝产；三是商业开发性质的房产。③ 支出方面，除了日常性支出外，每年的定湘王诞辰酬神演戏以及宴请活动开销最为巨大。

袁澍在《新疆会馆探幽》一文中总结了新疆会馆的功能，主要有接待安置、扶济贫困，调解纠纷、惩恶抚善，经营商业、繁荣贸易，戏曲娱乐、民间社火，兴办教育、培养人才，公益慈善、赈贫抚孤六大社会功能。④ 定湘王庙作为湖南会馆的别称，用乡土情谊维系着远离故乡的湖南社群的精神，发挥着积极的社会作用。另一方面，我们也应注意到庙会活动所带来的其他影响。民国32年西京日报记者徐弋吾以一种批判的语气记录了民国时期迪化庙会活动的运转。

在迪化，庙会还是很盛行，农历的三月初三日是城隍庙会，四月初八是红山咀子的虎头峰庙会，迪化的天津人，最喜欢闹这一套把戏，当庙首的拉拢几个头家，印发红帖子，捐香资，挨户收取，多则一万两，少则五百两，至少也要捐五十两香资。捐的钱，用途是烧香，演戏敬神，请道士诵经供佛，一切迷信的举动，在迪化应有尽有。庙会之日，庙前车水马龙，游众沓杂，庙中香烟缭绕，目

---

① 王子钝：《西陲楹联选辑》，第174页。
② 中国边疆史地研究中心、新疆维吾尔自治区档案局合编《清代新疆档案选辑·户科（一四）》，第204页。
③ 王宗钦：《两湖会馆与私立小学》，乌鲁木齐市政协学习文史委员会编《民国旧事札记：感悟乌鲁木齐》，新疆人民出版社，2007，第188页。
④ 袁澍：《新疆会馆探幽》，《西域研究》2001年第1期，第34~42页。

不能张，红男绿女，社会不良习俗，在庙会里都上场了。①

晚清时期，清政府陷入严重的财政困难。为缓解财政压力，以张之洞为代表的地主阶级提出了"庙产兴学"的方案，认为"今天下寺观何止数万，都会百余区，大县数十，小县十余，皆有田产"，建议清政府"若改作学堂，则屋宇田产悉具，此亦权宜而简易之策也"。②民国时期，新疆也出现了向定湘王"借地"的现象。伊宁县简易师范由于场地限制，没有体育场，无法开展正常的教学活动，便申请"将方神庙前空地拨给简易师范作体育场"③，得到了当地政府的肯定性批复。同时，南京国民政府颁布了神祠的废存标准，许多宗教场所被筑成学校、政府机关，成为政府公产。

另一方面，甘肃与新疆接壤，距离最近，费用最省。又由于甘肃"山多土薄，时告偏灾"④，因此清朝选择陕甘地区，特别是甘肃一带，作为清代新疆移民的主体。自杨增新上台后，因其曾在甘肃履职多年，同时又面对云南同乡的信任危机，开始重用甘肃籍人特别是河州人，导致湖南在官者人数锐减。以新疆军队为例，在"清改练新军以前，统属两湖势力……以后则新军皆秦陇，巡防仍湘楚，歧而为二，日相仇视"。然，杨增新并不是完全抛弃湘楚集团，为了笼络人心，杨增新还"整修了迪化包括定湘王在内的庙宇"。总之，左宗棠大军收复新疆后，新疆累世形成的秦陇文化地位逐渐被湘楚集团所取代。及至杨增新时期抚新，"人（湘楚籍，笔者注）数虽不下于秦陇，而政治上之势力，则不胜有今昔之感矣"⑤，新疆定湘王信仰逐渐由盛转衰。

民国17年七月七日，杨增新出席新疆俄文法政专门学校毕业典礼时遇刺身亡，史称"七七政变"。在此事变中上台的金树仁认定以樊耀南为首的两湖政要是"反动分子"，对其"次第扑灭，生死予夺"⑥，两湖人士在新疆职场的地震引起一系列连锁反应。盛世才上台后，提出"六大政策"，成立各民族文化促进会，并斥会馆为"维

---

① 徐弋吾：《新疆印象记》，西京和记印书馆，1934，第140页。
② 张之洞：《劝学篇·设学第三》，光绪二十四年（1898）菁华报馆本。
③ 《行政长公署关于准将伊宁县将方神庙前空地拨给简易师范作体育场一事的指令》，新疆社会科学院、伊犁哈萨克自治州档案馆：《新疆历史资料》（内部资料）第一辑，新疆社会科学院，2012，第693~694页。
④ 张蕊兰：《甘肃生态环境珍档录·清代至民国》，甘肃文化出版社，2013，第18页。
⑤ 谢晓钟著，薛长年、宋廷华点校《新疆游记》，第98~99页。
⑥ 徐弋吾：《新疆印象记》，第135页。

护狭隘地域观念的屏障""传播封建帮会思想的市场",取缔会馆,没收公产。庙宇与会馆——定湘王信仰所依托的载体不复存在,定湘王信仰也走向没落,退出了历史舞台。

通过对"方神"与定湘王二者关系的辨析、定湘王信仰在新疆本土化问题的分析,我们可以得出以下认识。

"方神"是一个模糊的地域性的民间信仰,并不特别代表某位具体的神灵,唯有在一定空间范围下"方神"才能被定名。清代新疆方志文献中记载的"方神"与定湘王是一神二名的关系,其实质还是城隍信仰。

新疆地处边疆,如何将新疆置于国家的有效统治之下,一直是历代中央王朝思考的问题。清政府正是看到了定湘王信仰在维护新疆社会稳定和秩序的重建与规范中的强大力量,因势利导对其采取了怀柔暧昧的态度:既允许其发展,却又不纳入国家祭祀。"新疆的坛庙文化与当时的人口流动趋势是相辅相成、亦步亦趋的。"[1] 民国时期新疆政治局势动荡,湘楚集团的影响力逐渐缩小,体现在社会文化方面则表现为定湘王信仰由盛转衰。

---

[1] 贾建飞:《清代新疆的内地坛庙:人口流动、政府政策与文化认同》,《中国边疆史地研究》2012 年第 2 期,第 102 页。

道教文化与丝绸之路
——记王卡先生新疆、敦煌调研*

刘 志

摘要： 本文以新疆、敦煌道教文化遗存和历史考察为基础，阐述道教文化在丝绸之路的传播以及影响。道教文化在古代丝绸之路的传播有西行路线和海上路线，自东汉以来就已经从中国内地向外进行传播和交流。作为中国传统文化基本组成部分的道教文化，其热爱和平、尊道贵生、崇尚和谐的思想理念，是对丝绸之路人文精神的重要贡献。

作者简介： 刘志，中国社会科学院世界宗教研究所副研究员。

道教文化作为中国传统文化的一个基本组成部分，在古代丝绸之路的文化交流中曾经发挥着重要的作用。2015年9月，著名道教学、敦煌学专家王卡[①]先生和中国社会科学院世界宗教研究所、哲学研究所有关学者组成的调研组一行7人，到达新疆、敦煌，对道教文化的现存情况和在丝绸之路文化交流中的历史渊源进行实地考察。

2015年9月22日中午，调研组乘机到达乌鲁木齐。9月23日，到天池福寿宫、新疆兵团222团屯垦博物馆、高货郎庙调研。9月24日上午到乌鲁木齐红庙子座谈，中午在新疆兵团104团与有关负责同志座谈团场文化、传统文化，参观屯垦博物馆、西山老君庙。9月25日中午，到达吐鲁番，在吐鲁番博物馆调研。9月26日，到阿斯塔那墓、柏孜克里克千佛洞，并在新疆兵团221团作短暂参观。9月27日中午到达敦煌市，下午到鸣沙山月牙泉。9月28日上午，到敦煌莫高窟考察，经过藏经洞，在王圆箓道士墓留影。然后步行到三危山探寻老君堂、王母宫，并在敦煌研究院作短

---

* 本文为国家社科基金项目"中国古代道教写经"（项目号：15BZJ036）的阶段性成果。
① 王卡（1956~2017），河北广宗人，中国社会科学院研究员、长城学者。《中华道藏》常务副主编，著有《敦煌道教文献研究》《道教经史论丛》《道家道教思想简史》，点校有《老子道德经河上公章句》等。

暂停留。下午到敦煌西云观座谈调研。其间，9月22日下午，在新疆兵团党委党校教学部门的邀请下，王卡先生为学员做了《道教与中国传统文化》的学术报告，受到全体学员的热烈欢迎，并与学员进行了研讨。9月29日，调研组返京。12月25日，受袁志鸿会长邀请到北京东岳庙，座谈新疆道教文化。王卡先生发言的总看法是：历史上的道教文化在丝绸之路上的传播有西行路线和海上路线。① 具体内容如下。

一 古代丝绸之路中心路线的道教文化

王卡先生指出："丝绸之路西行的路线，主要是新疆（西域）和中亚这条路，历史上既是一条商贸的路线，也是宗教文化交流的路线。"早在汉代，由长安出发，经敦煌、西域，到中亚，再至西方各国，已形成丝绸之路的中心路线。唐代和清代是道教文化在这一路线上传播的主要时期。

（一）老子西行的传说与唐代《道德经》西传

王卡先生指出："传说中的老子西行，主要留下的资料是《老子化胡经》，现在确定是公元4~5世纪成书，定形是在唐初，即公元7世纪前后。"

老子化胡的传说，文献记载首见于《后汉书·襄楷传》。襄楷上书桓帝曰："或言老子入夷狄为浮屠。"李贤注："或闻言当时也。老子西入夷狄，始为浮屠之化。"② 这一传说是以老子西行为浮屠施行教化。其中地域泛说为西部，即洛阳、中原的西部。之后，《三国志》《魏书》等史籍多记载有老子化胡的传说。道书《老子化胡经》约出于西晋，③ 原为一卷。唐初增至十卷。④ 敦煌本《老子化胡经》系唐代写本，其中详细记载了西行线路的地名。

---

① 本文观点主要依据王卡先生在北京东岳庙座谈会中的发言要点，均已引用或说明。题目、段落标题是笔者总结添加。发言详细内容刊登于《凝眸云水》2016年第1期。有关补充的内容，依据王卡先生已经发表的研究成果，详见注解。发言中所涉及的有关史料由笔者查找、补充完善。
② （宋）范晔撰，（唐）李贤等注《后汉书》卷三十，中华书局，2011，第1082、1083页。
③ 王维诚《老子化胡说考证》，北京大学《国学季刊》第四卷第二号，1933，第22页。
④ 王卡：《敦煌道教文献研究》，中国社会科学出版社，2004，第187页。

> 言归昆仑，化彼胡域，次授罽宾，后及天竺，于是遂迁。①
>
> 至于昭王，其岁癸丑，便即西迈。过函谷阙……便即西度，经历流沙，至于阗国毗摩城所……如是不久过葱岭……次即南出，至于乌场。遍历五天，入摩竭国。②

老子化胡虽然是传说，但是《老子化胡经》记载的这一西行路线与丝绸之路是基本一致的，即从中原经流沙、于阗、葱岭、罽宾，到达天竺。在唐初丝绸之路文化交流中，确有《道德经》的西传，如以下几例。

1. 敦煌写卷、吐鲁番文书中的《道德经》及道教经书

王卡先生指出："在唐代，《老子》正式传播到西州（吐鲁番）、敦煌一带。"敦煌、吐鲁番的考古发现，从实物上证明，《道德经》以及道教经书从中原传播到了西域。据王卡先生《敦煌道教文献研究》著录，以唐代写本为主的敦煌道教经书达170余种，其中有《唐玄宗老子道德经注》（P.3725）等《道德经》及注本19种。吐鲁番出土文献中亦有一定数量的《道德经》及道教经书。③ 隋唐时期，敦煌是中原通向西域的门户，地理位置非常重要。敦煌作为丝绸之路的枢纽，有大量道教经书在此汇集，也为向西部传播在客观上准备了条件。

2. 贞观二十一年（647），应东天竺王之请求，唐太宗敕令将《道德经》翻译为梵文

王卡先生指出："唐三藏把《道德经》翻译成梵文，佛教文献有记载。"据《集古今佛道论衡》，玄奘法师翻译《道德经》是因为西域使李义表向唐太宗奏称，东天竺王请求翻译中国古圣人所说的经书，以为其国信奉和流传。

> 贞观二十一年，西域使李义表还，奏称："东天竺童子王所，未有佛法，外道崇盛。臣已告云，支那大国未有佛教已前，旧有得道圣人说经，在俗流布。但此文不来，若得闻者，必当信奉。彼王言，卿还本国，译为梵言，我欲见之，必道越此徒，传通不晚。"登即下敕，令玄奘法师与诸道士对共译出。于时道士蔡晃、成英二人，李宗之望，自余锋颖三十余人，并集五通观，日别参议，详核

---

① 《老子化胡经序》，《中华道藏》第8册，华夏出版社，2003，第186页。
② 《老子化胡经》卷一，《中华道藏》第8册，第187、188页。
③ 王卡：《敦煌道教文献研究》，第282、283页。

《道德》。①

据上文知，唐太宗当即敕令玄奘法师、蔡晃、成（玄）英等佛道教著名人物和李氏宗族人物，于长安五通观进行集中翻译。在翻译《道德经》的过程中，玄奘法师与成英等道士发生了争论。结果采用的是玄奘法师的观点：把"道"译为梵语"末伽"、《道德经》河上公注本的序文不作翻译。②关于序文的争论，也说明翻译《道德经》的底本是河上公注本。最终译出了《道德经》梵语本。这当是已知文献记载中最早的《道德经》梵语译本。

3. 贞观二十二年（648）迦没路国向唐太宗请老子像及《道德经》

王卡先生指出，王玄策与《道德经》西传有关。据查史籍，李义表之后，王玄策受唐太宗之命，于贞观二十二年出使天竺。在此期间，迦没路国向唐王朝请老子像及《道德经》。《旧唐书·天竺国》记载：

> 五天竺所属之国数十，风俗物产略同。有伽没路国，其俗开东门以向日。王玄策至，其王发使贡以奇珍异物及地图，因请老子像及《道德经》。③

《新唐书·天竺传》记载："迦没路国献异物，并上地图，请老子象。"④《新唐书》与《旧唐书》所记有所不同，未言及《道德经》。唐贞观年间，这一事件有其特定的社会背景。一是唐初国家统一、国力强盛。唐朝的建立结束了隋末的战乱，实现了国家的统一；再经过唐太宗20余年的贞观之治，经济恢复，社会安定，唐朝已是西方知晓的东方大国。二是李唐皇室尊奉老子为远祖，推崇《道德经》。请老子经像在文化交流中体现的不仅仅是道家道教文化向西方的传播，还有西方诸国对唐王朝在文化上的尊重和敬仰。

（二）清代新疆、敦煌的道教文化及遗存

王卡先生指出，新疆的道教文化遗迹大部分为清朝所建，清廷经营西域，部分恢

---

① （唐）释道宣撰，刘林魁校注《集古今佛道论衡》卷丙，中华书局，2018，第234页。
② （唐）释道宣撰，刘林魁校注《集古今佛道论衡》卷丙，第239、240页。
③ （后晋）刘昫等撰《旧唐书》卷一百九十八《天竺国》，中华书局，2011，第5308页。
④ （宋）欧阳修、宋祁撰《新唐书》卷二百二十一《天竺国》，中华书局，2011，第6238页。

复了汉唐时期的局面。在座谈中王卡先生讲到敦煌的内容较少,实际敦煌也是考察的重点。调研组所经路线即乌鲁木齐至敦煌一线,其中乌鲁木齐红庙子和敦煌西云观是具有代表意义的道观。

红庙子位于乌鲁木齐市沙依巴克区九家湾平顶山。2015 年有道士 1 人。现在红庙子的规模是 1988 年重修的。80 年代宗教政策落实,进行了修缮和建设,红庙子占地面积 3600 平方米,建筑面积 500 平方米。东侧山坡,尚保存有 20 余座道士墓。红庙子始建于清代乾隆年间。① 清军平叛准噶尔部之后,驻军于九家湾,在驻军的北面建了红庙子。红庙子在当时是迪化较大的道教宫观,以关帝殿为主殿。清代在迪化一带驻军、移民,实行屯田,军民中的道教信徒将关帝信仰和道教文化带入了新疆。② 乌鲁木齐西山老君庙也是建于清代乾隆年间。

西云观位于敦煌市中心以西 2.5 千米。2015 年有道士 11 人,是敦煌县道教协会的驻地。现有建筑规模为 80 年代宗教政策落实后重建的。③ 占地面积 3800 平方米,建筑面积 2500 平方米。观内有真武殿、三清宫、七真殿等。据《道光敦煌县志》记载:"西云观在城西三里,清雍正八年(1730)建。"④ 西云观也是清代始建的道教宫观时间略早于乌鲁木齐红庙子。敦煌道观还有:老君堂,位于三危山主峰东南麓,1918 年新修;王母宫,位于三危山顶峰,道士王永金 1928 年重建。⑤

新疆、敦煌现有的主要道教宫观,多始建于清代。20 世纪 80 年代宗教政策落实,当地主要道教宫观进行了修缮和建设。红庙子等新疆道教宫观从其建立的历史来看,是清代军民在新疆屯田的同时,把道教文化再次从内地传播到新疆的见证。

二 丝绸之路北线的道教文化

王卡先生指出,"丘处机西行,历史上有一些记载,如《道藏》里面的《长春真人西游记》,其他资料还有待发掘","丘处机劝诫止杀的理念,对成吉思汗有一定

---

① 乌鲁木齐市沙依巴克区党史地方志编纂委员会编《乌鲁木齐市沙依巴克区志》,新疆人民出版社,2004,第 637 页。
② 乌鲁木齐市党史地方志编纂委员会编《乌鲁木齐市志》,新疆人民出版社,1994,第 283 页。
③ 西云观有关资料系参考汪桂平研究员的采访记录,在此致谢。
④ (清)苏履吉修,曾诚纂《道光敦煌县志》,《中国地方志集成·甘肃府县志辑》,凤凰出版社,2009,第 74 页。
⑤ 敦煌志编纂委员会编《敦煌志》,中华书局,2007,第 818 页。

影响"。

丘处机西行的弘道路线是经蒙古到达中亚的丝绸之路北线。《长春真人西游记》记载了全真道著名道士丘处机受成吉思汗的邀请西行觐见的经历。元太祖十五年（1220）正月，丘处机率18名弟子从山东莱州昊天观①出发，经燕京、居庸关、野狐岭、抚州、大沙陀、小沙陀、长松岭、回纥城等地，于元太祖十七年（1222）四月抵达"雪山"，②至行宫觐见成吉思汗。历时两年多，行程万余里。时值成吉思汗率蒙古大军征战中亚花刺子模王朝。

成吉思汗询问丘处机治国与长生之道，据《元史·丘处机传》记载：

> 太祖时方西征，日事攻战，处机每言欲一天下者，必在乎不嗜杀人。及问为治之方，则对以敬天爱民为本。问长生久视之道，则告以清心寡欲为要。③

劝诫止杀、"敬天爱民"、"清心寡欲"，体现了道教把养生与爱民相统一的尊道贵生思想。成吉思汗对于丘处机的讲道是重视的，命移刺楚才（耶律楚材）将其编录为《玄风庆会录》④。元太祖二十二年（1227）六月，成吉思汗颁布不准杀掠的诏书，"帝谓群臣曰：朕自去冬五星聚时，已尝许不杀掠，遽忘下诏耶。今可布告中外，令彼行人亦知朕意"⑤。蒙元之际，战乱频繁的现实一时是难以改变的，但在战争中能颁布此诏令，显得格外珍贵。这与丘处机以70多岁高龄，西行万里、劝诫止杀的初衷和愿望是一致的。

三 海上丝绸之路的道教文化

王卡先生认为，海上丝绸之路的道教文化传播往东可以达到韩国、日本，往东南亚可以达到越南、新加坡、马来西亚、泰国、缅甸。

王卡先生曾专程赴越南进行学术交流。1997年12月11日至26日，根据中国社

---

① （元）李志常撰《长春真人西游记》，《中华道藏》第47册，第2页。
② （元）李志常撰《长春真人西游记》，《中华道藏》第47册，第12页。
③ （明）宋濂等撰《元史》卷二百〇二《丘处机传》，中华书局，2011，第4524、4525页。
④ 《玄风庆会录》，《中华道藏》第47册，第25~29页。
⑤ （明）宋濂等撰《元史》卷一《太祖本纪》，第24页。

会科学院与越南人文社会科学国家中心之间的学术交流计划，他到越南进行了道教研究学术访问，回国后发表了《越南访道报告》①。其中讲到，关于道教文化传入越南的可靠史料首见于《牟子理惑论》。东汉末年，"北方异人"已将神书百七十卷（《太平经》）、仙箓②传播到交趾。汉晋之际，道教文化传播的路线是从侯官（今属福州）到交州的海上航线，或者从苍梧（今属广西）进入交州的陆上路线。据《交州八县记》，唐代安南建有道观21座。著名道观有峰州都督阮常明于唐永徽年间在白鹤江外建的通圣观。至南宋末年，福州道士许宗道乘船从海路到交州，以祈福禳灾的符水斋醮科仪受到陈王朝皇室的礼遇和重用。《白鹤通圣观钟记》记载：

> 向者，陈朝第二帝太宗皇帝丙子年（1276）③，治道太平，四方向化，时有大宋国福建路福州福清县海坛里道士许宗道，同流附伯，乘兴入南。时太宗皇帝第六子昭文王——今入内检校太尉平章事，清化府路都元帅，赐紫金鱼带，上柱国开国王，心怀大道，性重宋人，相留宗道于门墙，以阐扬于道教。④

这是记载道教文化沿海上丝绸之路进一步传入越南的重料史料之一。此外，《越南访道报告》对现存道观——越南北方的河内玉山祠、河内真武观、河内玄天观和越南南方的穗城会馆、义安会馆、茶山庆云南院也做了介绍。

总之，道教文化在古代丝绸之路沿线地区具有一定的文化遗存，自东汉即开始进行传播和交流。作为中国传统文化基本组成部分的道教文化，其热爱和平、尊道贵生、崇尚和谐的思想理念，是对丝绸之路人文精神的重要贡献。

---

① 王卡：《道教经史论丛》，巴蜀书社，2007，第427~465页。《中国道教》1998年第2~3期。
② （东汉）牟融：《牟子理惑论》，见（梁）僧祐撰《弘明集》，上海古籍出版社，1991，第6页。
③ 王卡先生在此处注解中指出，应为"陈圣宗宝符四年（1276）"。《道教经史论丛》，第443页。
④ 王卡：《道教经史论丛》，第443页，录自越南《李—陈诗文》第三集上卷，第623~626页，越南社会科学出版社，1989。

《中国本土宗教研究》征稿函

近三十年来，中国的宗教学研究逐渐走上快速发展之路，在研究领域、研究方法方面有很大的进展，关于中国本土宗教的研究也在不断深入，资深学者有新的成果，年轻学者也提出了很多有价值的新观点。鉴于中国宗教学专门期刊的数量有限，我们决定编辑出版这本《中国本土宗教研究》集刊，向全世界的中国宗教研究学者约稿。

《中国本土宗教研究》由中国社会科学院道教与民间宗教研究室主办，定位是反映当下领域研究最新成果的论集。基于鼓励学术创新的原则，在保证论文研究水平的前提下，不对研究方法和对象做限制，不做字数要求，不持特定学术立场，不设栏目。为了保证学术质量，论文将接受匿名审稿。另外，目前刊物仅接受中文稿件。来稿注释体例以《中国本土宗教研究》（第一辑）为准。

为了提高编辑效率，请来稿统一发送 Word 电子版，并在电子邮件的"主题"一栏注明"《中国本土宗教研究》投稿"。超过四个月没有收到反馈意见可以转投他处。

编辑部联系方式：

投稿邮箱：wanghaoyue@cass.org.cn

地址：北京市东城区建国门内大街 5 号中国社会科学院世界宗教研究所道教研究室

《中国本土宗教研究》编委会

图书在版编目(CIP)数据

中国本土宗教研究. 第四辑 / 汪桂平主编. --北京：社会科学文献出版社，2021.3
 ISBN 978 - 7 - 5201 - 8081 - 8

Ⅰ.①中… Ⅱ.①汪… Ⅲ.①宗教 - 中国 - 文集 Ⅳ.①B929.2 - 53

中国版本图书馆 CIP 数据核字（2021）第 042064 号

中国本土宗教研究（第四辑）

主　　编 / 汪桂平

出 版 人 / 王利民
组稿编辑 / 袁清湘
责任编辑 / 杨　雪

出　　版 / 社会科学文献出版社·联合出版中心（010）59367202
　　　　　　地址：北京市北三环中路甲29号院华龙大厦　邮编：100029
　　　　　　网址：www.ssap.com.cn

发　　行 / 市场营销中心（010）59367081　59367083
印　　装 / 三河市尚艺印装有限公司

规　　格 / 开　本：787mm × 1092mm　1/16
　　　　　　印　张：24.25　字　数：435 千字

版　　次 / 2021 年 3 月第 1 版　2021 年 3 月第 1 次印刷
书　　号 / ISBN 978 - 7 - 5201 - 8081 - 8
定　　价 / 98.00 元

本书如有印装质量问题，请与读者服务中心（010 - 59367028）联系

▲ 版权所有 翻印必究